中外文化未解之谜

郭映熙◎编著

北京联合出版公司
Beijing United Publishing Co.,Ltd.

图书在版编目（CIP）数据

中外文化未解之谜 / 郭映熙编著 . — 北京：北京联合出版公司，2015.1

ISBN 978-7-5502-4604-1

Ⅰ.①中… Ⅱ.①郭… Ⅲ.①世界史－文化史－通俗读物 Ⅳ.① K103-49

中国版本图书馆 CIP 数据核字 (2015) 第 011764 号

中外文化未解之谜

编　　著：郭映熙

责任编辑：崔保华

封面设计：韩立强

责任校对：徐胜华

美术编辑：杨玉萍

图片摄影：孔　群　郝勤建

图片绘制：陈来彦　陈福平　孙意如　陆铭蓓

部分图片来自：www.quanjing.com & www.ICpress.cn

北京联合出版公司出版

（北京市西城区德外大街 83 号楼 9 层　100088）

北京市松源印刷有限公司　新华书店经销

字数 480 千字　720 毫米 × 1020 毫米　1/16　27.5 印张

2015 年 1 月第 1 版　2015 年 1 月第 1 次印刷

ISBN 978-7-5502-4604-1

定价：29.80 元

本书若有质量问题，请与本公司图书销售中心联系调换。电话：（010）64243832 82062656

前言

文化是人类历史的产物，世界各族人民在其历史进程中以不同的方式创造着不同的文化，中国文化更是中华民族精神财富的总和，是历代先民智慧的结晶，是现实中国的精神实体，是中国历史积淀的灵魂，它孕育并影响着我们民族的未来。文化无穷无尽，我们不能叙述它；文化无处不在，我们不能抓住它；文化充满了神秘，耐人寻味又令人陶醉。在各族文化中，令人感到困惑不解的文化谜团广泛而真实地存在着，关于文化，有太多的谜团等待人们去挖掘。

人类历史上是否存在"食人之风"？美洲金字塔是模仿埃及金字塔建造的吗？迈锡尼文明是如何毁灭的？达·芬奇神奇的创造力来源于他人吗？尼采的著作是否被人篡改过？汉字起源真是"仓颉作书"吗？端午节吃粽子是为了纪念屈原吗？孙武到底有没有著《孙子兵法》？李白是胡人还是汉人？……有些是人类当前的认知能力和科技水平所不能完全解释的，有些是其真实面目被历史尘封，还有些则是由于当局者的刻意隐瞒和篡改，它们所散发出来的神秘魅力，像磁石一般吸引着人们好奇的目光，并激发起人们探求其真相的强烈兴趣。在对种种谜团的破译和解析过程中，人们不但能够获得知识上的收益，还能得到愉快的精神体验。

鉴此，我们组织编写了这本《中外文化未解之谜》。书中精选的文化谜题颇具典型性和趣味性，且极富传奇与神秘色彩，向人们打开了一幅幅色彩斑斓并散发着神秘魅力的文化谜卷。编者抱以严谨科学的态度，并以知识性和趣味性为出发点，经仔细研究，筛选出近年来在世界文化及中国文化领域中极富神秘性和被广泛关注的谜题。从空间上看，这些文化谜题横跨了亚、欧、非等世界各大洲；从时间上看，它们涵盖了从远古到近代人类社会发展进程中不同的历史阶段。

对于众多谜团，历来众说纷纭，仁者见仁，智者见智。本书对文化未解之谜的探索，史料与实物证据并举，使众多富有传奇色彩的文化谜题掀开其神秘的面纱，给人们一窥真相的阅读快感。在这种严肃而充满趣味的探索中，不但披露了大量鲜为人知的细节，再现了文化的丰富多彩与巨大魅力，同时让读者从中获得思考与发现的乐趣。

同时，本书版式设计上采用以图释文、图文并茂的编排方式，把大量精美的图片纳入其中。所选图片包括文化遗迹、人物雕像、出土文物、经典名画、建筑遗址以及一些珍贵的历史照片等。这些经过精挑细选的图片与流畅生动的文字、准确到位的图解等多种元素的有机融合，为读者构造了一座神奇丰富的文化宫殿，使读者身临其境般地感受世界文化的神秘与深邃，在近距离地探究谜题真相的同时，获得无限的想象空间和广阔的文化视野。

·世界篇·

·中国篇·

世界篇

文物古迹

古代特洛伊战争的遗址之谜

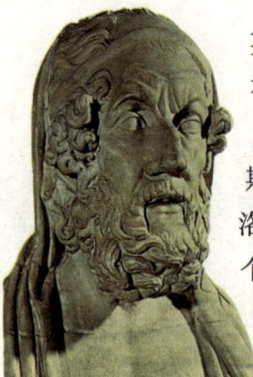

荷马雕像

荷马是古希腊著名的盲诗人，我们现在所谈的荷马史诗，即《伊利亚特》与《奥德赛》是他根据当时民间和宫廷歌谣重新创作而成的文学作品。这两部史诗记述的是有关特洛伊战争的一些逸事。

著名的荷马史诗第一部《伊利亚特》叙述了这样一场战争：英俊潇洒的特洛伊王子到各国游历，到了斯巴达王国，国王不在，受到年轻漂亮的王后海伦的热情款待，这两人一见钟情，迅速坠入了爱河，结果特洛伊王子将海伦带走了。这自然引起斯巴达国王的强烈不满，于是他纠集了希腊各国大军，围攻特洛伊城，但整整围攻了三年，也毫无所获。这时希腊人想出了一个绝妙的办法：他们首先造了一个大木马，将一支突击部队藏在木马里，然后在两军对垒之时，假装撤退，而让特洛伊人俘获了木马。特洛伊人不知道木马的机关，还以为是希腊军队的新式武器，于是很高兴地抬回去研究。谁知到了晚上，当

特洛伊城地理位置示意图

特洛伊城遗址俯瞰

特洛伊古城位于土耳其西北部的西拉沙立克山丘下，紧临碧波万顷的达达尼尔海峡，隔海与巴尔干半岛相望。长期以来，人们一直以为它是荷马史诗中虚构的一座城市，并且为此引起过一些争论，但是特洛伊城遗址的发现启示我们，文学作品包括神话传说的创作，都可能有其真实背景的存在。

特洛伊人张灯结彩举办庆功酒宴之时，希腊的这支突击部队从木马中钻出来，打开了城门，之后与城外的部队里应外合进攻特洛伊城，刹那间昔日美丽壮观的特洛伊城变为一座废墟。

作为史诗的叙述，这场战争是真实的，并且已经得到了考古学家的确证。但是这场激烈残酷的战争的遗址究竟在什么地方呢？

1871 年，德国考古学家亨利·施里曼在小亚细亚北部的希萨里克，大约距达达尼尔海峡 5 千米附近的土岗上进行考古发掘，结果意外地发现了特洛伊遗址的第一和第二文化层。之后他又在当地挖掘第三文化层时，挖出了许多古代的黄金酒杯、王冠、银瓶、手镯等贵重物品，并且发现了有火灾的痕迹。他在进行一番考察与分析后，宣布自己找到了特洛伊城的遗址。

可是出人意料的是，施里曼的朋友、他的合作者建筑学家德尔费尔德根据自己的考证否决了他的这一观点。德尔费尔德认为，特洛伊城自公元前两千多年前到公元后几个世纪，一直有人居住，因而先后应该形成了九个文化层，而不止三个。他在第六个文化层里发现了许多尸骨以及大量被烧毁的房屋，这明显是战争的遗迹。据此他指出，特洛伊战争遗址不是在第三文化层，而应该在第六文化层。

德尔费尔德的观点一时为人们所接受，直到 20 世纪 30 年代，又有人提出质疑，其中最具代表性的是英国考古学家布列。他根据自己发现的新材料指出，德尔费尔德在第六文化层发现的大量被毁坏的房屋和许多尸骨，是由于地震造成的，而非战争所为，因此是不能作为特洛伊战争遗址的。布列在第七文化层中发现了大量遭受火烧和抢劫的房屋，而且各家各户都备有埋在地下的大瓮，瓮口仅露出地面，这表明当时特洛伊城正在遭受围困，并且不久就毁灭于战火之中。因此布列认为真正的特洛伊战场遗址在第七文化层。

无论是施里曼还是德尔费尔德还是布列，他们尽管都有各自的看法，但是却存在着共同的认识基础：认为希萨里克附近的山冈就是古代特洛伊城的遗址。假如古代特洛伊城的遗址不在那里，那么他们的推论就完全变成了空中楼阁。事实上，不断有人对古特洛伊城遗址的方位提出新的见解，例如多年从事荷马史诗研究的墨西哥语言学家罗伯特·萨利纳斯最近提出一种新的观点，他认为特洛伊城的遗址并不在小亚细亚，而应该在南斯拉夫境内的加贝拉镇，该镇位于纳雷特瓦河流入亚德里亚海入口处，这个地形与《伊利亚特》中的环境描述是接近的，并且"入口处"的位置也为希腊大军的停泊船只提供了证明。

还有人认为，特洛伊战争的主战场根本就不在特洛伊城，而在贝喀西以东的地方。在特洛伊城西北8千米处的贝西卡港湾有深水且深入内地，可以说是希腊军队船只理想的停泊之处。因此，有些专家强调说，特洛伊战场应该在特洛伊城以西的地方。

特洛伊城历史变迁示意图

从考古看来，特洛伊城前后延续时间较长，城市是在不断发展、扩大的。对它的一层又一层的发掘考证，我们可以得知它的每一层都是属于某一历史时期的居民区，一代代的人在这里生活过，一座座城市在这里繁华过。

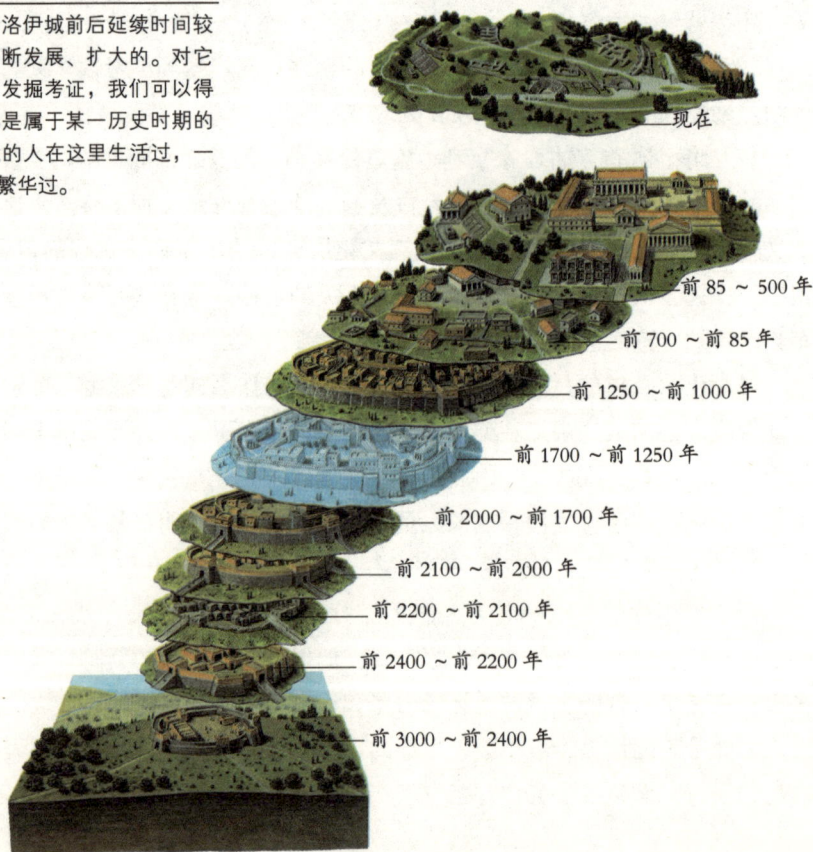

现在

前85～500年

前700～前85年

前1250～前1000年

前1700～前1250年

前2000～前1700年

前2100～前2000年

前2200～前2100年

前2400～前2200年

前3000～前2400年

但是约翰·克拉夫特的说法至今并没有得到很多人的认可。所以特洛伊战争的遗址究竟在哪里，至今还是一个未解之谜。

英国巨石阵遗址是天文观测仪器吗？

巨石阵局部

在英国古老而广漠的平原上矗立着许多奇特的巨石建筑，它们经历了几千年的风雨洗礼，也见证了人类历史沧海桑田的变迁。这片建筑被人们称为"古代巨石阵遗址"，它也是令人难以破解的世界之谜。

根据科学家实地考证，巨石阵最早建于约公元前 2800 年的新石器时代后期，那时已建成了圆沟、土冈、巨大的踵石和"奥布里坑群"的巨石阵的雏形。约公元前 2000 年，巨石阵建筑的第二阶段已基本完成了整个巨石阵。蓝沙岩石柱群和长长的通道是这一阶段的主要建筑。最为重要的是巨石阵的第 3 期建筑，时间大约在公元前 1500 年，这时沙石圈和拱门已建成，巨石阵已全部完工，这就是人们现在所看到的雄伟壮观的巨石阵遗址的全貌。很重要的一点是，整个巨石阵的工程需要 150 万人工，而整个建筑遗址中，始终找不到用牲畜和轮载工具的痕迹。

几百年来，人们一直被神秘的巨石阵遗址困扰着，然而为了将巨石阵的谜底揭开，有众多的科学家投入到了这方面的研究。1126 年，英国史学家杰弗里编写的《中世纪编年史》是关于巨石阵的最早记录，认为巨石阵是由亚瑟王的谋臣梅林用魔法从

黄昏中的巨石阵

远古的巨石阵真的是天文观测仪器吗？

爱尔兰运到英格兰作葬地材料用的。

对于巨石阵的研究，几百年来一直没有停止过，然而人们始终没有搞清巨石阵原先的建造目的究竟是什么。以往的考古学家大多数认为：巨石阵是举行祭祀活动的宗教场所，或是当时英格兰早期居民的基地。"奥布里坑群"里发掘出的人类遗骨能够有力地证明这种观点。但是，类似这样的巨石阵分布在地中海沿岸，其中主要是英国和法国的广大地区，这又说明它们不可能都是祭坛或墓地。

另有一些天文学者认为巨石阵是远古时代的天文观测仪器，这种观点比较令人信服。的确，巨石阵的神秘色彩与天文学有着不同寻常的联系。巨石文化专家阿特金森指出：当时蒙昧落后、没有任何先进计算工具的史前人类建造如此精密的天文仪是不可能的。英国天文学家霍伊尔提出反对意见：作为天文观测仪的材料为何不用轻便的材料和泥土而

巨石

使用难以开采的大沙岩？这样不是要耗费大量的劳力吗？而且奥布里坑群中的人类遗骨与天文学也很难联系起来。况且，如果是高度发达的史前文明的结晶，为什么又消失了呢？人们因此又回到宗教这个传统观点上去，甚至有人认为巨石阵与外星人有关。

英国巨石阵遗址究竟是进行祭祀活动的宗教场所，还是古人用来观测天象的天文

巨石阵

观测仪？还是外星人在地球活动的遗迹？抑或是其他？对于这些，人们目前都无从知晓，也许它将永远是个谜。

美洲金字塔是模仿埃及金字塔建造的吗？

提起金字塔，大家自然会想到矗立在尼罗河畔的壮观的法老陵墓，但是我们今天所说的，却是耸立在美洲大陆上的金字塔。

埃及金字塔给我们留下了数不清的谜团，无独有偶，美洲金字塔也令我们在奇迹面前像个弱智者，对其难以理解。在众多谜题中，人们最感兴趣的是：为什么在美洲也会有金字塔，美洲金字塔同埃及的金字塔有关系吗？

许多人认为，美洲金字塔是模仿埃及金字塔建造的，其理由有：第一，现在的考古已经证明，在几千年以前，人们凭借当时的技术条件，完全可以跨越大洋进行交流。例如中国的商朝和墨西哥的奥尔梅克、秘鲁的查比因文明都相当崇拜美洲虎神，并且虎神的造型和风格也相当接近。这说明新旧大陆居民是有往来的。第二，美洲金字塔和埃及金字塔无论外形和功用都大有相似之处。1958年，考古学家在墨西哥帕伦克的一个被称作"铭记神庙"的金字塔内部，发现了一个高7米、宽4米的墓室，石棺内放着一具有大量陪葬饰品的尸骨。据此，一些学者作出了这样的推测：很久以前，有部落从埃及迁徙到美洲，向美洲居民传授金字塔的建造技术。著名学者伊凡·范瑟提玛在《哥伦布以前到来的人们》中，就持这样的观点。

另有一种与之针锋相对的意见认为：美洲金字塔是美洲土著文化独立发展的结果，美洲金字塔和埃及金字塔毫无承继上的关系。通

卡夫拉金字塔及狮身人面像

5000年前埃及人以非凡的智慧建造了金字塔，5000年后的人们仍在探究它的神秘。无独有偶，美洲金字塔也给我们留下了许多的难解之谜。

美洲金字塔近观

过目前所出土的文物看，早在2万至3万年前，美洲最早的居民是经白令海峡从亚洲东北部进入美洲的亚洲人，他们依靠最简单的工具和武器，创造了颇具特色的灿烂文化。因此他们完全有能力独立建造出神奇的金字塔。

持此种观点的学者认为：虽然有些迹象已经表明，几千年前，人们利用当时的简陋工具，偶尔可以横渡大洋，从古代埃及跑到美洲是可能的，或者说从美洲跑到埃及也是可能的，但是问题的关键在于：谁能证明，在埃及出现金字塔之后和美洲出现金字塔之前的这段时间里，古埃及和美洲的居民有所来往呢？恐怕没有人可以证明这件事，因此说美洲的金字塔仿照埃及金字塔就毫无根据。另外，美洲金字塔和埃及金字塔在许多地方都大不相同。古代印第安人信奉多种自然神，如太阳神、月亮神、雨神、河神、天神等。他们登上高山之巅进行祭奠活动，以示更靠近神灵，而生活在平原、河谷地带的印第安人则在平地建起土丘，在土丘顶端筑起庙宇，用以祭礼。随着筑坛祭神活动的盛行和发展，神坛的规模也越来越大，逐渐建成为金字塔形，而且金字塔的建筑艺术也越来越高超。整个金字塔和塔顶庙宇与神坛中的神像、石碑及其他石雕艺术品，反映出不同时代和地区的古印第安人的政治、经济、文化的特点与风貌，同时也是美洲古代印第安人社会的神权中心。由于美洲金字塔原来是印第安人举行宗教仪式的地方，所以平台上的神庙是其主要部分。而埃及金字塔从一开始就是安

蒂卡尔金字塔

蒂卡尔位于美洲危地马拉北部佩藤地区的热带丛林中，是玛雅古典时期出现的第一个城市。金字塔是蒂卡尔最主要的建筑成就，它的基座一般不如埃及金字塔大，所以形成高峻奇峭的外部轮廓，从外观上来看，它与埃及金字塔有较为明显的区别。

埃及金字塔有许多奇妙的地方。正方形底面的边正对着东、西、南、北四方。这说明古埃及人已能确定方位。据说，把金字塔底面正方形对角延长，恰好能将尼罗河三角洲包括在内。

葬法老的墓穴。当然有的美洲金字塔也具备墓室功能，但一是数量不多，二是一般是后来从外面挖入，而不是一开始就是墓穴。美洲金字塔和埃及金字塔在外形上虽然有相似之处，但是也有很多不同，例如美洲金字塔不像埃及金字塔，多为四棱锥形，而是多为四棱台形，而且美洲金字塔的正面是台阶形的，也就是说人们可以沿着台阶一层一层地走到塔顶上。如果我们从建筑学的角度看，就会发现把巨大的建筑建成金字塔形是最为稳固的。并且无论是作为祭神场所的美洲金字塔还是作为法老陵墓的埃及金字塔，都具有浓郁的宗教色彩，而金字塔这种建筑是一种体现稳固性和永恒性的建筑，当然也是最为理想的宗教建筑样式，这种样式，聪明的埃及人会选取，智慧的美洲原始居民也同样有可能选取。

这两种意见谁是谁非，目前仍无定论，也许要解开这个谜，需要更多资料的发掘。

埃及狮身人面像之谜

在埃及的尼罗河畔，除了众所周知的金字塔外，还屹立着一座巨人——狮身人面像。它从埃及向东方凝视，面容阴沉忧郁，既似昏睡又似清醒，蕴含着一股雄壮的气势，给人以神秘的遐想。多少年过去了，经过几千年的风吹日晒雨淋，一切都在变化之中，然而狮身人面

古埃及国王的保护神——神鹰荷鲁斯

像却一直默默地守护在尼罗河畔，似乎在捍卫着什么，守望着什么。然而又是谁建造了它，保护了它，为它除沙除尘呢？

有种意见认为，狮身人面像在埃及"古王国"时期建成，是由第四王朝的法老卡夫拉（公元前2520～前2494）建成的。这是传统历史学观点，它出现在所有埃及学标准教科书、大百科全书、考古杂志和常见的科学文献中。这些文献都表示，狮身人面像的面部是按照卡夫拉本人的模样来雕刻的——也可以说，卡夫拉国王的脸就是狮身人面像的面孔，这一点已被认为是历史事实了。

比如，闻名世界的考古专家爱德华兹博士就说过，狮身人面像的面部虽已严重损坏，"但依然让人觉得它是卡夫拉的肖像，而不单只是代表卡夫拉的一种象征形式"。

他们之所以这样说，根据之一乃是竖立在狮身人面像两前爪之间的一块花岗岩石碑上刻着一个音节——khaf。这个音节被认为是卡夫拉建造狮身人面像的证据。这块石碑与狮身人面像并不是同时出现，而是对图特摩斯四世法老（公元前1401～前1391）功德的纪念。这位法老把即将埋住狮身人面像的沙土彻底清洗干净了。这块石碑的碑文说狮身人面像代表了"自始至终存在于此的无上魔力"。碑文的第13行出现了卡夫拉这个名字的前面一个音节khaf。按照瓦里斯·巴杰爵士的说法，这个音节的出现"非常重要，它说明建议图特摩斯法老给狮身人面像清除沙土的赫里奥波利斯祭司认为狮身人面像是由卡夫拉国王塑造的……"。

然而仅仅根据一个音节，我们就能断定卡夫拉建造了狮身人面像吗？ 1905年，美国埃及学者詹姆斯·亨利·布莱斯提德，对托马斯·扬的摹真本进行了研究，却得出了与此相悖的结论。布莱斯提德说："托马斯·扬的摹真本提到卡夫拉国王的地方让人觉得，狮身人面像就是这位国王塑造的——这完全是没有事实根据的；摹真本上根本看不到古埃及碑刻上少不了的椭圆形图案……"

你也许会问什么是椭圆形图案。原来，在整个法老统治的文明时期，所有碑文上国王的名字总是包围在椭圆形的符号里面，或是用椭圆图案圈起来。所以，很难使人明白刻在狮身人面像两前爪之间的花岗岩石碑上的卡夫拉这位大人物的英名——实际上其他任何一位国王都不例外——怎么可以缺少椭圆图案。

再者，即使碑文第13行的那个音节指的就是卡夫拉，也不能说明是卡夫拉雕刻了狮身人

阿蒙内姆哈特法老的狮身人面像

狮身人面像全景

面像。卡夫拉可能还因为其他功绩被怀念着。卡夫拉身后的许多位 (或许其身前也有许多位) 国王 (如拉美西斯二世、图特摩斯四世、阿摩斯一世等等) 都修复过狮身人面像，卡夫拉怎么就不可能是狮身人面像的修复者之一呢?

实际上，19 世纪末和 20 世纪开创埃及学的一大批资深学者都认为狮身人面像并不是由卡夫拉雕刻，这一说法才是合乎逻辑推理的。当时担任开罗博物馆古迹部主任的加斯东·马斯伯乐也是那个时代是受人推崇的语言学家，也是认同这种观点的学者之一。他在 1900 年写道:

"狮身人面像石碑上第 13 行刻着卡夫拉的名字，名字前后与其他字是隔开的……我认为，这说明卡夫拉国王可能修复和清理过狮身人面像，这在某种程度上也证明了狮身人面像在卡夫拉生前已被风沙埋没过……千百年过去了，'斯芬克斯'仍然伫立在尼罗河畔，即使它的身上已经是千疮百孔。也许对于敬仰它的人，膜拜它的人来说，这无损于它的形象。"

法老墓为何能杀人?

金字塔是古代埃及法老的陵墓，"法老"一词是人们对古代埃及国王的尊称。这些统治者为了使自己死后不受打扰，便不惜人力物力大兴土木，建造这些金字塔来存放自己的尸体。

在金字塔幽深静谧的墓道里，刻着一句十足威严的咒语："谁若打扰了法老的安宁，死神的翅膀就必将降临在他头上。"

人们以前对这种咒语不屑一顾，以为法老在墓道上刻上咒语，只不过是为了吓唬那些盗墓贼罢了，目的无非是想让自己获得永久的安宁。后来随着近代考古学的兴起，世界各地的考古学家和探险家前来埃及，或发掘古迹，或探寻宝物。他们自然也没有对咒语给予重视。可是接下来发生的事情，却让即使最胆大妄为的人和最痴迷于寻宝的人也望而却步：进入法老墓的人，无论是盗墓者、科学家还是探险者抑或好奇的游客，绝大多数人或染上不治之症，或发生意外事故，然后莫名其妙地死去。人们直到此时才重新开始审视刻在墓道里的咒语："……死神的翅膀就必将降临在他头上。"法老的咒语显灵了。

而在这些死亡事件中最为典型的，要算是挖掘法老图坦卡蒙的陵墓了。图坦卡蒙是埃及第十八王朝的法老，他9岁即位，不到20岁就去世了。据说，埋葬图坦卡蒙时陪葬了大量的珠宝，这吸引了许多探险者前来寻墓掘宝。1922年11月，英国考古学家卡特率领了一支考察队，终于打开了图坦卡蒙的陵墓，之前他们在埃及帝王谷的深山中奔波了整整7年。等他们凿开墓室时，金碧辉煌、满室珍奇异宝的景象让考察队员们

图坦卡蒙的黄金面具

欣喜若狂。然而人们意想不到的事情发生了，这支探险队的资助者卡纳冯爵士在进入陵墓后不久突然得疾病去世了。卡纳冯爵士当时年仅57岁，身体一直很好。但那天他的左颊突然被蚊子叮了一口，这小小的伤口竟使他感染了急性肺炎，以致要了他的命。而令人

卡特将图坦卡蒙金棺上的灰尘拂去，法老的遗体封在三层棺椁中，金棺是它的第二层。

不可思议的是，据后来检验法老木乃伊的医生报告说，木乃伊左颊下也有个伤疤，与卡纳冯被蚊子叮咬处疤痕的位置完全相同。更不可思议和更可怕的事情还在后面，在以后短短几年的时间内，涉及发掘和参观过图坦卡蒙陵墓的人中，先后有二十多人不明不白地死去了。

考察队的考古学家莫瑟，因他建议推倒墓内一堵墙壁，从而找到了图坦卡蒙木乃伊。卡纳冯爵士死后不久，他就患了一种神经错乱的怪病，痛苦地死去。

参加考察队的卡纳冯爵士的兄弟赫伯特，不久死于腹膜炎。协助卡特编制墓中文物目录的理查德·贝特尔，不久之后自杀。次年二月，他的父亲威斯伯里勋爵也在伦敦跳楼身亡，据说后来有人在他的卧室里发现了一只从图坦卡蒙墓中取出的花瓶。

而发现图坦卡蒙的考古学家卡特，自以为侥幸躲过了劫难，胆战心惊地过着隐居的日子，不料在 1939 年 3 月突然死亡，而其家人宣称卡特平时并没有什么大的疾病。

无独有偶，埃及开罗博物馆馆长米盖尔·梅赫莱尔曾无所畏惧地对周围的人说："我这一生与埃及古墓和木乃伊打过无数次交道，我不是还好好的吗？"然而未超过 4 个星期，梅赫莱尔突然去世了，时年 52 岁。

够了，这些足以让人噤若寒蝉，并且生出这样的疑问：这些人的死果真和法老的咒语有关吗？很多科学家自然极力否认这种"迷信"的说法。为了解开法老墓杀人之谜，几十年来，人们一直在进行种种的调查。一些科学家认为，死亡之谜来自于陵墓的结构。其墓道与墓穴的设计，能产生并放射出某种特殊的磁场或能量波，从而置人于死地。但要设计出这样的结构，必然要有比现代人更高的科学技术水平。而 3000 多年前的古埃及人又怎么可能掌握这种技术呢？

还有人认为，法老可能使用病毒来对付盗墓者，并且根据医生的报告，许多进入法老墓的死亡者体内都携带一种可以诱发呼吸道疾病的病毒。这也是为什么那么多人得肺炎而死的原因。但是什么样的病毒能在封闭的环境里生存 4000 年呢？

1983 年，法国女医生菲利浦提出了一种新见解，她认为死亡的原因都是因为死者生前对墓中霉菌过敏反应造成的。她分析说，在法老的陪葬品中，除了珠宝，还有水果、蔬菜等食品，天长日久，这些食品便生出各种各样的霉菌，这些霉菌在空气稀薄

图坦卡蒙金棺

神秘金字塔

在吉萨的胡夫金字塔是最著名的金字塔。胡夫金字塔高146米，由超过200万块石灰石组成，一些石头重15吨。

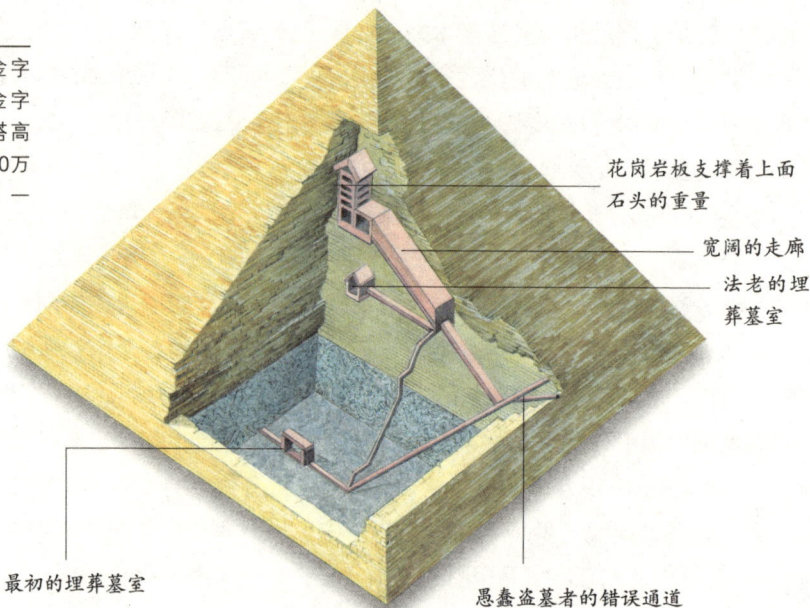

花岗岩板支撑着上面石头的重量

宽阔的走廊

法老的埋葬墓室

最初的埋葬墓室

愚蠢盗墓者的错误通道

的墓穴中，可以生存几千年，无论什么人，只要吸入这些霉菌，肺部便急性发炎，最后导致窒息而死。但是陵墓掘开后那么久，而霉菌微尘怎么不随风消散呢？

到底是什么原因导致了这些神秘死亡呢？显然现有的这些解释都有点牵强附会，难以让人信服，我们期待着科学家早日解开这个难解之谜。

克里特岛的迷宫是寝陵吗？

在中国古代，认真思考生死问题的人们把人的身体称为"逆旅"，意思是身体只是灵魂在尘世间暂时歇脚的一个寓所。生和死，住所和寝陵，真的是没有什么分别吗？

4000年前，地中海克里特岛上居住的是米诺斯人，他们专门从事航海贸易，创造

米诺斯王宫遗址壁画

湿壁画是一种绘于泥灰墙上的绘画艺术，这种创作手段，是米诺斯文明的主要艺术形式。

了比希腊还早的物质文明，而且成为一个光辉灿烂的文化中心。

世人早已不记得米诺斯曾有的文明及成就了。3000多年来，世人对米诺斯文明的了解，除了那个广为流传、有关克里特岛国王米诺斯及其半人半牛、藏身黑暗地下迷宫的贪婪怪物弥诺陶洛斯的神话以外，几乎是一无所知了。然而，英国考古学家艾文斯爵士在20世纪初叶，把米诺斯首都诺瑟斯的遗址发掘了出来。这次发掘的工程相当浩大，耸人听闻。诺瑟斯城自身就很大，加上所属港口，一共有近10万居民。但这座庞大建筑物是艾文斯最轰动一时的发现，他同大多数考古学家一样认为那座建筑物是王宫，属多层建筑结构，其中有好几层筑在地下。其建造之奇、藏品之丰，为世人所惊叹。王宫中有以海洋生物、雄壮公牛、舞蹈女郎和杂技演员为题材的色彩鲜明的壁画。另外，还有许多石地窖；有斧头的残片、铜斧乐器；以及一个以小片釉陶和象牙包金加镶水晶造的近1米见方的棋盘。细加琢磨的雪花石膏在看似国王的宝座上、在接待室的铺路石板上、在那些显出典型米诺斯建筑风格的上粗下细的柱子上、在门道附近闪闪发光。

那么，这座富丽堂皇、结构复杂的巨大建筑真的是一座王宫吗？虽然历史学家和考古学家一般都同意这种说法，但德国学者沃德利克则不赞同，而且其说法好像有所依据。在1972年出版的一本书中沃德利克说："诺瑟斯这座宏伟建筑，绝对不是国王

黑皂石雕成的公牛状酒器

此器皿是米诺斯人用来盛圣液的，而公牛具有特殊的宗教意义。

米诺斯王宫内景

生时居所，而是贵族的坟墓或王陵。"依据沃德利克的说法，被大多数考古学家所认为的是用作储藏油、食物或酒的大陶瓮，其实是用来盛放尸体。尸体被放在里面后，加入蜜糖浸泡以达到防腐的目的；石地窖则被用来永久安放尸体；壁画代表的是灵魂转入来生，并且把死者在幽冥世界所需物品画出来。沃德利克还认为那些精密复杂的管道，不是为活人设置的，而是为了防腐措施的需要。

为了支持自己的说法，沃德利克提出几项很有意思的事实，比如说诺瑟斯这座建筑物的位置，绝对不是建筑王宫的绝佳位置，因为它所处的地方过于开敞，四面受敌，如若有人从陆上进攻即无从防卫。同时当地没有泉水，必须用水管引水，水量很难供应那么多居民。"王宫"及附近范围内也无一望即知是马厩和厨房之类的房屋，这里的居民难道不需要交通工具和食物？至于那些被认为是御用寝室的房间，更都是些无窗、潮湿的地下房舍，在气候和暖、风和日丽的地中海地区，绝不可能选择这样的地方来居住。

迈锡尼文明是如何毁灭的？

大约公元前 2000 年左右，希腊人开始在巴尔干半岛南端定居，从公元前 16 世纪上半叶起，在爱琴海诸岛逐渐形成一些奴隶制国家，因当时最强大的王国的首都叫迈锡尼，所以人们称之为迈锡尼文明。1876 年著名考古学家谢里曼发掘出了迈锡尼文明遗址，其中发现了大量的线形文字——泥版文书。这些泥版文书大多出于公元前 13 世纪，每块上的文字，少的三四个，多则达百余，以简短者居多。从这些文字上我们可以了解到当时迈锡尼文明的人口状况、牲畜和农产品的数量、土地的数量、祭品的多寡、武器数量等，据此

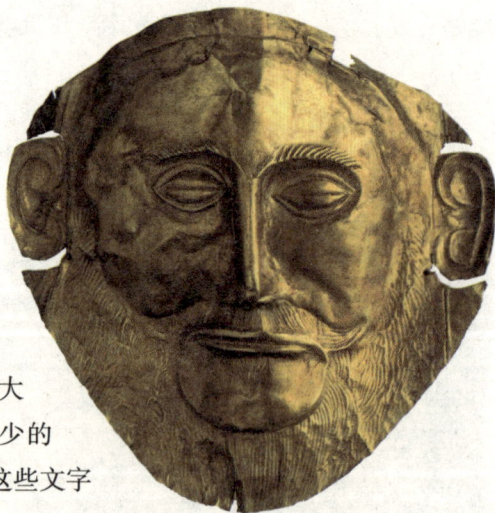

迈锡尼纯金面具
据说是依照阿伽门农的面部特征而制成的。

又可以推断出当时的经济、政治、宗教和社会结构，人们惊讶发现当时已经是奴隶制国家的成熟阶段，自由民已经有了很大的贫富悬殊。

迈锡尼遗址还出土了数量惊人的精美手工艺品、青铜武器、金器和陶器以及以战争题材为主要内容的壁画。公元前 1400 年以后的一百多年内，迈锡尼文明各中心与地中海地区的许多地方有频繁的商业联系。随着与海外先进文明地区交往的密切，迈锡尼的经济与文化迅速发展起来，国力日强，逐渐成为一个无人可与之抗衡的大邦。

迈锡尼古墓

公元前 1400 至前 1200 年，迈锡尼文明达到了全盛时期。

考古发现迈锡尼遗址主要是国王居住的城堡，它的城墙用巨石环山建成，厚达 5 米，高 8 米，城堡有宏伟壮观的"狮门"（因刻有双狮拱卫一柱的浮雕得名），城内建豪华王宫。城堡下面平川地带有广阔的市区，富商大贾和市民工匠居住其间。

然而昔日如此繁荣的文明世界，今天却变成了一堆断壁残垣，不禁令人生出无限的感慨和疑问：迈锡尼文明究竟是怎样毁灭的？

有人认为迈锡尼文明的衰亡与著名的特洛伊战争有关。虽然最后希腊人赢得了这场战争，然而他们围攻特洛伊城长达 10 年之久，浪费了大量的人力物力，同时特洛伊城在被围困的 10 年内其实已经相当贫困，因此当希腊人最后攻破特洛伊城后，并没有得到多少实惠，也不够补偿他们的战争消耗。所以在得胜的诸国（以迈锡尼为首）敲锣打鼓而回后，等待他们的是"黄雀在后"的厄运：迈锡尼诸国元气大伤，北

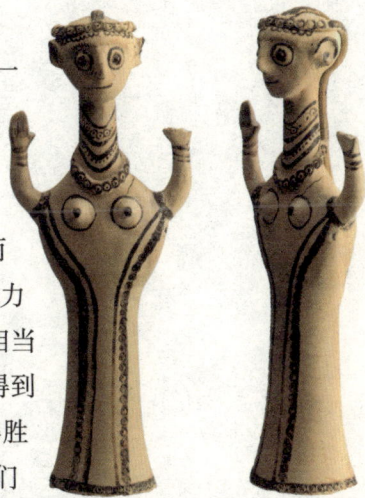

女性陶俑

狮子门

位于迈锡尼城堡的入口处，除了防御功能，城门还具有浓厚的宗教色彩：门楣上方的石狮分立在巨柱两侧，时刻守护着女神。

方游牧民族纷纷南下攻城略地，最终导致了迈锡尼文明的衰亡。

另有人说"罪魁祸首"是北方的游牧部落中的多利人。在著名的荷马史诗中，便记述了远在特洛伊战争之前，北方的游牧部落就逐渐南下进入迈锡尼世界的势力范围，其中多利人就从伊庇鲁斯到达了罗得斯等属迈锡尼的岛上。但是很多人反对这种观点，认为在多利人入侵之前，迈锡尼事实上已经衰落了。据考古学家考证，在公元前13世纪后期，迈锡尼文明的统治已经开始动摇，大量的城市已经荒弃，公元前12世纪迈锡尼的居住地有320个以上，到了公元前11世纪仅剩下了40多个。

另外，直到今日，考古学家也没有找到多利人入侵的证据。甚至有人猜测，多利人在早期是臣服于迈锡尼人的，多利人在很早以前就已经居住在迈锡尼世界，只

公元前1300年左右的迈锡尼圆墓

公元前1300年左右，规模宏大的圆顶墓代替了以前的竖井墓，同时，宫殿和城堡在迈锡尼出现。因此，圆顶墓的出现标志着迈锡尼等地奴隶制城邦的产生和迈锡尼文明的开始。

不过他们是被统治者。在荷马史诗中这样记述：赫拉克里特在迈锡尼服了 12 年苦役，80 年后，也就是在特洛伊战争之后，他的子孙返回，带来了多利人推翻迈锡尼人统治的消息——这只是内部的阶级斗争，而不是民族入侵问题。例如迈锡尼世界的另一个强大的城邦派罗斯，公元前 13 世纪中叶，由于青铜不足，青铜业衰落，从而激发了城市各阶层之间的矛盾。国家经济组织呈现松散无力的状态，税收无法保证，国库空虚，另外神权也受到极大挑战，在这样的情况下，派罗斯的中央集权已经受到了严重的破坏。而这可能是导致迈锡尼毁灭的根本原因。

还有人说迈锡尼世界是在海上民族的入侵下灭亡的。在公元前 13 世纪末，东地中海的海上民族陆续破坏了小亚细亚、叙利亚、巴勒斯坦、埃及等许多城市，自然也影响到了迈锡尼。但是我们从泥版图书上并未发现国家有特殊的军事行动，另外就算派罗斯王宫没有防御工事而遭毁灭，但是像迈锡尼等许多城邦都有巨石筑成的高墙，可谓戒备森严了，又怎么会遭受这等厄运呢？

爱琴海锡拉岛上的壁画——决斗的少年

也有人说是因为天灾的缘故，迈锡尼文明才消亡的。有考古学家认为，当时发生了连年的干旱，造成食物短缺，人口锐减，并且到处都是饥民暴动，在这样的情况下，迈锡尼文明自然逐渐式微，以致为异族所吞灭了。

但是这些说法目前还需要进一步的考证，要解开这个千古之谜，只能寄希望于更多新资料的挖掘和研究。

美洲人修建太阳门目的何在?

在世界上最高的淡水湖的的喀喀湖东南的安第斯高原上耸立着美洲古代最著名最卓越的古迹之一——太阳门，它是蒂亚瓦纳科文化的杰出代表。太阳门因其神秘性成为专家研究的目标。

太阳门高 3.048 米，宽 3.962 米，由重达 100 吨以上的整块巨型中长石雕镌成，中央凿一门洞。据说每当 9 月 21 日黎明时，第一缕曙光总是准确无误地从门中央射入。门楣正中间刻制着一个人形浅浮雕。从这个人形神像的头部会放射出许多道光线，他的双手各持着护杖，在他两旁平列着 3 排 48 个相对较小的、生动逼真的形象，3 排中的上下两排是带有翅膀的勇士，他们

黄金饰品
在美洲人心目中，黄金是太阳的象征。

面对神像；中间一排是人格化的飞禽。这块巨石在发现时已残碎不堪，1908 年经过一番整修，恢复了旧观，放在了今天人们看到的基地上。

那么，在古代美洲居民还没有制造出带有轮子的运输工具、也没有使用驮重牲畜的情况下，到底是什么人，在什么时候，又是为什么在这云岚缭绕、峭拔高峻的安第斯高原上建造了这座雄伟壮观的太阳门呢？这个问题至今依然在争论不休。

为了弄清这些问题，许多国家的考古工作者进行了巨大的、艰苦卓绝的研究工作。

美国考古学家温德尔·贝内特用层积发掘法证明蒂亚瓦纳科文化最早年代是在公元 300 至公元 700 年，而太阳门和其他一些建筑应是在公元 1000 年前正式建成的。

太阳门
太阳门的石雕用独块巨石雕琢而成，在正前方的上端雕着太阳神的形象。

他认为，这儿曾是一个宗教圣地，朝圣的人们在这儿举行朝拜仪式并建造了这些建筑。

蒂亚瓦纳科考古研究中心主任、著名的玻利维亚考古学家卡洛斯·庞塞·桑西内斯和阿根廷考古学家伊瓦拉·格拉索用放射性碳鉴定，蒂亚瓦纳科建筑应该是开始于公元前300年，而建成美洲这一灿烂辉煌文明的大约是在公元8世纪以前，一般看法认为是在公元5至公元6世纪。建筑者可能是居住在安第斯山区的科拉人，他们认为蒂亚瓦纳科建筑是一个举行宗教仪式的中心场所。太阳门极有可能是阿加巴那金字塔塔顶上庙堂的一部分。

美国历史学家艾·巴·托马斯也同意遗址是科拉人建立的这一理论，但他却并不以为这里曾是一个宗教中心，他说那里没有宗教和武功纪念

蒂亚瓦纳科的巨石雕像

碑，看起来却像是一个商业中心。阶梯通向的地方是中央市场，石门框上的那个人形浅浮雕是雨神，辐射状的线条是雨水，两旁的小型刻像象征着他们朝着雨神走去，以承认他的权威。

太阳门是外星人制造的吗？如若不是，那美洲人建造它的目的何在？专家们对于这些问题众说纷纭，无一定论。但人们相信，随着考古资料的不断发掘和科学技术的进一步发展，人们终会撩开笼罩在太阳门上的团团迷雾。

复活节岛上的石雕人出自谁手?

复活节岛属于智利，在太平洋南部，距离智利海岸约3700千米，是一个呈三角形的火山岛，仅仅100多平方千米的小岛上遍布着各种各样的死火山。如今岛上当地居民波利尼西亚人不到全岛居民的三分之一，其余大多为混血种人。

复活节岛的发现是很晚的。1722年，荷兰航海家雅各布·罗杰文在智利海域上航行，突然发现前方地平线处出现了一个绿点，起初他认为是海浪在阳光下的色变，等靠近了才知道是一个小岛。由于那一天刚好是复活节的前一天，于是雅各布·罗杰文

就把它命名为"复活节岛"。

在雅各布·罗杰文踏上复活节岛的一刹那，发现岛上有许多神奇的巨型石雕人，他立刻被这些鬼斧神工般的艺术慑服了。之后到这个小岛上参观、考察石雕的人越来越多，竟使这样荒凉偏僻的小岛成了世界著名的旅游胜地。

到目前为止，岛上共发现了约1000座石雕像。这些石雕像异常高大，一般都在7米以上，有的甚至超过了10米。这样高大的石雕，自然也就相当重——有的达到了90多吨！最轻的也有五六十吨重。石雕的艺术水平也相当高，造型多种多样，有的昂首挺立，默默注视着大海；有的翻倒在地，似乎要与大地做最亲密的亲吻；有的身首异处，在残缺中显出一种维纳斯神像的美感……但是都有一个共同特征，那就是石雕都只有从臀部以上的上半身，并且

图为复活节岛国家公园石雕人，有些头上戴着圆柱形红帽子的石雕人被当地人称为"普卡奥"石像。所有的石雕人像的造型一致，他们表情呆滞，脸形瘦长。这些石像所表现出的奇特风格，充分说明它是未受外来文化影响的本地作品。

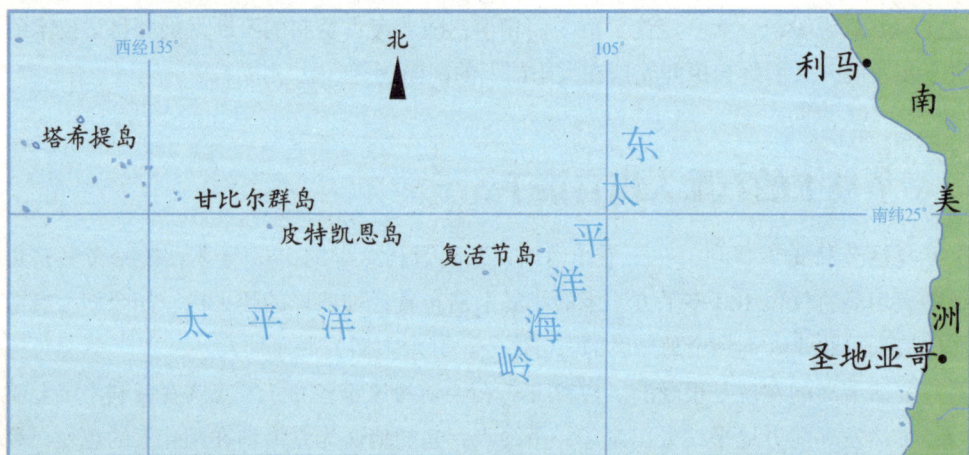

身躯笔直，手臂自然下垂，双手按在稍微凸起的肚子上。其中最具魅力的当属一尊原乌里乌伦加神庙的石雕，他呈现出一副思索的模样，眼睛望向脚下延伸着的土地，目光炯炯有神。让人感到奇怪的是在他的腹部有四只手在那儿放着，好像是雕刻家不满

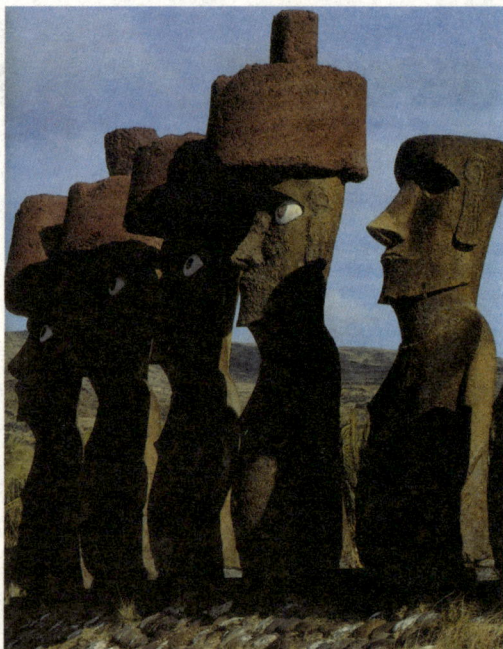

复活节岛距智利约有3700千米。

意原来的两只手，就又刻上了两只，却忘了把以前的两只抹去了。

在这个几乎与世隔绝的孤岛上，出现了这么多的神奇雕刻，不能不让人想到这样一个问题：这些石雕是怎么一回事？究竟它们是在什么时候产生、又是如何产生的？为此，人们进行了种种猜测与研究。

有人认为，复活节岛是曾经存在高度文明的古代亚特兰提斯大陆的一部分。古希腊著名哲学家柏拉图在《对话录》里曾经提到过亚特兰提斯大陆。大约在10000年以前，由于地壳变动的影响，南太平洋这个拥有灿烂文化的古大陆，和它的几千万居民一起沉到了海底。而当时属于大陆一部分的复活节岛，因为种种原因，逃过了这一劫，因此古文明的冰山一角——复活节岛上的千尊石雕人像得以保存下来。

复活节岛上的土著居民还保持着传统的习俗与装束。

还有人认为这些石雕是印第安人的手笔。因为复活节岛的住房样式与智利、秘鲁这些国家大同小异，而这些国家的最早居民则是印第安人。几千年前他们在这里创造了包括文字、图画、雕刻、系统的天文知识和风格独特的建筑等在内的高度文明。在复活节岛的南部石雕像里，有一个显然与众不同，他是坐着而不是站在那里，因此当时很可能已经出现了阶级社会。但后来不知道出于什么原因，这一切统统神秘地消失了，于是只留下这些石雕作为对已逝文明的缅怀。

另外有人认为，当时岛上的文明程度再高，他们的劳动工具只不过是粗笨的玄武岩扁铲，并没有铁器，而且人数又少，这么巨大的石雕，他们怎么可能完成呢？就是把石头从雕刻地运到海边，也不是一件简单的事，要知道，这些石雕高达10米，重几十吨啊！所以这些石雕绝对不是岛上的远古居民完成的，而很可能是外星人的作品，说不定这神秘的复活节岛曾是外星人的一个基地呢！

其实本来存在一把打开复活节岛石雕人之谜的钥匙，那就是当地土著居民说的"天书"或

瞪目而视的石雕

"会说话的木板"。岛上有许多刻着奇怪符号的木板，系用鲨鱼齿刻写而成，有的像人，有的像鱼，有的像工具，还有的像花草树木。当地人说从这些符号中可以知道复活节岛的历史，那么有关神秘石雕的问题也就迎刃而解了。可是，第一，这些木板曾经遭到传教士的掠夺，遗失大半，现在已经所剩不多了；第二，这些符号变化太少；第三，这些符号与岛上居民现在使用的文字没有丝毫联系，所以全世界的古文字学家都拿之毫无办法。据说关于这些"会说话的木板"还有这样一个故事：复活节岛上曾经有一个叫加伯利尔的人懂得这些符号，可是没等他传授给别人，就因麻风病死去了。从此这些"会说话的木板"变成了永远的哑巴。而要找到石雕的答案，也就难上加难了。

就连岛上的当地居民，也说不清楚关于复活节岛石雕的来历。他们没有从祖辈那里获知关于石雕的任何事情，只知道在很古老的时代就有这些石雕了。事实上，他们连对自己居住的岛的历史也不是很清楚。历史留给我们的谜实在太多了，但这何尝不是对人类智力和毅力的一种挑战呢？现在，越来越多的考古学家络绎不绝地赶到复活节岛进行考证，相信不远的将来，人类的科学一定能够揭开笼罩在复活节岛上的神秘面纱。

纳斯卡地画从何处来？

许多平行的直线像飞机跑道一样，图中所示的浅沟，让人联想到太空船降落时留下的痕迹。

秘鲁的纳斯卡高原是世界上最干燥的地区之一，这里终年骄阳似火，经常连续几年滴水不降。

几十年前的一天，位于秘鲁首都利马的民族学博物馆来了一位飞行员，他自称在秘鲁的安第斯山一带纳斯卡高原的沙漠上，发现了古代印第安人的"运河"。他拿出一张用铅笔勾抹着一些奇形怪状线条的地图，作为自己的证据。

几年过去了，这张地图辗转到历史学家鲍尔·科逊克的手里。科逊克带领一支考察队来到纳斯卡高原。在黑褐色的高原上，他们的确发现了十分明显的"白带"。在这条"白带"上，有的沟形状怪异，沿途也崎岖不平；有的沟则笔直，会长达 1.5 千米至 2 千米。顶多深

15 厘米至 20 厘米左右的河床，即使在如此平坦的原野上，水也不会安然流淌在这样的运河里，用运河来命名它，似乎有些夸张。所以，用"沟"来称呼这条"白带"似乎更为准确和到位。考察队的队员们手拿指南针，沿着弯曲的沟行走，同时在地图上记下沟的形状与方位。一段时间过后，他们完成了这个有趣的实验，沟的形状和方位图画成了。令人惊奇的是，这图就像一只喙部突出的巨鹰。与一条长约 1.7 千米的笔直的沟相连的是鹰的尾部。

发现于纳斯卡石谷中的地画

在当时的情况下，人们是怎样画出这幅巨鹰图的呢？又是怎样确定线条方向和准确地制定鹰身各部位的比例呢？当时采用的测量仪器又是什么样的呢？纳斯卡高原沙漠在考古学家面前展现了它迷宫的一角。

紧接着，一些巨大的人工平行线和许多奇异的图案被发现。当考古学家们乘上飞机以一定的角度在纳斯卡高原上空缓缓盘旋时，数千条方向各异的线条，分别组成三角形、螺线、四边形等多种几何图形。真是一组奇妙的画面！而且，人们还发现这里面有一幅章鱼图，章鱼伸展着八条弯弯曲曲的触角，非常形象。

人们还发现了这些地上画的规律，即完全相同的动物画，就像盖图章一样，每隔几十千米就出现一批。同时，比这些动物画大数十倍的人物画也被发现。其中一个长 620 米，躯干挺直而且双手叉在肋下的人像，令人称奇；还有一幅没有脑袋，却画有六个手指的人物等等。

还有许多沟更令人不解，它们有十分精确的南北走向，误差不超过一度。史料中没有记载南美居民持有指南针，而且北极星根本不会出现在南半球，在这样的条件下，画家怎么能画得如此精确呢？

以上种种原因和迹象，使纳斯卡高原上的地上画引起了人们的惊叹与关注。有些学者认为它可以与埃及金字塔和巴尔贝克神殿相媲美，将之称为世界第八大奇观。

猴子巨画

非常形象地展现了猴子的外貌特征，但在纳斯卡高原究竟是谁完成了如此巨大的工程，结论尚未确定。

科逊克等人在将星相图和纳斯卡高原平面图进行对照之后，发现整个四季的天文变化在这些地上画中也有明确的显示。有的标记代表月亮升起的地点，有的画还指出了最明亮的星的位置。在这部地上"天文历"上，太阳系的各大行星，都被标上了各自的三角形和线。在形状的帮助下，点缀在南半球空中的众多星座也能够在地上画中一一找到。

尽管人们对这些巨大的地上画有不同的解释，但大多数人都同意一点，即只有拥有高度发达的测量仪器和计算仪器的人才能制作出这些画，而且由于只有在空中才能看到它们的形状，所以它们是为专门从空中看才制作的。

据说印加人的部落曾经观察过在这里出现的让他们终生难忘的外星生物（或外星人），他们极其热切地希望这些外星生物（或外星人）能够回来。在年复一年的等待中，当他们的愿望实现不了的时候，他们便开始像外星生物（或外星人）一样在平地上构建图案。

但是，诸神一直没有光临，在这期间人类周而复始地出生死亡，起初人们借助划线方法并未将诸神召回，就开始刨出巨大的动物形象：首先是人们描绘各种各样象征飞行形象的鸟；后来在想象力的驱使下又去描绘蜘蛛、鱼和猿猴的概貌。

另外一些考古学家则持否定态度，认为这些图形和线条是半神半人的"维拉科查人"遗留下的作品，并不是出自凡人之手。这个族群在好几千年之前也将他们的"指纹"遗留在了南美洲安第斯山脉其他的地区里。

专家们对镶嵌在线条上的陶器碎片进行了检测，同时对这儿出土的各种有机物质通过碳-14进行测度，结果证实，纳斯卡遗迹年代十分久远，大概是从公元前350年到公元600年不等。至于这些线条本身的年代，由于它们跟周围的石头一样，本质上都是无法鉴定年代的，所以专家没做任何推测。我们只能这么说：年代最近的线条至少也有1400年的历史，但在理论上，这些线条可能比我们推测的年代更为久远。如果是后来的人携带这些我们据以推断日期的文物到纳斯卡高原，也是很有可能的。

以上的种种假设都存在着一些问题。首先，这些线条的坐标和动物的标志只有从高空中才能看出来，地面上的人如果没有先进的技术，根本无法画出来。其次，位于秘鲁南部的纳斯卡高原是一个土壤贫瘠、干燥荒凉、五谷不生的地方，长久以来人烟非常稀少，恐怕将来也不会有大量人口移居这里，在这种地方谁会去完成如此巨大的工程？

直到今天，人类仍然无法知道纳斯卡线条的真正用途和真正年代，更别说是谁画的。这些线条和图形是一个谜团，越仔细观察，就越觉得充满了神秘。

蜘蛛巨画

撒哈拉沙漠史前壁画谁人为之？

鳄鱼母子 利比亚

1850 年，德国探险家巴尔斯到撒哈拉沙漠进行考察，无意中发现有些岩壁上刻有水牛、鸵鸟及各种各样的人物像。1933 年，法国骑兵队又来到这荒漠之地，在中部的塔西利台地、恩阿哲尔等地方发现了长达几千米的壁画群——在受水浸蚀而形成的岩壁上绘满了五颜六色的壁画，色彩精致、工艺精良，远古人们的生活在这里栩栩如生。此后不断有考古学家、冒险家到撒哈拉沙漠觅宝寻奇。1956 年，法国探险队在亨利·罗特的率领下在撒哈拉沙漠勘探到了 1 万件壁画，随后他们将总面积约 11600 平方英尺的壁画复制品及照片带回巴黎，这个事件轰动了整个欧洲，引来无数艺术爱好者前往巴黎参观。

撒哈拉沙漠是世界上第一大沙漠，气候非常干燥、炎热。然而让人们大为不解的是：本是寸草不生的地方，竟然有过高度繁荣的远古文明。沙漠中发现的这些绮丽多姿的壁画，就是远古文明的结晶。

考古学家认真研究了发掘出来的大量文物，认为大约在 1 万年至 4000 年以前，撒哈拉是一个大草原，是草木茂盛的绿洲，当时估计有许多部落和民族生活在这片富

非洲是人类文明的发源地，原始时期非洲人创造的各种古老的艺术文化，经历岁月的沧桑和风雨的磨洗，依旧充满生命活力，撒哈拉沙漠的史前壁画就是最好的证明。

饶的土地上，所以才能创造如此高度发达的文化。从壁画中我们可以得知，这些撒哈拉"绿洲文明时期"的人类主要使用磨光的石器，他们已经学会了制造陶器，并且有了自己的文字。令人惊奇的是，尽管历经几千年的风吹、日晒和雨蚀，这些壁画的颜色还是相当鲜艳夺目，经过科学家分析，认为主要跟壁画使用的颜料有关。壁画所用的颜料是这样制成的：将许多不同的岩石和泥土，例如红色的氧化铁、白色高岭土、赭色或蓝色的页岩磨成粉末，然后用水拌在一起而成。壁画画成之后，在漫长的时间里颜料水分充分地渗入岩壁内，又在长久接触中发生了化学变化从而融为一体，因此画面的鲜明度才能保持这样长的时间。

壁画中最多的人物形象是武士。他们有的手拿弓箭追赶猎物，有的手持长矛、盾牌冲锋陷阵，大多体格健壮，表现出一种凛然不可冒犯的英武之气。也有不拿武器的，他们或者身缠腰布，头戴小帽；或者敲击乐器；或者作献物状，像是欢迎"天神"降临的样子——这些都是祭神的舞蹈。从画面上看，舞蹈、狩猎、祭祀和宗教信仰是当时人们的主要生活内容。

壁画群中动物形象千姿百态，各具特色，特别是对动物受惊后到处狂奔的刻画，真可以说逼真之极。这些动物从古老的水牛到鸵鸟、大象、羚羊、长颈鹿等草原动物，基本上按时间先后排列，反映出撒哈拉地区气候越来越干旱的特点。

在今天已是"一毛不拔"的沙漠里，为什么会出现这些足以称得上是世界奇观的

羚羊与人

大羚羊的形象较为写实，造型准确，姿态优美；而人物形象则采用了夸张手法，图案性较强，富有节奏感。

撒哈拉沙漠岩石水彩画

狩猎、放牧、马匹、骆驼这四个时期是撒哈拉古代岩画的重要阶段。这些岩画所绘制的年代不同，所体现的人物形象也各不相同。此画表现的是正在放牧的早期牧人，它的人物形象富有动感，不画五官，但形态动作生动而逼真。

艺术品呢？科学家利用目前所有挖掘到的材料，进行了种种猜测。

不少学者提出，要揭开这个谜，必须对撒哈拉的气候变迁作更为细致的考察。大约6000年前，撒哈拉沙漠到处是湖泊和草原，气候高温多雨，各种动植物迅速繁殖生长。到了公元前300～前200年左右，气候变异，湖泊干涸，草原变为沙漠。这就意味着，如果这些壁画是撒哈拉文明时代的人们所创造，那么他们至少存在了3000年！可是今天我们面对这一望无垠的大沙漠，不禁会想：创造了这伟大文化的远古人类到哪里去了呢？

在这些壁画群中，有这样一幅独特的壁画，画中的人物都戴着圆圆的类似现代宇航员的头盔，并且穿着极为笨重的衣服。而美国宇航局对日本陶古的研究结果，竟然和这些壁画的人物形象不谋而合。日本陶古，是在日本发掘出来的一种陶制小人雕像。以前人们普遍认为这些陶古是古代日本妇女的雕像。而美国宇航局的这一研究，推翻了这个结论，认为陶古是穿着宇航服的宇航员，因为这些看起来笨重臃肿的服装不仅有呼吸过滤器，而且还有因为充气而膨胀起来的裤子。日本民族的一个神话，也表明了陶古是宇航员的可能。在古老的日本，不知什么时候出现了一个关于"天子降临"的传说，接着在这个传说流传100年后，日本就有了陶古。难道二者之间仅仅是巧合？然而这样的"巧合"也未免太不可思议了。如果不是巧合，那么这件事只能这样解释了：很远古的时候，天外来客乘坐宇宙飞碟来到了地球，他们在日本的国土上着陆。当日本古代人民看到这些穿着"奇装异服"的来客后，便认定他们是天国的特使，因此"天子降临"的神话诞生了；外星人走了之后，出于敬畏，人们塑了他们的形象来膜拜。

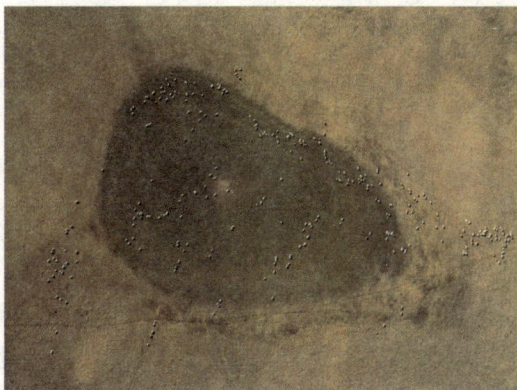

神奇的沙漠绿洲

当湖泊和草原被沙漠所吞噬，那些由原始非洲黑人所创造的艺术珍品——撒哈拉岩画只能在寸草不生的沙漠中沉寂，上万年后，它们才在现代人面前展现出来。

如果说日本陶古真的是宇航员，那么撒哈拉壁画中的与此相似的奇特人物形象，也大可以理解为天外来客留下来的另一遗迹吧？我们是无神论者，我们知道所谓"神"都是超出人们目前认识能力的事物。在100年前，如果有人说月球上有人类的踪迹，那么会立刻被人送进精神病院；可是仅仅50多年后人类就在另一个星球上留下了足迹；我们相信，很可能在不远的另一个50年，我们会踏上另一个星球。既然我们地球人可以跑到别的星球，那么外星人（宇宙实在太大，有生命的星球应该不只地球一个）又为什么不可以在地球上留下踪迹呢？当然，这仅仅是一种猜测。我们期待着科学早日解开撒哈拉沙漠上的壁画之谜。

反映人们生活风貌的壁画

牛时期的壁画，它主要表现游牧民族的生活。

031

"空中花园" 真是古巴比伦国王所建吗？

作为世界古代七大奇迹之一, 古巴比伦的空中花园让人惊叹不已, "想象其形而心向往之"。然而, 正因为没有见到其实物的存在, 从而让人对其真实性产生了怀疑。

传说巴比伦空中花园是新巴比伦国王尼布甲尼撒二世所建。因为他美丽的王妃安美依迪丝常常思念她那山清水秀的故乡, 加之, 她也不习惯于巴比伦炎热干燥的气候和单调的平原景色。所以, 尼布甲尼撒二世下令在巴比伦城中建起立体式的空中花园, 以博取王妃的欢心。

但是, 现在对于空中花园为尼布甲尼撒二世所建的说法, 不少人产生了质疑。他们认为空中花园更可能是在尼尼微而不在巴比伦。建国者不是新巴比伦国王尼布甲尼撒二世, 而倒有可能是早他100年的亚述国王辛那赫瑞布了, 为什么有如此说法呢？

被誉为"历史之父"的希罗多德在其书中对巴比伦金碧辉煌的宫殿和神庙建筑以及房屋、街道、商贸甚至连浮雕、装饰等多处细节都作过仔细描述, 并且盛赞巴比伦的"美丽远远超过了世界上的任何城市"。可是书中他却单单不提空中花园, 这是一个疑点。

同样也是罗马史学家的色诺芬在其著作中赞美了巴比伦城墙的雄伟壮观, 但对空中花园却也是只字不提。难道根本没有存在过这样一个建筑？

而且, 人们至今没有找到有关尼布甲尼撒建造空中花园的记载, 不过在有关亚述

伊什塔尔门

伊什塔尔门用珍贵的蓝宝石装饰, 守卫着进入巴比伦城的圣道。

空中花园

尼布甲尼撒二世为他的妻子安美依迪丝修建了著名的空中花园，目的是让她怀念起她家乡米底的绿色丘陵景色。这是古代著名的奇观之一，但现在没有人亲眼看到过这座花园是什么样子。

国王辛那赫瑞布的许多文献记载中却不止一次地提到他在尼尼微城中建有一座美丽的花园，并引城外的河水入城中浇灌花木。

而辛那赫瑞布的后代也常常提及，他们常在尼尼微的这个人造山形花园中以捕杀从笼子里放到园中的狮子和野驴为乐。

尼布甲尼撒二世死后23年，波斯人出兵占领新巴比伦城，他们还改变了幼发拉底河道，使河道远离了巴比伦城。按理说，巴比伦空中花园的花木肯定会因为缺水而枯萎，在百年之后不可能会还保持郁郁葱葱。可是在尼尼微的浮雕却表明，亚述人不仅采用"水泵"抽水浇灌人造花园，还用水槽将山泉引入园中。即使无人灌溉，花园依然可以苍翠如初。

以上两种说法都是言之有理，证据确凿，看来，今天的人们不仅不能看到那美丽的空中花园的"倩影"，连它的存在也只能是一个谜了。

泥塑狮子

狮子是王权的常见象征。这个泥塑狮子守卫在一个巴比伦庙宇外面。精美的细节显示了巴比伦人是熟练的雕塑者。

印度尼西亚 "千佛寺" 之谜

人们都公认由释迦牟尼创立的佛教产生于印度，然而世界上最大的佛塔却在印度尼西亚，而并非建于佛教起源国印度，这不能不说是一件令人奇怪的事情。

印度尼西亚的婆罗浮屠被列为东方文明的四大奇观之一，也是世界石刻艺术宝库之一。佛塔基座上刻有 160 块浮雕，这些浮雕都是根据佛经刻出来的。中部 5 层塔身和围墙上也刻有 1300 块精美浮雕，描绘了佛祖解脱之前日常生活的情景，但并不是佛教的传说，也有一些反映的是民间传说故事，有 423 尊塑像。这些浮雕刻画人物栩栩如生，形象逼真。

这座佛塔的名字中融合了印尼文化，并不是印度佛教文化简单的移植。"婆罗"一词来自梵文，是 "庙宇" 的意思；"浮屠" 是古爪哇文，意为 "山丘"，"婆罗浮屠"即为 "山丘之庙"。佛塔的数量很多，佛像也很多，庙中佛像有 1000 多尊，大型浮雕1400 余块。所以，在爪哇历史中，这座佛塔又被称为 "千佛寺"。佛塔被后人发掘出来后，大批学者纷纷前来对它进行研究。然而，时至今日，它的秘密也越来越多，人们都在努力探索，但都未能揭开这些秘密。

秘密之处首先在于建筑。关于佛塔的建筑年代在任何史料中都没有明确的记载。据考古学家们考证，从跋罗婆文写的碑铭上看，那些建筑年代久远，大约在公元772 ～ 830 年间，具体什么时间却无法确定。

湿婆神

湿婆神既是毁灭之神，也是再生之神，有时候他也被称为舞蹈之神，他毁灭一种舞蹈，然后再创造一种新舞蹈。

迦希吉耶

童神迦希吉耶有许多不同的名字，他的父亲是谁也有许多故事。他出生就是为了与恶作战，经常以印度国鸟孔雀的面目显圣。

其次，塔内众多的佛像、雕石均有着深刻的含义。然而，它却不是容易为今人所理解的。迄今为止，世人能够理解的仅占20%。如《独醒图》表现富贵不能淫；《救世图》赞扬佛的慈悲宽宏；《身教图》则教育人们不要冤冤相报，而剩下的大部分佛像雕石今人都已经很难理解其深刻含义了。

还有一个更多巧合的秘密是数字。在婆罗浮屠的整个建筑中，多次用到了"8"、"10"等数字。3层圆台上的小舍利塔的数目分别为32、24、16，塔内佛像总共有504尊，全部都是8的倍数。佛塔建筑中所有舍利塔的数目是73。而"73"的个位数与十位数之和恰好是10，这是佛教中一种圆空、轮回的教义的体现。另据传说，原来塔内佛像总数为505尊，后来由于塔顶原来的佛像修行圆满，达到涅槃，远走高飞了，所以现在的只剩下504尊。原佛像数505这3位数之和也是10，这与舍利塔的总数目具有相同的道理，即从0出发，经过9个实数后，回复到0，故10等于0。佛像在数字方面时时都注意体现教义。

《摩诃婆罗多》的插图

《摩诃婆罗多》主要描写的是俱卢和般度两个家族之间发生的长期争斗，其中有很多关系到历史的传说。有一个传说讲到了恒河的起源，另一个传说描写了"大洪水"的情况。

随着佛塔神秘面纱的揭开，也许会出现越来越多的类似的谜，人们目前还无法完全去破译这些谜的谜底。但相信时间的推移和高科技的发展，神秘的千佛寺将完全地展露在世人面前。

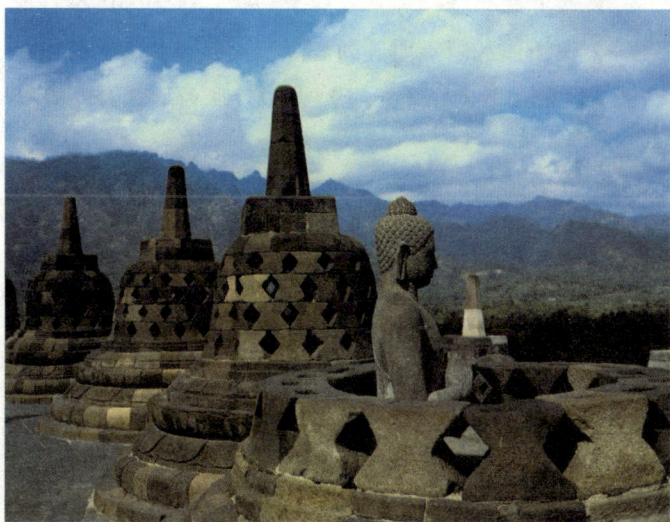

最高平台上的佛像和钟形佛龛

名人逸事

苏格拉底因何而死?

苏格拉底头部雕像

苏格拉底出生于雅典,他是古希腊伟大的哲学家,他活动于城邦的黄金时代,生于约公元前470年,死于公元前399年,死后留下一妻三子。他极具个人魅力,走到哪里都被人们尤其是热心的年轻人所簇拥;他极好争辩,对于某个问题倘若有人说已找到了答案,他就会接受挑战。

公元前399年,苏格拉底在监狱中谈笑自若地接过当局赐予的一碗毒酒一饮而尽,彼时他已逾古稀之年。这件事发生在雅典这样一个标榜自由和民主的城邦里,显得不同寻常,因为当时人们思想极为活跃,而且苏格拉底仅仅是一个终生以讨论哲学为唯一乐趣的清谈者,他是触犯了哪条律令而遭此惨剧呢?

苏格拉底被指控的罪名是不敬神灵和毒害青年。按照雅典的法律,每个雅典公民都有权利对危害雅典城邦的行为和个人提出公诉,于是当三个雅典公民以此罪名指控苏格拉底之后,一个由501名雅典公民组成的陪审团旋即成立,最终以281票赞成和220票反对的结果,宣判苏格拉底有罪,并判处其死刑。

但是无论是当时或后世的学者,都认为凭这两条"莫须有"的罪名不足以判处苏格拉底极刑,这其中一定隐藏着更深刻的原因。但是这深层次的原因是什么,人们却各执一端,莫衷一是。柏拉图等苏格拉底的追随者坚持认为,因为苏氏在和同伴们的讨论中毫不留情地揭露了雅典社会名流的腐朽,从而得罪了许多人,他们于是罗织罪名进行报复。

也有人认为苏格拉底之死是因为政治报复。当时民主政治在雅典已经屡屡受挫，公元前411年，受西西里远征失败的影响，雅典民主制首次被推翻，被一个由400人组成的寡头政府取代，尽管不久之后寡头政府就被推翻了，但是民主政治已经受到极大挑战。公元前404年，持续了几十年的伯罗奔尼撒战争结束，雅典终于为斯巴达所击败，在斯巴达的操纵下，一个由30人所组成的独裁政府上台，雅典民主政治再次被颠覆。这两次事件极大触动了雅典公民。而在这两次颠覆活动中，一向反对民主政治的雅典贵族们起了中流砥柱的作用，其中有很多人是苏格拉底的学生（例如独裁统治者克里底亚曾经是苏格拉底最亲密的学生之一）。事实上，苏格拉底的思想从根本上便是与雅典民主政治背道而驰的。苏氏认为，统治一个社会的不应该是少数人，也不应该是多数人，而应该是"有智识的人"，基于此，他不同意现存的所有政治制度，当然也包括雅典民主制。在雅典由于公民有言论的自由，所以刚开始苏格拉底的思想还能得到容忍，然而到了公元前5世纪末，雅典民主制开始摇摇欲坠，民主派由于恐惧失去从意识形态上同苏氏抗衡的信心，从而采取了从肉体上加以消灭的残暴方式，苏格拉底成为这一悲剧的牺牲品。

　　但是这也只是后人的推测。事实上苏格拉底完全可以摆脱死刑。雅典法庭的审判程序是这样的：在原告和被告各自陈述了自己的理由之后，由陪审团投票表决被告是

雅典学院 壁画

这幅宏伟壮丽的壁画是由拉斐尔创作，它描绘了古希腊最负盛名的思想家苏格拉底和众人一起探讨真理的情景。在中央披着蓝色衣袍的就是苏格拉底。

苏格拉底之死

法国著名画家大卫的这幅画描绘的是苏格拉底即将喝毒药赴死。他手指着天，神态安详。也许认为那里才是他的自由天堂。

否有罪，如果被裁定为有罪，再由被告和原告分别提出一种刑罚，然后由陪审团折中提出一种比较合适的刑罚。因此在苏格拉底被判有罪后，他的弟子们劝他提出一项较重的刑罚以博取陪审团的同情，但是苏格拉底近乎儿戏地在法庭上提出：由政府将他当作有益者供养起来，并提供免费餐。在判决之后，他的弟子们安排他逃走，也被苏格拉底拒绝了。他微笑着选择了死亡。这是为什么呢？不能不说是一个谜。

根据一些史料，我们知道即便是在克里底亚统治期间，苏格拉底也保持了自己伟岸的人格。首先他拒绝服从非法的命令，列奥是个富有的公民，为躲避暴政而逃回家乡，克里底亚要苏氏带领四人将他抓回，但是苏格拉底拂袖而去。其次，他极力谴责暴行，当克里底亚四处疯狂杀人时，苏格拉底对青年们说："一个牛倌，弄得牲口又瘦又渴，却不准人说他是个坏牛倌，使我感到奇怪；一个政治家搞得公民堕落，人口减少，却不以为耻，不认为自己是个坏的政治家，更使我感到奇怪。"由此管中窥豹，也不难明白"败坏青年"的罪名无论如何也落不到苏格拉底身上。

对于苏格拉底究竟因为什么被判处死刑，今天仍然不得而知，但是人们知道苏格拉底作为一个伟大的哲学家，大有为真理、为理想、为思想而献身的从容。他在服毒前含笑送走了妻儿，让他的弟子不要哭泣，最后的遗言是对一个叫克里托的弟子说的："我还欠阿斯克里皮乌斯一只鸡，不要忘了还他。"

达·芬奇神奇的创造力来源于他人吗？

意大利文艺复兴时代的伟大先驱列奥纳多·达·芬奇，是举世瞩目的旷世奇才。达·芬奇才华横溢，知识广博，在许多领域都有建树。他不仅在绘画、雕塑等艺术领域取得了极为丰硕的成果，而且在物理、数学、解剖、地质学、天文和建筑、工程制造方面都有很高的造诣，在这些学科领域中他无愧于"杰出创造者"的称号。就是现代科学家也十分惊讶于达·芬奇的精深的知识结构以及惊人的天赋。因为人们几乎不能相信上天会慷慨地把盖世奇才和美德完全地赋予一个凡人，而天才达·芬奇却能集这两者于一身。他为何如此幸运地得到上苍的青睐成为一个难解之谜。

达·芬奇自画像

欧洲一些专家学者近年来广泛而认真地研究了达·芬奇的生平，企图从中找到一些奥秘。有人用计算机分析了他一生的成果，结果令人们大吃一惊，若要完成他全部的绘画、雕塑、研究和各种发明等工作，就算一刻不停地工作，需要的时间至少也是74年。这对他来说，简直不可能，因为他只活了67年。

人们从达·芬奇的生平中，还能隐约感觉到某种神秘之处。他一无家庭，二无亲友，终其一生都在躲避着那些被他称为"多嘴的动物"的女人，他隐秘的生活使他从事的事业非常机密。这更使专家们怀疑，达·芬奇可能是得到了神秘人物的帮助。否则，一个人的精力是有限的，如何能取得如此大的成就？

达·芬奇绘制的各种设计草图

达·芬奇的才华并不仅限于绘画方面的成就，在他记录幻想发明和观察自然现象的笔记本中，同样显示了他在其他领域中的才能。如此丰富的创造都出自一己之力吗？

最后的晚餐 意大利 达·芬奇

达·芬奇的社交圈很狭小，这就使人们很容易对达·芬奇唯一的仆人托马兹·玛奇尼产生兴趣。托马兹·玛奇尼是一个时刻跟随在达·芬奇左右的人，他是一位面目慈祥、体格强壮并有一双智慧之目的中年术士，阅历十分丰富，曾到过东方，受到过东方圣人和统治者的接见，还带回了大量的古阿拉伯和古埃及的书籍。据记载，他是一位出色的水力专家、雕刻家、机械师，同时对炼丹术和妖法极为热衷，只是因为他身份低微，故不为人们所知。有些学者从这些史料中得出结论：托马兹·玛奇尼是达·芬奇的有力合作者。

但大多数历史学家对上述的观点颇有微词。他们认为，托马兹·玛奇尼这个人物是人们臆造的，并不是历史人物。

有些专家认为，达·芬奇可能是立足于古人的创造发明并对它们进行了再创造和改良而得到如此丰硕的成果的。他们指出，类似直升机的画，早在达·芬奇之前的佛来米派艺术家手稿中就已出现过，与达·芬奇后来的设计很相像。另外，有记载表明，达·芬奇与东方祭司相交甚密，长期往来。他可能从这些古代文明的传继者那儿，得到许多人类知识的精华。

对达·芬奇一生的创造也有人表现出不以为然的态度。他们指出，达·芬奇的科学创造，都只是停留在构想阶段，与真正的科学发明有着本质的区别。但是，持这种观点的专家也不得不承认，达·芬奇是一个集崇高美德和天才智慧于一身的奇才。

伊丽莎白女王为何终身未嫁?

伊丽莎白 25 岁登基为王,以其美貌、学识和至尊地位引得欧洲大陆无数王公贵胄尽折腰,争相向她邀宠求婚。然而她却终身未嫁,这究竟是怎么回事呢?

伊丽莎白虽然独身终生,但她也曾利用自己的婚姻大事作为资本,于欧洲各大国之间周旋。第一次是在她登基不久,当时国际社会迟迟未承认她作为英格兰女王的合法身份。法兰西人更在为结束西班牙与法兰西之间战争而举行的卡托—堪布累齐谈判中公然向伊丽莎白发难,提出了谁是英格兰王位合法继承人的问题。

伊丽莎白非常明白法兰西人的险恶用意,她不动声色地在暗中打起腓力二世这张牌来。在一段时间内,她对腓力二世的求婚

16岁时的伊丽莎白

谁能料到漂亮迷人的女王竟会终身未嫁!

既不回绝又不应允,使腓力二世对联姻怀有希望,然后借助西班牙在国际事务中的影响力,敦促其他国家认可伊丽莎白作为英格兰女王的合法身份。求婚之事因此就拖了几个月。直到伊丽莎白了解到英格兰特使已在卡托—堪布累齐和约上签字,说明国际社会已承认了她作为英格兰女王的合法身份后,她才一改几个月以来的模糊态度,明确告诉西班牙使节,她不能与西班牙国王腓力二世联姻,原因是双方宗教信仰不一样。

此后,伊丽莎白多次将自己的婚姻用作进行外交的一种工具。众多王公贵胄向伊丽莎白求婚时她都没有答应,她或许根本不打算结婚,然而她严密地隐藏自己的想法,她从不向各国王侯贵胄关上求婚的大门,而是欲言又止,一直让他们对联姻之事怀有希望。

不想结婚的伊丽莎白也喜欢与男人交往,在宫廷之中,就有不少她喜爱的庞臣,达德利勋爵是其中最令她心仪的人。高大强健的达德利是贵族之后诺森伯兰公爵的公子,他英俊潇洒,一表人才。伊丽莎白对他十分宠爱,在1564年竟加封他为莱斯特伯爵。实际上,伊丽莎白早就有与他结婚、永为伴侣的打算。可是有一件事情令她最终放弃了此念。那就是,莱斯特伯爵在成为女王宠臣

西班牙国王腓力二世像

老年的女王

这幅画像是为庆祝1588年英国战胜西班牙无敌舰队而绘的。此时女王已近垂暮，但她的画像永远是年轻美丽的。

之前已是有妻室之人。而且很凑巧，莱斯特之妻罗布莎特有一天突然命丧九泉，因此有好事者传说，罗布莎特是其丈夫为与女王成婚而故意谋杀致死的。不管此事是否属实，终究是人言可畏，女王深恐与莱斯特结婚会引来非议，有损君王尊严，终于未能结成连理。

罗伯特·达德利像

首任莱斯特伯爵，自1560年以后一直是女王伴侣强有力的候选人。女王拒绝了他，但依然对他宠爱有加，直到达德利于1588年去世。

1578年，法兰西国王亨利二世之弟、年轻的阿朗松公爵亲自登门向伊丽莎白求婚，但这场求婚却成了一场马拉松，直到5年之后，即1583年，50岁的伊丽莎白才明确宣布拒绝了他的求婚。

阿朗松成为了最后一位求婚者。此后伊丽莎白便没有提过婚嫁之事，其中奥秘如何，那恐怕就是一个无法解释的谜了。

莫里哀是否娶了自己的女儿为妻？

莫里哀（1622～1673），原名让－巴蒂斯特·波克兰，出生于巴黎富商之家，1644年首次使用艺名莫里哀。他30余年辛勤耕耘，终于成为17世纪法国最伟大的剧作家，可以说是继莎士比亚之后成就最为巨大、影响最为深远的剧作家。

然而始料不及的是，在剧作家死后，有关他妻子的身世被人争论不休，从而成为文化史上的一个难解之谜。

人们可以确定的是，在莫里哀约40岁时，娶了年轻的弗朗索瓦兹·贝亚尔为妻，可是始终不清楚弗朗索瓦兹到底是谁的女儿。因为莫里哀年轻时曾和贝亚尔家族的玛德莱娜·贝亚尔有过一段恋情，巴黎上流社会嫉恨莫里哀的人便诋毁他娶了自己的亲生女儿。

莫里哀的画像

他是17世纪法国历史上最伟大的剧作家。他的作品结构完整，内容发人深省，在心理探讨上能深及人类诸如贪婪、野心、爱情和嫉妒等基本的情感。或许正是因为他的伟大成就遭人妒恨，居心不良的人才编造了莫里哀娶自己女儿为妻的谎言对其进行诋毁。

有一种意见认为，莫里哀的妻子是阿尔芒德，她是玛德莱娜·贝亚尔的妹妹，而并非其女儿。这种说法有两种书面证据：一是1662年2月20日，莫里哀结婚时，在圣日耳曼－奥塞尔堂区发的结婚证书和户口簿上，莫里哀妻子所用的名字不是弗朗索瓦兹，而是阿尔芒德。二是阿尔芒德在极其重要的两个证件上填写的身份都是玛德莱娜·贝亚尔的妹妹。因其证据确凿，有很长时间人们对这一点都没有什么异议。

而那些仇视莫里哀的人，则坚持说莫里哀娶的是自己的亲生女儿，其中一部分人认为莫里哀年轻时便与玛德莱娜相爱，并生下了一个女儿弗朗索瓦兹，可是以后由于种种原因莫里哀和玛德莱娜并没有结成夫妻，于是莫里哀深感遗憾，在他的内心深处产生一种情结，终于令他冒天下之大不韪娶了自己的亲生女儿。但这一说法难以让人信服。

这是莫里哀第一部世态喜剧《可笑的女才子》中人物形象的绘画。在这部作品中，莫里哀主要以有趣的戏剧动作表达准确的观念，并尽量夸张人物的特性。

另一部分人声称，莫里哀并不知道弗朗索瓦兹便是自己的亲生女儿，当弗朗索瓦兹在"光耀剧团"日益走红后，莫里哀仿佛在她身上看到了玛德莱娜的影子，对她产生了"成年男子神魂颠倒的'爱情'"。1661 年，当莫里哀表示要娶她为妻时，她却不怎么愿意，但是经不住莫里哀的紧追不舍，弗朗索瓦兹出于种种考虑，最后在 1662 年和剧作家结婚。

但是更多的人倾向于这种看法：莫里哀的妻子弗朗索瓦兹的确是玛德莱娜的女儿，但绝不是莫里哀自己的女儿。其中法国当代一位著名的历史学家、法兰西学院院士勒诺特尔的意见最具代表性。他在《时代》杂志发表专文，提出了自己的看法：法国亲王莫德纳伯爵为了继承财产娶了一个大自己 15 岁的女人，随后自己沉醉于放荡不羁的腐朽生活，他在巴黎结识了迷人的女郎玛德莱娜，并且在 1638 年玛德莱娜 20

在听一位先生朗读莫里哀剧本的人们

莫里哀的作品在当时产生了深远的影响，人们常常被剧本里的剧情所吸引。

图为莫里哀剧作《伪君子》的绘画。

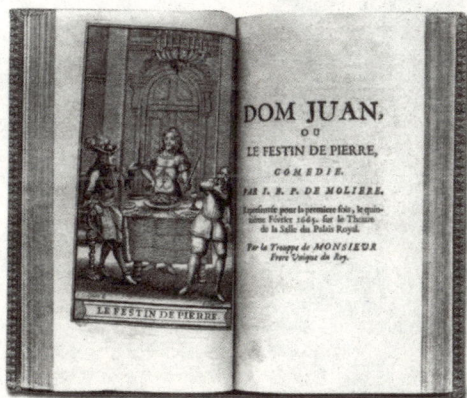

于1665年出版的莫里哀作品《唐·璜》的书影

岁时，他们有了一个女儿，这个女孩儿在圣—厄塔什教堂受洗后起名为弗朗索瓦兹。但是在1652年也就是弗朗索瓦兹14岁时，母女两人同时来到"光耀剧团"，当时35岁的玛德莱娜仍然野心勃勃，为了不暴露自己的真实年龄，就隐瞒了弗朗索瓦兹的真实身份，并将女儿改名为阿尔芒德。这种莫名其妙改名字的事情在当时的剧团里非常普遍。至于弗朗索瓦兹在成名后仍然沿用阿尔芒德这个名字，历史学家推测可能是后者更为高雅，更适合一位著名女演员。

另外，玛德莱娜非常富有，她死后将绝大部分财产留给了弗朗索瓦兹，据此可以断定弗朗索瓦兹是她的女儿无疑了。勒诺特尔进一步推测，玛德莱娜很可能在临终前恳求莫里哀和弗朗索瓦兹重新结合，因为在她死后，两人和解了，并且在那一年（1672）的10月生了一个儿子，取名叫让—巴提斯特·阿克芒德，这是用父母双方的名字合成的。

尽管勒诺特尔的推测有很强的可信性，但是在法国文史学界并未取得一致的意见。持怀疑意见的人这样认为，在莫里哀的剧团里，像弗朗索瓦兹这样才貌出众的女演员大有人在，而莫里哀偏偏娶了玛德莱娜的女儿，后者又与剧作家有过情侣般的关系，这难道仅仅是一种巧合，而没有别的隐情？

人们认为剧作家的人格是高尚的，并寄希望于研究者早日找到有价值的史料，了却这个文学史上的悬案。

牛顿晚年为何会精神失常？

伊萨克·牛顿（1642～1727）是英国近代著名物理学家、天文学家、近代力学奠基人。一提起他，人们很自然地会想起苹果落地的故事：1665年，牛顿在家乡林肯郡的一个乡村疗养。有一天，他坐在一棵苹果树下读书，突然一只熟透了的苹果从树上掉了下来，这引起了牛顿新的思考：苹果为什么会垂直落到地上？这个问题最终促成了一个伟大的原理—万有引力定律的产生。可以说牛顿的一生是充满智慧和创造的一生，而就是这样一位充满智慧的伟人，却在50～51岁期间突然精神失常，对于其

牛顿像

伊萨克·牛顿是世界上杰出的科学家。他在物理、天文、数学等领域都作出了卓越的贡献，为现代科学的发展奠定了基础。

这幅威廉·布莱克所绘的牛顿肖像画，表现了牛顿作为一名伟大的科学家专心研究学问的痴迷，也暗示其作为一名狂热的炼金术士沉迷宗教的结局。

中的原因，当时及此后 250 多年的时间里，众多的科学家都试图找出一种合理的解释，但还没有最终达成共识。有人认为这主要是由于劳累、用脑过度所致；有人则认为是外界强烈的刺激，引起了他精神的暂时"短路"，还有人提出是汞中毒的结果。

其中认为牛顿是由于劳累和用脑过度而导致精神失常的观点得到大多数人的支持。

关于牛顿专心工作的故事，就连小学生也可以随口说出一件来：有一次，牛顿请朋友吃饭，他却一直在实验室工作忘了时间，饿极了的朋友只好先吃了一只鸡，骨头堆放在盘子里。过了好久，牛顿才出来，看到盘中的鸡骨头，"恍然大悟"地说："原来我已经吃过饭了。"就又回到实验室工作去了。1687 年，45 岁的牛顿发表了《自然哲学的数学原理》，这是他一生最为重要的著作，该书以牛顿三大运动定律和万有引力为基础，建立了完美的力学理论体系。为做好这项工作，牛顿夜以继日地在实验室专心研究。他很少在夜间两三点钟前睡觉，有时一直要工作到清晨五六点钟。《自然哲学的数学原理》问世后，他又立即转入了光学

画家笔下童年时代的牛顿

性格忧郁，喜欢沉思，神情脱俗。牛顿以后的伟大和精神上的矛盾此刻已有所流露，预示着这位巨人一生的命运。

的研究。如此高强度的工作使他不到 30 岁就已经须发皆白了，长期的用脑过度，极端紧张的工作，造成了科学家植物性神经功能紊乱，最终使他患上了精神失常的疾病。

剑桥大学木桥

还有人认为牛顿精神失常是受外界环境的强烈刺激所致。牛顿 18 岁便进入剑桥大学学习，很快就在科学界崭露头角，以自己的才华得到了很多前辈的赏识，在科学的道路上可谓一帆风顺。但 1677 年，他的恩师巴罗和一向爱护他的皇家学会干事巴格相继去世，这令他极度悲伤，曾使他的研究工作一度停止。在 1689 年，他被选为英国国会议员。来到灯红酒绿的伦敦后，他已不可能像从前那样再待在安静的实验室里，各种上流社会的交际应酬使得他的经济捉襟见肘，但多方努力都无法摆脱困境，最后，他闷闷不乐地回到了剑桥大学。1691 年至 1692 年，又有两件重大的事情对他的精神产生了极为不利的影响。一件是他母亲的去世，在此后相当长的一段时间内，他都一直精神不振。另外一件是他著作的手稿被烧毁。在他办完母亲的丧事回到剑桥大学后不久的一天早晨，当他从教堂做完祈祷回来，竟发现燃尽的蜡烛已将他书桌上摆放的有关光学和化学的手稿及其他一些论文都化为灰烬了。《光学》是他一生中仅次于《自然哲学的数学原理》的最重要的一部著作，《化学》也是他花费近 20 年

牛顿一生成绩斐然，受到了世人的尊重。图为各国发行的纪念牛顿的邮票。

牛顿的办公桌

桌上摆满了光学和数学仪器，牛顿以他天才的智慧使人类的科学研究登上一个新的高度。可能是由于用脑过度的缘故，他患上了精神病。

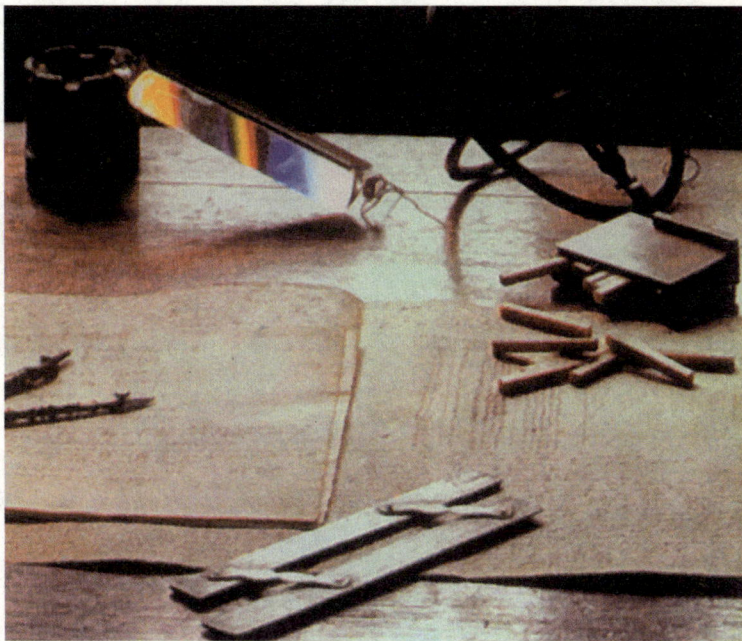

时间辛勤研究的结晶，堪称一部科学巨著。对此，牛顿懊悔不已。他不得不重新整理《光学》手稿，至于《化学》他却再没有精力去做了。

还有一种较新的看法是，牛顿精神失常是由于汞中毒所致。有两位专门研究牛顿生平的学者，对牛顿遗留下来的 4 绺头发通过现代中子活化、中子衍射等先进手段来综合分析。发现牛顿头发中所含的有毒微量元素的浓度是正常人的好几倍，尤其是汞的含量更是高得可怕。许多学者由此断定：牛顿长期待在实验室里，经常接触有毒的金属蒸气，特别是汞，从而导致中毒精神失常。但这种说法也遭到很多人的质疑，因为牛顿一生中，只有在 50 岁至 51 岁期间精神失常过，其余都处于正常状态，而且我们也无法断定这 4 绺头发就是他患病期间的，就头发来推断他精神失常的原因太没有说服力了。其次，人头发的微量元素受外界影响很大，这 4 绺头发历经 250 多年，很难保证没有受到外界因素的干扰。现在医学上判定汞中毒的临床表现，如手指颤抖、牙齿脱落、四肢无力等症状，牛顿都不曾有过，所以汞中毒的说法很难令人信服。

时到今日，对于牛顿晚年精神失常的原因，仍然没有找到一个合理的解释。

俄国女皇叶卡捷琳娜二世是怎样登上王位的？

沙皇俄国在其长期的君主统治中出现了一位赫赫有名的类似中国的女皇武则天式的女沙皇——叶卡捷琳娜二世。那么叶卡捷琳娜二世是怎样登上皇帝的宝座呢？众说纷纭，有人说是继承，有人说是通过发动宫廷政变，那么她又是怎样发动宫廷政变的？这还得从她成为王室成员开始说起。

叶卡捷琳娜是俄皇彼得三世的妻子，她在为俄皇室完成传宗接代任务后，地位岌岌可危，丈夫彼得早已对其厌倦，人们早已将其忘记，她只是苦苦忍受耻辱和孤寂。

叶卡捷琳娜这位不同凡响的女人绝不可能心甘情愿做一名忠实的妻子和殉难者。她一方面靠追逐声色犬马的生活来满足自己已被激起的肉欲；另一方面，她在卧薪尝胆，耐心地等待着能使她成为女皇的机会。伊丽莎白通过没有流血的政变登上皇位就是她面前最好的例子。她将要在政坛上小试锋芒了。

爱骑马的叶卡捷琳娜

叶卡捷琳娜为了达到目的，开始培植私党。她把禁卫军军官格里戈利·奥尔洛夫列为首选对象，奥尔洛夫的4个兄弟阿列克谢、费多尔、伊凡和弗拉基米尔都是禁卫军军官。叶卡捷琳娜如愿如偿，奥尔洛夫成了他的情夫。这既满足了她野马般的欲望，又为未来的宫廷政变提供了很好的机会。

彼得大公也并不是吃素的，他对叶卡捷琳娜的阴谋早有所闻，他也在积极行动。这个骨子里流着普鲁士的血液的昏庸之君，早就打算与他的情妇伊丽莎白·沃沦佐娃结婚而把叶卡捷琳娜甩掉。

1762年，荒淫暴戾的伊丽莎白终于死去。根据遗诏，彼得做了皇帝。新登基的彼得三世注定是俄罗斯的克星，他把俄国推到灾难的边缘。而他的登基，也将为他的妻子叶卡捷琳娜带来灭顶之灾。

彼得决定把叶卡捷琳娜幽禁在舒吕塞尔堡要塞，并且以他凶残乖戾的性格，他下一步就要动手杀妻子。

沙什科——塞罗庄皇家避暑胜地

彼得三世好像也预感到有某种阴谋正针对他而来。他将叶卡捷琳娜的党徒之一帕塞克逮捕了。叶卡捷琳娜明白只有先下手，否则就只能做阶下囚甚至是命归黄泉。事不宜迟，1762年，在奥尔洛夫兄弟的支持下，叶卡捷琳娜发动宫廷政变。士兵们穿着俄罗斯的传统军服，簇拥在新女皇叶卡捷琳娜周围并且冲上前吻她的手、她的脚和她的衣服的下摆。女皇置身于欢乐的喧嚣中。所有的俄国人好像都很兴奋，他们高呼着"叶卡捷琳娜！我们的母亲叶卡捷琳娜"，宫廷显贵、各国公使、神父争先恐后地欢迎他们的新女皇。

格里高利·波将金像

他是女皇的宠臣和心腹，为女皇登上王位出力良多。

软弱无能的彼得三世被迫退位，接着又被软禁起来。在给叶卡捷琳娜的信中他这样写道："请陛下对我放心，我既不会想，也不会去做反对您本人和您的统治的事。"

虽然彼得对她已不构成威胁，但叶卡捷琳娜并不愿轻易放过曾给她耻辱的彼得，彼得不久就遭谋杀。叶卡捷琳娜的诏示说彼得死于剧烈绞痛，实际情况并非如此，彼得死时全身发黑，向遗体告别而吻他嘴唇的人自己的嘴都肿了。可见，叶卡捷琳娜对其十分怨恨，可能不管彼得对叶卡捷琳娜怎样，她都要当上女皇，但彼得对其确实起了极大的刺激作用。

谁是杀害普希金的真正凶手？

普希金是俄国文学史上最伟大的诗人，然而这么一个伟大的诗人，俄罗斯人民的骄傲，却是死在一场决斗之中，而且对手竟是一个庸俗不堪的法国流亡者。倘若没有这场决斗，这位流亡者终生将不为人知；但是他沾了诗人的光，让人记住了他的名字——丹特士。

诗人死了，给我们留下遗憾的同时，也给我们留下了无尽的疑惑：

普希金像

普希金是俄罗斯19世纪最伟大的诗人，他给世人留下了无数优美的诗歌。爱情如同他的诗歌一样在他的生命里永不缺乏，也正因为情爱的冲动使得诗人更显纯真与崇高，直到他的生命因为与人决斗而终结。

他为什么要和丹特士决斗？诗人真正的死因是什么？到底谁是杀害诗人的真凶？人们普遍认为，普希金的死与三个人有着密切关系：丹特士、普希金的妻子娜塔丽娅和沙皇尼古拉一世，其中娜塔丽娅起着关键作用。

娜塔丽娅是莫斯科公认的第一美人，当普希金第一次在舞会上与其相见，便深深迷上了她。当时诗人声望如日中天，加上又是贵族出身，因此有无数美人贵妇迷恋着他。但是娜塔丽娅好比是出水芙蓉，娇艳欲滴，在众多女子中脱颖而出，诗人迅速拜倒在她的石榴裙下。在诗人的苦苦追求之下，娜塔丽娅终于心动，他们在 1831 年 2 月结婚。他们的婚姻轰动一时，几乎所有的人都认为他们是"才子佳人"、天生一对。但谁也没有想到，六年之后，诗人便因为这个女人招来了杀身之祸。

普希金在感情方面成熟得很早，他天生是一个情种。图中这位绰号叫"夜夫人"的欧多克西娅·葛利金娜公爵夫人曾让普希金整整迷恋了两年。

19世纪私人住所里发生的偷情现象在俄国贵族中相当流行，娜塔丽娅的红杏出墙让诗人近乎绝望。情欲的火花，爱与恨的交织，生与死的考验，使诗人别无选择，只能选择决斗，用生命来对那个时代发出呼吁之声，渲泄自己的愤懑。

为了尊严和名誉，普希金倒在了决斗场上，因伤势过重，一代诗豪不治身亡，时年才37岁。俄罗斯人为诗人的悲惨命运而流泪。

现在，随着研究者不断地挖掘资料，人们怀疑沙皇尼古拉一世是这场决斗的幕后操纵者。那么沙皇为什么要除去诗人普希金呢？原因有两个：

第一，因为普希金的诗歌和小说宣扬自由民主，同情十二月党人起义，引起沙皇的强烈不满。他原来曾将普希金流放，但诗人影响力却越来越大，最后他又假惺惺地将普希金召回莫斯科，并册封他为御前侍卫，企图借以收买诗人。但是诗人软硬不吃，继续歌唱自由，反对暴政。沙皇恼羞成怒，又不能光明正大地处死普希金，于是让丹特士去勾引娜塔丽娅，并促使他们进行决斗。

19世纪欧洲制造的手枪，在私人决斗中，它常常被用到。

第二个原因是沙皇觊觎普希金妻子的美貌。因为普希金身为侍卫，不得不常常带着妻子参加皇室舞会，沙皇是个好色之徒，于是寻找种种借口和娜塔丽娅接近，处在丈夫地位的普希金，自然成为上流社会的笑柄，于是便警惕妻子的行为，不让沙皇得逞。而沙皇既有了这种卑鄙的念头，又加上普希金在政治上不驯服，于是就设计杀害了诗人。

据说，在普希金和丹特士决斗之前，有人将这件事报告了沙皇，要求沙皇下令阻止这场决斗，因为只有皇帝的命令才能取消这种西方贵族式的决斗。沙皇口头上痛快地答应了，但暗地里却告诉送信人错误的地址，等使者捧着诏书赶到时，诗人已倒在血泊之中。

还有一种说法，也相当可信。普希金妻子娜塔丽娅生活放荡，她轻佻的行为令诗人蒙羞，致使诗人为爱情和名誉而死。

曾经发生过这样一件事：有一次，娜塔丽娅在客人的面前，要求丈夫在她的影集上题诗，普希金对这种庸俗的行为感到十分厌恶，回答说："我不是相册上的撰文专家。"娜塔丽娅当众大喊大叫，普希金只得给她题了一首诗，这首赞美妻子美丽的

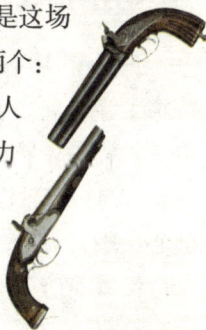

小诗被客人争相吟诵。正当娜塔丽娅沉浸在虚荣心带来的喜悦中时，一位客人突然大叫："我的天，这是什么？"娜塔丽娅接过一瞧，着了魔般将影集扔出门外。原来，普希金在诗后写上了愚人节的日子——4月1日。

娜塔丽娅对普希金深为不满，于是频频在舞会上卖弄风骚，并接受许多男人的殷勤，毫无顾忌地与他们打情骂俏，尤其是在身高1.9米、英俊的丹特士出现后，她的举止越来越离谱。终于有一天普希金收到了一个纸袋，里面装着三封"绿帽子协会"寄给他的成员证书，任命他为绿帽子协会主席的助手。顿时普希金成为上流社会的笑料，为维护尊严，普希金不得不选择了决斗。

诗人英年早逝令人惋惜，人们期待着研究者能够发掘更多的材料，以揭开这位诗人之死的谜团。

托尔斯泰晚年为什么要离家出走？

1910年10月的一天，空中飘洒着细细的秋雨，俄罗斯乡间的小道上，一辆马车在泥泞中缓缓而行，车中坐着一个孤独的老人，他须发皆白，眉头紧皱，似乎在思考什么，不时发出一声沉重的叹息，与马车轱辘轧过泥水的咕噜声混在一起，无论谁听了，都会心灵颤抖。他就是离家出走的托尔斯泰。仅仅半个月不到，这位俄罗斯历史上最伟大的作家，就在阿斯坦堡火车站凄惨地死去了。

托尔斯泰为什么要在那样大年龄、那样恶劣的天气里，

托尔斯泰与妻子索菲娅一起用早餐。

赤脚的托尔斯泰像

离家出走呢？这背后有没有什么人们所不知道的原因呢？

托尔斯泰在写作

要回答这个问题，必须对托尔斯泰的一生作一个简单的幻灯片式的回顾。1828 年 8 月 28 日，托尔斯泰出生于莫斯科附近的雅斯纳亚的一个名门望族。虽然托尔斯泰不到 10 岁就成了孤儿，但是由于家庭富裕，所以他的一生还是一帆风顺的。大学期间，他接受了法国启蒙思想，萌发了对沙皇统治的不满。1847 年，他回到自己的庄园进行改革，企图改善农民的生活环境。1851 年到 1855 年在沙皇军队中服役，为以后的文学创作积累了大量的素材。退役后多次到欧洲各国旅行，1862 年与一个医生的女儿索菲娅结婚。结婚以后，托尔斯泰开始进入文学创作的多产期。1864 年到 1869 年写成巨著《战争与和平》，奠定了他文学史上不朽的地位，这部著作被传记作家罗曼·罗兰称为"我们时代最伟大的史诗，是近代的《伊利亚特》"。1873 年到 1877 年，托尔斯泰完成另一本巨著《安娜·卡列尼娜》。1881 年，托尔斯泰迁居莫斯科，1901 年返回庄园，此时开始系统研究哲学、宗教、伦理等问题。他对社会现实尤其关注，发表了大量的论文，提倡一种"不抵抗主义"，对印度的民族独立运动产生了莫大的影响。此时他创作了另一本伟大著作《复活》，在这部小说里，托尔斯

晚年的托尔斯泰思想进一步深化，他毅然地与平民阶级站在一起，并且亲自耕种。

托尔斯泰在波良纳的故居

晚年的托尔斯泰开始笃信宗教，他的宗教观、社会观都发生了很大的变化。73岁时，托尔斯泰回到了故乡雅斯纳亚·波良纳庄园。然而晚年的托尔斯泰对他庄园的看法也发生了许多变化。他开始习惯于关注在他的农田上辛苦劳作的农民们，这些贫苦可怜的农民让托尔斯泰感到不安与自责。

泰对俄国地主阶级的腐朽进行了严厉的批判。托尔斯泰的文学业绩连同他的社会活动使他处于"一代宗师"的地位，列宁称他是"俄国革命的一面镜子"，高尔基说他是"19世纪所有伟人中最伟大、最复杂的人物"。

有人说，托尔斯泰离家出走，是因为和妻子索菲娅争吵的缘故。索菲娅本来和托尔斯泰是相当美满的一对，曾被传为文坛佳话。可是后来托尔斯泰的一些"过激行为"，渐渐引起索菲娅的不满，于是两人经常争吵。托尔斯泰到了晚年之后，一心要实现"平民化"，要把自己的田地和财产分给穷人，遭到索菲娅的坚决反对。离家出走前不久，托尔斯泰暗地里立了一份遗嘱，规定他死后自己全部作品的版权送给公众。这种不顾及家庭的做法自然引起索菲娅的强烈不满，于是两人之间发生了激烈的争吵，托尔斯泰一气之下给索菲娅写了一封绝笔信离家出走，而在托尔斯泰出走的第二天，索菲娅——这位和他共同生活了48年的妻子在绝望与伤心之下，手拿托尔斯泰的绝笔信跳进了庄园的池塘里。

还有人认为，托尔斯泰的悲剧是一个叫切尔特可夫的军官造成的。切尔特可夫善于夸夸其谈，吹捧奉承，他以此赢得了托尔斯泰的信任，托尔斯泰准备放弃自己的财产，就把自己的著作权交给切尔特可夫代理。可是索菲娅以及托尔斯泰的子女坚决反对，为了从中获利，切尔特可夫就挑拨托尔斯泰和妻子与子女的矛盾，终于托尔斯泰的家庭陷入冷战的旋涡，为了耳根清静，年老的托尔斯泰最终选择离家出走，客死他乡。

另外有一种观点也很有道理。托尔斯泰在年轻的时候，就曾经受到法国启蒙思想的影响，对地主阶级不满，认为最理想的社会是建立在小农经济基础上的社会，并曾经探讨过土地改革，尽力维护农民权益。到了晚年，他的思想进一步深化，认为人没有贵贱高低，所有的人都是一样的，因此拒绝担任法庭陪审员的荣耀，辞去显贵族长的职务，并亲自从事体力劳动，决心同本阶级彻底决裂，做一个真正意义上的平民。可是由于在家乡，家庭的阻力和世俗的看法阻碍着他的行动，于是他就选择了离家出走。

也有人认为，托尔斯泰之所以离家出走，和他在文学创作上的矛盾不无关系。托尔斯泰创作了《复活》之后，文学创作陷入了低谷，尽管他还有许多素材，但是由于无法解决哲学和现实之间的对立，一直处于痛苦的思索当中。有人回忆，托尔斯泰晚年经常把自己写完的稿子烧掉，这既反映了作家对作品的苛求，又说明了他当时的一种矛盾心态。作为一个作家，不能创作是最痛苦的事情，为了求得某种精神的解脱，托尔斯泰离家出走，以获得某种灵感。

托尔斯泰究竟为什么在耄耋之年离家出走？人们至今不得而知。

弗洛伊德放弃性诱惑论之谜

弗洛伊德像

弗洛伊德是后世公认的著名的精神分析学家，同时他也被尊为性学的始祖。然而人们对弗洛伊德为何后来要放弃性诱惑论一事非常困惑，此事在当时也闹得沸沸扬扬。

1897年9月，在给弗烈斯的一封信中，弗洛伊德说："我想告诉你一个极大的秘密，这几个月来我一直被它所缠绕着，它就是我对我的性诱惑论产生的疑惑。"弗洛伊德不再相信性诱惑论。但他仍旧认为病人讲给他听的故事确有深意。批评家认为，弗洛伊德在他为何放弃性诱惑论上是撒了谎，他说谎的原因更加不可告人，他是为不想让别人发现他放弃性诱惑论的真正的原因而撒谎的。

杰弗里·马森是一位年轻的美国精神分析家。他在 1980 年以前，本应该顺理成章地继任国会图书馆弗洛伊德档案馆馆长一职。也就是在这个时候，马森把弗洛伊德写给他的朋友弗烈斯的信件全部看了一遍。弗洛伊德的书信选集，曾在 1950 年由弗洛伊德的女儿安娜·弗洛伊德编辑出版。但通过进一步检查档案，马森发现选集中遗漏了大量信件，马森在进一步查证之后，发现这些遗漏的材料与弗洛伊德的性诱惑论有关。这些信件说明弗洛伊德并没有像后来自己指出的那样坚决而迅速把这一理论抛弃；相反，他一直坚持这一理论有数月、甚至数年之久，他希望这些理论的正确性有一天能被证明。

1885年弗洛伊德和玛莎在一起

弗洛伊德为什么会把自己的发现放弃了呢？马森推断，当时因为这一理论，弗洛伊德不但已受到同事的中伤，而且更因为到处泛滥的猥亵的说法而被含蓄地指控。由于弗洛伊德迫切地想得到同事的支持和赞同，所以就宣布不再相信这一理论。马森在他出版于 1984 年的书中这样写道："我极不情愿地发现弗洛伊德之所以放弃性诱惑论说是因为缺乏勇气。"

母亲和婴儿 油画

在弗洛伊德看来，即使是幼儿也有性欲，母亲则是他第一个恋爱的对象，也是他第一个发泄爱欲的对象。正是这种理论使弗洛伊德不堪舆论重负吗？

弗洛伊德在给一个病人弗烈斯的信中说，可能身心失调是引起埃克斯坦继续出血的原因，可笑的是，这个诊断荒谬绝顶，是对弗洛伊德性欲望转移和压抑性欲望理论的很明显的模仿。马森认为从这个荒诞可笑的诊断中可以看出，弗洛伊德如何对他的同事曲意迎合，又如何急于把病人的病症归结在幻想上，而不认为是一次医疗事故。弗洛伊德不敢直接与弗烈斯发生冲突，因此，也就不敢对他所谓的鼻子理论进行批驳，更不敢说手术是被他搞糟的。同样，在性诱惑论上他也是如此。他不敢坚持自己的性诱惑论是正确的，不敢说在全国猖獗的令人不悦的猥亵事实是正确的，怕把他与那帮维也纳同事的关系搞僵。

但大多数思想史学者则认为，弗洛伊德放弃性诱惑论的动机不像马森说的那样猥琐和卑鄙。他们认为，弗洛伊德过于简单的叙述，虽然是对事实的不忠，但却是为了使叙述更为夸张而采纳的方法。

许多学者认为，实际上，放弃性诱惑论不失为英明之举，因为弗洛伊德认为儿童幻想同他们的父母发生性行为的观点，要想得到医学界的认同，非常困难。至少，与猥亵儿童现象猖獗的观点相比，"恋母情结"要更加激进一些。因为猥亵儿童现象已经被许多医生证实确实存在，但人们之于"恋母情结"，除了知道它是源于一个希腊神话外，其他便一无所知。

心理学大师弗洛伊德为何要放弃性诱惑论似乎给人们出了一个难题，他此举到底是出于何种原因，也许用他的心理学学说来分析他的行为会取得意想不到的收获。

著名诗人叶赛宁死于自杀还是他杀？

1925 年 12 月 28 日凌晨，30 岁的叶赛宁用一条皮带结束了自己的生命。诗人的突然死亡震惊了俄罗斯，当载着叶赛宁遗体的列车从列宁格勒开来时，成千上万的莫斯科市民涌往普希金广场，沉痛地悼念这位杰出的诗人。

当时，人们认为诗人是因为爱情而自杀的。叶赛宁追求的爱情是完美主义式的，他不可能进入带有任何瑕疵的精神世界。正因为如此，极度的抑郁和绝望也从来都没有离开过他。

他的第一个恋人是吉娜伊达。

吻 油画

俄国画家莫勒作品。叶赛宁的爱情生活正如画家下的作品一样浪漫多情。

1917年春天，叶赛宁应《人民事业报》编辑部之约，前去洽谈诗稿问题，在那里结识了打字秘书吉娜伊达，两人一见钟情，仅仅三个月就结婚了。吉娜伊达从小酷爱文艺，博览群书，是一个淑女式的好女人。在最初的两年里，两人是幸福的，还有了一个女儿，可是由于叶赛宁放荡不羁、刚愎自用的性格，二人之间产生了裂痕，最后不得不分手。

他的第二个恋人应该是加丽雅。叶赛宁去世周年之际，这个女人在诗人的坟头开枪自杀了。她在遗书中写道："对我来说，一切最珍贵的东西都在这坟墓里……"1918年彼得堡的一次文学晚会上，加丽雅初遇叶赛宁，诗人忧郁深沉的朗诵给她留下了不可磨灭的印象。后来她成为诗人的秘书，此后她终生爱慕着诗人，尽自己最大的努力照顾诗人，却从不要求回报。

他的第三个恋人是著名舞蹈艺术家邓肯。结婚之后，叶赛宁陪着邓肯到欧美作巡回演出，在度过了如火如荼的10个月后，夫妻之间出现了裂痕。叶赛宁是一个具有"悲剧气质"的忧伤诗人，他患有周期性的抑郁症，时而哀伤，消沉绝望，时而脾气暴躁，还经常喝得酩酊大醉，做些荒唐的事情出来。他是一个极端自我的人，痴恋着"想象中的婚姻"，又恣意地践踏着现实的姻缘。邓肯试图改变诗人，修复两人的情感，但是最终失败了。他们分手了，尽管彼此都深爱着对方。

然而不久，在一次晚会上，郁郁寡欢的诗人又结识了他的第四个恋人——著名作家列夫·托尔斯泰的孙女索菲娅·安德列耶夫娜·托尔斯泰。可是婚后，叶赛宁马上大失所望，他发现索菲娅是一个爱慕虚荣、追求浮华、庸俗市侩的女人，于是陷入了深深的迷惘和自责之中。有人说，叶赛宁给人的感觉是一生都在恋爱……他崇尚爱情，渴望能在爱情中得以栖息并获得解脱。但他的爱情是虚幻的，在现实面前不堪一击。

俄罗斯国家图书馆

俄罗斯郊外风光

叶赛宁忧郁的个性使他爱在大自然中寄托情怀，也许正是忧郁的心理促使他走向自杀。

于是失去了最后避风港的诗人就只有走向死亡——这是彻底摆脱尘世烦恼的唯一方式。

可是事隔多年，有很多人提出，叶赛宁不是自杀而死的，很可能死于谋杀。莫斯科医学科学院教授阿·马斯罗夫就认为诗人死得蹊跷，这里面可能有鲜为人知的内幕。据说，就在叶赛宁死后不久，一些诗人的仰慕者就进入叶赛宁自缢的那个房间，进行了一次实地模拟自缢，结果，他们套在水管子上的皮带总是滑下来，在上面根本套不住。另一位医学教授马拉霍夫认为，当时，叶赛宁要想自己把自己吊到近4米高的天花板上，是绝对办不到的事情。另外从莫斯科有关部门提供的叶赛宁尸体的照片上，人们竟然看不到一条脖子上的缢痕。最大的疑点是，在叶赛宁的头颅上，有被砸击的伤痕。莫斯科有一位独立研究人员在其分析报告中写道："从叶赛宁头颅上的伤痕可以看出，除了用那种生铁制成的沉重的空心烙铁，别的东西都不足以造成这种伤害。"头伤是从何而来呢？俄罗斯女诗人西多林娜在一篇文章中提出："根据我的调查结果，叶赛宁死前头部确实受过创伤，而且是被钝器击打或者是被子弹射伤。甚至连鼻子都骨折过。"

但是这种看法显然与叶赛宁死后的验尸报告相抵触。1925年12月29日，叶赛宁尸体在奥布霍夫医院的停尸房进行了解剖，法医阿·季里亚列夫斯基在报告中写道："脖颈喉结上部有一缢痕，另一道缢痕从左向上延伸至外耳轮。缢痕从右侧向上延至后脑部。"阿·季里亚列夫斯基认为，叶赛宁的的确确是自缢而死的，任何其他关于他死的说法都是毫无根据的。

究竟叶赛宁死于何因，是自杀抑或他杀？直至今天，人们仍然争论不休。

日本天皇在二战后未被处死之谜

　　众所周知，日本是发动第二次世界大战的三大轴心国之一，而在二战的中国战场上日本军队更是对中国人民犯下令人发指的滔天罪行。那么为什么日本许多战犯被送上了国际军事法庭接受世界的审判，而作为当时日本最高统治者的天皇没有对战争罪行负责？而在众多日本战犯被处决的同时，天皇又身处何处呢？这在二战历史上不能不说是一件十分蹊跷的事情。

　　1945年8月15日，日本裕仁天皇《终战诏书》的播出向日本民众乃至世界正式宣布日本无条件投降。日本投降后，日本国内部分民众、一些受害国、国际仲裁机构乃至裕仁本人都认为天皇对战争应负起责任。日本国内一些进步群众团体的领袖以及部分深受战争创伤的同盟国呼吁：裕仁作为战争期间的国家元首是发动战争的元凶，理应作为头号战犯接受国际法庭的审判与惩罚；并再三提出应废除日本天皇制，改变日本现存的政治体制。为清算法西斯余孽，重建世界和平与公正，战后在东京设立了远东国际军事法庭。澳大利亚法官威廉·维著作为军事法庭的审判长也认为："如果不审理天皇，战犯一个也不能处以死刑。为了维护法律的公正，他应在国内或国外受到拘禁。"甚至裕仁本人也感到理亏，难以面对愤怒的世人，他觉得应理所当然地负起战争的所有责任。

裕仁天皇像

　　于是，一个历史性的会面便决定了裕仁天皇的命运，世界历史也添上了几许神秘的色彩。1945年9月27日上午9时，裕仁头戴大礼帽，身穿燕尾服，亲自正式地晋见了美国五星上将麦克阿瑟将军，当时这位声名显赫的将军是盟军驻日本占领军的最高官员。在这次具有特殊意义的会见中，裕仁表现得体、态度坦然，勇敢地承认"对于日本政府的每一个政治决定和军事行动……我是唯一的责任者"。也正因如此，裕仁天皇给麦克阿

裕仁天皇在1947年接见民众

作为日本的象征，天皇已不再拥有实际的权力。

瑟留下了非常好的印象，若干年后这位上将回忆起裕仁时曾说："在当时，我感到我面对着日本第一个当之无愧的有素养的人。"作为盟军驻日占领军总司令，麦克阿瑟指示裕仁否定日本注定统治世界的"大东亚"观点，维护世界和平，肃清国内黩武精神，另外否定天皇的神圣性，天皇由神回归为人。裕仁都一一照办。

在通盘考虑美国国家利益和盟军面临的形势后，麦克阿瑟在向总统杜鲁门的汇报中声称，"不能把日本昭和天皇作为战犯逮捕"。因为基于长久以来天皇在日本的特殊地位及对日本民众的影响，保留天皇有利于帮助盟国占领控制日本。根据麦克阿瑟的建议，并考虑到政治上的需要，远东

东京大审判

日本天皇的缺席使审判蒙上了一层荒诞色彩。这件戏剧性事情背后，又隐藏着多少政治秘密呢？

国际军事法庭审判员以表决的形式作出了裁决：凡涉及到日本天皇的各类起诉，均不予受理。这在很大程度上可以说是美国基于国家利益及全球战略的考虑而给日本天皇的一块"免死牌"。

第二年4月3日，远东委员会决定对天皇不予起诉。

6月18日，远东审判首席检察官基南在华盛顿宣布对天皇不以战犯论处。

与华盛顿相呼应的远东审判日本辩护团一致通过决议："不追究天皇及皇室。"

历史就这样给我们开了个玩笑，当东条英机等7名日本甲级战犯接受绞刑之时，战争中日本的最高领袖裕仁天皇却安然无恙，这是历史的错误还是天意？

不爱江山爱美人——英王爱德华八世放弃王位之谜

浪漫电影中常常出现"不爱江山爱美人"让人心动的情节。然而现实世界中，面对权与利，英王爱德华八世却做出了这一惊人之举。1936年12月11日，爱德华八世自愿放弃王位，而与一个曾两次离婚的平民妇女结婚，确实让人惊叹。

这位平民妇女就是沃丽丝·沃菲尔德，她既没有漂亮的容貌也没有超人的才华。可是1931年王太子在伦敦第一次遇到沃丽丝时，就为她通晓事理、举止潇洒的风度所倾倒，沃丽丝虽已近中年，但依然窈窕如初。王子对沃丽丝一见倾心，但是父母、王室、内阁及各自治政府上上下下竭力反对王子的这一举动。身患重病的乔治五世曾满怀忧虑地对首相鲍尔温说："我死之后，这个孩子很快就会把自己毁掉！"

乔治五世病逝之后，王子登上王位以后就马上宣布要迎娶沃丽丝。他的决定遭到了包括首相鲍尔温在内的谋臣们的一致反对，而爱德华八世却回答："我现在考虑的唯一问题就是自己配不配当沃丽丝的丈夫，和她在一起就是我永远的幸福……无论当国王还是不当国王，我都要娶沃丽丝，为了达此目的，我宁愿退位。"

由于政治风暴骤然来临，沃丽丝在"存心勾引国王，妄想当王后的'美国冒险家'"等各种诽谤、咒骂声中悄然离去，她不愿由于自己的爱而使国王受到伤害。于是远在国外的沃丽丝写信给爱德华八世，要求分手。可是爱德华八世却说："即使因为和你在一起我一无所有，我也没有怨言，比起你来，王冠、权杖和御座都不重要。"这爱情高于一切的誓言使沃丽丝在各种诽谤、咒骂声中得到安慰。

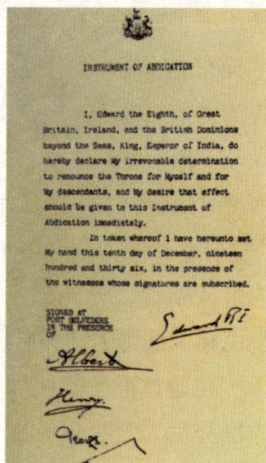

爱德华八世退位广播讲话原件

1936年12月11日，在位不到10个月还未加冕的爱德华八世发表了告别演说，他满怀激情地说："我的朋友们，没有我所爱的那个女人的帮助和支持，我感到不可能承担我肩负的重任。"几个小时后，他便在皇家海军驱逐舰的护送下离开了英国，去有沃丽丝的地方了。

1937年乔治六世继位，封爱德华八世为温莎公爵。终于，爱德华八世与沃丽丝在法国结婚，并一起幸福地生活了35年。1972年，78岁的温莎公爵病逝，沃丽丝在对丈夫的思念中度过人生最后的14年。沃丽丝每天都要将丈夫的遗物整理好，并一直保持他生前的模样。在她的晚年整理了回忆录，并整天沉浸在她丈夫喜欢的音乐中。

1986年4月24日，沃丽丝因肺炎在巴黎郊外逝世，享年90岁，他们之间动人的爱情故事也暂告一个段落。但是作为"历史上伟大爱情一例"，它将永远被人们津津乐道。

人们对爱德华八世"不爱江山爱美人"的举动有着不同的看法和猜测，对此褒贬

温莎公爵夫妇与朋友在婚礼上

温莎公爵夫妇离开英国

公爵夫妇在法国的居所里

不一：有人认为，王子是受"现代派思潮"影响，要以此来冲击腐朽的君主制度；也有人认为是王子经受不住沃丽丝美色的引诱；还有人认为王子是为了真挚的爱情。更让人无法理解的是沃丽丝从来不公开地为温莎公爵辩解，也不为自己洗刷冤屈，是被世俗和礼教所束缚，还是另有隐私？有朝一日人们也许可以了解这爱情的真正意义，也希望人们会从他们已公布的 80 多封情书中发现什么。

英国王妃戴安娜死亡之谜

戴安娜与儿子威廉

在 1999 年，颇受世人瞩目的戴安娜王妃于巴黎死于车祸，使英法两国大为震惊，媒体与记者成了人们指责的对象，并由此而引发了一场长达数年的诉讼大战。究竟是谁制造了戴安娜的死亡事件呢？

1981 年 7 月 29 日，美丽的戴安娜与查尔斯王子在白金汉宫结为夫妇。但是，婚后，他们发现，两人性格差距很大，查尔斯喜爱的马球丝毫引不起王妃的兴趣；而戴安娜喜爱跳舞亦跟稳重的王子格格不入，再加上王室的礼仪烦琐，这些促使二人终于在 15 年后劳燕分飞。消息传出后，人们大多将责任归咎于查尔斯王储，对戴安娜王妃多抱同情态度。

戴安娜王妃和查尔斯王子

后来，多迪·法耶兹出现在戴安娜的生活中，二人一见钟情，很快坠入爱河。1999年 8 月 31 日，戴安娜与法耶兹在结束地中海之旅后返回巴黎，并在丽斯酒店共进晚餐，随后二人一同乘车前往法耶兹在巴黎第 16 区的豪华住宅。为躲避记者追踪，饭店派保罗为他们开车。保罗把时速提到160千米。在阿尔马桥下隧道前面发生了意外事故。司机保罗和多迪当场毙命，戴安娜在后座，也身受重伤。记者们追踪而至，但是他们没有对伤者进行抢救而是围在汽车残骸周围，举起相机从各个角度拼命拍照。尽管戴安娜后来被火速送往医院救治，但是，终因心肺受重伤不治而亡。保镖重伤后幸存。

THE People STILL 55P

DIANA IS DEAD! LOVER DODI DIES TOO

CARS AND CASH TO BE WON

报纸刊登的头号新闻——戴妃之死

戴安娜遇难事件使英法两国为之震惊。巴黎警方迅速对戴妃死因展开调查。最初调查指出司机保罗是酒后驾驶，每公升血液酒精含量达到1.75克。但是后来不断有人证实保罗早已戒酒，开车当晚并没有喝酒。

戴安娜的死使媒体与记者成为人们指责的对象。戴安娜早就指责过英国媒体对她的骚扰。这次车祸可以说又是为躲避记者追踪超速驾驶而造成的。更令人气愤的是，车祸发生后，记者没有对伤者进行及时抢救，反而忙于拍照抢镜头。戴安娜的弟弟潘塞伯爵反应强烈，他非常气愤地说："那些鼓励摄影记者不顾一切拍摄戴安娜照片的报业主编们，你们的双手终于沾染了戴安娜的鲜血！"

1999年，法国地方法院裁定造成车祸的原因是司机酒后开车以及超速驾驶，但控方认为，法官在作出判决时还应该考虑摄影记者的因素，因为记者的追赶是导致车祸的直接原因。于是他们向最高上诉法院提出上诉。就这样，与戴安娜遇难车祸有关的9名摄影记者和1名报社摩托车手受到控告。

最后，法院最高上诉法院作出判决，支持下级法院决定，宣布这9名摄影记者和1名摩托车手杀人罪名不成立。最高上诉法院的这一判决结束了长达数年的诉讼大战。但在另外一起诉讼中，这9名摄影记者仍需接受侵犯隐私指控调查，因为他们在车祸发生后对车内拍照已触及人的隐私权。

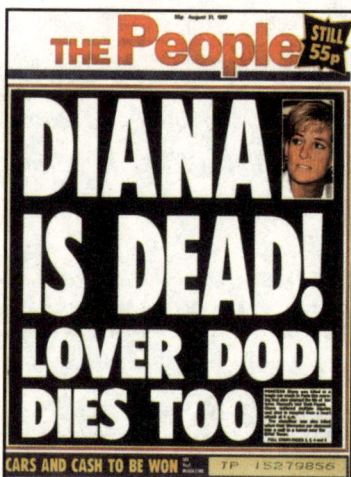

戴妃葬礼

戴妃的死让人们痛心，也引起种种猜测。这难道只是一个简单的车祸吗?

文字典籍

谁绘制了最早的古地图？

世界的七大洲中，南极洲是最晚被人们所认识的大洲。并且因为南极洲终年有风暴雪，气候条件十分恶劣，鲜有人类居住在南极洲。可是，一幅古地图的发现却打破了人们这固有的观念，这幅古地图说明了早在几千年前，人类就已经开始了对南极的探险，并且绘制了最早的地图，这是多么不可思议的事情，令人惊讶不已又令人高度兴奋。

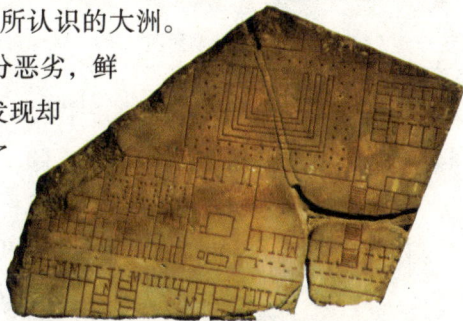

希腊出土的刻有地图的陶瓷残片

最早的古地图是皮瑞雷亚斯的地图，它

这是早期欧洲人绘制的世界地图，从这张地图可以看出欧洲虽然知道地球是圆的，但对各大洲的了解还是十分模糊的，他们不知道世界上还有美洲、大洋洲和南极洲。

不是任何的骗局，而是公元1513年在君士坦丁堡绘制成的。1957年，古地图被送到了美国海军制图专家、休斯敦天文台主任汉南姆那里，经过科学分析研究，认定古地图不仅异常准确地描绘了地球外貌，而且包括了一些我们今天也很少勘察或者根本没有发现过的地方。这幅古地图被称为"古地图之谜"，是世界的重大奇迹之一，那么，它的"奇"究竟在什么地方表现出来的？

第一，南极洲图形之谜。这幅古地图描绘的是"冰层下的地形"，也就是南极洲穆德后地被冰雪覆盖之前的真正面貌。自从公元前4000年，穆德后地被冰雪覆盖以来，世人

这是18世纪欧洲人绘制的世界地图，从中可以看出人们对世界的认识不很全面。

就无缘一睹它的真面目。直到 1949 年，英国和瑞典的一支科学考察队抵达南极，对穆德后地展开全面的地震调查，人们才一睹它的"芳容"。

难以想象 18 世纪之前，在任何人都不可能知道南极洲的真实面目的情况下，古地图的绘制者却绘制了精确而且清晰的南极洲，他们难道到过南极？更令人不解的是，几千年来，人们并不知道南极洲的厚达 4500 多米的冰层的下面有山脉，但是古地图不但绘制了这些山脉，有的甚至表出了高度。我们今天的地图是借助回声探测仪才绘制出来的，那么古地图的绘制者是怎么知道这一切的？

这是飞机从空中拍到的南极洲的形状，人们就是根据这种实测绘制了每一个地方的地图。

第二，"泽诺地图"之谜。"泽诺地图"上的挪威、瑞典、德国、苏格兰等地的精确度以及岛屿经纬的精确度，达到了令我们今天的现代人吃惊的地步。除了精确之外，"泽诺地图"还绘有今天并不存在的岛屿，根据专家的猜测，这些岛屿以前确实是存在过，不过现在已经沉入了海底，还有一种可能就是它们已经被南下的巨大的冰块所覆盖了。这些岛屿的存在证明了地图的真实性，难道会有今天的人们来绘制早就已经不存在的岛屿吗？地图的真实反而使我们有了更多的困惑：远古的人类，科学难道已经发达到如此的地步，以至于他们竟然可以绘制这样精确的地图？他们的地图有什么作用吗？他们应该不是为了绘制而简单地描画了远古的地形的，那么，地图的用途是什么呢？难道是古人远航所用的吗？

第三，地图是空中绘制的吗？现存两块羊皮纸的地图残片，这两块羊皮纸吸引人的地方在于它们的绘制独特。地图上的陆地与海岸线呈现明显的歪斜现象，并且南美洲看上去比实际大了许多。人们本来以为是地图绘制者的失误，然而经过仔细的研究却发现，它们竟然与第二次世界大战中美国空军的地图十分相似，而美国空军的地图是采用正距方位作图法绘制的。

正是因为从空中俯视地面，所以陆地与海岸线呈现了明显的歪斜现象。由于地球是一个球体，离开地图中心的区域就好像是"下沉"了，歪斜了，所以南美洲看上去比实际大了许多。古地图的绘制情况是如此的，而美国登月飞船上所拍摄的地球的照片竟然与古地图有惊人的相似之处。难道这又是一个巧合？难道古地图是古人在天空中绘制出来的？有这样的猜测的确是匪夷所思的，但是除此之外，我们还有什么更好的答案呢？

如果要绘制这样精确的地图，就必须具备两个基本的条件，其一是必须在空中飞行，其二是必须有在空中拍摄的器具与技术。人类掌握空中拍摄的技术不过是近期的事情，古代的人们是如何掌握了这样的技术？他们的拍摄的器具又是如何制造的呢？如果古人不具备这样的条件，他们又是怎样绘制出地图的呢？并且地图的精确度是这样的令我们赞叹！

是外星人帮助我们的古人绘制的地图吗？很明显，许多学者并不赞同这样的观点。那么，如果不是天外来客的帮助，我们的祖先是怎样绘制出地图的呢？到底是什么人绘制了地图？他们又是采用了什么样的方法来绘制的呢？他们绘制这样的地图的用意是什么呢？他们为什么要绘制在今天看来超出了他们的实际需求的地图呢？

面对这样的疑问，我们期盼学者们的研究会给我们一个满意的答案，我们或许只能期盼来自未来的回答了。

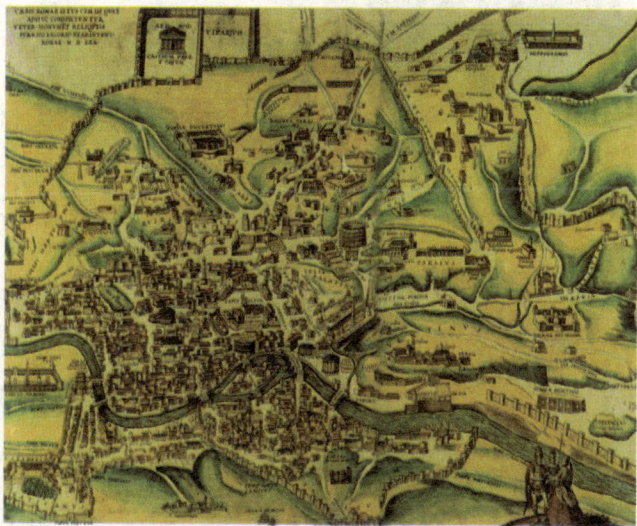

这是罗马人绘制的罗马市地图，它已基本接近现代市政地图，也为现代绘制地图提供了参考。

人类文字是怎样起源和发展的？

　　人类自从有了文字才进入了一个相对文明的发展阶段。世界上各个民族有关文字的起源都有许多美丽的传说，如中国的"仓颉造字"简直可以惊天地泣鬼神。由此，汉字成为迄今为止使用历史最长的文字，而其他一些使用过的古文字中，很多早已湮没在历史的典籍中了。因此，人们要探索人类文字的最早起源，最好从人类文明古国的浩瀚历史中去仔细寻找。

　　文字其实就是人与人之间通过约定俗成的可见符号进行交流的媒介，它是人们记录语言的书写符号系统。人类文字历史贯穿了从早期图画文字到字母文字的整个视觉联系的历史。也就是说，图画文字是文字发展的最初阶段，虽然它处在不断变化发展之中，但是世界上很多民族的文字从没有超越这个阶段。

　　最原始的非书面的联系手段是与利用参照物紧密联系在一起的，如中国的结绳记事等。而确切地称之为文字，始于当标记刻铸在参照物上被描绘和雕刻出来作为"文字"符号的语言，在旧石器时代早期的洞穴绘画中可以看到这种情况。古文字学家所确认的最古老的图画文字出现在公元前3500年人类文明的发祥地之一——美索不达米亚地区，这种对原始文字的图画描述是独立于语言之外的，因为它不能达到复制声音的水平。

　　因为这种以"物"表达的文字与人类社会活动的扩大和智力的发展不相符合，所以当人们对这种起初带有非凡想象力的创造发明不满意时，一种新的能表达复杂概念和含义的图画就应运而生了。

一篇以楔形文字书写在陶片上的苏美尔人的哲学文章，有4000年左右的历史。

　　它使得简单的描绘概念成为可能；使之能够一定程度地体现人类的抽象思维能力。那么，真正代表发音的符号是何时出现的？多数古代文字学家主张是公元前1800年。居住在两河流域的古美索不达米亚地区居民的创造的发展使人类文字的历史迈进到了音节文字阶段。

　　音节文字应是字母形成前的最后一个阶段。公元前3100年的苏美尔文字、公元前3000年左右的埃及文、公元前2200年的原始印度文、公元前2000年的克里特线形文字、公元前1500年的赫梯文以及公元前1300年前后的中国甲骨文都处在这一阶段。随着文字的发展，发音符号的抽象性逐渐加强，大大超出了符号的具体性，它们愈发灵活了。

蒙图霍泰普二世法老神殿上的埃及象形文字，距今约4000年历史。

3300年以前中国商朝时期刻在甲骨上的卜辞。

　　文字发展的最后一个阶段是字母文字，字母文字标志着文字规范化的到来。美国语言学家格尔帕认为，第一个能被公正地称为字母文字的应该是希腊语。希腊语在公元前9世纪充分接受了闪米特语的音节表，发展了元音制度，而且，首创元音与辅音的结合，第一次导致了完备的字母文字体制的问世。

　　最早的文字是公元前3000年初期苏美尔人印刻在泥板上的图画。后来，当文字的发展较为显著时，削尖的、楔形形状的茎秆笔成为常见的书写工具，这样楔子形状的文字本身逐渐地被称为"楔形文字"。这种文字最早是从上至下在圆筒上书写的，后来到了公元前2600年就改为在水平面上从左到右书写。

　　人类文字发展到现在经过了由复杂到简单的发展阶段，表音文字成为文字发展的最高阶段，它将越来越方便于人类的交流和发展。

拉丁字母表是如何产生的？

　　略微熟悉西方语言的人都知道，与中国的方块汉字不同，欧洲国家采用的是字母文字。而字母文字的基础则是拉丁字母表。拉丁字母表是罗马文明对世界文明进程的一项伟大

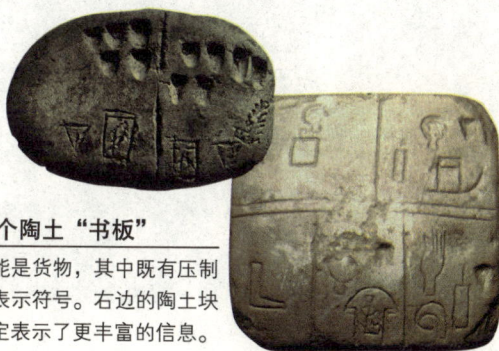

公元前3200年的两个陶土"书板"

左边的一块记载的可能是货物，其中既有压制的符号，也有物体的表示符号。右边的陶土块意思尚不明确，但肯定表示了更丰富的信息。

贡献。自从字母表发明之后，罗马人得以把拉丁文化迅速
通过书籍的形式普及到各个阶层民众，同时大大加速了罗
马境内各国之间的交流和融合。更为重要的是，它不仅成为
像意大利语、西班牙语、法语和罗马尼亚语等罗曼语族的基础，
并且为英语、德语等日耳曼语族所承袭，一些斯拉夫语族的天主
教各国，如捷克、波兰、克罗地亚等国家也利用它创造了自己的
文字。

　　可是，这么重要的拉丁字母表是如何产生的呢？要回答这
个问题，还是先了解一下字母文字的历史吧。我们现在知道，
字母文字并不是世界上最早的文字，目前世界上公认的最早的
文字有六种，分别是埃及的象形文字、中国的甲骨文字、克里

刻有古埃及象形文字的玉杯

特的线形文字、西亚的楔形文字、印度的哈拉巴文字和墨西哥的玛雅文字。这些文字
都不是字母文字。学术界普遍认为，字母文字的出现当在这六种文字之后。至于字母
文字的首创者，根据古希腊和古罗马文献的记载，有五个民族最有可能，分别是：腓
尼基人、亚述人、埃及人、克里特人、希伯来人。而这些民族大多居住在东方，因此
学者们普遍认为字母文字的产生，一定是受到东方文化的熏陶。

　　人们已经基本上形成了一个共识：腓尼基人最有可能是最早发明字母文字的民
族。字母表的出现可以追溯到大约公元前1400年左右，那时候，位于叙利亚海岸的
乌加里特人发明了一种字母表，用的是30个楔形符号，但是并没有流传开来。到了
公元前12世纪，腓尼基人参照埃及的象形文字，创造出用22个辅音字母表示的文
字，这是最早的线形字母表。现代欧洲各国的字母差不多都来源于腓尼基字母。

　　考古学家在希腊地区的克诺索斯的一个墓穴里发现了公元前900年的腓尼基文

汉谟拉比法典上的楔形文字

字，这说明古代腓尼基人和居住于爱琴海地区的希腊人有着一定的文化往来。据此学者们推断，大约在公元前9世纪中期，希腊商人在和腓尼基人的交往中学会了线形字母表，并最终发展为有24个字母的希腊字母表。

现在的关键问题是，希腊字母表是如何发展成为拉丁字母表的？对于这个问题，历来众说纷纭，现介绍几种典型的观点：

一种意见认为，希腊字母表在开始时就存在两个分支：东部和西部两个变体。这是由于当时各城邦之间的分割所造成的，后来变体再生出变体，于是大大小小的分支便有很多。而位于坎帕尼亚的库迈城的希腊字母表也是其中较大的一个分支。据考古学家发现，古时候的拉丁字母表只有20个字母（没有G、J、U、W、Y、Z），这与库迈城字母表是一致的，并且两者在形式上也很相似，于是人们就认为拉丁字母表直接借用了库迈城字母表。

公元前5世纪希腊哥尔泰法石板上的文字

还有一种意见认为，古希腊字母表的确存在许多分支，但是其中最大的两个分支是西里尔字母表和艾特鲁斯坎字母表。西里尔字母表后来成为俄语、乌克兰语、保加利亚语等诸民族文字的基础，而艾特鲁斯坎字母表则发展成为拉丁字母表。罗马强大之后，首先从艾特鲁斯坎人那里借用了21个字母，后来又从其他分支里吸收了Y、Z，而当时并没有J、V，直到中世纪时才发明了这两个字母，当时就用I、U来代替书写，这颇同于中国古代的造字法"假借"，后来拉丁字母表又从罗曼语言中吸收了一个W，这样26个字母就齐全了。

另有人认为，每个字母的产生都有一个复杂的过程，因此应该从每个字母的起源上来追寻拉丁字母表的产生，而不应该泛泛而谈。他们认为每个字母的最初起源是神秘的，至于字母表的第一个字母则显得更

刻有线形文字的泥板

米诺斯的文字被现代学者称为"线形文字"，像较早的苏美尔和埃及一样，克里特的文字也是随着书吏记录货物情况发展起来的。

法国刻有符号的驯鹿骨头残片

69个刻出的符号的轮廓，可能记录了连续的月相变化。

加神秘，几乎是无法得知的。如果仅从外观上判断，就不难粗粗描绘出字母 A 的演化过程：最初来源于古埃及人的牛头象形符号，发展为腓尼基人的 V，希腊人始将它写成类似 A 的符号，至拉丁文才最后定形。但是这中间具体是怎样转化的，就没有人可以知道了。

事实上，每个字母在形成中，浓缩了人类的文明进程，因此探求字母的源头，实际上是在探寻人类文明的源头，也是在谱写人类的心灵史。

伊凡雷帝的"书库"在哪里？

1584 年 3 月 18 日下午 3 点左右，俄国历史上第一位沙皇伊凡四世一边像往常一样哼着自己喜欢的小曲，一边舒舒服服地洗澡——这是沙皇几十年来养成的习惯。一直到 7 点左右，他容光焕发地走出浴室，略微用点御膳，感到精神格外好，就命人传来他的亲信，披着松散的长袍和他对弈。伊凡大帝一手拈着棋子，一手轻按眉头，周围是一群侍臣在为皇帝助阵。忽然间，伊凡大帝手一松，一声脆响，翡翠棋子摔个粉碎。正当众人惊慌诧异之时，皇帝的身子也缓缓仰面倒下。等找来医生，伊凡四世已经停止了呼吸，身体也变得僵硬。

1533 年，年仅三岁的伊凡雷帝即

伊凡大帝的钟楼

位，17 岁时亲政，并宣称自己为"全俄罗斯的皇帝"。1550 年，伊凡雷帝颁布新法，大力打击权势贵族，以加强中央集权，其政策雷厉风行，因此被人送绰号"雷帝"。而我们现在讨论的是伊凡雷帝留给人们的一笔精神财富——伊凡雷帝书库——今天落在何方？

据福恩修道院的修道士马克西姆·克里柯记载，伊凡雷帝藏有大量的书籍，其中大部分是珍贵的古代手抄本，数量众多，足以抵得上一个大型图书馆。有人也许要问："即便是一个皇帝，要想获得那样多的古抄本书籍，也不大可能吧？"须知古抄本在流传过程中是很容易消亡和损失的。我们经过考证与分析，认为这是可能的，原因有三：第一，伊凡雷帝的祖父莫斯科大公伊凡三世所娶皇后索菲娅乃是东罗马帝国的末代皇帝康士坦丁奴斯十一世的侄女，她嫁到莫斯科

沙皇伊凡四世像

其在统治的后半期，近乎病态的多疑症给所有的臣民带来了恐惧，因此伊凡四世在历史上被称为"恐怖的伊凡"。

后，带来了大量珍贵的古抄本书籍。第二，凡是长久和平的环境，在君权加强的情况下，有利于古籍的发掘，例如我国清朝的乾隆朝，因编订《四库全书》，就搜集到了多种古籍本。第三，据历史记载，伊凡雷帝是重视文化建设的皇帝，因此他有大力搜求古本书籍的可能。

另外，马克西姆是很出名的学者。早在伊凡三世时，他就因为有学养受到皇帝的

从莫斯科河对岸眺望克里姆林宫

信赖，让他整理皇室的书籍。伊凡雷帝时，马克西姆又受到重用，让他为皇室的书籍编目录。而马克西姆是个很认真的人，在整理书籍中发现了很多讹误，他就一一加以更正，不料因此得罪了颇有权势的莫斯科大主教约瑟夫，后者百般在皇帝面前会造谣中伤，最终马克西姆遭贬谪而出宫，此后又陆续受到教团的迫害。至于他究竟有没有把伊凡雷帝书库的书籍全部编目，这就不得而知了。不过令人感到奇怪的是，有关伊凡雷帝书库的记载，除了马克西姆之外，当时在其他人的记录中，再找不到只言片语了。直到16世纪在《里波利亚年代记》中，才被轻描淡写地提到："德国神父魏特迈曾见过伊凡雷帝的藏书。它占据了克里姆林宫地下室的两大间房子。"可是所谓"德国神父魏特迈"在历史上并不有名，要找他的记载十分困难，于是人们产生怀疑：伊凡雷帝书库会不会压根儿就不存在呢？

精装《福音书》封面
它具有俄罗斯装饰艺术无限丰富的特性，也构成了俄国东正教堂的一个主要特征。

19世纪时，两个德国人一度对伊凡雷帝书库很感兴趣，不远千里跑到莫斯科，准备把这件事弄个水落石出，但是尽管他们对克里姆林宫的地形进行了仔细的勘察，又查遍了所有关于这件事的古代记录，结果连伊凡雷帝书库的大门朝哪边开也搞不清楚。最后这两位认真的德国人留下了两句被认为是"绝对废话"的话："我始终相信，伊凡雷帝书库的藏书至今还沉睡在一个不为人知的角落里。解开这个谜，对世界的文化来说可能联系着非常重要的发现。"

还有一些学者认为，在克里姆林宫发生火灾的时候，这些珍贵的书籍也葬身火海了。但是也有人认为或许这些书籍在地下室最为隐秘的密室里，大火根本烧不到，但是却把出路封死了，因此有必要再对克里姆林宫仔细搜索一遍。还有人认为，早在发生大火之前，书库已经被转移了。

19世纪末，莫斯科历史学家扎贝宁无意间淘到一本古书，上面有许多关于古代宫廷的记载，其中一件竟和伊凡雷帝书库有着莫大关系：

大约在1724年，彼得大帝决定迁都彼得堡，把莫斯科作为陪都。同年12月，一个名叫奥希波夫的教会人员来到彼得堡，向皇室递交了一份报告，说有人在克里姆林宫看见了两间地下密室，堆放着许多大箱子，都加着大铁锁，贴着封条。于是请求皇室同意对克里

俄国士兵像

姆林宫进行搜索。至于期间怎样搜索，人们并不清楚，只是在公文保管处保存下来的关于此事的报告中有这样的记录："尽管全力以赴，但并没有发现什么秘密的场所。"

伊凡雷帝书库是否存在？如果存在，又在哪里呢？直到今天，它仍是一个未解之谜。

真有《彼得大帝遗嘱》吗？

1836年，法国出版了一本署名为德奥的回忆录，回忆录中最重要的一部分是《彼得大帝统治欧洲的计划》，也就是后来轰动世界的《彼得大帝遗嘱》。这份遗嘱披露了俄国沙皇彼得大帝企图称霸欧洲进而征服世界的野心。主要内容有14个部分，分别是：第一，俄国长期保持战争和扩张状态；第二，后继者务必要大力网罗人才；第三，要力争参与欧洲事务；第四，瓜分波兰；第五，征服瑞典；第六，采取王室联姻政策；第七，与英国结盟通商；第八，沿黑海、波罗的海分别向南北扩张；第九，挺进君士坦丁堡与印度；第十，控制奥地利地区；第十一，挑动奥地利和欧洲各国发生争端；第十二，统治希腊地区；第十三，挑拨法、奥关系，制服其中一个；第十四，征服日耳曼和法国。

我们要想知道这份遗嘱的真假，必须先了解这份遗嘱的披露者，也就是回忆

彼得大帝像

彼得大帝是18世纪初期俄罗斯的统治者，是俄国历史上称帝的第一人。他全力以赴地将封闭保守的俄罗斯转变成一个真正的帝国。

天使长大教堂外景

作为历代沙皇的陵寝，彼得大帝的葬礼即在此举行。

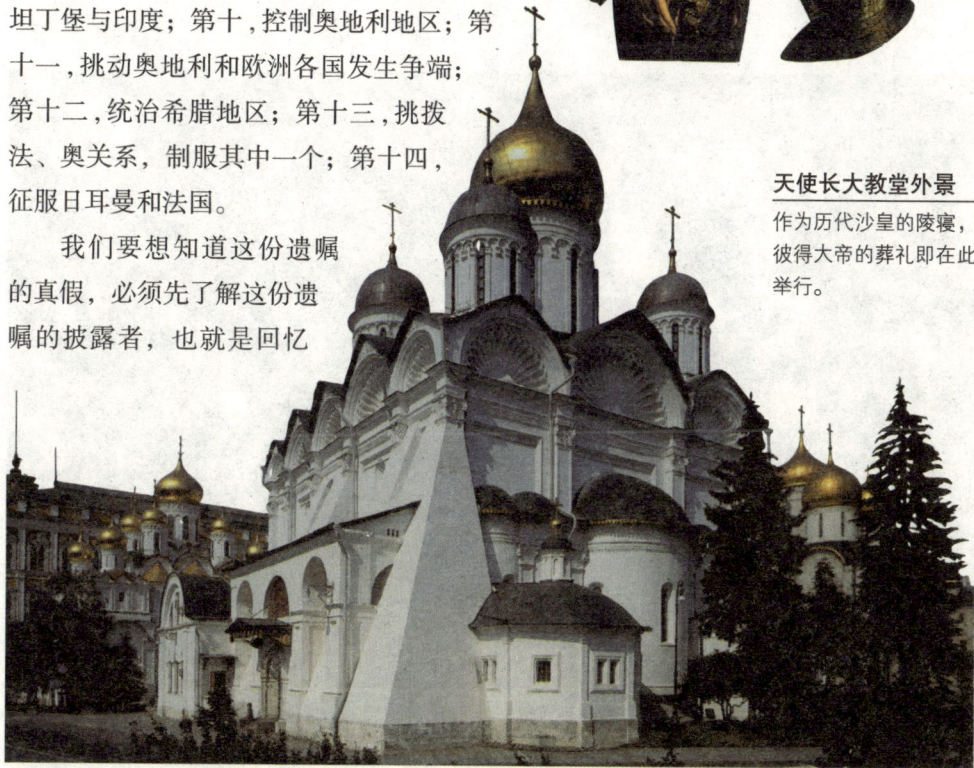

沙皇尼古拉二世送给他妻子的礼物——金蛋，里面是彼得大帝的雕像。

录的作者德奥是何许人，有没有接触到遗嘱的可能性。

1724年冬天，彼得一世在芬兰湾地区巡视，偶感风寒，不料竟转成肺炎——当时无法治愈的疾病，从此一病不起，来年1月7日，彼得预感不祥，赶紧让人准备纸笔要写遗嘱，谁知道刚写下"吾欲传位给……"寥寥数字就手腕无力，接着马上召唤公主，准备口授，公主到来时彼得已经不省人事，一语不发，1月8日凌晨，这位俄罗斯历史上最著名的皇帝就"驾崩"了。公主叶丽萨维塔·彼得罗夫娜继承了皇位，这就是俄国有名的色情女沙皇伊丽莎白。伊丽莎白是个荒淫无耻、极度好色的女人，她在宫中养了许多"面首"供她欢愉，此外还有许多秘密情人。在这些男人中间，有一个法国人尤其受到女皇宠幸，他就是法国间谍德奥。

德奥得到伊丽莎白信任以后，不仅可以自由出入于皇宫，而且可以翻阅皇室档案。有一年，德奥陪同女皇在圣彼得堡城郊的沙皇夏宫里游玩，意外地发现了一份题为《彼得大帝统治欧洲的计划》的秘密文件，敏感的政治嗅觉告诉他这可是件好东西，定能得到上司的嘉奖，于是一字不漏地抄录下来，并迅速将其呈献给法国国王路易十五。

彼得一世从他的欧洲老师那里学会了筑城和航海学，这些成为他一生的爱好，在他执政期间，俄罗斯成立了自己的第一支海军。

如此看来，德奥非但有接近《彼得大帝遗嘱》这样绝密文件的机会，而且以他的职业看来，他也实在没有撒谎的可能。但是仍有一些治学严谨的历史学家发现了一些漏洞，对《彼得大帝遗嘱》的真实性提出怀疑，有的甚至宣称：所谓《彼得大帝遗嘱》，作者怕不是彼得一世，而是法国人德奥吧！他们的根据是：第一，历史记载得清清楚楚，彼得一世去世时极为仓促，连传位遗诏都没有写好，又怎么可能有时间写出这样条理清楚、顺理成章的施政大纲呢？第二，俄国史料中找不到有关《彼得大帝遗嘱》的记述，沙皇档案中也找不到这份文件。第三，目前有多种关于《遗嘱》的文本，但是彼此之间出入很大，另外关于遗嘱的起草时间和修改时间，德奥的回忆录说得很不清楚。第

在这幅著名的肖像画中，彼得大帝一手持剑，一手压着世界地图，表达了这位君主的世界眼光和铁血手腕。

四，即便彼得大帝会拟出这份施政纲领，但是也毫无必要那样露骨吧。

但是与之观点相左的专家认为，即便当初彼得一世没有立下传位遗嘱，也不能表明他没为后世继承者立下施政纲领，因为对于帝王来说，选取候选人往往是自己在最后生命时刻才决定的事，而一些训示和告诫则早在没有明确继承人之前就确立了。只要联系一下中国的清朝皇帝们，就再清楚不过了。

有关遗嘱真实的另一件有力证据是，19世纪初，也就是在德奥把《遗嘱》呈给路易十五之后的50年后，一位流亡法国的波兰将军向法国执政府递交了一份自称是从俄国皇室档案中窃取的《俄罗斯扩张计划概要》，内容竟然与德奥所得到的那份一模一样。这该不会是巧合吧？

尽管目前《遗嘱》是真是假还难以定论，有待解谜，但是这份《遗嘱》的确反映了沙皇俄国扩张领土的野心。

尼采的著作是否被人篡改过？

在西方思想史上，尼采恐怕是最有争议的人物了。在相当长的时间内，尼采的书在中国不再出版，他的名字也成为"禁忌"，一旦沾上，就被认为是法西斯主义者。直到新时期以来，尼采才渐渐为中国人重新认识，甚至出现了"尼采热"。

事实上，把尼采说成是法西斯主义的思想先驱，是没有根据的。希特勒在《我的奋斗》中没有一处引证尼采。而尼采一生对种族主义和反犹主义相当反感，这两大主

尼采画像

尼采认为，我们应当弘扬以肯定生命为核心的价值观，每一个人自身都必须健全、充分地享受生命，肯定生命，尽心尽力地实践。可当有人篡改他的理论，并为凶残成性的法西斯所利用时，相信已长眠于地下的尼采无法闭上他忧虑的眼睛。

义正是法西斯主义的基石。那么为什么有些人会常常把尼采与纳粹和法西斯联系在一起呢？有些学者认为，这是因为有人篡改了尼采的著作。

那么篡改者是谁呢？人们普遍认为是尼采的妹妹伊丽莎白·福尔斯特·尼采。最早提出这一看法的是德国的尼采研究者卡尔·施莱希塔，他于1958年出版了《尼采事件》一书，对尼采妹妹的篡改行为进行了揭露，认为她伪造了尼采的书信，歪曲了尼采的思想。

众所周知，尼采终生未婚，他一生最亲密的女人就是他的妹妹伊丽莎白·福尔斯特·尼采。而伊丽莎白却有浓重的种族主义理想，后来又嫁给了反犹主义者波恩哈特·福斯特。婚后她追随疯狂的丈夫到巴拉圭建立条顿移民村，以实现自己的种族主义理想。但是移民村的计划最终流产了，福斯特自杀了。而伊丽莎白还没有从失去丈夫的悲痛中解脱出来，就传来了哥哥尼采发疯的消息。于是她在1897年从巴拉圭赶回魏玛，照料生活不能自理的尼采。在照料尼采的同时，伊丽莎白也搜集整理了尼采的手稿，然后又垄断了尼采著作的出版权。

尼采死后，伊丽莎白以尼采著作权威的解释者自居，同时伊丽莎白在整理出版尼采的手稿过程中，一面扣压一些手稿，一面篡改一部分手稿，使之渐渐与法西斯主义靠拢。在尼采的著作中，受到篡改最为严重的是晚年的《权力意志》。

尼采晚年时曾计划写一本名叫《重估一切价值》的书，但没有完成，只留下一大堆残篇手稿，后来伊丽莎白和尼采的朋友彼得·加斯特一起把这些手稿

尼采对创作性艺术家产生了广泛的影响，奥地利画家古斯塔夫·克里木特就是其中之一。图为他的画作《接吻》，这幅画表达了强烈的感官爱欲。

整理成书，取名为《权力意志——重估一切价值》出版。在这本书上，有浓重的种族主义思想，而伊丽莎白宣称这才是尼采最重要的著作，是他的代表作。

1961年，意大利学者蒙梯那里和科利为了翻译尼采的著作，来到德国魏玛，在歌德、席勒档案馆查阅了尼采的全部手稿，结果发现伊丽莎白大量篡改了尼采的手稿。

《权力意志》的原稿有374条格言体的片断，可是伊丽莎白删去了104条，在采用的270条中，又有137条被改动，结果致使尼采著作的原面目遭到严重歪曲。为了恢复原貌，蒙梯那里和科利将尼采的著作汇编成《新的批判尼采全集》的尼采著作汇

冲突的挑战

如果一个人充分地享受生活，就会与他人发生冲突。不过，尼采以为，冲突的刺激有助于出类拔萃的人施展自已的才华。图中画作反映19世纪初法国士兵在耶拿战役中获胜欢呼的场景，从意境上说很好地反映了尼采的哲学观点。

编。而德国尼采研究专家施莱希塔也编辑出版了尼采晚年手稿，取名为《80年代遗稿选编》。

还有人指出，伊丽莎白不仅篡改了尼采的手稿，而且还在言行上把已经去世的尼采置于法西斯思想先驱的地位。

当时，伊丽莎白俨然是尼采的代言人，她在20世纪20年代公开赞赏墨索里尼，后来希特勒参观尼采文献档案馆时，她在希特勒面前大谈反犹主义与种族主义，此外她还到处演讲、写文章，极力把墨索里尼和希特勒说成是她哥哥的理想的"实现者"，并为此得到希特勒荣誉像章的奖励，以致在第二次世界大战之后，人们在回忆这些情况时，把尼采和法西斯联系在一起，也就没什么奇怪的了。

但是也有人对尼采妹妹伪造说不以为然。他们认为伊丽莎白所编辑出版的尼采文本虽然有不翔实之处，但是她所依照的，正是尼采

价值体系的束缚

尼采认为，传统价值以道德之名束缚了创造者，对创造者和芸芸众生同等相待。这幅画反映了教会和国家对人们的束缚和压制。

此图描绘1779年拿破仑在布罗埃纳皇家军事学院学习的情形，墙上的地图和身影昭示着他日后横扫欧陆的野心。但尼采的这一观点到后来却被法西斯极大地歪曲，失去了其真正意义。尼采认为，每一个人都应该充分认识自己的潜能、自己的"权力意志"，这种权力意志不仅体现在文化政治活动中，而且体现在战争中，拿破仑就是这样一个认识到自身"权力意志"的人。

1868年，尼采结识了作曲家理查·瓦格纳，对悲观主义哲学家叔本华的共同崇拜使两人成为挚友。在精神错乱的前一年，尼采出版了《论瓦格纳》(1888)和《尼采对瓦格纳》(1895)。这一画面是马克斯·勃吕克纳为瓦格纳的歌剧《帕西法尔》所画。

的手稿，从大量的手稿中编辑成书，自然要有所取舍，不然不加选择地全部收录，那也不能算作是一本书。而且施莱希塔所编辑出版的《80年代遗稿选编》，除了顺序不一样外，内容却完全一致，而尼采所采用的是格言式的文体，前后逻辑性并不强，所以仅仅顺序的改变不是什么大问题。其实，尼采思想中本来就有消极的一面，不用人篡改，也极容易为人误解和利用。所以说尼采妹妹篡改了他的手稿，理由也是不充分的。

尼采著作究竟是否被篡改过？尽管至今还无定论，但是能够肯定的是：尼采确实是一个被曲解了的伟大哲学家。

文学悬案

《荷马史诗》的作者究竟是谁？

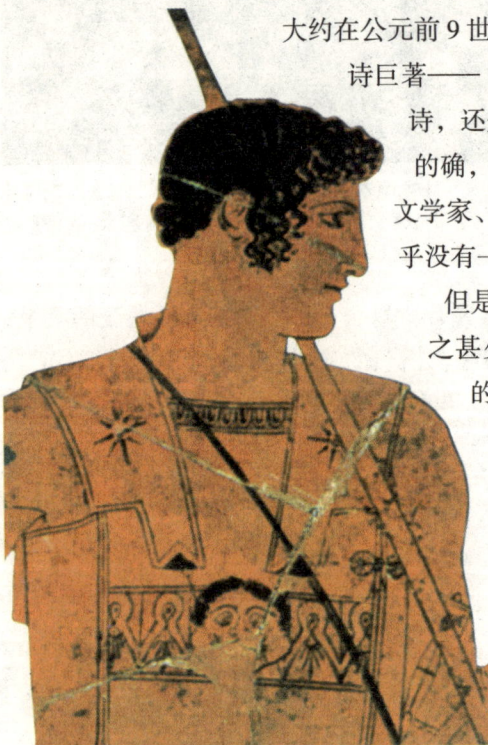

大约在公元前 9 世纪至前 8 世纪左右，古希腊产生了一部史诗巨著——《荷马史诗》，直到今天，人们翻开这部史诗，还是会立刻沉浸到其强大魅力的艺术世界里。的确，这部史诗影响了世界上一批又一批著名的文学家、艺术家，从柏拉图和亚里士多德开始，几乎没有一个文学爱好者不从中获益。

但是这么一部文学巨著，人们对它的作者却知之甚少。因为大约在公元前 5 世纪以后，希腊的历史学家、批评家才着手研究、调查有关作者的资料，而《荷马史诗》对于那时的希腊人，无异近代人眼中的史前神话。柏拉图、亚里士多德所了解的《荷马史诗》，还不如今天读者所了解的莎士比亚戏剧详细。导致这种差异的原因是：莎士比亚生活在印刷术盛行的时代，与他同时代的人都能看到他的剧本；而在当时的希腊，即使是一些受过教育的人，也很难有机会见到《荷马史诗》的手稿本，只是以

《荷马诗史》中的英雄人物阿喀琉斯

某种形式在心中记忆他的诗而已，至于具体采用什么记忆方式，我们今天不得而知。或许在公元前 6 世纪，由文学家、哲学家柏拉图整理了荷马的诗文，且以一定形式记载下来。但是它的作者究竟是谁，却没有任何的资料以供参考。

一般认为，《荷马史诗》的作者是盲诗人荷马（Homeros，在爱奥尼亚土语里就

荷马吟咏史诗图

古希腊著名诗人荷马正在爱奥尼亚一条大路旁，一边演奏竖琴，一边吟唱歌颂特洛伊英雄的史诗。

是"盲人"的意思），但是对于这位盲诗人的出生地，却有众多说法。因为《荷马史诗》在世界上的巨大影响，一个城邦如果被看做是荷马的故乡便有着莫大的荣耀，因此有密而纳、科络丰、皮罗斯、西俄斯、雅典、阿尔格斯等众多城邦争先恐后地宣称是荷马的故乡，直到今天，仍有许多地方以自己培育了一个"伟大的诗人荷马"而感到自豪。

事实上，在古希腊，虽然人们不知道荷马个人的具体资料，但是并不否认盲诗人荷马的存在，他们承认荷马就是《荷马史诗》的作者。柏拉图曾在《理想国》中指出，当时人们尊敬荷马，认为他"教育了希腊人民"。直到18世纪以前，这种看法在欧洲一直占主流。

到了1725年，意大利史学家维柯在《新科学》一书中的《发现真正的荷马》一文里，对这种传统的观点率先发难。他认为荷马这个人根本就不存在，因此争论荷马的故乡就显得毫无意义甚至可笑。他的理由是：《伊利亚特》和《奥德赛》之间的间隔达百年之久，怎么可能会是同一作家所为呢？他提出了自己的看法：《荷马史诗》像大多数民间文学作品一样，是古希腊人民共同创造的，荷马也不过是希腊各民族民间神话故事的总代表罢了。

1795 年，德国学者沃尔夫在《荷马史诗》研究一书里作出更详尽的论证，指出《荷马史诗》从公元前 10 世纪开始形成，经过长时间的口头流传，其间又经过不断修改，直到公元前 6 世纪才用文字记录下来。

他的理由是两部史诗都可以分为若干独立的部分，每一部分都曾作为独立的篇章被歌手演唱，经过反反复复的修改才成为我们今天看到的样子。因此他认为《荷马史诗》是由众多民间诗歌汇编而成的。

然而以德国学者尼奇为代表的一部分人，却反对这种"汇编"而成的说法，他们认为历史上确实存在荷马这个人，因为柏拉图等人明确提到过此人；另外《荷马史诗》具有统一的艺术结构，至于其中存在的一些矛盾，尼奇作了这样的解释，一部如此宏伟的巨著，出现一些前后不相一致的地方，是正常的，也是可以理解的。尼奇论断说，那些认为《荷马史诗》是众多人合写而成的说法是毫无根据的，也是荒诞的。

还有一种折中的看法，认为《荷马史诗》刚开始是一部短诗，可能由盲诗人荷马创作，但是随着不断地流传，其他一些诗人对它进行了再创作，不断充实它的内容，就成了今天这样的长诗。

这种说法的根据是：《伊利亚特》是以阿喀琉斯的愤怒为核心，《奥德赛》

荷马与诸神 浅浮雕

在这个公元前 2 世纪晚期以"荷马之神化"著称的浅浮雕中，诗人端坐在浮雕底部左侧的王位上。在"神话神"、"历史神"率领，"物理神"、"自然神"陪伴下，这些戏剧人物走向荷马献上祭牲。浮雕上部，宙斯和阿波罗被刻画成和众缪斯在一起，反映了诸希腊化王国对文学不断增长的兴趣。

赫拉克勒斯的战斗　陶绘

是以尤里西斯的漂流为中心，两者都有一个核心部分，这个核心部分很可能就是荷马所创作的短篇的原型，而其他部分则是后来添加上去的。正因为如此，史诗才一方面具有统一的风格，而另一方面也有着诸多前后矛盾的地方。

20世纪美国学者帕里从语言学的角度，又提出了新的见解。他在研究中发现《荷马史诗》中有大量程式化的语句，数量高达2.5万个，几乎占全诗的1/5，这些程式化的语句是早期诗歌中诗乐结合的常见现象，但如此众多，绝对不可能由一个诗人独创，一定是经过世代民间歌手不断加工而成的。

荷马，究竟是一个诗人的名字，还是一群诗人的名字，今天仍没有定论，但其留下的英雄史诗却与世共存。

双耳细颈陶罐　公元前6世纪

上面的绘画再现了《伊利亚特》中的一个情节：希腊武士、英雄阿喀琉斯和埃阿斯正在玩掷骰游戏。虽然两人看上去都专心致志于游戏之中，但都手执长矛，严阵以待，随时准备重新开启对特洛伊的战争。

忒修斯传说和克里特文明之谜

在古希腊神话传说中，忒修斯因其英勇而成为亮点人物。他有过许多英雄的壮举，但他最伟大的行动却是杀死牛头人身的怪物米诺陶洛斯。

米诺陶洛斯是帕西菲王后与一头公牛交配后产下的怪物。当时，强大的国王米诺斯在克里特统治着希腊，他和帕西菲结婚，但帕西菲却爱上了一头漂亮的公牛。帕西菲让发明家代达罗斯为她制作了一只木制的母牛，以便于她可以藏在里面与公牛交配。以后她生下了可怕的米诺陶洛斯——一个半人半牛的怪物。

忒修斯找到父亲的信物 油画

米诺斯便求助于代达罗斯，修建了一个巨大的迷宫来囚禁这头牛头人身的怪物。每隔 9 年，国王都要送 14 个雅典童男童女到迷宫喂这头牛头人身的怪物。这也是为死于雅典人之手的米诺斯之子安德罗奇斯报仇。在忒修斯以前，从来没有一个年轻人生还。忒修斯是雅典国王埃勾斯的儿子，他自愿前往。忒修斯承诺父亲他会回来，并且将升起白色的风帆来表明他的胜利。忒修斯杀死了牛头人身怪物，走出了迷宫。这样就结束了雅典年轻人被残害的无谓牺牲，克里特对雅典的统治也就结束了。

对于忒修斯的故事和克里特文明，后人曾做过深入研究。1900 年，牛津阿尔莫宁博物馆的理事亚瑟·伊文思来到了克里特。他的发现证明克里特不仅仅是伟大帝国的中心，而且有关忒修斯的故事远远不像曾经看起来的那般充满幻想。

19 世纪 20 年代的艾伦·瓦斯和 19 世纪 30 年代的卡尔·布利根，发现了与克里特文明同时存在的"迈锡尼"文明的证据，这种文明明显独立于克里特文明。他们认为，在公元前 1500 年后某些时候，迈锡尼人征服了克里特人并接管了诺塞斯。至此，迈锡尼文明得以繁荣发展。

这些材料，在某种程度上似乎进一步证实了忒修斯的传说是有一定历史根据的。和迈锡尼人一样，雅典人是希腊人，所以忒修斯的胜利可能意味着在某次（或者连续几次）实际的战斗中迈锡尼希腊人击败了牛头人身的克里特人。

陶瓶画

忒修斯杀死牛首人身的怪物。

在迈锡尼人如何替代克里特人这一问题上，考古学家斯皮里宗·马里那多斯有自己的观点，他相信是自然灾害削弱了克里特，以致为迈锡尼人打开了方便之门。他认为，是锡拉岛上的火山爆发行使了这一使命。火山爆发可能源于地震，反过来又引起海啸毁灭了克里特。他坚持，地震和海啸的破坏足以迫使克里特人向迈锡尼人敞开大门。实际上，在克里特的考古学证据似乎表明，是火而不是火山灰或洪水引起了这里大多数的毁坏。

所以大多数科学家——虽然不是所有的——都否定锡拉岛火山在克里特文化衰败中扮演过重要的角色。那是否就意味着忒修斯扮演了替代者的角色呢？是忒修斯（或是他作为希腊人的象征）杀死了牛头人身的怪物（或者怪物是克里特人的象征）？由于年代久远，此外也没有众多的史料可考，也许进一步的发现和研究能为这个看似完全虚构的故事增加一点可信度，从而解开克里特文明之谜。

克里特母神

这位神是米诺斯宗教的核心。落在头上的鸽子象征着她的神圣，手中紧握着扭动的蛇则是提醒信徒记起她与地狱的联系。

世外桃源甘美乐

　　甘美乐的故事以亚瑟王始，也以亚瑟王终。最早提到亚瑟王的作品是 10 世纪的一首威尔士诗歌，但其事迹直到 12 世纪才开始在民间流传。后来法国诗人德特洛伊斯从行吟诗人处取得灵感，在亚瑟王传奇中加入骑士与美人间的爱情故事，而鲍朗又添加了追寻圣杯等故事，最后才由马洛礼把这些故事贯串起来。在马洛礼笔下，亚瑟王继承了英雄传统，他从小由魔术师梅林抚养，年轻时拔出了石中神剑。他建立王国后，获得湖中女神赐予神剑。他的骑士都要受过考验，最后更以寻访圣杯显示其英雄气概。

甘美乐最可能的所在地——卡德伯里堡

亚瑟王之死 19世纪 英国 阿切尔

　　甘美乐就是亚瑟王建立的王国的首都。德特洛伊斯笔下的甘美乐象征着安宁，代表着与野蛮抗衡的文明、纷乱中的秩序。它位于一个永恒的地方，那里有迷人的森林和城堡，骑士从这里出发探险，拯救遭难的少女，最后又回到美丽的家园。

　　中世纪时，战乱频繁，瘟疫流行，人人渴望能有一个像甘美乐那样安乐详和的地方。后来，相信确有此地的人，便到处访寻这个世外桃源。

　　历史上确有些证据，证

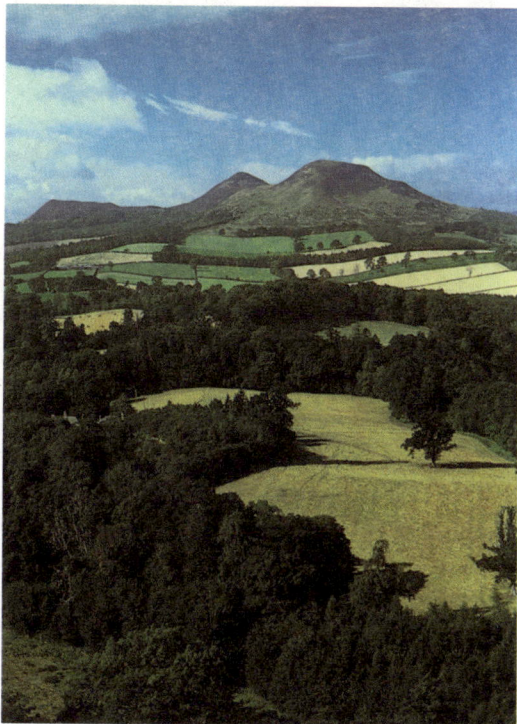
传说中亚瑟王的长眠之地——苏格兰边界的艾尔登山。

明亚瑟王这位传奇国王是以5世纪时不列颠的一位将领为原型塑造的，在罗马人撤退后，他曾率众抵抗日耳曼族入侵。撒克逊人侵占不列颠后，他的事迹便成为凯尔特人的民间传说，在未受撒克逊人控制的地方，如英格兰西部、威尔士和法国布列塔尼等地代代相传。因此，人们就从凯尔特人的故乡开始寻访甘美乐之旅。

英国亨利八世时的古物收藏家利兰，曾写道："甘美乐就在卡德伯里教堂的最南端，原有名城或名堡……"他认为卡德伯里是甘美乐的所在地，因为在亚瑟王的时代，萨默塞特郡南卡德伯里的卡德伯里堡是不列颠最大的要塞，以这里作大本营的国王所拥有的资源是无人能比的。

一些考古的发现证实了利兰的观点。20世纪60年代，考古学家阿尔科克发现南卡德伯里铁器时代的城堡，在5世纪末曾加固再用，这正是传说中亚瑟王活跃的时期。卡德伯里堡始建于公元前1世纪，公元83年被罗马人摧毁，其后废弃了400年，城堡只剩下一些木建筑物。

另一处可能的地方是康沃尔北岸的廷特杰尔堡，传说亚瑟王在那里出生。发掘出的文物显示那里曾是一座凯尔特古厅的旧址，出土的陶器碎片证明5世纪时这里有人居住，但这里自1145年起才有一座城堡，年代较近，又不大可能是甘美乐。

有关甘美乐的地点的说法众说纷纭，原因在于这个地方跟亚瑟王一样，只存在于故事中。看样子目前我们也只能在故事中去寻找这个世外桃源。

安徒生是王子身份吗？

如果你到丹麦首都哥本哈根旅游，一定会注意到一个美丽的雕像——《海的女儿》，并且导游一定会向你讲述一个与此相关的童话故事：一个万籁俱寂的夜晚，月亮温柔地注视着大海，在海面上缓缓浮出一个人身鱼尾的少女，她是海底的公主，要去和人间的恋人——英俊的王子长相厮守。可是她的鱼尾却阻碍着她的美梦。海巫婆告诉她："有一种药物，可以化鱼尾为双腿，但是你必须放弃你三百年的生命。"她毫

安徒生像

不犹豫地把药喝了下去……当她醒来时，慈祥的阳光抚摸着她漂亮的眼睫毛，心爱的王子正抱着她，对着她微笑……

许多人几乎是在安徒生童话的陪伴中长大的。他们为卖火柴的小女孩洒下同情的泪水；做过丑小鸭变为白天鹅的美梦；为皇帝的新装捧腹大笑。

一般的安徒生传记是这样叙述安徒生的生平：1805 年 4 月 2 日出生于丹麦富恩岛上一个鞋匠之家，一家人都挤在一间低矮破旧的平房里。由于一家人的生活重负都压在收入不高的父亲身上，致使其操劳过度，在安徒生 11 岁时他就早早离开了人世。此后家境更为贫困，母亲不得已而改嫁，于是安徒生开始了一生的漂泊。他做过各种行业的学徒，经常梦想着长大后能做一个演员，可以在舞台上成为威严的国王、英俊潇洒的王子。14 岁时，他到丹麦皇家剧院做临时演员，可是因为失声，他的演员之梦破灭了，之后尝试给剧团写剧本，可是每次都被退回，幸亏一个导演看中他的才华，动了惜才之心，就资助他读完大学，这样安徒生才有可能进行学习与积累，奠定了文学创作的基础。因为感慨于自己童年的不幸，他就决定给全世界的孩子写故事，以让所有的孩子有一个梦一般美丽的童年。1835 年，安徒生出版了第一本童话集，反响非常好，于是一发而不可收，以后每年圣诞节，他都新出一本童话集，作为给孩子们的新年礼物。在 40 年的创作生涯里，他写了 160 多篇童话，这些童话，今天成为流行全世界的文学经典。有人对安徒生的身世提出了怀疑，认为他实际上是一个"落难王子"。这场争论越来越热闹，以至于 1990 年在安

安徒生和丑小鸭雕像

《丑小鸭》的故事充满隐喻色彩，是否暗示了安徒生高贵的王子身份？

图为安徒生笔下的美人鱼，她沐浴在柔和的月光里，托腮沉思着，也许正在想念那位梦里的王子。

徒生的家乡欧登塞大学举办了数百名学者参加的研讨会，专门讨论安徒生的身世。历史学家延斯·约根森在他的著作《安徒生——一个真正的童话》中，认为安徒生是丹麦皇室的私生子。他的生母是王储克利斯蒂安的情妇。安徒生出生后，为了遮丑，就被送给一个鞋匠收养。此后安徒生其实一直受到皇室的照顾，不然一个平民少年，怎么可能出入皇家剧院呢？所谓安徒生吃苦的事情，纯粹是皇室故意编造，为的是掩人耳目罢了。另外有人从安徒生童话中寻找证据，发现许多童话都与王子和皇室有关，并且在安徒生童话中还有这样一个故事：一个鞋匠与一个洗衣妇结婚，生下了一个丑儿，却不能自己抚养，这个孩子四处流浪，无意中得到贵人相助，结果发了财，成为社会名流。最后丑儿知道了自己发财的原因：原来自己是国王的私生子。这个童话中，丑儿显然是安徒生自己的写照，因为他的"父亲"是一个鞋匠，"母亲"是一个洗衣妇，并且最后安徒生也功成名就。那么这个故事的后半部分是不是也是作家的真实经历呢？专家们作了这样的猜测：安徒生后来获知自己的身份，也得知自己的成功原来也是别人的刻意帮助，于是非常烦闷，又不能把这件事公布出去，就只能将之编成童话。

为了搞清楚安徒生的真实身份，丹麦政府也提供了大力支持。在政府的许可下，丹麦历史学家塔格·卡尔斯泰德查阅了克利斯蒂安的档案，结果发现，这位风流的国王确实有一个普通的平民情妇。档案中有这样的材料：国王得知自己有了私生子后，曾经派人送钱给他们母子，并且为他的私生子安排了工作。但是说得很模糊，历史学家没有找到有安徒生母子的明确材料。

谁才是真正的莎士比亚？

世界上略有文学常识的人，都知道莎士比亚，就如同中国都知道鲁迅一样。莎士比亚是迄今世界上最伟大的剧作家，他的作品深刻而生动地反映了16世纪到17世纪英国的社会现实，集中代表了欧洲文艺复兴时期的最高文学成就。他一生创作了37部戏剧、154首十四行诗和两首长诗。世界闻名的悲剧《哈姆雷特》更是奠定了莎士比亚在世界文学史上的不朽地位。然而这样一个文化巨人，他的身世至今还是一个谜。

"莎士比亚"是演员威廉·莎士比亚的名字。他出生于英国埃文河畔特拉特福镇的一个小商人家庭。21岁时离家外出谋生，当过剧场的杂役、演员。有关介绍

莎士比亚像

他生平事迹的材料奇缺。当时也没有一个人可以说明那些伟大的作品是出自他手。并且在他去世时，居然没有引起任何人的重视，当时没有一个文人为他的逝世写一首哀诗。在威廉·莎士比亚的女婿霍尔医生的日记中，也找不到关于其岳父是著名作家的文字。在研究者对他的家庭、环境、学历进行考察之后，便产生了这些剧作是否出于其手的怀疑。威廉出生于一个小市民家庭，何以知道那么多豪华宫廷与贵族的琐事？他文化水平极低，剧中怎会有如此细致的生活与心理描述？即使像拜伦和狄更斯这样

17世纪版画中描绘的伦敦景象

画面右端为著名的伦敦桥，左上端为耸立在伦敦西侧的圣保罗大教堂。当时的伦敦已开始显露大都市的风采。

《仲夏夜之梦》是莎士比亚
早期的浪漫喜剧代表作。雅
典附近的森林是个奇特的世
界，年轻的男女承受爱情的
磨难后终成眷属。

的大作家也怀疑演员威廉·莎士比亚是否写过那些作品，狄更斯还表示"一定要揭开
莎士比亚真伪之谜"。

最初曾有人认为莎剧的真正作者是牛津第七世领主爱德华·威尔伯爵。此人对戏
剧极感兴趣，可能是为了避开贵族社会的评议，才假借莎士比亚这个笔名发表作品。
但是漏洞在于，这位伯爵逝世于 1640 年，而在此之后，莎士比亚的剧作继续出现，
显然难以自圆其说。

大约是 1958 年，美国作家德丽雅·培根提出，莎剧的真正作者应该是英国著名
哲学家弗兰西斯·培根。其理由如下：第一，莎剧题材极其广泛，既涉及天文、地
理，又谈及宫闱，博大精深，较之演员威廉的出身和文化状况，其出自于一位哲人之
手更为合理。第二，当时正是伊丽莎白王朝在社会、宗教、政治等方面皆发生极大骚

乱的时期，出版审查很是严格，上流社会、知识阶层也以写剧、演戏为耻。在这种情况下，可能有人假借莎士比亚之名撰写剧本。而培根才华出众、阅历丰富，最有可能是真正的撰写者。第三，在培根的遗嘱中，莎士比亚的墓碑上，和莎剧的台词中居然可以拼出几行密码，内容赫然是"莎士比亚作品系培根所著"！但是德丽雅的说法也很难站住脚，因为莎剧和培根其他的作品在语言风格、思维习惯等方面明显不同，至于密码问题，第一，培根没有理由在死前将真相隐藏于不为人知的密码里；第二，这种文字的拼凑很具有偶然性。

还有一种说法，认为莎剧的作者是莎士比亚的朋友、一个剧作家马洛。马洛是一个鞋匠的儿子，1587 年毕业于剑桥大学，取得艺术学士学位，是一个才华横溢的作家，其代表作是名剧《汤姆兰大帝》，1593 年他不幸被人杀害于伦敦。然而据美国文艺批评家霍夫曼的考证，当时被杀的只是马洛的一个替身，而马洛本人却回到意大利，继续进行他的戏剧创作，为了躲避仇杀，便以莎士比亚的名义发表作品。此外，莎士比亚的许多剧作例如《威尼斯商人》、《罗密欧与朱丽叶》等都是以意大利为背景写成的。而演员莎士比亚从未到过意大利，怎能写出对意大利各方面情况十分熟悉的剧作呢？况且将马洛的作品和莎剧进行对比，我们就会发现二者的风格竟然非常相似！甚至如今在剑桥大学找到的马洛求学时的照片和第一版莎士比亚戏剧集上的照片极其相像。但是仍然缺乏事实上的依据，仍停留在推断与猜测中。

还有人认为莎士比亚其实就是英国女王伊丽莎白的化名，这是最为令人震惊的提

环球剧场的结构模型

作为伦敦最著名的建筑物之一，它能容纳 2000人，于1599年对外开放，莎士比亚曾是该剧院的股东之一。

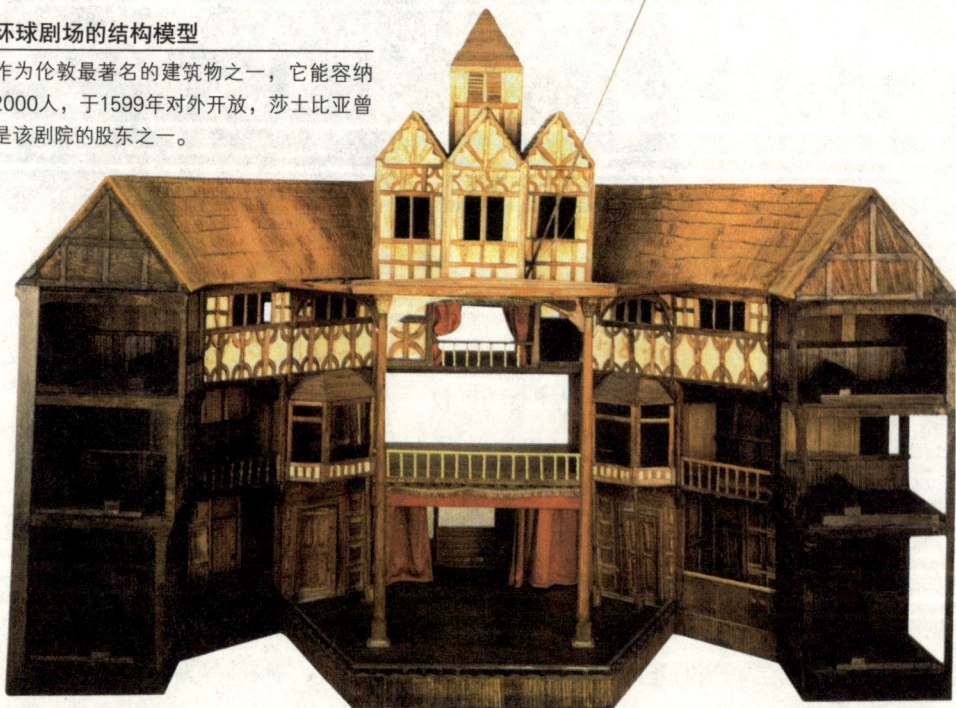

法了。莎士比亚戏剧中众多主角所处的环境与女王颇有相似之处，而且史载女王知识渊博，词汇量极为丰富，善于言谈，说话机智善辩，所以反映在莎剧里的单词量高达21000多个，一般人是很难做到这一点的。

莎士比亚的作品究竟是何人所写，很可能会成为永久之谜，但是历史上确实存在这样一个人，他或她留下了这些永垂不朽的作品。每当人们在翻阅这些经典作品时，心中总要涌起对这个伟大作家的崇敬之情。

诗人拜伦为何长期漂流国外？

拜伦是 19 世纪英国杰出的诗人，至今在世界上仍享有盛誉。他 1788 年出生于伦敦一个没落的贵族家庭，10 岁继承男爵爵位。拜伦从学生时代开始写诗，1812 年发表的《恰尔德·哈罗尔德游记》是他的成名作。1816 年，拜伦离开英国移居意大利，之后在漂流的生活中写了许多歌颂自由的诗篇，未完成的《唐·璜》是他最著名的代表作。1823 年初，希腊民族运动高涨，拜伦放下正在写作的《唐·璜》，毅然前往希腊，参加希腊人民争取自由、独立的正义斗争，不幸于 1824 年 4 月 19 日死于希腊军中。从 1812 年离开英国之后，拜伦在有生之年就再也没有重返故土。

拜伦像

有人说，拜伦流亡国外的原因是他的政治信仰与英国主流思想相抵触，所以只好离开国家避难。拜伦在英国不仅是一个诗人，还是一个政治活动家和演说家。他向往当时的美国资产阶级共和国，公开为捍卫人权、反抗暴政而斗争。他为了维护工人的权益，在上议院发表演说攻击当时的托利党统治，同时与当时势力很大的在野党辉格党也不苟合。曾经有人找过拜伦，告诉他如果放弃自己的政治立场，那么将停止对他的攻击。《伦敦评论》的编辑约翰·司格特后来承认，他接受当局的指派，对诗人进行了不公正的攻击。然而拜伦对于反对派毫不屈服，他说："能够忍耐的，我将尽量忍耐；不能忍耐的，我将反抗，他们至多不过使我离开这个社会。对这个社会，我一向不奉承，一向没满意过。"

还有人说，拜伦之所以远走他乡，是因为他的个性不容于英国上流社会。1811 年，拜伦在第一次到地中海各岸游历回来之后创作了长诗《恰尔德·哈罗尔德游记》，结果一举成名。在英国上流社会，拜伦成了最耀眼的明星，一时间贵妇小姐们纷纷拜倒在他

公园里的郊游者
英国中产阶级户外休闲时的情景。

脚下。可是好景不长，贵族们对
拜伦追求自由的个性逐渐不满，
于是纷纷对他进行攻击，温和一
点的否定他的诗作，恶毒一点的
诋毁拜伦的人格，甚至连他的跛
脚也要攻击，谩骂和侮辱像暴风
雨一样向诗人袭来。在这种情况
下，诗人痛苦地说："如果那些唧
唧喳喳的流言都是真的，我没有
脸面居住在英国，如果那都是谣
言，我也不稀罕这个英国！"于
是，拜伦痛苦地离开了，也没有
再回来。

　　也有人说，拜伦离开英国是
因为婚姻变故。拜伦本来不是个
喜欢受家庭束缚的人，而他的妻
子密尔班克是一个比较庸俗的女

英国下议院正在召开会议的场景

人，她无法理解诗人的性格，也不能宽宥诗人的过失，于是在感到婚后的失落之后，就想和拜伦离婚，而仍然爱着妻子的拜伦坚持不肯。密尔班克就串通医生，开具拜伦有精神病的证明，不久干脆带着小女儿离开了拜伦。拜伦一直盼望着妻子回心转意，但是却等来了岳父的一封信，信中催促他赶快办理与密尔班克离婚的手续。诗人感觉到心灰意冷，英国再也没有东西值得他留恋了，他要与这个让他伤心的地方诀别，在浪迹天涯中修复心中的伤痕。

但是流传更广的说法是，因为拜伦的私生活混乱，致使他的声誉受损，所以不得不离开英国。其中，拜伦和他同父异母的姐姐奥格斯塔之间的关系尤为世人所嘲讽。拜伦自小就很喜欢姐姐奥格斯塔。后来奥格斯塔嫁给了一个军官，但是婚姻并不幸福，拜伦出于同情和奥格斯塔交往越来越多，但是后来同情演变成怜惜又发展成爱情。他在一首写给奥格斯塔的诗中这样说：

云海漫游者 弗里德里希 1818年

画中人物并非拜伦，但画家笔下的漂泊者正可作为拜伦的写照。

没有一个美貌的女人

有像你这样的魅力；

我听到你说话的声音

与水上的音乐无异。

可见拜伦对姐姐爱恋到了何种程度。很多人传言拜伦甚至与奥格斯塔生了一个女儿，这个女儿由拜伦的夫人抚养长大。乱伦是一种"畸恋"，拜伦也常常感到不安，他在另一首诗中说：

你的名字我不说出口，我不思索，

那声音中有悲哀，说起来有罪过：

但是我颊上流着的热泪默默地

表示了我内心深处的情意。

为热情嫌太促，为宁静嫌太久，

那一段时光——其苦其乐能否小休？

我们忏悔，弃绝，要把锁链打破！

我们要分离，要飞走——再度结合！

拜伦的这种放浪行为不能见谅于社会，所以他终于离开父母之邦，漫游欧陆，以至于身死他乡。究竟是什么原因促使拜伦作出永远不再返回故土的决定呢？或许这其中还有许多不为人知的细节，所以直到今天仍然是一个悬案。

《呼啸山庄》的作者是谁？

艾米莉·勃朗特的画像

大部分研究者认为《呼啸山庄》确系她所著。这部巨著为她赢得了不朽的声誉。

在19世纪的英国小说界，出现了了不起的勃朗特三姐妹，他们分别是夏洛蒂、艾米莉和安妮。其中尤其是夏洛蒂和艾米莉，更属天才女子，虽然没有悉数发挥自己的文学天赋，但她们也为世界留下了两部杰作，这就是大名鼎鼎的《简·爱》与《呼啸山庄》。

1847年12月，《呼啸山庄》初版问世，作者署名为"艾利斯·勃哀尔"，出版商是托马斯·科特雷·牛比。但是在1850年本书出第二版时，出版商变成了夏洛蒂·勃朗特的出版人史密斯·艾尔德，并且从此之后，《呼啸山庄》的原稿再没有人见过，有人说是被史密斯·艾尔德毁掉了，但是史密斯·艾尔德为什么要毁掉原稿呢？没有人可以说出理由。在原稿存在的时候，就有人怀疑过《呼啸山庄》的作者不是艾米莉·勃朗特，如今原稿在人间蒸发掉了，并且出版人也改变了，著作权就引起了更大的争议。

由于以前再版的出版商是夏洛蒂·勃朗特的出版人，再加上夏洛蒂·勃朗特当时已经凭借一部《简·爱》名利双收，于是有人将《呼啸山庄》视为她的作品。但是夏洛蒂·勃朗特出面作了解释，说作品并非自己所著，并且在《呼啸山庄》的再版序言里，她还不厌其烦地为她的妹妹提供了写作时间上的证据。当时虽然还有人怀疑，但是这怀疑的风波算是平静了下来。

其实，就在《呼啸山庄》初版的时候就有人指

勃朗特三姐妹画像

由左至右为：安妮、艾米莉、夏洛蒂。在文学史上，曾出现大仲马和小仲马这样的父子作家，也出现过白朗宁和白朗宁夫人这样的夫妇诗人。然而，一家三姐妹同登文坛，同留名作，却是文学史上一种罕见的事。

出，艾米莉·勃朗特完全具备写下这部杰作的可能性。"文如其人"是著名文艺批评家布封提出的观点，这个可以当作文学创作的一般规律。我们只要仔细了解一下艾米莉·勃朗特，就不难发现，《呼啸山庄》中沉闷和压抑的主题，艾米莉是熟悉和体验过的。夏洛蒂曾经这样评价她的妹妹："自由是她鼻中的空气，没有它，她就会死去。"日常生活中的艾米莉不信教，性格倔强，少言寡语，有强烈的自我意识。在《呼啸山庄》出版前，艾米莉曾发表了一组与《呼啸山庄》主题相近的哲理诗。并且从艾米莉别的作品中，我们都可以看出她简洁、明朗、集中和强烈的风格，而这些都是与《呼啸山庄》的风格接近的。

有关《呼啸山庄》著作权的争议在夏洛蒂·勃朗特的澄清下平静了下来。但是在17年后，英国《哈利法克斯卫报》上转载了一篇批评《呼啸山庄》的文章，作者再次

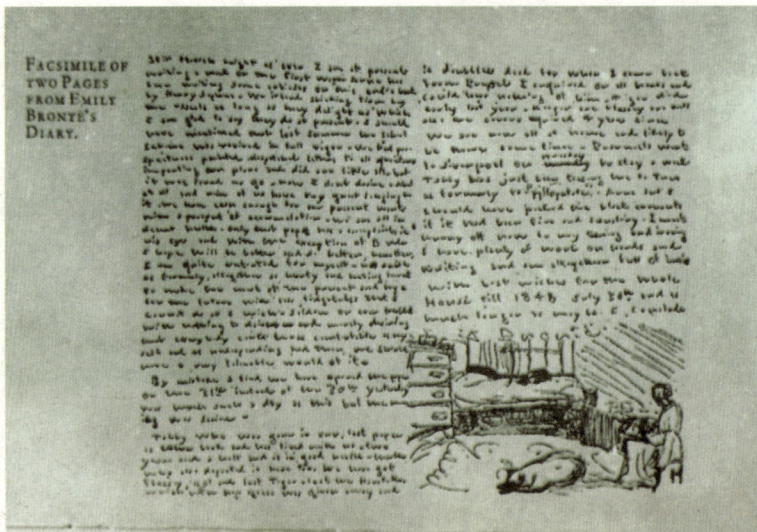

艾米莉手迹
这是她1845年7月30日写的日记。

呼啸山庄的原型
哈沃斯基原深处的一座古宅。

对这本小说的作者提出疑问："谁能设想希兹克利夫，一个在从摇篮到坟墓的毁灭过程中从不闪避的汉子……竟出自一个胆小的隐居的女性的想象呢？"而认为小说当为夏洛蒂·勃朗特的哥哥布兰韦尔所著。

无独有偶，这篇文章被已故的布兰韦尔的朋友威廉·迪尔顿看到了，马上撰文支持这一观点，并且提供了强有力的证据：他曾经亲耳听到布兰韦尔念过《呼啸山庄》的开头部分，而那时候《呼啸山庄》还远没有出版。

迪尔顿说，他和布兰韦尔相互不服对方的诗作，于是约定各写一首诗比比高低。他们确定了时间地点，然后找了一位叫约瑟夫·雷兰德的人作裁判。那天布兰韦尔说要读一首叫《死神》的诗，可是却拿出来一部小说的开头部分，布兰韦尔非常懊悔，当场宣布自己输了比赛。但是迪尔顿说服了他，让他将拿来的东西读给大家听，只要写得好，一样顶事。当布兰韦尔读完之后，无论是裁判还是迪尔顿都惊呆了。"我从来没有见过这样有震撼力的文章！"迪尔顿说，"我敢肯定，它里面的背景和人物——就其发展而言——与《呼啸山庄》是一脉相承的。因为这件事给我的印象太深刻了，我不可能记错。"

而早在很久以前，布兰韦尔的另一个朋友爱德华·斯楼恩就说过："我一开始读《呼啸山庄》时，就已经能够预知故事中所有的人物和情节了。因为布兰韦尔一而再、再而三地向我念过他的手稿，这足以让我的头脑熟悉它们了……"

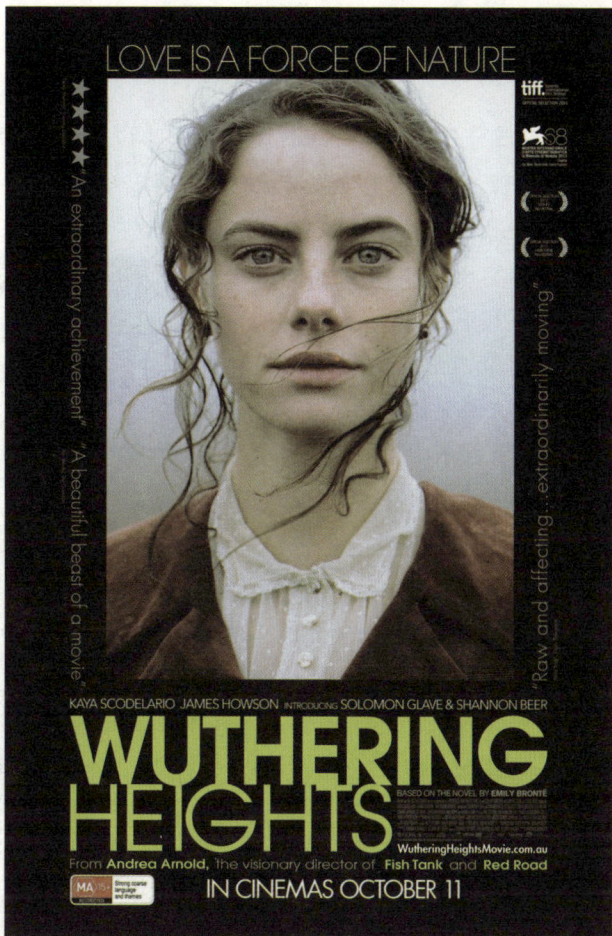

《呼啸山庄》电影海报

1872 年，又有一名叫乔治·塞尔·菲力浦斯的人宣称，曾经亲耳听到布兰韦尔说过：他要创作一部小说，小说的名字就叫《呼啸山庄》，背景是粗犷的沼地，人物是爱骂天咒地和好杯中物的约克郡老乡。甚至还有人这样说：凡是略微读过《简·爱》的，都会知道这本小说是一位女性写的；而凡是粗粗翻过《呼啸山庄》的，都会认为它绝对不会出自一位女性作家。

那时候这个文学兄妹的父亲勃朗特还在，于是迪尔顿跑到老人那里去求证。勃朗特毫不犹豫地说，他的儿子"完全不可能写出这样一部作品"，并且要求别人不要再为《呼啸山庄》的事情打扰他。

应该说，从人证方面，艾米莉·勃朗特无疑是占有优势的，但是这件事的关键证明——《呼啸山庄》的手稿，到今天还没有找到，客观上使这个文学悬案延续下来。

《源氏物语》的作者是日本皇宫中的一个寡妇吗？

日本文学史上最早、最优秀的长篇小说是《源氏物语》，它影响了整个日本的文学发展，被人们誉为世界文学长廊的经典之作。

这本书虽然是日本文学的奠基之作，但对本书的作者人们所知甚少，甚至都不知道她的真实姓名。一般人把她称为紫式部，主要是因《源氏物语》女主人公紫姬为世人流传，而其兄长又曾任式部丞一职，此名即是集紫姬的紫及式部的官衔而得名的。她之所以不愿透露真实姓名，最主要的原因是她是 11 世纪时晶子宫中的一位女官。当时贵族妇女的名字除了公主之外，一般是不公开的。尽管她的大部分具体事迹和她的姓名仍然是个谜，但许多学者已在过去数百年间对她的生活方式和生平勾画出了一个十分清晰可靠的轮廓。其中部分资料，从《紫式部日记》中取材。这部日记她写了 4 年之久，至今仍然保留着，其内容不是十分明确。

和服

紫式部出身于势力极大的藤原家族旁系的一个家庭。她大约在公元 1000 年与御林军军官藤原宣教结为夫妇，生下一个女儿。藤原在结婚一两年后就去世了。

年纪尚轻就已经成了寡妇的紫式部在家中静居，相传《源氏物语》就是在这时开始动笔写的。她通过父亲的关系在 1005 年或 1006 年进宫做了女官，主要是给一条天皇 19 岁的皇后晶子讲解白居易诗及《日本书纪》。一条天皇于 1011 年驾崩后，晶子便和她的侍女搬往一座较小的宫殿。

《源氏物语》对许多文学工作者而言，最不理解的一点，并不是作者的隐姓埋名，而是作者竟是一个女人。当时的妇女，即

日本叙事画中的天皇与爱妃

紫式部扇面画像

使是贵族也没有几个能看明白文学著作，更不用说执笔进行创作了。那么一名女子又如何能写出日本最伟大和最早的小说呢？不过，较之有关紫式部的其他谜团，这点很容易解答。在那个时代，汉文多是日本男人阅读、书写的内容。汉文在当时是标准文字，日文则只用在日常琐务方面以及供女人使用，故而用日文书写的大体上是女人。

与其他小说相比，想象力丰富和规模庞大是《源氏物语》的特色。全书大致围绕年轻皇子光源氏和他周围各色人物展开情节。在丈夫死后，紫式部可能要找点事做以打发时间，因而着手写《源氏物语》；随后她入宫侍奉晶子皇后时，仍没有间断写作。

尽管紫式部的身份正逐步浮出水面，但有关《源氏物语》的许多细节仍然是一个谜团，比如紫式部多大了，什么时候完成《源氏物语》等问题还是不能确定，人们只能这样想，距今大约1000年前，日本一位文静腼腆的少妇把砚笔墨纸备好，握笔蘸墨，写下了"不知何朝何代……"

《源氏物语》屏风画

"列宁"这一笔名因何而来？

列宁是全世界无产阶级的伟大导师和领袖，他直接领导了俄国十月革命，建立了世界上第一个社会主义国家。我们常说"马列主义"，"列宁"这一名字已经和"马克思"一样，在全世界范围内广为传诵。

列宁的原名却是弗拉基米尔·伊里奇·乌里扬诺夫，乌里扬诺夫是姓，伊里奇是父名，弗拉基米尔是名字。俄罗斯人的名字都是由三部分组成的，在日常生活中，只有在上辈对下辈和同辈之间才可以直呼其名；如果表示对人的尊敬，一般要加上他的父名；倘若关系亲密，又要表示对对方尊敬，则一般称呼人的父名，例如高尔基就常常称列宁"伊里奇"。

在白色恐怖的时代，革命家和革命作家为了打击敌人同时保护自己，常常用笔名发表文章，揭露敌人的罪行。中国伟大文学家鲁迅就是这样，他的原名是周树人，"鲁迅"是他最常用的笔名。1901年12月弗拉基米尔·伊里奇在《曙光》杂志上发表《土地问题和"马克思的批评家"》这篇文章中，首次使用"列宁"这一笔名，弗拉基米尔·伊里奇有许多笔名，"列宁"是其中之一，他尤其喜欢这个笔名，几乎有800多篇包括《怎样办》等名作在内的文章，都是用"列宁"这一笔名发表的。这也是人们如今都知道列宁是谁，而大多数人不知道弗拉基米尔·伊里奇是谁的原因。

但是，"列宁"这一笔名是怎样来的呢？长期以来，有关研究者对这一问题不断进行探索，只是意见纷纭，难以统一。依·恩·伏尔佩在《弗·伊·列宁的笔名》一文中，认为"列宁"这个笔名是根据西伯利亚的勒那河的名字而起的。但是另外一位研究者彼得罗夫认为，"列宁"这一笔名并不是即兴而起，而是弗拉基米尔·伊里奇为了针对普列汉诺夫的"伏尔根"笔名才用的。为了证明自己的观点，彼得罗夫援引了一些苏共党史上列宁与普列汉诺夫的关系史作为佐证。然而这只是彼得罗夫的一种猜测，事实上并没有当事人或者与当事人亲近的人的言行来证明他的观点。

另外有不少人认为，弗拉基米尔·伊里奇深爱着他的母亲和姐姐，为了纪念她们，他就用她们名字"莲

列宁像

列宁在1920年的演讲。虽然俄国的大部分地区都遭受到战争的蹂躏，但布尔什维克领袖的决定和力量极大地促进了革命的发展。

娜”的词根构成了"列宁"这一笔名。

为了弄清楚列宁笔名的由来，莫斯科党报《党的基层组织》编辑部派人采访了列宁的夫人克鲁普斯卡娅女士。

列宁的夫人几乎否决了所有研究者的猜测。她不认为这个笔名与列宁的母亲和姐姐有关，也反对有人说笔名来自勒那河，她说："勒那河事件发生之前，他就开始使用这个笔名了。他在流放时也没有到过勒那河。"当被问及自己是否知道内情时，她很干脆地回答："我不知道弗拉基米尔·伊里奇为什么给自己选用了'列宁'这个笔名，他没有告诉过我，我也没有问过他。"

究竟"列宁"这个笔名是怎么来的，我们今天不得而知，但是我们会永远记住这个伟大的人物。

事件真相

法老图坦卡蒙的诅咒真的灵验吗？

20世纪初的埃及，是众多考古学家和探险家的乐园，欧洲的探险家们成群结队地来到这里进行考古发掘，他们最感兴趣的要数那陪葬品价值连城的金字塔和法老墓了。埃及的金字塔是历代埃及法老的陵墓，被称为古代世界七大奇迹之一，直到现在人们还不能完全弄清楚它们是怎么建造的，为何那样精密？但不是每一位埃及法老都为自己修建了金字塔的，因为埃及的法老金字塔在古代就一直倍受盗贼的青睐，遭到无数次的洗劫。因此，新帝国时代的一些法老们就改在"王陵谷"修建自己的陵墓。"王陵谷"位于尼罗河西岸的峭壁上，那里被开凿出许多豪华的墓室，山谷中则建起了金碧辉煌的神庙和祠堂。但无论是坚固的石墙，还是迷宫般的地道，都阻止不了一批又一批盗墓贼。到20世纪初，"王陵谷"已经过了3000多年盗贼的光顾和近100年考古学家的挖掘，几乎每一块石头都被翻过，每一粒砂子都被筛过了。

王陵守护神阿努比斯

1914年，英国人卡纳冯勋爵资助

考古学家霍华德·卡特也来到"王陵谷"，他们认为这里一定还有重大发现，但进行了近八年的发掘，还是一无所获。就在他们开始绝望的时候，奇迹出现了，无意中居然找到了古埃及第18朝法老图坦卡蒙的陵墓。这是一座从未被破坏的法老陵墓，里面随葬品数量之丰富、制作之精美，让人们仿佛置身天方夜谭中的神话世界。他们在这个陵墓中发掘出的珠宝、首饰、工艺品、家具、衣物、兵器多达5000件，这一成功震惊了世界。

许多著名的考古学家也赶来帮忙，然而另一个故事才刚刚开始。

图坦卡蒙法老墓室的通道

在打开墓室后不久，卡纳冯勋爵曾经在墓中被蚊虫叮了一口，打那以后他就一直高烧不断。1924年4月6日凌晨2点，他在开罗一家医院病逝，勋爵的姐姐回忆说："死之前，他发着高烧连声叫嚷：'我听见了他呼唤的声音，我要随他而去了'。"

恐怖的事件接二连三地发生，此后竟有22位直接或间接参与发掘的考古学家，先后离奇地死去。第一个解开图坦卡蒙法老的裹尸布并给法老照射X光的专家道格拉斯·里德，后来在检查一具木乃伊时，身体突然极度虚弱，不久就离开了人间。被卡特请来帮忙的考古学家莫瑟，长时间无缘无故地昏迷，最后死在旅馆之中。从此，法老的诅咒杀人的消息不胫而走，

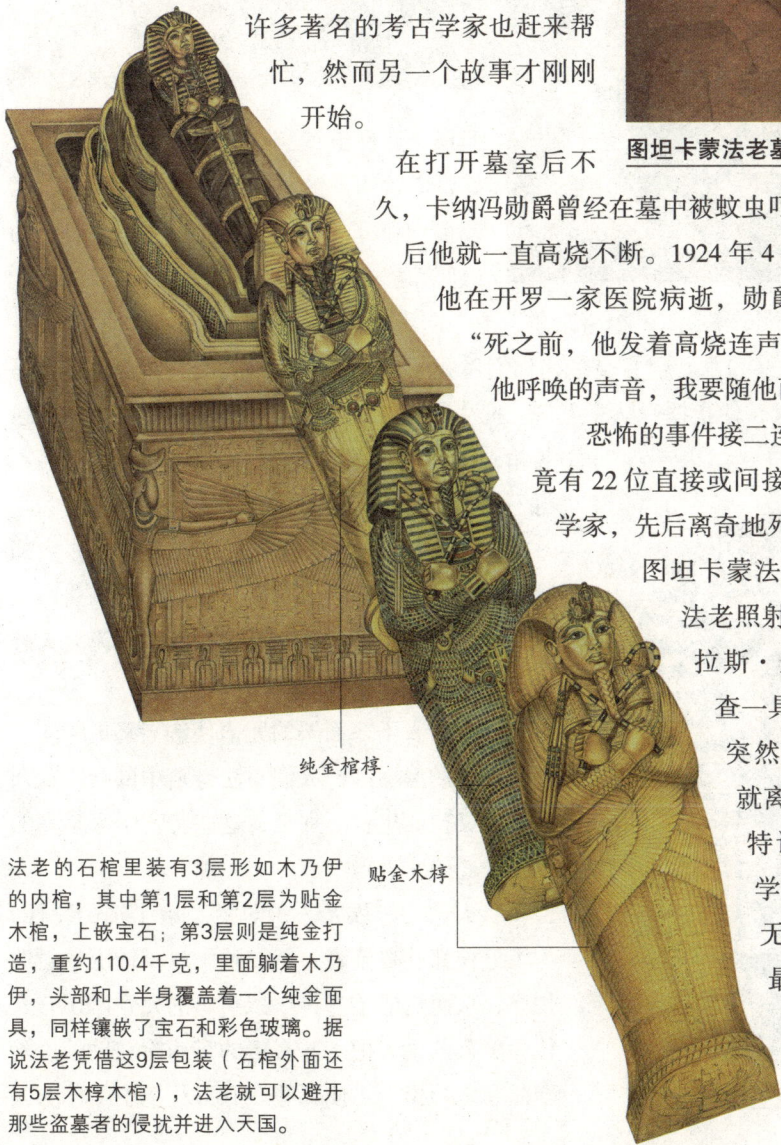

纯金棺椁

法老的石棺里装有3层形如木乃伊的内棺，其中第1层和第2层为贴金木棺，上嵌宝石；第3层则是纯金打造，重约110.4千克，里面躺着木乃伊，头部和上半身覆盖着一个纯金面具，同样镶嵌了宝石和彩色玻璃。据说法老凭借这9层包装（石棺外面还有5层木椁木棺），法老就可以避开那些盗墓者的侵扰并进入天国。

贴金木椁

埃及的金字塔

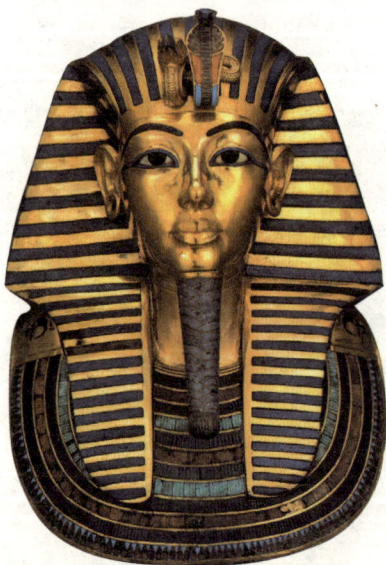

图坦卡蒙法老的黄金面具

但谋杀还在继续。一位生物学家怀特带着好奇心进入一座墓穴参观后自杀身亡，临死前留下了一封遗书："我因受到法老的诅咒而离开这个世界。"更令人不解的是，埃及开罗博物馆馆长盖米尔·梅赫来尔，他一向不相信咒语杀人的说法，他反驳说："我一生与埃及古墓和木乃伊打交道，你们看我不是活得好好的吗？"然而，就在不到一个月后的一天，他指挥一队工人将一批从图坦卡蒙法老墓中出土的珍贵物品打包装箱，回到家后就暴病而亡。这一切，使人们不得不想起法老陵墓大门上的咒语：

"谁扰乱了这位法老的安宁，死亡将张大翅膀降临到他的头上。

我是图坦卡蒙的保卫者，是我用沙漠之火赶走了那些盗墓贼。"

这个令人不寒而栗的咒语使法老墓更蒙上了神秘恐怖的黑面纱，人们对法老墓中的财宝跃跃欲试而又望而生畏。那么，这些考古学家是真的死于法老的咒语吗？

有人认为，埃及人很早就了解了铀的特性，为了处罚那些盗墓者，就在墓中放了铀等放射性物质，从而造成了考古学家离奇的死亡。还有人认为陵墓的主人把一些有毒的东西涂在墙壁、陪葬品和木乃伊上，使那些在有毒环境中工作的人得一些怪病死去。

近来有一些科学家试图从生物学上来解释死亡原因，开罗大学医学教授伊泽廷豪在 1963 年声称：他对许多考古学家和工作人员进行了定期的体检，发现他们体内存有一种能引起呼吸道疾病和使人发高烧的病毒。进入墓穴的人由于感染上这种病毒，将导致呼吸道发炎最终窒息而死。但墓穴中的这种病毒生命力为什么如此顽强，竟能存活 4000 年之久，科学家们就无法解释了。

1983 年，一位法国女医生经过长期研究，得出是接触者们对墓中霉菌过敏反应的结论。古埃及法老死后，随葬品除了珍宝外，还有各种水果、蔬菜和大量食物，它们经过千百年的腐烂产生一种肉眼看不见的霉菌。无论是谁，只要吸入这种霉菌，就会引起肺部疾病，因呼吸困难而死去。

对于考古学家的死亡原因，人们现在还在进行不懈的探索。但可以肯定的一点是："诅咒"的说法，实在是无稽之谈，无论多么伟大的法老，都不可能有这样的"法力"，只能期待科学家们能运用现代的高科技技术和检测手段，早日解开这个千古之谜。

王陵谷——法老的安息之地
埃及王国的历朝法老都在死后葬身于此。

"万王之王"大流士是怎样登上波斯王位的？

　　尊称为"万王之王"的大流士登上王位的手段到底是怎样的呢？有一天，冈比西斯过去的一个王妃发现新皇帝没有耳朵。她把这件事透露给了她的父亲、大臣欧塔涅斯。欧塔涅斯立即断定新皇帝是僧侣高墨达，而不是巴尔迪亚。因为在居鲁士当皇帝时，曾因高墨达有过失而将他的双耳割去。欧塔涅斯立刻将真情告诉了另外的6名波斯贵族，以后的皇帝大流士一世就是其中的一员。他们决定发动一次政变，把高墨达杀死以夺回政权。

　　这7个大臣先是派人在首都到处散布新皇帝是高墨达而不是巴尔迪亚的消息。很快，假巴尔迪亚的消息便在京城传开。

　　高墨达发现真相败露之后，十分惊慌，马上逃到米底的一个地方，最后被大流士和欧塔涅斯等人杀死。

　　根据希罗多德的《历史》记载，当7个起义的贵族把局势平定之后，在讨论波斯的统治权的时候，欧塔涅斯第一个发言说："我认为应该停止一个人的独裁统治，因为这既不是一件快乐的事，也不是一件好事。当一个人愿意怎样做便怎样做而自己对所做的事又可以毫不负责的时候，那么这种独裁的统治有什么好处呢？把这种权力给世界上最优秀的人，他也会脱离他的正常心情的……相反，人民统治的

大流士接受贡物浮雕

优点首先在于它那美好的名声，那就是，法律面前人人平等。其次，那样也不会产生一个国王所易犯的错误……任职的人对他们任上所做的一切负责，而一切意见均交给人民大众加以裁决。因此我的意见是，我们废掉独裁政治并增加人民的权利，因为一切事情是必须取决于公众的。"美伽比佐斯则主张实行寡头统治而反对民主制。大流

大流士一世的王宫遗址

士则主张独裁。他说："没有什么能够比一个最优秀的人物的统治更好，他能够完美无缺地统治人民，为对付敌人而制定的计划又可以隐藏得最严密。"他接着论证了民主或者寡头制由于互相争斗都会最终导致独裁，结果，大流士的意见以4比3而获得通过，在决定由谁当这个独裁者的时候，7个贵族还约法三章：第一，欧塔涅斯明确表示未来的国王不能支配他及他的后代，相反，每年都要给予其奖赏；第二，7个人不经通报就可以进入皇宫，当然，国王正在和一个女人睡觉时除外；第三，国王必须在同谋者的家族里挑选妻子。

他们进行了一次比试，在一个清晨他们来到市郊，据说因为马夫在那个时候把摩擦过母马阴部的手放到了大流士的马的鼻子上，结果大流士的马首先嘶鸣起来。根据约定应由大流士当国王。

大流士自从坐稳王位以后，为自己树立了一个石碑，石碑上面有这样的句子：

"叙斯塔斯帕之子大流士，由于他的马和他的马夫欧伊巴雷的功绩，赢得了波斯帝国。"

和他一起杀高墨达的那几个大臣，这时都不敢提出异议了。其中有个叫尹塔普列涅的大臣因不识时务而冲撞了大流士，结果其全家都被大流士杀了。

大流士在公元前500年发动了对希腊的战争。在公元前490年的马拉松战役中，希腊人把波斯军队打得大败。10年后，大流士的儿子薛西斯第二次远征希腊又惨败而归。从那以后，波斯帝国逐渐走向衰落。

大流士一世雕像

在它的袍子和垫子上，用四种文字刻着大流士的名字。

法国圣女贞德从火刑台上逃走了吗？

法国历史上著名的民族女英雄贞德于15世纪被教会以"女巫"和"异端信徒"的罪名处以火刑。1431年5月的一个早上，贞德被烧死在卢昂一个公众广场上，这个形体纤小、被宣判为异端信徒和女巫的少女在一万多人的注视之下，很快被熊熊烈焰吞噬。很多围观者都听到她高喊耶稣的名字以及那些激励她率领义军把英军逐出法国的圣徒名字。烈火烧了很长时间，她仍旧没有断气，最后她在低吟一声"耶稣"后，便辞别了人世。围观者亲眼看到行刑者扒开火堆后，一具烧焦的尸体露出来。行刑人向围观者展示贞德烧焦的尸体之后，又一次点燃烈火，将尸体烧成灰烬，之后把这些

贞德受刑

也许正是由于法国人民对贞德的感激和崇敬，才会一再传扬贞德仍然活着的消息。但贞德真实的命运又是怎样的呢？

灰烬撒入塞纳河。不过，当时观看行刑的人，此后曾说起焚烧贞德尸体那时的神奇的景象，一名英国士兵说他亲眼看到在贞德的灵魂离开肉身时，一只白色鸽子从火堆里缓缓向高空飞去，嘴里还有着动听的鸣叫声。一些人说看到火焰中有"耶稣"的字样出现，那分明是贞德的灵魂没有散去。不久，有传说说贞德的肠脏和心没有给烧掉，仍然保持完整。又过了不久，又有人说贞德仍然活在人间，火焰根本没有伤及她。不过在很长一段时期内，一个传闻言之凿凿，大多人都很相信这一说法：贞德并没有被烧死在火刑台上，那被烧死在火刑台上的，并不是贞德本人。

贞德的两个兄弟就抓住了法国人乐于相信这位女英雄仍活在世间的心理，从中牟利，精心布置了一个令人心寒的骗局，并因贞德的声望而尽享富裕生活。在贞德死后5年，即1436年，两人又一次渲染了贞德仍在人间的传闻。兄弟俩人带着一个披甲策马的年轻女子突然在奥尔良的街头出现。他们宣称此女子就是贞德，被施以火刑的不是贞德，而是另一个女子顶替的。实际上，那披上盔甲的女子名叫安梅丝，是个女

百年战争中的激烈海战 油画

骗子。在假冒贞德之前，她曾在意大利教皇
的军队中服过役，有过一段军旅生涯，当时，
她的娴熟的马术和威武的外型，深受群众喜爱，
使见到她的人理所当然地相信她就是贞德。法国
人既然失去了民族英雄，这也属人之常情。

对贞德两位兄弟的说法，奥尔良市民深信不疑；
甚至把自贞德牺牲后一直为她举行的纪念仪式也废止
了。贞德的两兄弟以及女骗子的骗局最初是无往不
利，处处得逞。在奥尔良及其他法国城市广受尊
敬，并享尽美酒盛筵，但好景不长，他们的骗局在
4年后终于被揭穿了。安梅丝于1440年在巴黎原原本
本供认出由她参与的骗局。不过，假冒贞德的事件已
产生了深远影响；虽然关于贞德在卢昂一个公众广场
逃出的谣传，已被确认为无稽之谈，但是部分法国人仍旧
相信这种说法，这种传闻以后又在法国民间流传了数百年
之久。

贞德率领她的人马觐见国王

后来，法国国王查理七世在15世纪中叶基本完成了统一大业。贞德的两名兄弟
及其母亲为洗脱贞德的罪名而积极奔走，最后终于使贞德的名声得到了恢复。但尽管
如此，贞德到底有没有死的问题仍没有确切的答案，四五百年后的今天，人们已无从
知晓贞德的命运到底是怎样的了。

丹东犯了通敌叛国罪吗？

法国大革命时期，政治气象风云变幻，激
烈动荡，诸多不安的因素威胁着新生的资产阶
级政权。一批波旁王朝的流亡贵族更是勾结国
外封建反动势力，伺机颠覆新政权。然而法国
共和政府始终对此保持高度的警惕，为了防止
国家机密被间谍盗卖给敌人，打击保王党残余
分子与奸细的破坏活动，曾组建了著名的公安
委员会和革命法庭，镇压了敌人内外勾结的破
坏活动，保卫了共和国的安全。但是，在日益
尖锐复杂的党派政治斗争中，"通敌"的罪名往
往成为打击政敌的有力工具，凡持有不同政见

丹东像

1792 年 7 月 11 日，当法国立法议会宣布"祖国处于危险境地"时，大批志愿者参军入伍，却没有想到一度追求自由民主的大革命后来却成为革命者的坟墓。丹东作为大革命的领导人究竟为什么上了断头台？"通敌"的罪名真的成立吗？

者动辄就被扣上"通敌"的帽子。到 1793 ～ 1794 年雅各宾派专政时期，更是走到了极端，甚至连雅各宾派自己的领袖人物也难以幸免，乔治·雅克·丹东便是其中之一。

丹东早年是一位律师，1789 年革命爆发后被选入议会，曾任著名的科尔得利俱乐部主席、共和政府的司法部长等职，与马拉、罗伯斯庇尔一起并称为雅各宾派的"三巨头"，为拯救共和国作出了巨大贡献。雅各宾派专政建立后，丹东认为民主政治已经确立，主张对内实行法治，对外休战议和，提倡宽大和人道。他的这些主张引起了激进派罗伯斯庇尔、圣茹斯特等人的不满和反对，致使雅各宾派走向分裂。1794 年 3 月 30 日，丹东被捕入狱，圣茹斯特指控他勾结米拉波，从王室领取贿金、图谋劫持国王路易十六外逃、与吉伦特派结盟、主张对敌人和解与宽容、与可疑的外国人勾搭、个人财产急剧膨胀……。面对这些指控，丹东曾作了自我辩解："……我卖身？我？我这样的人是无价之宝，是买不起的。这样的人额上有用火烙上的自由和共和的印记"，"虚荣与贪婪从未主宰过我，从未支配过我的言行，这种情欲从未使我背叛人民的事业，我对我的祖国赤胆忠心，我把我的整个生命都奉献给了她"。然而，这些辩解没起到任何作用，就在这一年的 4 月 5 日，丹东还是以通敌叛国、危害共和国的罪名被判处死刑。

丹东一案可说是疑团重重，扑朔迷离。他是否真的犯了通敌叛国的罪名，这与他在法国大革命时期急剧膨胀的个人财富有着密切的联系。

大革命时期，法国社会上广泛流传着一句名言——"庇特的黄金"，"庇特"指的是当时的英国首相威廉·（小）庇特，这句话的意思是由英国政府出钱包庇法国的流亡贵族及特务在法国从事间谍活动，旨在颠覆法兰西共和政府。早在 1789 ~ 1790 年有人诬陷马拉一案时，丹东就遭到流言蜚语的攻击，称他是"密探"、"英国间谍"、"王室走狗"，甘愿"把自己卖给任何一个想收买他的人"等。后经科尔得利俱乐部向各区及制宪会议、市政厅发出为丹东辩解的陈情书，流言蜚语才稍微平息。然而，丹东大批的私人财产却始终为人所怀疑。在革命期间丹东成为了一个新型的资产阶级暴发户，在 1790 年底他还债台高筑，到 1791 年不仅偿还了所有债务，还购置了大片田产及新的住宅，物质财富出现令人瞠目结舌的膨胀。据说，丹东被捕后，在他的文件中发现了英国外交部给当时在巴黎从事阴谋活动的银行家别尔列格的指令信，要他向信中指定的一些人支付欠款，以作为效忠英国的报酬。人们怀疑丹东即是领取钱款者之一，否则信件怎么会在他手上。据此，史学家们推测，在最后审判丹东时，革命法庭曾出具丹东与英国勾结的证据。

1794 年"热月政变"后，国民公会为那些在雅各宾派专政时期死去的议员平反时，恰恰没有提及丹东，这又引起了人们的揣测。1803

法国大革命时期的断头台在革命早期是作为一种人道的处决方式而使用的，但到革命后期却成为恐怖的手段。1793 年 4 月到 1794 年 6 月间，断头台上斩人无数，其间一位激进分子被拉走时，喊出了人们的心声："自由啊！以你的名义都犯了什么罪啊！"

图中是法国大革命恐怖时期，被告在列席受审，众人手指向他，指责他，他就被判有罪。不允许被告有辩护证人，甚至不许请律师。到1794年6月为止，保护被告的法律极其软弱。

年，一位保皇党人潜回巴黎时被拿破仑当局抓获，他在供词中称丹东曾经参与劫持路易十六外逃的密谋，并以此向英国人索取高额酬金。后来另一名保皇党人的回忆录中也有类似于此的记录。1851年公布的米拉波与王室代理人马克公爵的通信中曾提到"丹东收到3万里弗尔"，这更加使丹东的名声蒙上了一层阴影。

但是，差不多与此同时，也有人在为丹东辩解。1848年革命前夕，史学家韦尔奥梅精心收集资料，试图证明丹东的财产是取之有道的。著名史学家米什莱在自己的著作——《法国革命史》中称丹东是"大革命的天才"、"法国人民的象征"。后来的第二帝国和第三共和国的一些历史学家也纷纷著书撰文来证明丹东是一位伟大的革命家。毕生从事法国革命史研究的大史学家奥拉尔1902年出版了巨著《法国革命政治史》，他一生为丹东辩护，将丹东比喻成爱国主义的化身，唯一的革命巨人，认为"他表现出他是管理国家的巨人，即使他犯有一连串的错误，但在杀人和金钱方面，他是清白无辜的……"丹东的形象大大改变了，他又重新成为人们心目中的英雄。

谁知在20世纪初奥拉尔的学生马迪厄重新掀起了一场轩然大波。马迪厄经过数年研究档案资料、契约和文件等，仔细地计算了丹东的收入，认为丹东当时的收入远远超过了他可能得到的合法收入。在1787年丹东的全年收入为1.2万里弗尔，而到了1794年，其各种财产的价值总数已经超过了20万里弗尔。马迪厄认为这些钱财的来源可能就是保皇党人和英国特务提供的。此外，马迪厄还将1789年法国驻英大使的报告（其中提到一名英国间谍叫丹东）作为证据，认为丹东本人很可能就是英国间谍。

但是，法国仍有不少史学家认为马迪厄的说法过于偏激，证据不足。对于丹东的评价形成了迥然对立的两派。丹东究竟是不是英国的间谍？他究竟是否领取过"庇特的黄金"？除非找到新的确凿的证据，否则这将是一段永远无法了结的公案。

希特勒血洗冲锋队之谜

杀人狂希特勒草菅无辜并不奇怪，但是 1936 年 6 月 30 日凌晨，曾为混世魔王希特勒上台执政立下汗马功劳的冲锋队在一串机关枪的猛烈扫射之后随即在"世间蒸发"，遭受到了同样的噩运。以参谋长罗姆为首的冲锋队对于希特勒来说不可不算是自己人。那么对自己人为何还要下此毒手？对此研究者们进行了不少考察，大致归纳出以下一些原因：

德国纳粹标志

其一，冲锋队已经完成了它的历史使命。所以，无论用什么途径，冲锋队必然会从历史舞台上退出去。

其二，希特勒与罗姆之间存在着相当大的矛盾，虽可以说是患难之交，但两人同时又有很大分歧。

罗姆在希特勒上台后，不仅加紧发展冲锋队，而且叫嚷着进行"二次革命"，建立真正的"民族社会主义"国家。他的这些企图使纳粹政权无法容忍，希特勒便考虑着如何把冲锋队解决掉。

其三，冲锋队与党卫队的斗争。于 1925 年成立的党卫队，即黑衫党，原是冲锋队的下级组织，作为希特勒铁杆卫队的党卫队，在冲锋队膨胀的同时亦迅速发展壮大。在争权取宠的竞争中这两支政治力量必然会发生矛盾冲突，特别从 1929 年希姆

希特勒检阅冲锋队

莱担任党卫队全国首领后，双方的矛盾更为激化。

其四，冲锋队不被国防军所容。德国军队在一战后受到限制，在冲锋队成立之初陆军方面出于使德国武装起来的目的，对冲锋队采取的是扶持态度，把它作为后备军。但随着罗姆想要取代国防军的意图的日益暴露，军界意识到其特权受到了威胁。

部长勃洛姆堡强烈要求希特勒对冲锋队给予一定的限制，把冲锋队排斥在武装部队之外，只把国防军作为"武器的唯一持有者"。希特勒在决定如何取舍二者的过程中，按理说应较为偏袒他的发迹资本冲锋队，但这样做有两大棘手的问题：一是若保留庞大的冲锋队，他将很难向欧洲各国作出恰当解释，他的外交将因此而陷入难堪境地；二是如果把国防军得罪了，继承危在旦夕的兴登堡的总统职位的野心就难以达到。所以，经再三权衡希特勒最后决定让冲锋队牺牲掉。事实上在血洗冲锋队之前，希特勒已得到了军界将支持他继任总统的承诺。

于是希特勒便以冲锋队阴谋"二次革命"为借口，顺水推舟地将除掉惹是生非的冲锋队和取悦资产阶级这两个目的在政治清洗中"毕其功于一役"。毫无疑问，上述四点都是事件背后的原因，但最后真正促使希特勒下定决心、付诸行动的又是由何事直接引发的呢？火药桶之导火索何在？由何人直接引爆？历史学家们还在孜孜不倦以求之。

冲锋队员像

谁帮助了戈林自杀？

赫尔曼·戈林是法西斯德国"响当当"的人物，他长期追随希特勒，深得希特勒的信任和赏识。在德国纳粹党他的地位也是仅次于元首希特勒，1939年，希特勒亲自将他定为自己的接班人，1940年，又授予他"帝国元帅"的称号，可谓是权倾一时。在二战爆发之前，戈林掌管着德国的经济大权，他积极扩充军备，策划战争。二战爆发后，戈林不仅亲自指挥空军作战，还制定了对犹太人的种族迫害政策，犯下了滔天罪行。可是随着战争的深入，戈林指挥的空军作战不利，使德国丧失了制空权；再加上老对头鲍曼在希特勒面前不停地打他的小报告，1945年，失宠的戈林被希特勒以"叛国罪"的名义逮捕，投进了监狱。二战结束德国战败之后，他又落到了美军手中。

戈林被俘后，由于他的身份特殊，监狱采取了严密的看守措施。先是狱守彻底搜查了他的全身，除了卫生用品和必需的衣物以外的几乎一切东西都被没收了，在关押他的囚室四周安装铁栅栏，还设了高高的瞭望台。房子的每个角落都有士兵把守，连窗户也用铁丝网围着。囚室内除了床和椅子，再也没有别的东西。后来戈林又被转到纽伦堡监狱第五囚室，对他的管制就更加严格了。除了一套供换洗的衣服外，其他衣物都被收走。床是固定在地上的，桌椅白天给他搬进囚室，晚上又搬走。屋里所有的电线和金属物都拆走了，连窗玻璃也换成了透明的有机玻璃，室内整夜亮着灯，看守透过门上的监视镜来观察他的一举一动。每次战犯们出庭时，监狱都会对囚室进行仔细的检查，防止囚犯私藏物品用来自杀。

随着审判的进行，罪大恶极的战犯们一个一个地被法庭量刑定罪。戈林似乎也预感到自己的末日已经不远了，拒绝了同家属的最后见面。到了对纳粹战犯执行绞刑的那天，戈林居然平静下来了，在囚室里看了一会儿书，还记了笔记。绞刑定在午夜12点整举行，晚饭后医生为他作了身体检查，他还同前来告别的神父聊了一会儿，然后，他就睡下了。

大约21点20分的时候，中尉军官乌特尔巡视到了戈林的囚室，看到戈林仰面躺着，手放在毯子上，看上去就像睡着了。再过三个小时，戈林就要被送上绞刑架了，他觉得很诧异，为什么一个临刑的人还能睡得这么踏实？22点半左右时，看守戈林的卫兵约翰逊突然看到戈林将双手举起放在胸口上，随后头向墙里歪去。他急忙冲进

戈林元帅（前右二）走在维也纳总督雷赫斯赖特·冯·施拉赫和里斯特元帅中间。戈林元帅在德国纳粹党中位置仅次于希特勒。甚至在战争后期希特勒将他视为帝国的理想接班人。

希特勒与戈林围坐在老总统兴登堡的左右，纪念坦嫩贝格的胜利，戈林在纳粹党中的地位可见一斑。

囚室，发现戈林自杀了！

在绞刑执行前两个小时戈林服毒自杀的消息传开，立即引起了不小的震动。这位大名鼎鼎的纳粹战犯显然不愿意在众目睽睽之下被送上绞架，罪有应得的他没有得到应该属于他的死亡方式。经过法医鉴定，戈林是服下了剧毒化学物氰化钾自杀的。谁能想到，戈林居然能在连一个蚊子都不能自由进出的情况下从容地服毒自杀，逃避全世界人民对他的审判。问题是，他的毒药是从哪儿来的？

为了弄清楚这个问题，调查人员检查了戈林在囚室中的私人物品，最后在他的奶油罐中发现了毒药瓶。这说明，戈林在整个关押期间一直藏有毒药，可是这个奶油罐早已被没收，放在监狱的储藏室中，根本没有在戈林身边。那么，在如此严密的监视下，戈林是如何把毒药顺利取出来的，到底是谁帮了他？

人们推测，装氰化钾的胶囊一直藏在戈林的行李中，后来一同进入监狱。很有可能是掌管行李间钥匙的惠利斯中尉帮助了戈林，因为他一直对戈林很友好，还曾接受过戈林送给他的小礼物。另外一种可能是戈林自己在未按要求登记的情况下经惠利斯中尉默许进入行李间自行取出胶囊。戈林的妻子埃米·戈林在戈林死后多年向外界说："此事一定是一位美国朋友所为。"她在1946年7月最后一次探视戈林时曾问过他有胶囊没有，戈林立即回答说没有。1991年，戈林的侄子克劳斯·里格尔承认，是惠利斯中尉把毒药给了戈林。但是这些都只是一种猜测，没有任何证据证明是惠利斯中尉帮助了戈林，何况惠利斯中尉也早已去世，死无对证了。

近年来，关于戈林毒药来源又有了新说法：有人说毒药是藏在戈林的陶土制的烟斗里的，在要被处决的那天戈林将烟斗剖开；也有人说他将毒药藏在肚脐里；也有人说戈林吞服了缓慢释放毒素的毒药……

戈林的尸体与其他被绞死的纳粹战犯放在一起，拍完照后被火

临刑前牧师与戈林会面
此时的戈林已有自杀的准备吗？

"卐"字形空军中队，二战中，由戈林亲自指挥空军作战。

被判处死刑的戈林

戈林当年意气风发之时，可能从未想过会有今天的落魄境地，此时的他不知是否已下了自杀的决心？

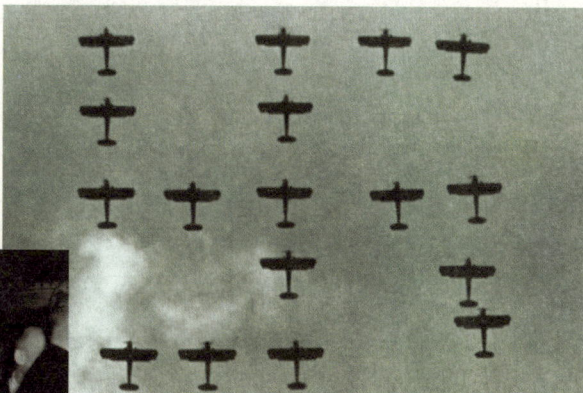

化，美军把火化后的骨灰倒进了一条小溪里。戈林在这个世界上虽已灰飞烟灭，但是他是如何弄到毒药自杀的，却作为一桩悬案遗留了下来。

密特朗枪击案之谜

弗朗索瓦·密特朗，1981年至1995年间任法国总统，是法国历史上伟大的政治家之一，同时也可以算得上是法国政坛上的常青树。他的一生跌宕起伏，就像一部离奇的长篇小说。其中天文台公园枪击事件，就是他的政治生涯中影响至深、却又扑朔迷离的一段经历。

1959年10月15日《巴黎新闻》头版头条披露了一条耸人听闻的消息：极端殖民主义分子准备暗杀一批主张谈判解决阿尔及利亚问题的人士。"悲剧有可能在明天发生，杀人凶犯别动队已经越过西班牙边境，黑名单已经确定"。

可是就在当天夜里，当时还是国会参议员的密特朗同几个朋友用完餐后开车回家。汽车行驶了一会儿，密特朗感觉不对劲，原来在他的后面一直有一辆黑色轿车跟着。想起这几天听到的传闻，他紧张起来，故意开车绕来绕去，可是兜了好几个圈子，却怎么也甩不掉跟踪的车。急中生智，他把车快速开到参议院南边的天文台公园，然后从车上跳下来，翻过公园的铁栅栏，趴在花草丛中。这时，背后响起了一阵密集的枪声，事后他被告知，在汽车上找到了至少七颗子弹眼。

消息很快传开了，整个巴黎到处都谈论着这件事，第二天各大报纸的头版头条都醒目报道：参议员弗朗索瓦·密特朗昨日深夜在天文台公园遭暴徒枪击，幸免于难。人们联系起前一天报纸上的新闻，认为密特朗一定是在杀人凶犯别动队所列的黑名单上名列榜首。一时间，声援和慰问的信件如雪片般飞来，密特朗成了"英雄"。

谁也没有想到的是，事情只过了一个星期，就发生了翻天覆地的变化，天文台枪击事件竟成了密特朗的一桩政治丑闻。22 日，前右翼议员罗贝尔·佩斯凯向记者宣称，这起枪击案是密特朗自己策划、由佩斯凯一手执行的。他是在核实密特朗已不在车内之后，才让他的同伙阿贝尔·达于龙开枪的。佩斯凯还说，事发前，他特意给自己写了两封信，一封以"待取邮件"方式寄往巴黎，一封是寄往卡尔瓦多斯的挂号信。且两封信均有邮戳为凭。他还说明，行动前，他曾于 10 月 7 日、14 日和 15 日分别三次会见密特朗，共同策划，商定行动路线和方式方法。佩斯凯说得活灵活现，在他的描述中，天文台事件分明成了密特朗沽名钓誉的"苦肉计"。

而此时此刻作为当事人的密特朗，除了矢口否认外，拿不出任何证据来证明自己的无辜。密特朗说，事发前佩斯凯确实三次悄悄见过他，但佩斯凯

弗朗索瓦·密特朗像

是来告诉他，从可靠消息得知，暗杀名单中密特朗名列榜首，叫他平日要小心提防。佩斯凯还出谋划策：一旦发现汽车被盯梢，千万别往家门口开，因那里无处躲藏，还是逃往天文台公园比较安全。佩斯凯还要密特朗保守秘密，因为他透露的是机密情报，一旦发生什么事，请求密特朗不要向警察局报告。所以发生枪击事件后，密特朗

欧盟会议上，密特朗（前排左四）与其他欧洲国家国家领导人的合影。

真的信守诺言，事先没有告诉任何人，事后也没有告诉警方。因此，现在的密特朗是有苦难言，百口莫辩。

于是，密特朗顿时从一个受害者、"英雄"变成了一个政治骗子，不仅成为政敌攻击的目标，甚至许多朋友也嗤之以鼻，纷纷离他而去。在此之前，密特

密特朗与他的支持者在一起。

朗由于其政治主张一直与戴高乐相对立，而与戴高乐之间的关系闹得很僵。所以，在1959年1月戴高乐就任第五共和国总统之后，密特朗的政治生涯转入低谷。先是丢掉了在前七年间历任不同部长的优势，然后还在国民议会选举中丢掉了连选连任11年的议员席位，不得不重操律师旧业。即使在1959年4月当选为参议员，但其政治影响显著变小。在这个时期出现"天文台事件"丑闻，无异于雪上加霜。密特朗几乎被逼得走投无路了。1996年密特朗逝世后，密特朗夫人回忆起这件事还说："人们本想把他从肉体上消灭，结果，他在精神上被击垮了。"

可是就算是如此，戴高乐的首任总理米歇尔·德勃雷还是不肯就此罢手，趁着这个机会，给已被打翻在地的密特朗身上再踩上一只脚，向参议院建议取消密特朗的议员豁免权。11月25日，参议院就此案进行讨论时，密特朗愤怒地指责政府是这桩丑事的主谋或帮凶。

实际上，在一个月前，也是这个佩斯凯，曾经恐吓过总理布尔热·莫努里，后者报告了国家安全局长，佩斯凯才停止纠缠。而这次密特朗的遭遇同布尔热·莫努里一模一样，使用的是同一手法。最终，参议院仍以175对27票通过了暂停密特朗议员豁免权的议案，这无疑加重了对密特朗的政治上和精神上的打击。

这起离奇古怪的天文台公园枪击案，迄今一直是个没有解开的谜。密特朗认为："有人即便不想置我于死地，至少是想使我的名誉扫地。"佩凯斯的口气也变来变

亲密特朗的人们怀疑天文台"枪击案事件"不过是戴高乐派的情报部门操纵策划的，是戴高乐总统对付政治对手密特朗的手段而已。图为戴高乐像。

密特朗作为法国历史上政治生涯最长的总统，在1988年5月再次当选为法国总统。

去，他于 1959 年 11 月 4 日，被指控参加议会爆炸案遭逮捕后几年，坦白天文台事件的幕后策划者是戴高乐派头面人物。不过，他拿不出真凭实据，一般人都不相信他的说法。但同情密特朗的人都认为，此案是戴高乐派的情报部门操纵的，目的在于从政治上消灭第四共和国时期留下来的最危险的对手，而密特朗是首当其冲的人员。

这件案子尽管到现在还存有不少迷惑，但却足以说明政坛波涛的险恶，翻手为云，覆手为雨。但是，坚强的密特朗并没有向逆境妥协，经过奋斗，终于又登上了总统宝座，而且一干就是 14 年。

最后，来看一下密特朗总统在法国政坛上所创造的一系列奇迹吧。他是好几个政治纪录的创造者，很多至今还无人能超越他：自 1944 年 8 月进入戴高乐临时政府至 1995 年 5 月离开爱丽舍宫，驰骋政坛 50 余年，成为 20 世纪法国政治生涯最长的人物；1947 年 1 月，出任退伍军人部部长，时年只有 30 岁，成为 1804 年第一帝国以来最年轻的部长，直到如今也没有人能打破他的这一纪录；连任两届总统，在爱丽舍宫足足呆了十四个春秋，是迄今为止法国任职时间最长的总统；当总统不到半年，便被确诊身患癌症，却严守机密，与疾病抗争，达 13 年半之久，为历届法国元首绝无仅有；以右翼分子发迹，而以左翼代表登上权力顶峰，成为法国政界一道独特的风景。

谁才是登上太空的第一人？

1961 年 4 月 12 日，在人类航天史乃至人类历史上，都是一个特殊的日子，上午 9 点 07 分，一艘 5 吨重的"东方号"飞船在苏联哈萨克中部的一个发射场发射升空，飞船的驾驶舱中坐着一位名叫尤里·加加林的年轻宇航员。飞船以每小时 2.7 万千米的速度，飞越苏联、印度、澳大利亚、太平洋和南美洲的上空，它在环绕地球飞行的同时，自身也在缓缓地自转。这次仅持续 1 小时 18 分的飞行震惊了全世界，它标志着人类第一次跨出大气层。很快，加加林的名字传遍了世界许多角落，这位年轻的宇航员一夜间不仅成了苏联人民的偶像，更成了全世界爱好航天事业人士心目中的英雄，被誉为"宇宙雄鹰"。他还获得了苏联政府颁发的社会主义劳动英雄称号。

然而，几十年过去了，伴随着苏联的解体和克里姆林宫大量保密档案的公布，人们开始对当年的这一事件产生了怀疑，加加林真的是当年第一个进入太空的人吗？

加加林乘坐的宇宙飞船安全着陆。

1945 年，当第二次世界大战的硝烟还没有完全散尽的时候，另一场没有硝烟的战争却又悄悄地拉开了帷幕，那就是以苏联为首的社会主义阵营和以美国为首的资本主义阵营之间的"冷战"。

双方在各个方面，特别是科技和军事上展开了大比拼。1957 年，苏联成功地发射了人类第一颗人造地球卫星，这给了美国人极大的刺激。双方紧接着展开了载人飞船的实验，在下一个领域里又进行了新一轮的明争暗斗。

1961年4月苏联宇航员尤里·加加林乘"东方一号"飞船绕地球运行。这位年轻的宇航员被报道为登上太空第一人，获得苏联英雄称号，但是根据一些现已公开的苏联航空机密资料看来，首次登上太空的宇航员可能另有人选，加加林所受的荣誉受到了质疑。

当苏联发射第二颗卫星时，科学家们在卫星上放了一条名叫"莱卡"的狗，虽然这条狗最后在卫星上死去，但是也足以证明，动物可以在宇宙飞船上生活一段时间。于是，载人太空飞行计划被提上了日程，苏联政府开始在试飞员中选拔"太空人"进行训练和实验，这时，一个名叫弗拉基米尔·伊柳什的飞行员浮出了水面，成为当时最热门的人选之一。弗拉基米尔家庭出身非常显赫，他的父亲谢尔盖·伊柳什上将是苏联赫赫有名的飞机设计师，第二次世界大战中谢尔盖设计制造的伊尔－2 攻击机为

127

苏联战胜德国立下了汗马功劳。子承父业的弗拉基米尔也是一名出色的飞机设计师和飞行员，他对战斗机一直情有独钟，是苏联最优秀的飞行员，保持着10多项飞行纪录，在1959年更是创下了3万米的飞行高度纪录，并因此获得了苏联最高勋章。没有人比他更适合成为进入太空的首选人员了，况且空间飞行计划的负责人中许多都是他父亲原来的部下和学生，试想一下，一个父亲是上将飞机设计师，本人又是最高勋章获得者，

1961年4月14日，苏联政府给加加林颁发英雄勋章，如果加加林不是登上太空的第一人，难道这一切全是逢场作戏吗？

如果他的照片出现在世界各地报纸上，实在是太完美了。在荣誉的感召下，原来对进入太空兴趣不大的弗拉基米尔参加了苏联的载人空间计划，并秘密进行了艰苦的训练和准备工作。

有一次，一张弗拉基米尔身穿太空服的照片被登在了西方报纸上，苏联官方立刻出面否认正在进行载人太空飞行的计划，因为政府需要的是绝对的成功，不愿意事先张扬这件事。直到最近人们才从一些资料上得知，在1961年飞上太空之前，至少有7位宇航员在训练和试验中献出了生命。

而在苏联解体后公开的档案中清楚地记载着，1961年4月7日，弗拉基米尔·伊柳什作为最合适的人选，踏入了飞船，开始了他的太空之旅。一切都进行得很顺利，但是，在返回地面降落时出现了一些问题。太空舱本来预计从第一或第七轨道着陆在苏联境内的，而实际上弗拉基米尔却从第三轨道着陆在中国境内。另外，他也没有按照设计好的方式从太空舱里被弹射出来，而是随着飞船一起在地面上硬着陆。幸运的是，他没有死亡，但是受了很重的伤，这样他就没有办法以最良好的状态面对宣传媒体的采访了。对于苏联政府来说，这绝对是一个很大的遗憾，所以，这次卫星发射和结果被严格封存起

出发前，"东方一号"飞船的主任设计师（右）到发射场为加加林送行。

来，所有参与或了解这一计划的人都被命令对外保持缄默。弗拉基米尔也从苏联的各大媒体视野中消失了两年，官方宣布他由于车祸而在中国养伤，而人们很快发现官方的说法漏洞百出，开始说车祸发生在 1960 年，可是在一张 1961 年公布的授勋仪式的照片中居然出现了弗拉基米尔的身影，政府又马上改口是在 1961 年，至于说到养伤的地点，则一会儿说是北京，一会儿说是杭州。

而就在弗拉基米尔飞行的第二天，加加林的名字才为政府高层所知道，5 天后，苏联对外宣布加加林胜利地成为了飞入太空的第一人。以前的低调处理和这次突然宣布的成功，在全世界获得了巨大的轰动效应。

而成为英雄的加加林之后的一些行为却开始反常，开始酗酒，还当众发表不合时宜的言论，甚至在一次公开的酒会上，他当着赫鲁晓夫的面摔碎了一个酒杯。人们后来推测很可能是由于他得知自己所得到的荣誉并不是真的，而自暴自弃。几年后，这位英雄在一次飞机试飞中失事，坠机身亡，而他的失事也笼罩着层层迷雾，给历史留下的是另一个谜。

至于弗拉基米尔·伊柳什呢，他后来成为苏霍伊飞机制造厂的首席试飞员，曾经试飞过 140 多种飞机。苏联解体后公布的材料显示，很可能他才是进入太空的第一人，真正的宇航英雄。

20 世纪 90 年代，伊柳什在电话中曾经表示愿意接受一家美国电视台就这件事的采访，然而当摄制组到达俄罗斯以后，他却选择了保持沉默，使这一历史之谜还不能真正地被完全解开，在离真相只有一步之遥的地方停住了，可是那一天也许不会太远了。

赫鲁晓夫会见加加林夫妇

艺海迷踪

希腊智慧女神为何从父身诞生？

在希腊神话传说中，智慧女神雅典娜集其父母的智慧于一身，她的出生成为后代许多专家学者们研究的对象。

雅典娜是天神宙斯和智慧女神墨提斯的女儿。临产前墨提斯对宙斯说，将要出生的孩子一定会比宙斯更强壮、更聪明。宙斯唯恐降生后的孩子会危及他在奥林匹斯山的统治地位，于是他就将墨提斯吞到肚子里去了。不料，宙斯突然感到头痛欲裂，急忙让火神赫菲斯托斯用斧子劈他的脑袋，这时满身铠甲的雅典娜就从宙斯脑袋里呼叫着蹦了出来。这就是她那不寻常的诞生。

那么，雅典娜为什么不是脱胎于母腹，而是由父亲产出呢？她为什么偏偏从脑袋里蹦出来呢？

当然，对于神话，人们没必要探究其真实性，而应关注它的社会背景。长期以来，许多学者对此做了深入探讨，并从各种不同角度提出了不同的看法，归纳起来主要有以下三种：

有人认为，这段传说只是想说明雅典娜是宙斯的化身。在希腊早期神话中化身法是常用的造神手法。这种方法可使彼此孤立的神之间产生一种类似于人类的血缘关系，从而构成一定的体系，增强了神话的故事性和神秘色彩。

神的王国

宙斯主宰大地和天空，波塞冬统治着海洋，他们的兄弟哈迪斯则是冥府之神，和其妻珀尔塞福涅共同控制着冥界。

但是，更多的人则认为，这个传说反映了早期人类一定的历史状况。他们认为这段传说实际上反映了人类父权制开始取代母权制的情况。而且，雅典娜就曾经说过："我不是母亲所生的人。我，一个处女，是从我父亲宙斯的头里跳出来的。因此，我拥护父亲和儿子的权力，而反对母亲的权力。"这意味着女人已经依附于男子，母权制已被父权制所取代。这种说法看来论证比较严密，但也是有漏洞的。这种观点如果要成立，还必须解决如下两个问题：第一，据传说宙斯的妻子是宙斯的同胞姐姐，他们在洪水灾难中死里逃生，并结为夫妻。从这里可明显看出族内婚的痕迹，如果说父权观念在人类族内婚阶段就已出现那是绝对不可能的。第二，希腊父权制取代母权制是在英雄时代，这早已成定论。从神话描写中可看出雅典娜出生距英雄时代还有相当长的一段时间，是否能说这一过程自雅典娜诞生时已经开始，尚待探讨。

还有一种观点认为，这段传说应该与雅典娜在希腊神话传说中的地位和作用有关。雅典娜在希腊神话中是聪明过人的智慧女神，所以把她说成是智慧女神和天神宙斯的女儿。为了让雅典娜没有对手，神话的创作者又煞费苦心地让宙斯把这位老智慧女神吞进肚子里，于是聪明的母亲"隐居"了。这样一来，会更显示出其女儿过人的智慧。当然，这种推论虽然圆满地解释了这段传说中令人费解的情节，但没有涉及复杂的社会背景，是否正确也很难说。

上述三种观点各有道理，但都不能成为定论。之所以如此，可能有这样一些原因：第一，早期神话产生于非理性的、原始的心理状态。第二，神话本身具有两重性。其一是历史的、现实的，它是有其历史现实基础的；其二是虚幻的，即非历史的部分。两者交织在一起，因而神话中的历史与宗教、想象与现实的界限总是模糊的。

雅典娜女神头像

她头戴羽盔，身披缠着蛇的斗篷。这是战神的形象。

天地之神

宙斯是众神的统治者。作为天空的统治者，他掌管风雨雷电；作为大地的统治者，他负责道德和公正。

古希腊为何有众多的裸体雕塑？

人们现在已经可以从各种渠道欣赏到琳琅满目的古希腊雕塑，每每大饱眼福之后，都不禁生出一个疑问：为什么几乎所有的古希腊雕塑都是裸体的呢？

这个问题困扰了几个世纪的学者，他们的回答也大相径庭。居于主流的一种观点认为：古希腊以裸体为表现对象的人体雕塑艺术特别发达，这主要与当时战争的频繁和体育的发达有关。那是一个弱肉强食的时代，为了征服另一城邦和不被别的城邦征服，古希腊统治者对公民从小就要进行体能训练，选拔士兵时，不论男女，在竞技场上都要裸体进行比赛。古希腊法律中有这样在今天看来极不人道的律令："体格有缺陷的婴儿一律处死。"甚至为了达到一种"优生优育"，还有这样的规定："老夫有少妻的，必须带一个青年男子回家，以便生养体格健全的孩子。"这在客观上造就了希腊人崇尚裸体的民俗。据史料记载，在当时的全民性竞技比赛上，人们并不以裸体为耻，无论男女，为了显示自己健美的身体，常常一丝不挂，甚至特意突出自己的性器官。

古希腊人认为，"健康的精神寓于健康的躯体之中"。他们把具有健、力、美的躯体视为神的馈赠，并成为人们最高追求和崇拜的目标。他们理想中最完美的人是：具有宽阔的胸部，虎背熊腰的躯体，能掷铁饼的结实胳膊，善跑善跳的矫健腿脚。于是，古老的奥运会

少女裸像 古罗马

就成了炫耀和展示人体的盛会，运动员个个赤身裸体，参加拳击、摔跤、格斗，赛跑、赛马等各种比赛。据史料记载，不仅民间崇尚裸体美，而且统治阶层也有这种倾向。公元前4世纪，亚历山大王在特洛伊城曾率士兵围绕英雄阿喀琉斯的墓裸体赛跑。专家认为，正是这些奠定了希腊大量裸体艺术雕塑得以产生的社会人文基础。

但是近来有些学者对这一观点进行了反驳，认为希腊裸体雕塑是当时盛行性自由和性快乐主义的产物，其中学者潘绥铭的解释很有独到之处。他认为人类的裸体有三种性的特征。第一特征是男女生殖器外形的不同；第二特征是男女体形和体表的不同；第三特征是男女心理、气质的不同。这三种特征构成性吸引和性审美的三个层次：生理的、心理的和习俗的。古希腊的裸体艺术之所以发达，并非来自于体育竞技，而是由于当时普遍流行性快乐主义的缘故。它的表现原则有三：第一，不隐讳外

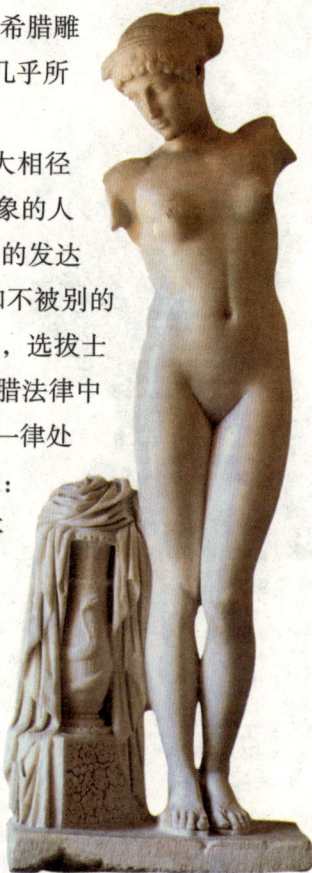

生殖器；第二，身体结构理想化，例如把女性乳房塑造为圆锥形或高耸的形状，臀部往往前后突出；第三，以动态和神态来刻画第三性特征。有一个著名的传说可以作为古希腊性快乐主义流行的佐证。《千禧日记》里有一个故事：《荷马史诗》中的《伊利亚特》曾经描写为了争夺美女海伦，希腊人与特洛伊人进行了十年大战，希腊各城邦都不堪其苦，于是召开了元老会讨论要不要停战。元老院在讨论中认为，为了一个女人打如此长时间的仗实在是不值得，应该马上回去。但是没想到海伦突然出现在他们面前，讨论者马上缄口不言，全都惊讶于海伦的美貌，于是立即改口说，哪怕再打十年也值得。

还有人认为古希腊的裸体雕塑起源于原始社会时的裸体风俗。原始社会时，人们往往裸露自己的生殖器，并以此为美。他们把性看作是上天的恩赐。在今天的非洲许多土著中，还有显露外生殖器的风俗。而希腊人显然继承了这一风俗，他们不仅以男性裸体为美，更以女性裸体为美。

古希腊有众多裸体雕像的原因是什么，至今还是一个谜，但古希腊的裸体雕像是西方裸体雕塑和绘画艺术的源头，它以其独一无二的完美，将永远为世人所瞻仰。

赫尔墨斯与幼年的狄奥尼索斯

"断臂女神"断臂前是什么模样？

1820年4月的一天，希腊爱琴海中的一个叫米洛斯的小岛上，农民伊奥尔科斯带着他的儿子一起耕地。当他铲除到一丛灌木时，儿子突然惊讶地跳了起来：原来里面有一个大洞穴。父子俩小心翼翼地走进洞穴，结果发现了一尊优美绝伦的女人雕像，像高2米，呈半裸体状，由半透明的白云石雕成。后来据专家鉴定，这是公元前4世纪古希腊的女神维纳斯雕像，实属天下无双的珍品。

4月16日，法国驻米洛领事路易斯·布勒斯特得到消息，便马上赶到米洛斯岛，在这位农民家里观看了这尊雕像，认为它价值连城，决定不惜重金买下来带回法国。可是他手中一时拿不出那么多钱，就先讲定了价钱，随后交了一百银币的定金，就匆匆找到法国驻土耳其大使馆报告了此事。法国军舰马上被派往了米洛斯岛办理雕像成

维纳斯的诞生

全裸的维纳斯从海中贝壳里升起，她是宙斯和大海女神之一狄俄涅的女儿，维纳斯的美具有全希腊的意义。

交手续，不料却遭遇了英国军舰，原来英国大使馆也得到了消息，想抢先买下雕像。"螳螂捕蝉，黄雀在后"，当英、法两国的军舰来到该岛时，雕像却已被希腊庙宇总管买下。最后，法国软硬兼施，终于以 8000 银币的代价买到了维纳斯雕像。这件宝贝现藏于法国卢浮宫美术博物馆，是卢浮宫的"镇馆之宝"。现在风靡全球的维纳斯像，多属对这尊雕像的模仿。

女神维纳斯是西方人心目中爱与美的象征。她被希腊人称为阿佛罗狄忒，是众神之王宙斯的女儿。到了罗马时代，才被称为维纳斯。她掌管人类的爱情、婚姻、生育和一切动植物的繁殖、生长。由于这尊大理石雕像是在希腊的爱琴海域米洛斯岛发现的，所以被称为"米洛的维纳斯"。这座雕像自从被发现以后，一百多年来一直被公认为希腊女性雕像中最美的一尊。雕像的躯体有螺旋上升的趋向，略微倾斜，各部分的起伏变化让人生出无限遐想；下肢用衣裙遮住，显出一种含蓄的美感。她既庄重典雅，给人以崇高的感觉，又貌美婀娜，让人倍感亲切。她既有女性的美丽和温柔，又有人类母亲的庄严和慈爱，难怪 19 世纪末法国著名的雕刻大师罗丹认为她是"奇迹中的奇迹"、"古典灵悟中的杰作，是理与情的结构，知与灵的合成"。因为雕像在发现时折断了两个手臂，于是它就被称为"断臂的维纳斯"。这个名字迅速流行，以至于"米洛的阿佛罗狄忒"这个原始称呼反倒没有人叫了。

人们最感兴趣的问题是：女神的断臂哪里去了？在发现大理石雕像的同一个山洞里，人们还找到过一些类似臂和手的残碎石片。但是到底是不是维纳斯的，至今还是个疑问。还有传闻说有只胳臂的残片一度收藏在法国的卢浮宫内，但后来就失去了踪迹。由于找不到女神的手臂，人们就开始思考另外一个问题：两千多年前，"断臂女神"断臂前的姿态是怎样的？百余年来，学者们为此争论不休。

德国考古学家福尔托温古拉认为，女神的左手小臂搁在一根矮柱子上，手里握有一个金苹果；右手下垂按住已坠落在下腹部的衣裙。另一位英国医生克罗蒂阿斯·达拉尔则设想：福尔托温古拉关于右手的猜想是正确的，但是女神左手应该上臂向前伸出，小臂陡然上曲，手里也握有一个金苹果。近来也有人认为她的左手向前平伸，向着爱神丘比特。还有人猜说，她可能正手扶着战神的盾牌照镜子……总之，众说纷纭，莫衷一是。

最近有人发现了19世纪法国舰长杜蒙·居维尔的回忆录，宣称解开了维纳斯断臂这个百年之谜。回忆录中记载，当时法国驻米洛领事路易斯·布勒斯特曾经告诉他，米洛农民伊奥尔科斯发现女神雕像时，维纳斯右臂下垂，手抚衣衿，左臂伸过头顶，握着一只金苹果。

米洛的维纳斯 古希腊

后来在法国大使和希腊人交易成功之后，英国得知了这一消息，派舰艇赶来争夺，双方展开了一场激烈的战斗，混战中女神雕像的双臂不幸被砸断。但是这个回忆录的真实性颇值得怀疑，因为当时假如那么多人知道女神雕像断臂前的状态，恐怕早就在众人猜测之前弄得满城风雨了，怎么会等到百年之后再解谜？

许多美术家技痒难耐，想给这位断臂的女神再装上两只手臂。他们原以为，有了两只手臂后的女神会更加美丽动人。可是事与愿违，没有一个人的试验结果是令人满意的。原来的手臂是个什么样子，人们已经无从知道；重新安上两只，又觉得是那样别扭。人们终于想通了：缺少两条胳膊的女神雕像，会给人留下无限的想

完整的维纳斯

维纳斯历来是雕刻家钟爱的表现主题，从这尊完整的维纳斯雕像中，我们虽可全视女神之美，但断臂的维纳斯似乎更有一种神秘和尊贵的意味。

135

象空间，因此也是最自然、最迷人和最美丽的。或许有这样一种可能性，女神雕像在"出生"之时，就是没有手臂的。这样说也就解释了这样一种现象：无论任何人欣赏女神雕像，都不觉得有什么缺憾，反而觉得是那样完美；但是倘若人们把别的雕像毁去手臂，恐怕无论你怎么毁，结果都会惨不忍睹。

这个谜恐怕永远也难以解开了，但是这又有什么关系呢？这样的谜笼罩在女神雕像上，更增添了她的魅力。

蒙娜丽莎的微笑因何神秘莫测？

无论什么人，只要置身于达·芬奇的《蒙娜丽莎》前，必定会被画中女子的微笑深深吸引。蒙娜丽莎嘴角微皱，眉宇舒展，脸部的微笑似乎一掠而过，却又能恰好被人捕捉。她的笑，视你的心情而变化，在你沉静时，你看她的笑，真是清水芙蓉，翠山之黛，不由你不沉醉；若你欢欣时去看，此时倘或带些轻浮的意念，那么画中的笑，又是冰清玉洁，如断臂的女神，叫你油然生出庄重之感；或者你是在心情悲寂的时候去看，那么这笑容里又有一丝哀绪与你共鸣，又有一份关心抚慰你正在抽搐的心……总之，蒙娜丽莎的微笑，神秘莫测，令人神往，引人遐想。

为什么这幅画会有这样的艺术魅力呢？是因为出手于大画家达·芬奇之故，还是跟这幅画的模特有关？自从这幅画问世以来，几百年的时间里，人们争论不休，可惜仍然不能拨开云见日，解开这个尘封已久的谜团。

有人用审美心理学的原理解答这个问题，说一件艺术品，不同的人来观赏，或者同一个人在

蒙娜丽莎 达·芬奇 意大利

不同的时间观赏，其感受和效果自然是不同的。人们欣赏一件艺术品，往往是以自己日常生活经验为基础的。所以说蒙娜丽莎微笑的神秘，实在没有什么好研究的，争论这个问题，就好比中世纪经院哲学家们争论一枚针尖上可以站立几个天使一样无聊。比如说我国的一首曲词《天净沙·秋思》，无论何人，我想只要读到"断肠人，在天涯"，是无论如何也不会哈哈大笑的；又比如有人吟诵李白的《将进酒》或者苏轼的《大江东去》，即便是他当时再不开心，也断然不会让另一个人感受到他所吟诗歌的悲凉气氛。其实只要我们仔细想想就知道了，并不是任何一件文艺作品都会给人以神秘莫测之感。因此争论蒙娜丽莎微笑的神秘，绝非是毫无意义的。

有人把这个归结为达·芬奇的天才创作。第一，作者在创作这幅图画时，力图要在一个个性非常具体的人物身上，加以天马行空的想象力，创造他最理想的美的典型，力图要让一闪即逝的脸部表情，成为永恒喜悦的象征——正是这种矛盾的张力成就了作品的神秘之美。第二，达·芬奇在绘画技巧上进行了独创。他为这个坐在阳台上的女人，设置了一幅透视不一的背景，当人们的视线集中在右边时，感到远景上升

图为《蒙娜丽莎》临摹画6幅，无论是哪一幅，较达·芬奇所创作的那幅，似乎都有所欠缺。

达·芬奇雕像

人物下降，而当视线集中到左边时，会觉得远景下降人物上升。就连画像上的五官，其位置也处在游移不定之中。此外作者又把表现笑容的载体——嘴角和眼角部位画得若隐若现，界限模糊，这就更使人们在欣赏图画时如坠雾中了。这幅画的神秘与达·芬奇的天才是分不开的，但又不全在此。世界上天才画家的作品多矣，为何都不如这张《蒙娜丽莎》神秘莫测？

更有甚者，有人从医学的角度别出心裁地对蒙娜丽莎的生理状况进行了一番检测，结果认定她患有内斜视，甚至发现她右下脸上有一点肿，这些"大夫"们指出，这或许是蒙娜丽莎神秘微笑之谜吧？

后来甚至关于蒙娜丽莎的年龄，也有人提出质疑，认为早不是什么妙龄少妇了，已经"人到中年"，很可能已经 40 岁往上了。这无疑使得蒙娜丽莎的微笑越发显得扑朔迷离。

事实上，对于《蒙娜丽莎》的版本，历来争论颇多，许多收藏家都声称自己拥有《蒙娜丽莎》的真作。据统计，世界各种名画册上登载的《蒙娜丽莎》竟有 60 多幅，而且竟有一幅《不微笑的蒙娜丽莎》，原画收藏于美国波特兰美术馆，经专家鉴定，确实是达·芬奇的手笔。这会不会是《蒙娜丽莎》的底稿呢？这些问题于增加人们兴趣的同时，也大大增加了破解蒙娜丽莎神秘微笑之谜的难度。真是"雾里看花，水中望月"，说不尽的《蒙娜丽莎》啊！

米开朗琪罗的"怪癖"与其创作有关吗？

意大利文艺复兴时期出现过一位多才多艺的巨人。他不仅是伟大的雕刻家、画家，而且也是一位杰出的建筑家和诗人。这个人就是米开朗琪罗。

米开朗琪罗是欧洲文艺复兴时期雕塑艺术上最具代表性的人物，他创作的人物雕像气魄宏大，雄伟健壮，蕴含着无穷的力量。他的大

圣家族 油画

米开朗琪罗笔下的人物崇高而平静，本人性格却怪僻而不可捉摸。

量作品显示了写实基础上非同寻常的理想加工，典型地象征了当时的整个时代。但是生活中的米开朗琪罗却给人以"怪人"的感觉。

年轻时代的米开朗琪罗因酷爱学习而陷入了绝对的孤独。别人都把他看成一个孤芳自赏、性格乖僻、疯疯癫癫的人物。米开朗琪罗总是表现得举止粗俗，与社会格格不入，社交活动总使他感到腻烦。这与达·芬奇的相貌堂堂、举止优雅、风度翩翩、受到上流社会人士的喜爱形成鲜明的对照。他只和几位严肃的人士来往，没有其他朋友。他终身未婚，生平只爱过著名的德·贝斯凯尔侯爵夫人维多利阳·柯罗娜，然而却是一种柏拉图式的恋爱。

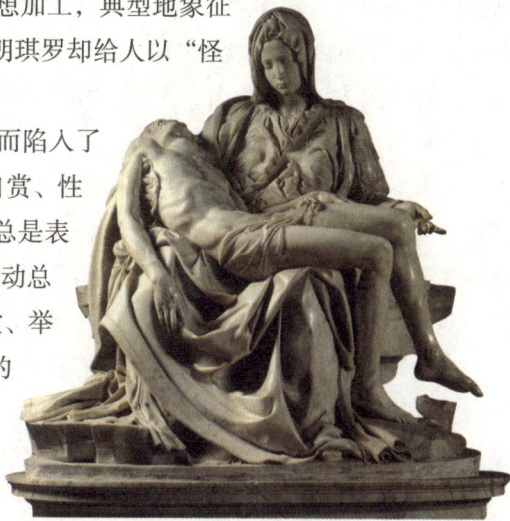

米开朗琪罗著名雕塑《比埃塔》
描绘死去的耶稣躺在圣母膝上的情景，比埃塔的含义是圣母玛丽亚悲痛地抱着耶稣的尸体。通常这样的人物形象会痛苦不堪，但作者采取了古典主义的节制表现法，使人物显得更加崇高神圣。

米开朗琪罗创作时需要绝对的孤独是他的又一个怪异之处，只要旁边有一个人在场，就能将他的情绪完全扰乱。他必须获得一种与世隔绝之感，方能得心应手地工作。为身边琐事所纠缠，对于他来说简直是种折磨。

在他塑造的成千上万的人物形象之中，他没有遗忘过一个。他说，只有预先回忆一下以前是否用过这个形象，然后才能决定是否让人动手勾画草图。因此，在他笔下，从来没有重复现象。在艺术上他表现出让人难以想象的多疑和苛求。他亲手为自己制造锯子、雕刀，不管是什么细枝末节，他都不信任别人。

米开朗琪罗追求完美有时达到苛刻的程度，一旦他在一件雕像中发现有错，他就

圣彼得大教堂
米开朗琪罗曾任圣彼得大教堂的总设计师。

139

将整个作品放弃，转而另雕一块石头。这种追求完美的理想使他毁掉了不少成型的作品，甚至在他的才华达到炉火纯青的地步时，他所完成的雕像也并不多。有一次，他在一刹那间失去了耐心，竟打碎了一座几乎竣工的巨大群像，这是一座名叫《哀悼基督》的雕像。

米开朗琪罗一生孜孜以求，从不懈怠。一天，红衣主教法尔耐兹在斗兽场附近与这位已是风烛残年的老人在雪地里相见了，主教停下车子，问道："在这样的鬼天气，这样的高龄，你还出门上哪去？""上学院去。"他答复道，"想努一把力，学点东西。"

骑士利翁纳是米开朗琪罗的门徒，他曾把米开朗琪罗的肖像刻在一块纪念碑上，当他向米开朗琪罗征求意见，问他想在阴面刻上什么的时候，米开朗琪罗请他刻上一个盲人，前面由一条狗引路并加上下面的题词：我将以你的道路去启示有罪之人，于是不贞洁的心灵都将皈依于你。

人们认为一般艺术家都有怪癖，但米开朗琪罗的性格确实十分独特。这位伟大的艺术家的创作与其性格竟是什么关系呢？可能性格之于人就像双刃剑吧。

著名画家凡·高自杀之谜

凡·高自画像

1853 年，凡·高生于荷兰的一个新教徒之家。少年时，他在伦敦、巴黎和海牙为画商工作，后来还在比利时的矿工中当过传教士。在此期间，他目睹穷人的艰难生活，以最大的热情帮助那些煤矿工人，义务收容那些受重伤而垂死的矿工。不过，这却引起了矿主的不满，因此他仅干了 6 个月就被解雇。1881 年左右，他开始绘画。1886 年去巴黎投奔其弟，初次接触了印象派的作品。1888 年神经失常，被送进精神病院，1890 年 5 月 16 日，他告别了圣·雷米的精神病院，途经巴黎去看望弟弟提奥。提奥的妻子回忆说："我原以为会看到一位病人，但站在我面前的却是健康的、脸上浮现着微笑的、神态坚定、体格强壮、肩膀宽阔的男子……他已经完全好了。"可是谁也没有想到，两个多月后，"已经完全好了"的凡·高却开枪自杀了！在短短的 37 年人生中，凡高把生命的最重要时期贡献给了艺术。短短 10 年的艺术生涯中，他创作了大量油画、素描和版画。

凡·高死后，他的画"价值连城"。在近几年的世界名画拍卖会上，凡·高的四幅画售价在 1000 万美元以上，其中《鸢尾花》和《向日葵》竟然分别以 5330 万

向日葵 1888年 伦敦国家画廊

美元和 3985 万美元成交。于是有些人遗憾地说，倘若画家生前能够得到这些钱的零头，他也不会开枪自杀了。这些人认为，贫困是凡·高选择死亡的直接原因。确实，凡·高一生穷困潦倒，在最后的 10 年里，他只能靠弟弟提奥的接济度日。

还有人说，凡·高是因为嗜饮艾酒导致精神失常才自杀的。美国堪萨斯大学以阿诺尔德教授为首的生物学小组分析了凡·高晚年书信的有关记录，发现凡·高生前大量饮用艾酒。艾酒配方复杂，主要成分有桧、肉豆蔻、婆罗纳、茴香、海索草等植物，其中肉豆蔻原产摩罗加群岛，肉豆蔻中含有肉豆醚、榄香素等活性成分，中毒后发生时间和空间定向错误，产生听幻觉和其他幻觉。艾酒看起来碧绿透明，闻之有怪味，尝之味苦，然而像中国的臭豆腐一样，凡是爱喝它的人却认为它奇香无比，令人迷恋。研究发现，饮艾酒如同吸食鸦片，会给人带来灵感冲动的感觉，但实质上是轻度中毒时出现的精神松弛、兴奋和幻觉，倘若中毒较深则会导致惊厥、口吐白沫、大小便失禁。而在凡·高生前的 18 个月里，他就患有胃痛、便秘、精神恍惚、幻觉等症状。

也有人说，爱情的失败是导致凡·高自杀的根本原因。凡·高从没有在一个女人身上得到幸福，他一生都在爱情的渴望和失望间徘徊。凡·高在伦敦做小职员期间，爱上了房东的女儿，可得到的全是挖苦和讪笑，这伤害了凡·高的自尊心，从此他变得沉默寡言。他唯一成功的恋爱是在迁居奥维尔时，与医生加歇的女儿玛格丽特

星夜 油画

这是一幅既亲切又茫远的风景画，画的主色调是蓝色和紫罗兰色，闪烁发光的黄色点缀其间。凡·高用火焰般的笔触来刻画景物，旋转的蓝色、黄色的天空似乎要把人带入奔腾的激流，这种感觉来源于他对色彩和形象高度敏感的心以及他那渴望理解的灵魂。

的相遇。据说两人互相倾慕，玛格丽特对凡·高一见钟情，可是这对鸳鸯被加歇医生拆散了，他坚决反对女儿与又穷又丑的凡·高结合。这次爱情的受挫，大大刺激了凡·高，终于导致了他精神失常以至于自杀。

凡·高是因为什么自杀？这个谜尚未解开，这也许已并不重要，重要的是透过这件事，人们对画家及其作品的尊重与敬仰。

名画《玛哈》的模特是谁？

戈雅画像

但凡看过西方绘画册的人，想必都会对两幅油画过目不忘，她们就是《着衣的玛哈》和《裸体的玛哈》。这两幅画实在是太美了，让人回味无穷。两幅画中人物姿态都相同，双掌交叉于头后，身躯斜卧于床上，人物美丽丰满。这是两幅同一构图的青年女子着衣和裸体画像。《着衣的玛哈》穿一件紧贴身白衣，束一玫瑰色宽腰带，上身套一件黑色大网格金黄色短外衣，以红褐色为背景，使枕头、衣服和铺在绿色软榻上的浅绿绸子显得分外热烈。而在《裸体的玛哈》上，背景减弱了，美人的娇躯在软榻上墨绿色天鹅绒的映衬下曲线分明。

两幅画的作者戈雅1746年3月30日出生于萨拉戈萨市附近的福恩特托多司村。父亲是一个手工业者，母亲是一个没落贵族的女儿。这样的家庭环境不可能给他多少艺术熏陶。传说中他有一天在村边的墙壁上乱涂乱画，碰巧一个修士走过，只看了一眼，就认定这个孩子有着神奇的绘画天赋，于是就说服他的父母，然后把他带到城里的修道院学习绘画。后来他就到欧洲各国游历，凭借他的勤奋和聪明，终于成为全世界著名的画家。

从戈雅的《玛哈》问世那天起，人们就对"玛哈"以谁为模特争论不休，时至今日，依然众说纷纭。

有人说《玛哈》是以和戈雅有特殊关系的阿尔巴公爵夫人为模特的。1792年，马德里很有影响力的阿尔巴公爵夫人的新居落成，为庆祝乔迁之喜，她举办了一个盛大晚宴。不料第二天上午公爵夫人神秘死亡，这个案情相当轰动，人们猜测和当晚的客人有密切关系。谁知在调查过程中，戈雅回忆起他与公爵夫人热烈、混乱的关系。另外，有人指出，《玛哈》中的女子在外貌上也和公爵夫人神似，以此，很多人都持此说，并凭空生发出许多艳情故事。作家孚希特万各的长篇小说《戈雅》中，就对此事作了极度的夸张和渲染。然而许多严谨的学者不以为然。他们认为，"玛哈"绝对不会是阿尔巴公爵夫人。第一，画中的人物外貌与公爵夫人只是有些"相似"而已，而在许多特征上都不一致。第二，这两幅画起初是由当时的宰相戈多伊收藏的，而阿尔巴公爵夫人与戈多伊素来不和，怎么可能把自己的裸体画交给他呢，向来高傲的公爵夫人是绝对不可能忍受这种奇耻大辱的。第三，当时在西班牙，画裸体画是禁止的，当人体模特更为人所不齿，地位尊贵的公爵夫人又怎么可能让自己的裸体展览呢？此外，还有好事者翻出了公爵夫人生前的健康体检表，发现她的身材和"玛哈"几乎没有共同之处。

还有人说，戈雅画此画的模特是当时宰相戈多伊的一个宠姬。由于戈多伊极为宠爱这位美女，对她百依百从，而美人知道戈雅的大名，就央求宰相让戈雅给自己画一张画像。戈多伊就把戈雅请到家里。可是戈雅画了《着衣的玛哈》之后，大为这位宠姬的美色所动，就要再画一幅裸体画。可是刚画完，宰相就闯了进来，严词指责了戈雅，认为画裸体是一种亵渎行为。可是事后，戈多伊发现这幅《裸体的玛哈》更为完美，就保存了下来。持这种说法的人认为，只有这样，才能解释：这两幅画为什么最初为戈多伊所收藏。

另外还有人说"玛哈"是一位商人的妻子。据说一位商人重金请戈雅为他的妻子画像。可是戈雅见到这位美夫人之后，为她国色天香的娇姿所倾倒，于是说服她画一张裸体画。不料一位仆人无意间看到了此事，就密报了主人。商人闻知后，大为恼怒，气势冲冲地跑到戈雅的画室，结果在墙上挂着的，赫然是一幅衣着华丽的贵夫人画像，于是转怒为喜。原来聪明的戈雅在画裸体画之前，先飞快地画了一张着衣的画像。这也就解释了为什么两张画像构图体态都完全一样。

后来，戈雅的孙子马里亚诺对人说，《玛哈》是以马德里一个普通姑娘为模特的。马里亚诺提到，马德里有一个叫修士巴维的神甫，他的职务是给人送终，但是长期的工作使他厌倦了死亡和疾病，他就雇了一个年轻漂亮的马德里姑娘，什么也不需要

裸体的玛哈

做，就只每日在他身边走来走去，以感受青春和生命的气息。一天戈雅到神甫家里做客，也为姑娘的青春魅力所震撼，就情不自禁地画出了这两幅流传百世的名画。可是有人怀疑这种说法，因为戈雅创作《玛哈》时，马里亚诺还没有出生呢，他的话也不过是道听途说罢了。

为什么这个谜如此难解？戈雅的传记作者们认为，一个原因是戈雅一生以风流著称，多情又多艺，身边从来就不乏漂亮女人，所以要找出这个模特来，实在不是一件易事；另外当时裸体画在西班牙还是相当"前卫"，为了不给裸体模特制造麻烦，戈雅肯定对"玛哈"的容貌进行了艺术处理。

着衣的玛哈(局部)

舒伯特终身未婚原因何在?

舒伯特于 1797 年 1 月 31 日出生在维也纳，他的父亲是小学校长，因为他从小就学习钢琴及小提琴，11 岁就进入皇家学院攻读音乐并担任了合唱团的高音部成员，到他 16 岁时，因为变声不能再演唱童声高音才离开那里。此后他在他父亲的学校里担任音乐教师，并在此期间创作了不少杰作，包括《F 大调弥撒曲》、《魔王》、《野玫瑰》等，但是由于没有任何经济支持，所以尽管他才华横溢却一贫如洗。1828 年，他去世于维也纳，年仅 31 岁。可是这么短暂的时间里，他创作了 1200 多首音乐作品，其中 650 首是歌曲，因此被世人誉为"歌曲之王"。

有人说，舒伯特之所以早逝，一是因为贫穷的生活损害了他的健康，二是因为失败的爱情让他对人生失望，从而失去了继续生存的欲望。

舒伯特的情爱是这样的：在朋友的帮助下，舒伯特得以参加宫廷乐队，在一次演奏会上，舒伯特的才能受到注意，并与贵族之女特丽莎一见钟情。后来舒伯特在乡村音乐会上又与特丽莎重逢，两人都表露了爱意。爱情给了他灵感，他创作了许多乐曲，但是两人的事情遭到了特丽莎哥哥的强烈反对。为了让舒伯特成名以获得哥哥的支持，特丽莎设法将舒伯特的作品推荐给宫廷乐谱总管，但是宫廷不认同这种自由的音乐，于是冷漠地拒绝了。之后舒伯特外出巡回演奏，等他回来后，特丽莎已嫁作他人妇。

舒伯特像

当舒伯特万念俱灰之时，贝多芬注意到他的音乐天才并愿意资助他，但等到舒伯特去见贝多芬时，不幸贝多芬已病逝。此后舒伯特的健康状况持续恶化。可以这么说，舒伯特因爱情而获得了不竭的创作灵感，但没有结果的爱情又使他陷入了极度的忧伤和失望之中，以至于才 31 岁便在疾病的摧残中悲惨死去。

可是以舒伯特的才华，难道就不能再次点燃爱情之火，获得新生吗？何以直到最后死去，他都孑然一身呢？

有人说，他不恋爱不结婚和他一生穷困潦倒有莫大关系。在他那个时代，专门作曲而不演奏的人几乎难以糊口，他的音乐作品，著名的《摇篮曲》的报酬是一盘烤土豆，可是在他死后，人们发现了舒伯特的价值，这个曲子竟以 4 万法郎成交，倘若是手稿，在今天的拍卖会上，恐怕还要高出百倍。可是在舒伯特活着的时候，他是真的相当贫困，所以没有办法考虑结婚的事情。哪个家庭愿意把女儿嫁给他受罪呢？特丽莎的事就说明了这个原因。

维也纳一座公寓的楼层内景

舒伯特就住在这样的地方，是穷困潦倒的生活使他没有勇气去结识女性吗？

奥地利维也纳申布伦宫曾是哈布斯堡王室的行宫。

　　还有人把不结婚归结为舒伯特的相貌。确实，舒伯特其貌不扬：身材矮小、皮肤黝黑、大腹便便、脑门硕大，嘴唇极厚，人们曾挖苦他，说他是"蘑菇"。这样的相貌，也实在是不容易引起女孩子的好感。但是，男子的相貌相对于他的才华而言，并不占主要地位。中外历史上丑男配俊女之事，也并不是什么稀奇之事，更何况有如此浪漫气质的舒伯特，怎么可能没有女性爱慕呢？

　　另外，舒伯特的研究者认为，最有可能的原因是他受了贝多芬的影响，所以抱定了独身主义。舒伯特一生极为崇拜贝多芬，在他的心里，贝多芬像神一样，他说："有时候我也做过梦，但是在贝多芬死后，谁还能做什么呢？"他死后唯一的遗

贝多芬的书房
舒伯特一生极为崇拜贝多芬，受其一生未婚的影响成了一名独身主义者。

愿是与贝多芬埋葬在一起，直到 1888 年，他的愿望终于得以实现。由于贝多芬一生未婚，于是极力崇拜贝多芬的舒伯特就把对女性的兴趣转移到音乐上去了。

舒伯特何以终身未婚？人们的猜测还有很多很多，这里就不一一赘述，我们讨论这个问题的目的，只是在感慨舒伯特身世的同时，纪念这位伟大的音乐家。

是什么原因导致了莫扎特之死？

奥地利作曲家沃尔夫冈·阿玛迪乌斯·莫扎特是世界上最伟大的音乐家之一，他在短暂的 35 年生命里，创作了将近 600 部作品，其中《费加罗的婚礼》《德国舞曲》《土耳其进行曲》等大量的音乐作品，人们至今百听不厌。可是这位作曲家却死得相当凄惨。1791 年 12 月 5 日，莫扎特逝世，当天晚上天气很冷，而且风雨交加。他的妻子正卧病在床，送葬的人，寥寥无几，在半路就解散了。莫扎特是被看守公墓的一个老头下葬的，老头把他当作一个孤魂野鬼葬于众多死于瘟疫的人当中。而他的遗孀康斯坦斯病好后嫁给了一个瑞典的外交官，直到 17 年之后，才想到去那个公墓查找莫扎特下葬的地址，然而，那时物是人非，已经没有人知道了。

莫扎特像

更为凄惨的是，莫扎特死得不明不白，其死因一直争论到今天也没有结论。当年莫扎特患病后，维也纳最好的两名医生对他进行了救治。他们试图通过放血和冷敷的方法使莫扎特退烧，但于事无补。莫扎特死后，这两名医生也没有解剖他的尸体，其

歌剧《费加罗的婚礼》中的场景

这是莫扎特最伟大的歌剧作品，于 1786 年完成。剧中莫扎特将固定的角色转化为活生生的人。

中一位医生注意到莫扎特四肢肿胀，就做出了莫扎特死于汗热病的结论，但后人对此并不认同。人们对其死因有各种说法，有的说他死于肺炎，有的说他死于伤寒，还有的说死因是肾结石，说风湿热的也大有人在，据统计各种说法共有 150 种之多。

事隔 200 多年后，美国医学专家简·赫希曼指出，莫扎特很有可能死于旋毛虫病，这种病是吃了生的或没有煮熟的含有蠕虫的猪肉而引起的。旋毛虫病的症状是四肢肿胀、发烧，并且身体发痒。他的根据是发现了一封莫扎特在 1791 年 10 月底写给他妻子的一封信，信中说："煎猪排是何等的美味呀！我爱吃它，并祝你健康。"赫希曼接着

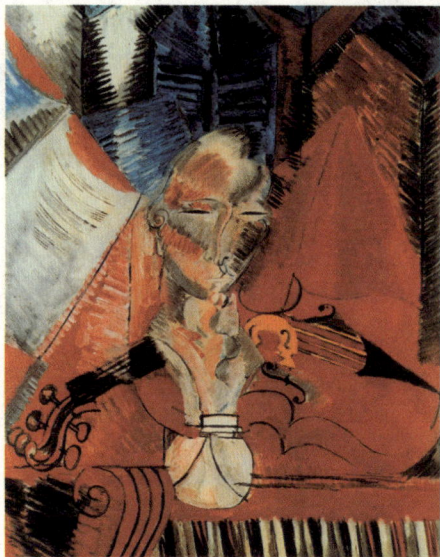
杜飞的作品——向莫扎特致敬

阅读了有关莫扎特传记、历史文献和有关旋毛虫的科研报告。他发现，在莫扎特时代，由于牲畜宰杀的卫生标准极差，加上当时医疗条件落后，所以导致猪旋毛虫传染病普遍发作，当时有许多人死于这种疾病。而历史文献记载的莫扎特的症状和猪旋毛虫病是一致的。另外莫扎特 12 月 5 日在维也纳逝世，距离他写这封信仅 44 天，而猪旋毛虫病毒的潜伏期恰好是 50 天左右。

关于莫扎特之死，还有一个著名的传说。1791 年 7 月，正当莫扎特因患病而痛苦挣扎的时候，一位脸色阴沉、身穿黑衣的不速之客，在一个风雨之夜敲开了莫扎特家的大门，要莫扎特谱写一首《安魂曲》。不知什么原因，莫扎特竟答应了，于是连病带累，未几就死去了。于是有人认为，这个黑衣人是杀害莫扎特的凶手，只要找出这个黑衣人，莫扎特死亡之谜就解开了。可是这个黑衣人是谁呢？一直众说纷纭。

有人认为这个"神秘的黑衣人"就是宫廷首席乐师萨利埃利。1782 年，年仅 26 岁的莫扎特来到维也纳，整个奥地利宫廷立即为他的绝世才华所倾倒，这让萨利埃利大为嫉妒。萨利埃利一向自诩为维也纳音乐界第一人，眼见莫扎特声望日高，恐怕有一日会夺去皇帝对自己的宠信，于是他就决定除去这个眼中钉。莫扎特在生活中是个不修边幅、行为恣肆的人，于是萨利埃利极力挑唆宫廷权贵和他的关系。很快，在保守的维也纳主流音乐界，莫扎特被视为"异端"，他的作品无法在剧院上演，他生活日渐困窘。在音乐界排斥了莫扎特之后，萨利埃利仍担心莫扎特东山再起，就处心积虑想让他永世不得翻身。恰巧莫扎特的父亲突然去世，一向热爱父亲的莫扎特悲痛万分，精神受到很大刺激，身体状况也一落千丈。萨利埃利认为机会来了，就挑了一个下雨的夜晚，戴上莫扎特父亲生前用过的假面具，披上黑衣，敲开莫扎特的家门，要

他谱写一首《安魂曲》。莫扎特又是恐惧又是难过，夜以继日地
赶写《安魂曲》。曲子写成了，他自己也油枯灯尽。而萨利埃
利在阴谋得逞之后，总是深夜难眠，不久精神失常，被人送
进疯人院。

莫扎特雕塑

但是几乎没有任何证据能够表明，萨利埃利与针对
莫扎特的阴谋有关。因此就有人认为，那个黑衣人是
弗朗索瓦·瓦赛格·祖·斯托帕克伯爵的管家罗伊特盖
布。这位伯爵是一个庸碌无能、附庸风雅者，常常花钱雇
人替写曲子，然后在家里大摆筵席，让乐师演奏，向客人
夸耀是自己所为。1791年，他死了妻子。也许是故态复萌，
想要借此机会炫耀，也许真是为了悼念亡妻，他就派仆
人前往莫扎特家，让莫扎特代写一部《安魂曲》，冒充
是他自己的悼亡作品，准备在举行葬礼时演唱。而
莫扎特当时急需一笔钱，伯爵的开价又是奇高，
他就答应了，于是提早迈进了坟墓。

人们忘不了莫扎特优美的音乐，也忘不了莫扎
特的凄惨命运，于是这个死亡之谜也就永远被人争
论不休。

谁能解开贝多芬的身后之谜？

贝多芬的遗物

1827年，贝多芬56岁时在维也
纳发生的一次雷暴雨中去世。自此以
后，世界上失去了一个天才艺术家，
但是却多了数不清的难解之谜。在贝
多芬身后这些雾一般的谜中，至今为
人们争论不休的有三个：第一，贝多
芬死亡之谜；第二，贝多芬有没有创作过《第十交响乐》；第三，贝多芬"不朽的爱
人"是谁？

其实自埋葬贝多芬的那天起，贝多芬死因一直是个未解之谜。当时的医生认为
他死于肝病和水肿。贝多芬的秘书却反对这种说法，他认为贝多芬死于庸医的误诊。
他有记录证明，贝多芬曾经服用了大量的吗啡和含砷的药物。很多年之后，美国健
康研究所（HRI）的科学家分析了这位作曲家留下的一些头发，发现其中的铅含量
异乎寻常的高。一位科学家据此论断说："这说明贝多芬极有可能死于铅中毒。同水

银一样，铅会长年累月地慢慢通过各种渠道积聚在人体内。导致贝多芬中年耳聋的原因也可能是铅，最终缓慢而痛苦地将他置于死地。"

　　熟悉贝多芬的人回忆说，他生前患有消化不良、慢性腹痛以及腹泻、烦躁及抑郁的慢性病。医学家证实说，铅中毒的典型症状之一就是导致人烦躁、焦虑。而贝多芬晚年就以烦躁、离群索居以及脾气火爆而出名。维也纳市立博物馆的阿德尔贝·许塞尔博士说，在 19 世纪初的奥地利，重金属的使用已经很泛滥。当时的维也纳是一座大工业城市，在多瑙河以及附近的莱茵河两岸有许多制铅厂。19 世纪上半叶，人们还没有现在的环保意识，很多工矿企业把大量的含有重金属（尤其是含铅）的污水不经处理就直接排入多瑙河，造成河水的严重污染。不幸的是贝多芬生前最喜爱吃多瑙河的鱼，而

图为贝多芬像，他是世界音乐史上最伟大的音乐家，他一生与病痛为伴，饱受折磨，尤其是耳朵失聪几乎要断送了他的音乐前程。也许正因为此，他一度绝望，企图自杀，终于，这颗音乐巨星于 1827 年 3 月 26 日下午 5 时 30 分陨落，给世人留下了无限遗憾。

且食量惊人。很可能是这些鱼导致了贝多芬的死亡。

　　或许是抱着"十全十美"的想法吧，人们一直猜测：贝多芬是不是还创作了《第十交响乐》呢？著名作家罗曼·罗兰在《贝多芬传》中就有这样的记述：1824 年，贝多芬在写给苏脱兄弟的信中说："艺术之神还不愿死亡把我带走；因为我还负欠甚多！在我出发去天国之前，必得把精灵启示要我完成的东西留给后人，我觉得我才开始写了几个音符。"有人怀疑，这几个音符，就是《第十交响乐》的开始部分。又有人发现他在 1827 年写给秘书的信中说："初稿全部完成的一部交响乐和一支前奏曲放在我

贝多芬肖像画

的书桌上。"可惜人们并没有找到这个"手稿"。

"不朽的爱人"是谁？贝多芬死后，人们在他的写字台抽屉中发现了三封情书，写得像他的音乐一样富有朝气和激情。其中一封信上写着："致'不朽的爱人'。"这封信一开始就炽烈如火："我的天使，我的一切，我的我。"信中到处充斥着令人热血澎湃的话语，现任摘一段如下：

"人所钟爱的，为什么必须远远地分离？而我现在的生活却又为何充满了烦恼？——你的爱情使我欢乐，同时又让我苦不堪言：在我这样的年纪上，需要的是一种整齐美满的生活，这一点能够在我们的关系中确立么？天使啊，我刚刚打听到：邮差每天都要出发，所以我必须到此结束，以使你能迅速收到这封信，请你安静些／你要爱我／今天／昨天／我因思念你而不觉泪下如雨／你／是我的生命／是我的一切／祝你安好，啊，你要继续爱我／永远不要误解你的爱人最忠实的心。"

贝多芬的一生拥有浪漫的爱情，他凭着过人的音乐天才和气质到处赢得女人的芳心。专家们一致认定这封信是写给贝多芬最爱的女士的，只是由于种种原因，信并没有寄出去。

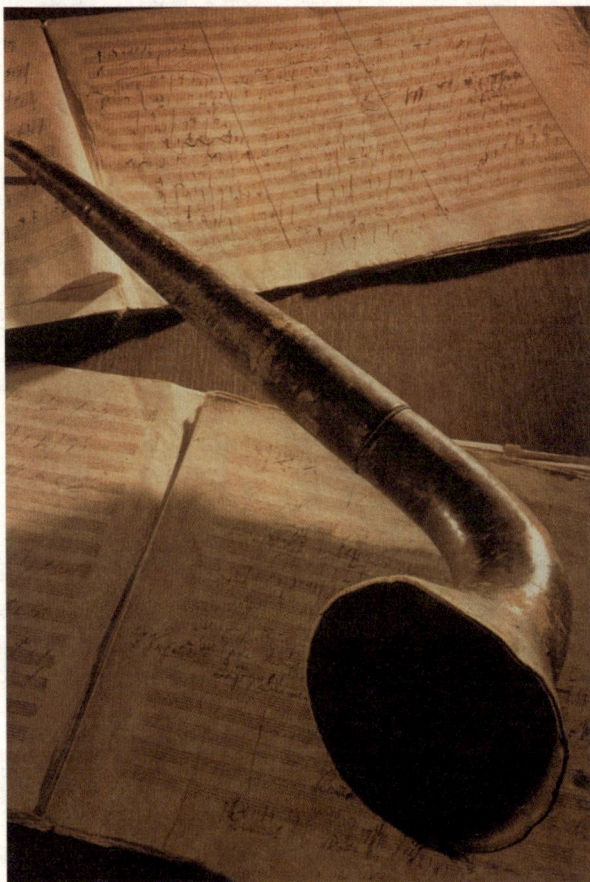

有人认为这个神秘爱人是曾和贝多芬有过初恋的意大利歌唱家朱丽叶·吉采尔；有人认为是和贝多芬热恋过的表姐约瑟芬，甚至有这样一种说法，1813年约瑟芬生下的幼女米莎娃就是贝多芬的私生女；还有人认为是贝多芬的红粉知己特蕾莎，因为和三封情书藏在一起的，就有特蕾莎的肖像，并且在贝多芬晚年时，有人看着贝多芬抱着特蕾莎的肖像痛声哭泣。

伟大的音乐家逝世将近两个世纪了，人们还是对贝多芬留下的这些谜一筹莫展。

《第九交响曲》乐谱
及贝多芬的助听器

日本作家川端康成为何自杀身亡？

日本诺贝尔文学奖获得者川端康成因其独具特色的作品而享誉全世界，他的作品低沉晦暗，给人以心灵的震颤。这位作家的死也同样让人震颤。在功成名就之后，川端康成却以自杀结束了自己的生命。人们不禁纷纷猜测：川端康成到底出于什么动机才会自杀的呢？关于他自杀的原因和动机，人们众说纷纭：

第一，摆脱病魔缠身说。川端康成自杀的第二天，《朝日新闻》刊登了一篇报道说："他死后已经过去一夜，但他的亲朋好友们似乎仍然满腹狐疑，许多人猜想说或许是得了'癌症'。"

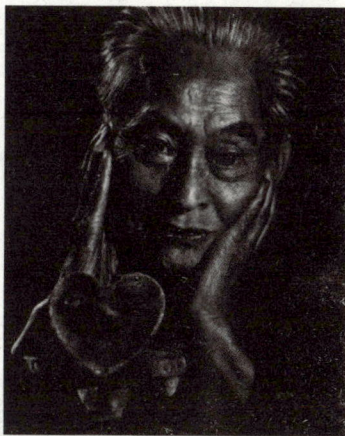
川端康成像

第二，安眠药中毒说。经常为川端理发的理发师猪濑清史提供了川端死前一周即4月10日的一个细节："那天去为川端先生理发。当时他躺在床上，不断地挪动身体、拂掉头发等，显得十分急躁。我说：'你太累了吧。'他说：'我已经4宿没睡觉了。'"

这样一来，安眠药的问题就不能不引起人们的注意。川端开始服用安眠药是在第一高等学校学习时，他年轻时就睡觉轻，神经敏感，不得不服用安眠药。这个习惯即使在结婚后也仍然没有丝毫好转。根据川端康成的这些安眠药中毒症状，日本一些学

古朴典雅的日本传统建筑

川端康成获诺贝尔奖时的情景

川端康成自杀现场

川端康成个性敏感脆弱，他的自杀令人唏嘘不已，但究竟因何而起呢？

者和研究人员认为，川端康成是死于安眠药中毒。

第三，思想负担过重说。1968年川端康成获得诺贝尔文学奖后，日本举国上下为他欣喜若狂，媒介连篇累牍地报道此事，而且裕仁天皇通过宫廷的一位高级官员以及佐藤首相亲自打电话向他表示祝贺。这以后，川端康成未能再写出传世之作，作为社会名人的川端因而思想负担过重，自杀成为他摆脱负担的方法。

第四，精神崩溃和文学危机说。在日本帝国主义发动侵华战争期间，他充当日本帝国主义侵略军的新闻记者，窜到中国进行罪恶活动。

日本投降后，他为日本帝国主义的失败而惋惜不已，在《悼岛木健作》、《武田麟太郎和岛木健作》等文章中写道，日本投降后，他的"忧伤"已沁入骨髓，他要用文学创作活动，使日本人去"感觉什么是真正的悲剧和不幸"，流露出对日本战败投降的惋惜和悲伤。学者们着重指出："川端在政治上的堕落必将招致精神上的崩溃和文学上的危机，这使他必然走上自杀之路。"

第五，三岛由纪夫自杀打击说。日本有的学者和文学家在推测川端的自杀动机时，认为三岛由纪夫的自杀最终导致川端走上绝路。

第六，支持秦野竞选失败说。很多日本学者支持这种观点。川端曾公开支持警察头子秦野竞选东京都知事。川端原以为凭自己的地位和名望，秦野竞选定能成功，岂料却以失败告终，川端受不了这个打击，只好在自杀中求得慰藉。

有关川端康成自杀的原因，研究者直到现在还不能给出明确的结论。川端康成的创作活动较为复杂，其前后期的创作也表现出不同的政治倾向，另外，川端在死前也没有任何迹象表明他会以自杀来了结生命。

神秘宝藏

特洛伊宝藏

读过《荷马史诗》的人一定会为故事中映射出来的远古希腊文明的光芒所深深打动，而始终环绕故事中心的特洛伊古城也必定给你留下了深刻的印象，然而特洛伊城在经历了 10 年的战争后最终毁灭。

19 世纪中叶，德国人海因里希·谢里曼历经辛苦之后终于找到了位于安纳托利亚西北角、濒临达达尼尔海峡入海口的希萨尔利克山的特洛伊古城。在这片古文明遗址中，海因里希·谢里曼发掘出一个装满了奇珍异宝的赤铜容器，里面有金戒指、金发夹和金制酒杯、花瓶等近万件珍宝。其中一件玲珑奇巧的纯金头饰最令人叫绝，它是用金箔将 1.6 万件小金板缀连而成，可谓巧夺天工。他的重大发现在全世界掀起了轩然大波。

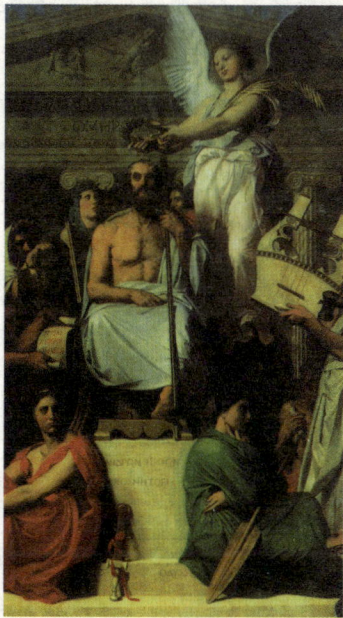

根据史料记载，在特洛伊战争发生 500 多年之后，一切从头开始的古希腊人，曾经在他们认定的特洛伊城原址上重建了一座新的城市，名为"伊利昂"。公元前 480 年，为了同希腊人作战，波斯国王曾经到这里为智慧女神雅典娜举行过百牲大祭。公元前 330

图中诗人荷马端坐在王位上，正在接受缪斯女神授予的桂冠。这表现了"荷马之神化"在当时社会的普及，也反映了希腊文化王国对文学不断增长的兴趣。

年，另一位帝王亚历山大远征波斯之前，也曾在这里拜祈过女神雅典娜。但是到了公元初年，罗马执政官尤利乌斯·恺撒来这里凭吊他的祖先埃涅阿斯的出生地时，这里却已经全然没有了往日的繁荣，而是被满目荒芜所取代。直至罗马时代，一座新城才又在这里崛起，但它在经历了几百年的繁华后，又毁于地震。从此，特洛伊逐渐从人们的记忆中淡去了。后来，人们甚至怀疑这个城市是否在地球上存在过。

当年谢里曼的发现也是让人半信半疑，如今一个多世纪过去了，通过考古工作者的艰苦挖掘，特洛伊城已将它的全貌展现于世人面前。人们在 30 米深的地下发掘出了各个不同时期的特洛伊古城遗址，分属 9 个不同的历史时期。这充分证明特洛伊文化是真实的，而且历史悠久。在这里，公元 400 年左右罗马帝国时代的古城遗址仍在向人们展示着当年雅典娜神庙的雄伟气势。

科学鉴定证明，公元前 1300～前 900 年的特洛伊古城遗址是被彻底烧毁的，这有力地证明了《荷马史诗》对历史的描述是真实无误的。人们在这里可以看到厚达 5 米的残败石墙，里面还发现了大量的彩陶和其他生活用品，它们大多绘有简单的几何图形，造型朴素。数百年来，人们对埋藏于特洛伊之下的宝藏一直将信将疑，虽然谢里曼发现的金面具、金盒、金盘、金制的儿童葬衣以及上万件金制首饰，都证实了宝藏的存在，但人们心中产生的新的疑问是：1890 年以后的发现比谢里曼在 19 世纪 70 年代挖掘的遗址离地面要近得多，这表明在建立时间上《荷马史诗》的特洛伊城比谢里曼发现珠宝的小城有几个世纪之差，照此推理，这些珠宝不可能属于普里阿摩斯或《伊利亚特》中的任何人的。同时，这也说明谢里曼由于急于到达小山的底部无意中挖通了《荷马史诗》时代的特洛伊。那么谢里曼发现的黄金制品是不是传说中的特洛伊宝藏呢？或者说，这里还有没有埋藏其他的宝藏呢？

从这里出土的大量不同形式的古代文献里，人们还可以发现更多关于古代文明的秘密信息，但至今仍未能破译特洛伊文字。想解开特洛伊传说中的宝藏之谜还有很长的路要走。

所罗门财宝何处寻

大约在公元前 11 世纪的时候，犹太人部落首领大卫攻占了耶路撒冷，统一了以色列和犹太，建立了以色列 - 犹太王国，耶路撒冷成为国家的首都和宗教中心。大卫死后，他的儿子所罗门即位。所罗门是古代以智慧闻名的帝王，史料上记载了一个这样的故事：大约在公元前 965 年的一个晚上，年幼的以色列新继位的国王所罗门做了一个奇怪的梦，梦见上帝耶和华慈祥地对所罗门说："你需要什么，尽管对我说出来，

以色列境内的一处孤岩

两千多年过去了，所罗门财宝的下落仍旧是一个谜，是在以色列境内的某个地方埋葬着，还是已转移到茫茫大海中的偏僻岛屿上，让世间寻宝者困扰不已。

我会满足你的要求。"所罗门说："耶和华，我的神啊！如今你使我继承王位，但是我的年纪太小了，根本不知道怎样管理国家，请您赐给我智慧，让我可以明辨事非。"耶和华对他说："我答应你的要求，赐给你聪明智慧，甚至在你以前没有像你的，在你以后也没有像你的；你所没有要求的我也赐给你，就是富足、尊荣，使你在世的日子，列王中没有一个能与你相比。"传说中的所罗门就这样成了以色列历史上空前绝后的一代国王，以智慧和财富著称于世。

实际上，由于所罗门的非凡智慧和才能在当时得到了四方的尊敬与朝拜，邻国每年都会派遣使臣来进贡金银财宝和名贵香料；同时，在所罗门统治期间，以色列的手工业、商业特别是对外贸易都达到了鼎盛时期。当时的所罗门王可谓是富甲天下，这一时期也由此被人们称为"黄金时代"。根据《圣经》记载，所罗门王在公元前 10 世纪的时候，花了 7 年的时间修建了一座雄伟的犹太教圣殿——耶和华神庙，它结构严谨、造型美观，教徒们都去那里朝觐和献祭敬神。在神殿中央有一块长 18 米、宽 2 米的"亚伯拉罕圣岩"，下面修建了地下室和秘密隧道，据说下面存放着所罗门王数不胜数的金银珠宝，这就是历史上举世闻名的"所罗门财宝"。

然而在后来，犹太王国开始衰落，公元前 586 年，新巴比伦国王尼布甲尼撒二世攻陷了耶路撒冷，他也垂涎传说中的"所罗门财宝"，命令手下在"亚伯拉罕圣岩"

示巴女王朝见所罗门王　英国　爱德华·约翰·波依特

该图取材于《列王记上》，位于阿拉伯半岛西南部的示巴女王听说所罗门王将以色列建成地中海东岸最富强王国的传奇性故事，不以为然，就率领骆驼队，带了许多香料、宝石和黄金访问耶路撒冷，亲眼见到以色列的富强，领略了所罗门的睿智，对所罗门佩服得五体投地。

的地下室和秘密隧道中大肆寻找。可惜地下室和隧道曲折幽深，结构复杂得就像一个迷宫一样，最后只能空手而回。但恼怒的巴比伦军队在撤出时，也放了一把火，将整个神庙付之一炬。

两千多年来，直到现在，人们从未怀疑过"所罗门财宝"的真实性，寻找"所罗门财宝"的活动也一直没有停止过，但它们究竟在什么地方？

对此人们做出了各种各样的猜测：有些人认为，在巴比伦人入侵耶路撒冷城之前，这些宝藏就已经被转移到别处去了；有的人认为这些财宝根本就没有藏在神庙里，而是藏在其他地方；但也有人认为，财宝肯定还在结构复杂的地下迷宫的某个角落沉睡。

在众多的猜测中，对后世影响最大的说法是，财宝从一开始就被聪明的所罗门王藏在海外。因为在所罗门王统治时期，他常常派船只出海远航，而且每次回来的时候总是金银满舱。由此人们得出了一个结论，在茫茫大海中，必定有一处宝岛是所罗门王储藏财宝的地方，而那些满载而归的金银珠宝就是从那个小岛上运回来的。

一些相信这一说法的人，纷纷出海去寻找这个传说中藏有财宝的小岛。1568年，西班牙航海家门德纳率领一支考察队来到了太平洋上的一个小海岛，见到当地的土著居民个个都佩戴着金光闪闪的黄金首饰时，欣喜若狂，以为自己找到了传说中"所罗门财宝"的藏宝地，于是就给当地取名为"所罗门群岛"，并在岛上展开了大面积的搜索，结果还是一无所获。

自此以后，这些人所未知的岛屿首次以"所罗门群岛"的名称出现在人们眼前，许多人也纷纷慕名前来此地寻宝。所罗门群岛是由6个大岛和900多个小岛组成，它们都有着相似的地貌：多山，河流交错，岛上覆盖着90%的热带雨林，并且散布在60万平方千米的海面上，所以寻起宝来困难重重。

可也正是因为所罗门群岛是一个由许多小岛组成的地方，在一处没有找到宝藏并不意味着这里就真的没有宝藏。所以几百年来，前来寻宝的人还是络绎不绝，只是所有的人最后都得到了相同的结果，两手空空地离开了。

看来，要不是这些寻宝者的运气太差了，就是在所罗门群岛上根本就没有所谓的"所罗门财宝"。

所罗门雕像

《尼伯龙根之歌》所记载的宝藏

《尼伯龙根之歌》全诗分为《西格弗里德之死》和《克琳希尔德的复仇》两部分。传说尼伯龙根宝藏由巨龙看守。尼德兰王子西格弗里德凭借英勇和机智杀死了巨龙,以龙血沐身,成了力大无穷的勇士,并占有了尼伯龙根族的宝物。可是,微风吹来的一片叶子掉在他肩上,不仅没有沐浴到龙血,而且成为他的死穴。

听说勃艮第国王贡特的妹妹克琳希尔德十分美貌,西格弗里德就前往求婚。国王贡特要求西格弗里德帮助他打败萨克逊人,娶到冰岛女王,西格弗里德答允了。他利用自己的隐身帽冒充贡特国王,战胜了好战的冰岛女王布琳希尔德,使她嫁与国王贡特为妻。他也如愿以偿得以与克琳希尔德成婚。一次,姑嫂发生争执,布琳希尔德方知是西格弗里德,而不是丈夫战胜了自己,感到受了侮辱,就暗中唆使贡特的侍臣哈根趁西格弗里德打猎去泉边喝水时暗算了他。

西格弗里德死后,他的妻子克琳希尔德把尼伯龙根宝藏转移到沃尔姆斯,诗中这样描述:"十二驾马车装载了数不清的宝物,/整整四天驶向山上,/每个人驾驶九个小时,/这些东西和宝石黄金没什么两样。/即使用全部土地和它交换,/也不会降低它的价值,/哈根想得到它真的不是没有原因。"可惜,这批宝藏终究还是被哈根抢走了。史诗说哈根"把它放在洞里,沉没在莱茵河里。"丈夫被杀,宝藏被夺,克琳希尔德自然发誓要复仇。

此诗为英雄史诗,自然是传说的成分多,但也有很多史实在内。勃艮第人,后来也被称为尼伯龙根人,原是生活在斯堪的纳维亚半岛的一支部族。大约在公元前200年左右,他们逐渐迁移到今天美茵茨以南的莱茵地区。公元435~437年,勃艮

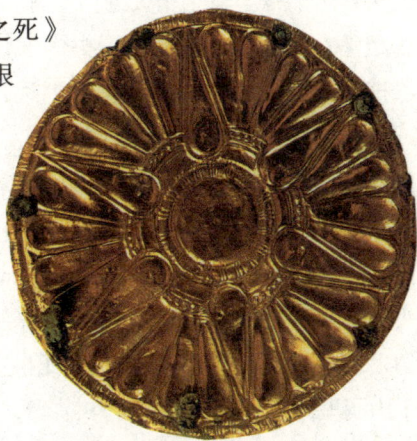

黄金挂饰
挂饰正面有植物图案。

"阿提拉"钱币
阿提拉绰号"上帝之鞭",匈奴王(434~453年在位,与兄布莱达共治至445年),进攻罗马帝国的最伟大的统治者之一。其暴死后,曾经有大批的财宝和他一起埋葬在了地下,但至今也没有人找到那批财宝。

第人和匈奴人发生激烈的战斗，战争以勃艮第人的惨败而告终，几乎导致这个民族的毁灭。幸存者被赶到今天瑞士的日内瓦地区和法国东南部山区。在那里，勃艮第人又繁衍起来。与此相关的另一件事是，453年，匈奴国王与一个日耳曼少女希尔狄克结婚，于新婚之夜死去。史学家认为，希尔狄克是为了复仇而嫁给匈奴王的。史诗把两件史实联系在一起，加上远古的传说，经过700多年的流传，以及无数行吟诗人的传唱、加工、润色，才成为定本。

16世纪后，关于勃艮第人的命运就无从知晓了。想一想，那已经到了宗教改革时期，沧桑巨变。工业革命后科技的飞速发展，使得传统社会迅速地进入现代社会。或许，他们的后裔已成为某个普通的银行职员或货车司机，行走在今日柏林或汉堡熙熙攘攘的街头。不过，关于那笔宝藏却一直以来吸引着众多爱幻想的人的心。尤其是，时不时传来的发现宝藏的消息更证实了尼伯龙根宝藏并非子虚乌有的传说，它或许就藏在东欧的某个山洞里，或埋在莱茵河厚厚的泥沙之下。

按照时间顺序说，最早让人联想到尼伯龙根宝藏的是1837年两名罗马尼亚采石工偶然发现的宝藏。他们在两块大石之间的薄薄的泥土下面，发现了一堆金子，由很大的纯金打造的圆盘覆盖着。再挖下去，数不清的金杯、金壶、精美的纯金发夹、别针、扣环等物露出地表，所有的东西都镶嵌着大大的宝石，璀璨夺目。最后，他们整整挖出了重达75千克的宝贝，这是迄今为止所找到的中古欧洲民族大迁徙大动荡时期的最大一笔宝藏。两个采石工目不识丁，不能断定这些东西是真金还是黄铜，是否值钱。他们将所有的东西给了石匠维鲁斯，因他见多识广，经常往来于首都布加勒斯特。石匠得到的报酬是4000个皮阿斯特（约500马克）和一些男人上衣、女人头巾等生活用品。对于他们来说，这已是很大一笔财富了。他们心满意足。

不过，世上没有不透风的墙，终于有人告发了他们，国王的弟弟亲自带队来逼

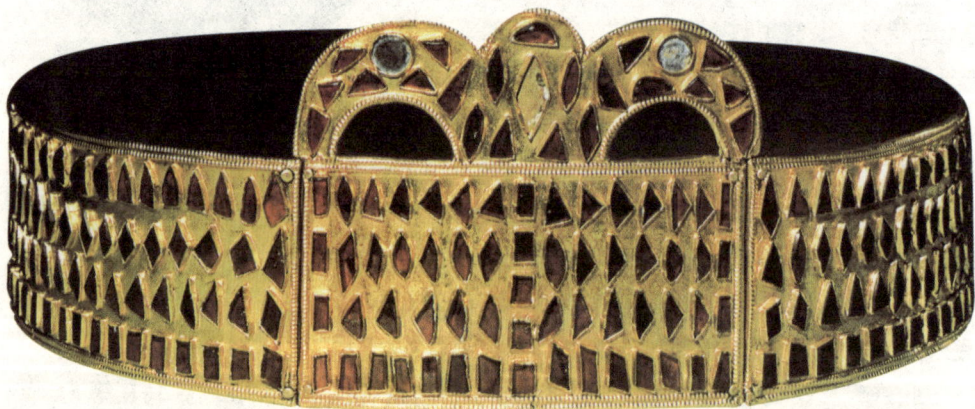

金冠　匈奴

该王冠由黄金打制而成，图案多是不规则的几何形，上面镶有珍贵的宝石，属于匈奴贵族。在匈奴人与勃艮第的交往中，有大批的匈奴王冠以及各种宝物传到莱茵河地区，即勃艮第人手中。

问维鲁斯，他不得已把人们带到邻近的一条小河旁，指出埋宝藏的地点。但人们只找到一小部分财宝，维鲁斯声称其他部分肯定是河水涨潮时把它们冲走了。

虽然有的已经严重损坏，但专门委员会还是抢救出了 12 件文物，经过艰苦的修补后，它们重放光辉，耀花了参加 1867 年巴黎世界博览会人们的眼睛，成为当时的头号新闻。随后，它们回到布加勒斯特博物馆，恭候世人的瞻仰与赞美。

太精美的东西是否常常会命运坎坷呢？就如同人长得太美，也会天妒红颜一样，这批宝藏也是命途多舛，劫运连连。博物馆的工作人员没有把这些昂贵的陈列品当回事，保安更是漫不经心。于是，1875 年 11 月，一个风雨交加的夜晚，它们被一个"人穷志短"的大学生偷走了，他的如意算盘是卖掉它们，从此摆脱贫穷。接着和现在演电影一样，警察们紧急出动，全城搜捕。终于在一个珠宝商那里逮个正着，坩埚上正放着准备熔化的珠宝。好险！晚来一步，这些珍贵的文物就会被炼成一块毫无想象力的金块了。顺藤摸瓜，警察顺利找到了那个偷窃的大学生，其他宝物他还没来得及脱手。人们在他的钢琴里找到了剩下的宝藏。接着的灾难是一场大火，最后关头虽被抢救出来，但被损坏的部分，金匠们花了一年的时间仍然无法让它们恢复原初的美丽。然后，就是战争了。第一次世界大战的时候，为了不落入德国人之手，宝藏被转移至雅西。然而，1916 年，它们却又被俄国人抢走。40 年后，1956 年，这批历尽劫难与沧桑的宝藏才重新回到布加勒斯特。

另一次让人们记起尼伯龙根宝藏的发现是所谓的"瓜拉萨宝藏"。1858 年，一对农民夫妇十分偶然地在西班牙瓜拉萨残余的旧城墙下发现了一批宝藏，其中最珍贵的是 9 个用纯金做成的有无数珍珠和宝石装饰的还愿王冠。最大的一顶上刻有"国王瑞斯委兹保佑"字样，那是公元 650～672 年在位的西哥特国王。这批宝藏被走私到法国。但西班牙人自认是西哥特人的正宗后裔，他们坚决要求法国政府归还宝藏，为此长期争吵，无法了断。后来，在瓜拉萨，西班牙人还发掘出另外两顶精美的还愿王冠，一顶属于国王斯维提拉，一顶属于修道院院长特奥多修斯。还有一个用纯金制成的十字架，是大主教特提乌斯的遗物。

所有这些就是尼伯龙根宝藏吗？它们已经全部被发掘出来了吗？还是，它们只

环扣　德国

有金属的、有木质的，上面都雕刻有精美的图案，极富装饰性和实用性。在欧洲特别是在宫廷之中流行广泛。

是另外一些古老传说中日耳曼首领的财宝？时间到了 20 世纪 70 年代，话说有个和谢里曼一样的业余考古爱好者，美茵茨的前市长、工程学博士汉斯·雅各彼，准备向他的前辈学习，手捧《尼伯龙根之歌》，开始寻梦。雅各彼博士的忠实助手是他的儿子——建筑师汉斯·耶尔格。他们所在的美茵茨位于当年勃艮第人的首府沃尔姆斯以北 50 千米处。可以说，正是当年尼伯龙根宝藏所引起的爱情、仇恨与嫉妒的故事发生的地方。雅各彼博士认为史诗始终围绕着宝藏展开，因此，宝藏肯定是实有其事的，并不是中世纪的僧侣和行吟诗人们向壁虚构。日耳曼部落通常在受到危

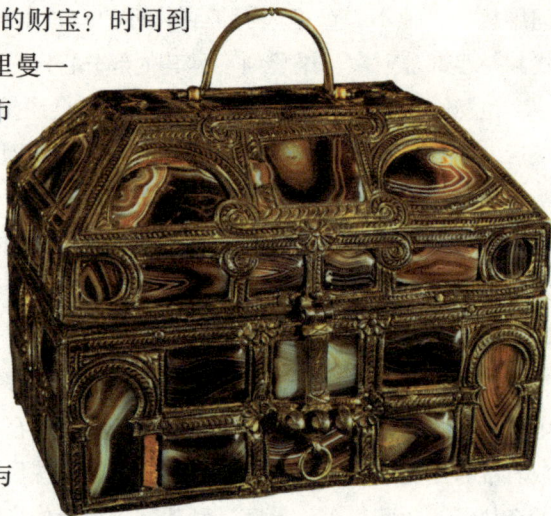

日耳曼人的玛瑙箱

玛瑙箱是富人们用来存放遗物或宝物的容器。箱子的造型主要有建筑形、人物形和动物形三类，其中以建筑形最为常见，一般按当时的建筑式样来制作，庄重肃穆，豪华典雅，各种宝石布满器身。

险的时候把国王的宝藏埋藏起来或扔进河里。因此史诗里所说的哈根把它放进洞里，沉没在莱茵河里，是民族的固有习俗。雅各彼博士相信以前发掘的那些宝藏都是其他日耳曼部落东哥特人和西哥特人首领的宝藏，真正的尼伯龙根之宝应该还在莱茵河底。并且，为了掩人耳目，按照常理推断，应该在河水最深且最不易发觉的地方。为此，他做了周密的准备，弄清莱茵河河床几百年来的变化。莱茵河平均只有几米深，但在离沃尔姆斯 15 千米远的格尔默尔斯海姆处，莱茵河转了个几乎 180 度的大弯，河水也特别深。水流十分强大，且河床上满是冲蚀而成的洞穴。因此，雅各彼博士打算从那里入手。配备了现代化的科学仪器，诸如探测器、雷达、潜水镜等设备，雅各彼博士充满信心，世人也翘首以待。毕竟，世界充满奇迹。

惊人的印加宝藏

曾经生活在南美大陆上的印加人早在新大陆被哥伦布发现之前，就已经创造了属于自己的辉煌文明。印加帝国在印第安人的传说中，就是一个金子的王国。由于那里盛产黄金，所以人们在建筑宫殿时会用大量的黄金作为装饰，比如首都库斯科的太阳神庙和黄金花园就闪耀着金灿灿的光芒。

最初到南美大陆掠夺黄金的是西班牙人弗朗西斯科·皮扎罗。1533 年，皮扎罗率领 180 名骁勇善战的西班牙士兵穿越危险重重的安第斯山脉，到达了印加北部重镇卡

沙马尔卡，从未见过这些奇异白人的印加人以为是天使降临人间。为了打败印加人，皮扎罗精心策划了一场战斗，180名西班牙人以少胜多，打败了4万多人的印加军队。被杀的印第安人有5000人之多，而西班牙人几乎没有伤亡，他们还抓获了阿塔瓦尔帕国王。战斗结束后，皮扎罗不但派人前往印加军营搜刮了价值8万比索的黄金，而且还以国王阿塔瓦尔帕为要挟向印加人勒索巨额赎金，最终13265镑黄金、26000镑白银被送到西班牙殖民者的手中。尽管得到了巨额宝藏，皮扎罗却背信弃义地依然要将国王阿塔瓦尔帕这位最后的印加太阳王子杀掉。当阿塔瓦尔帕走上绞架之时，他面对印加人世代崇拜的太阳之神和浩淼神秘的亚马孙丛林，痛切地诅咒这些可恨的刽子手。这些双手沾满了罪恶与血腥的强盗最终都受到了诅咒，他们在掠夺了印加人的大量金银之后，终因分赃不均而引发了激烈内讧，几乎所有的头目，包括皮扎罗、他的4个兄弟及伙伴都被杀死或囚禁。那批巨额的印加财宝也因此下落不明，不知所终。

有关印加人宝藏的传说还远不止这些。1576年，西班牙商人古特尼茨就发现了"小鱼宝藏"。他在一位印第安部落首领的带领下，通过一条崎岖的地道进入了秘鲁印加国王的墓穴，发现了大量令人眼花缭乱的金银珠宝。这个宝藏之所以叫作"小鱼宝藏"，是因为其中有许多眼睛由翡翠打制、全身由黄金制成的小鱼。传说在发现"小鱼宝藏"的地方另一侧还有埋藏着"大鱼宝藏"的陵墓。几个世纪以来，为了找到"大鱼宝藏"，寻宝者前赴后继，寻遍了附近所有的陵墓，结果一无所获。现在秘鲁政府为确保宝藏不落入他人之手，公开宣布在政府不允许的情况下，任何人不得擅自开掘、破坏陵墓。

还有一处印加宝藏，即传说中的印加"黄金湖"，也格外令人瞩目。据传印加王的加冕仪式就在湖畔举行。周身涂满金粉、耀眼夺目的新国王，代表着太阳之子的光辉。他在湖水中将金粉洗去，臣民们纷纷把自己最珍贵的宝石、黄金献于国王的脚前。新国王把所有的这些都投入湖中，作为奉献给太阳的礼品。如此世代积累，黄金湖中就积存了大量金银珠宝。

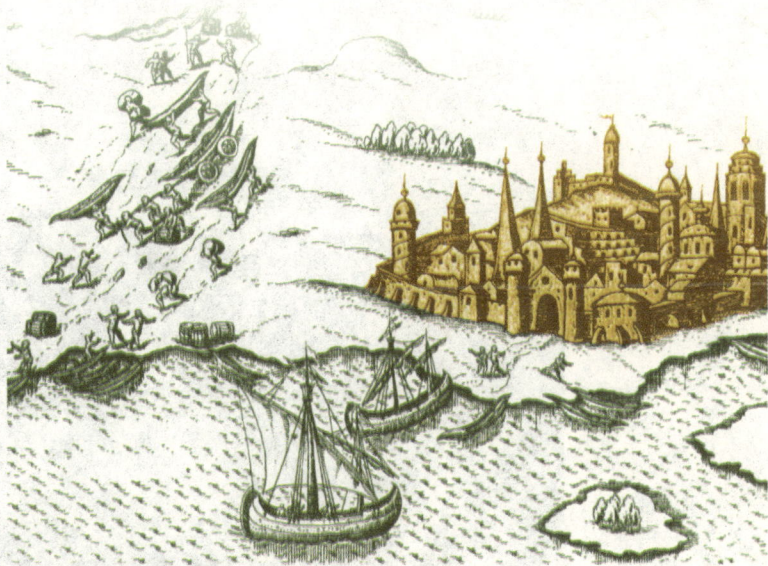

传说中的黄金城图绘

自从 16 世纪西班牙征服印加帝国后，对黄金湖的寻找和打捞行为就从未中断。最后人们确定传说中的黄金湖就是今天哥伦比亚的瓜达维达湖。1545 年，一支西班牙探险队在该湖中捞起了几百件黄金制品，更加证实了黄金湖的传说，更多的寻宝者纷纷被吸引到这里。1911 年，一家英国公司妄图抽干湖水获得宝藏，花费了巨大的人力、财力，结果却没有找到他们想要的巨额财宝。为了保护湖中的宝藏，1974 年，哥伦比亚政府下令禁止在湖中打捞任何物品，并派军队加以保护。黄金湖的传说从而也更加神秘了。

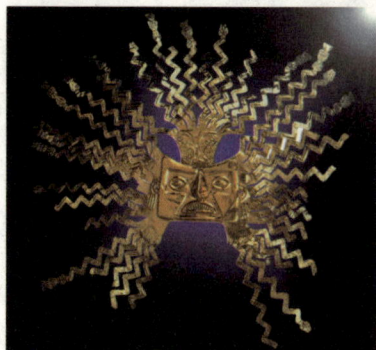

黄金制成的印加太阳神像。"印加"在印第安人语言中意为"太阳之子"。

与"黄金湖"宝藏对应的是"黄金城"的传说，这是一个更让寻宝者向往的地方。皮扎罗在得知这一传说后，为探寻其源头严刑拷打了一些印加贵族。一位贵族承受不了重刑，吐露了黄金的所在——位于亚马孙密林中的一位印第安酋长帕蒂统治的玛诺阿国，那里产有堆积如山的金银，但这个地方只有国王和巫师知道，其他人无从知晓。西班牙人立即组织了一支探险队开赴那个既不知道方位、又不知道道路的神秘地区。面积达 280 万平方千米的亚马孙原始森林是如此广袤无垠、遮天蔽日，在这里每前进一步都意味着向死神的靠近。因此无数的探险队不是狼狈

黄金制成的印加人饰品

今天的瓜达维达湖正是传说中的黄金湖，也是印加人心目中的圣湖。

逃回，就是下落不明，损失极其惨重。

直到 17 世纪时，有 6 个葡萄牙人带领一群印第安人和黑人闯入了亚马孙丛林。辗转数年，突然有一天他们透过密林发现了一座壮观辉煌的古城遗址和一片大草原，古城中间有一座手指北边高山的石像。几位幸存者将探险经过写成报告，并放置在巴西里约热内卢图书馆里。后来有人依据报告的记载来到遗址，但只找到了小部分的宝藏。

传说中的印加宝藏并不止于此，有人统计过，印加人黄金的数量相当于当时世界其他地方黄金数量的总和。但面对危险丛生的亚马孙密林，更多的冒险家只能"望林兴叹"。或许死去的印加王的灵魂附着在这些珠宝上，它们牢牢看守着这些藏在密林深处的宝藏，世人永远不会找到。

可可岛宝藏

可可岛位于中美洲哥斯达黎加太平洋沿岸以南 600 千米的海面上，面积只有 24 平方千米，风景秀丽，是人人向往的旅游胜地。关于可可岛，有一个十分诱人的传说——岛上埋藏着大量的金银珠宝，事实上，这才是该岛闻名遐迩的根本原因。

有关岛上神秘财宝的传说很多，说法虽不一致，但大同小异。

从 1535 年西班牙殖民头子弗朗西斯科·皮扎罗占领秘鲁开始，利马一直被作为南美西班牙殖民地总督的驻地，这种情况一直持续到 1821 年。当年，殖民军在南美肆无忌惮地残杀印第安人，大量掠夺当地的金银财宝，并将其聚集在利马，然后定期用船只装运至西班牙。当时有人说利马连大路都是由"金银铺砌而成"，这当然有夸张的成分，但说利马富甲南美却一点不假。当科克伦勋爵在海上击溃了西班牙人的三桅战舰"埃斯梅拉达号"和其他几艘战舰后，圣马丁将军也很快兵临利马城下。趁西班牙人大乱之际，以

金饰品 南美洲

图中饰品是公元700～1500年的南美洲的黄金饰品，在一个黄金做成的竹筏子上，描绘了一个典礼仪式的场景。其中个头较大的人为该部落的酋长，在主持仪式；其他人在聆听首领的讲话。

威廉·汤普森为首的英国海盗洗劫了秘鲁太平洋港口城市卡亚俄，并且先于圣马丁的船队，带着劫掠的大批金银珠宝逃离卡亚俄港。据史料记载，这批宝物价值连城，共计24大箱，其中包括大量金币、金杯、一尊圣母玛利亚金像以及其他数不胜数的金银首饰和宝石。

汤普森船长在"玛丽·迪尔号"满载着乘客和贵重物品起航后，改变了主意，他没有将船开往西班牙港口城市加的斯，而是径直往北驶去。他在船员们的协助下，把船上的乘客统统杀死并残酷地扔进了大海，从此"玛丽·迪尔号"成了一艘名副其实的海盗船。经过一番考虑后，汤普森决定往可可岛进发。汤普森的考虑不是没有根据的，因为几个世纪以来，可可岛与世隔绝，其优越的地理位置使他能够轻易地摆脱任何海上监控和追踪，这对南美洲海盗们来说是颇有吸引力的。汤普森小心翼翼地将船上的主要财宝埋藏在可可岛，然后将"玛丽·迪尔号"帆船毁掉，与船员们分乘小艇去了中美洲。

也许是为了摆脱良心上的谴责，汤普森在临死前，决定向一个人透露可可岛上的藏宝秘密，他选中了自己的好友基廷，并将一份平面图和关于藏宝位置的资料交给了他。

基廷曾3次登上可可岛，带回的财宝价值5亿多法郎，但他始终没能找到"玛丽·迪尔号"船上的主要财宝。后来，基廷又向好友尼科拉·菲茨杰拉德海军下士说了可可岛的秘密。这位海军下士很穷，甚至没有足够的钱购买一条船，所以他一直没能去可可岛。菲茨杰拉德临死前，

金挂件　南美洲

该挂件发现于一海盗墓地，疑是当年欧洲殖民者从南美掠夺的黄金制品，在运回欧洲途中而遭遇海盗们的攻击，从而流失。图中人物是一南美巫师形象：二目紧闭，似是在施法。

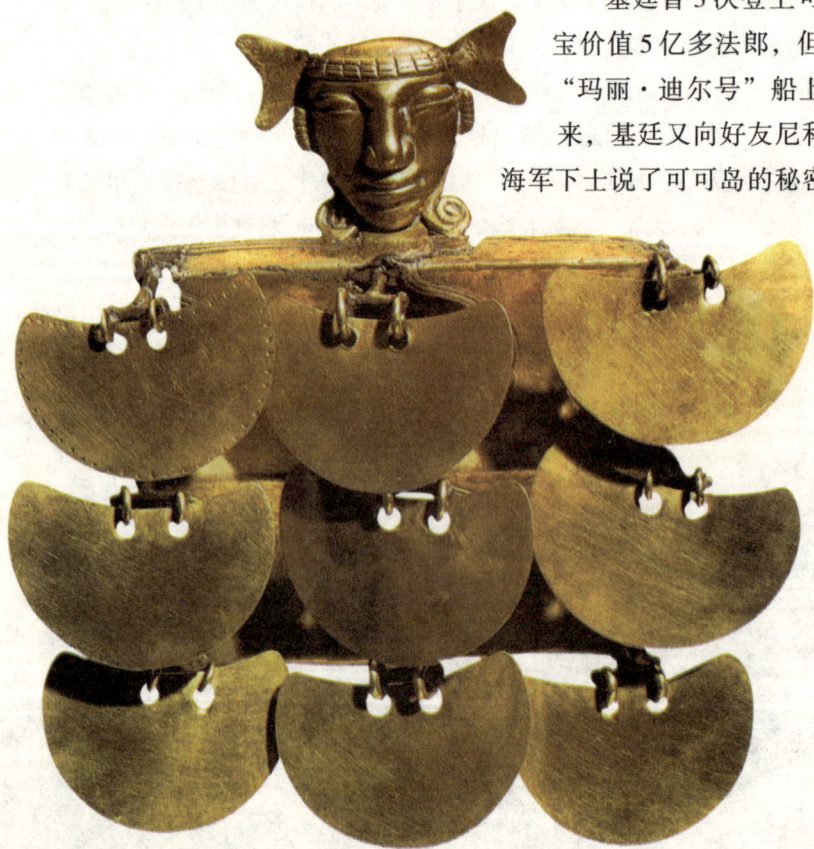

又将藏宝情况告诉了曾经救过自己性命的柯
曾·豪上尉。由于种种原因，柯曾·豪上
尉也没能去成可可岛。有关可可岛上
藏宝的资料就这样一次又一次地不断
传递，一份菲茨杰拉德根据基廷提
供的情况写成的资料，至今保存在
澳大利亚悉尼的"海员和旅游者俱
乐部"里。

1927 年，法国托尼·曼格尔船长
复制了这份资料，并于 1927 ～ 1929 年
两次去可可岛上寻找宝藏。汤普森是在 1820
年用一个八分仪埋藏这笔财宝的，因为它有很大

黄金胸饰　南美洲

偏差，这种八分仪在 1820 年藏宝之后就被回收不再使用了。根据
1820 ～ 1823 年的航海仪表资料，托尼校正了汤普森的某些数据，并确信汤普森的财
宝就埋在希望海湾和石磨岛附近的海岛。托尼·曼格尔找到一个洞穴，它只有在落潮
时将近一个小时的时间里可以进入。他独自一人进入，但洞穴水流很急，当他竭力在
水下排除洞外杂物时，洞口的水越来越多，差一点将他淹死。经过一番挣扎，最终回
到岸上，他把这个看成是"对藏宝寻找者的诅咒"，从此以后再也不敢去那里冒险了。

随着时间的推移，有关可可岛藏宝的资料也越积越多，虽然他们都自称是可
靠的。

曾有无数寻宝人满怀希望去可可岛探宝，结果却总是空手而归。几经折腾，原来
风光旖旎的小岛已被折磨得满目疮痍，生态环境也遭到了严重的破坏。

最近，为保护岛上的植物资源，哥斯达黎加政府从长远利益出发，决定禁止人们
到可可岛上探宝。同时政府也相应地提高了旅游者在可可岛上应交纳的税金和船只的
停泊费，前一项由原来的 1.2 美元增加到 15 美元，后一项则由每天 15 美元增至 100
美元不等。这些措施虽然能大大限制旅游者的活动，却不能阻挡人们对可可岛宝藏的
向往。

拿破仑的战利品

1812 年 6 月，拿破仑在粉碎第五次反法同盟的进攻后，毅然决定进军俄国，以
清除欧洲大陆上的最后一个顽敌。同年 9 月 14 日，拿破仑率军占领了莫斯科。莫斯
科当时几乎已是一座空城：近 20 万居民大部分随俄军撤走，剩下的人数还不到 1 万。
当天晚上，城内几处建筑起火，火势蔓延开来，整整烧了 6 天 6 夜。

拿破仑以战养战的策略，在俄国人坚壁清野战术的打击下，完全发挥不了作用。法军将战线拉得很长，这使得他们运送粮食和弹药的运输队常遭俄军袭击，无法保证军需物质的供应，而俄皇亚历山大一世又不接受和谈。严寒和饥饿威胁着法军，拿破仑不得不在 5 天之后放弃刚刚占领的莫斯科，向西南方向缓慢后撤。法军在撤退途中不断受到俄国农民游击队和正规军的狙击，而且还有暴风雪的袭击。危急关头法军的辎重队伍丢下 25 辆装满战利品的马车，而这批战利品的去处便成了令人费解的谜。

"11 月 1 日，拿破仑继续痛苦地退却。在禁卫军的护卫下，他踏上了通向斯摩棱斯克的道路。由于担心途中会遭到俄军的堵截，皇帝决定尽快后撤。"作家瓦·斯戈特所著的《法国皇帝拿破仑·波拿巴的生涯》中对这段历史有这样的描写，"拿破仑感到目前的处境非常危险，他深知在莫斯科所掠夺的古代武器、大炮、克里姆林宫中的珍贵物品、伊凡大帝纪念塔上的大十字架、教堂的装饰品以及绘画和雕像等已无法带走，但他又不能容忍让俄国人继续拥有这些宝物，于是命令手下将这些东西沉入萨姆廖玻的湖里。"

尽管拿破仑在法兰西战役一开始取得了一些胜利，但他却在阿列斯度过了一段艰难岁月，这个1814年1月至3月的时段令他真正意识到了大厦将倾的危势，他的元帅及士兵已今非昔比了，甚至他的元帅们亦劝他退位。随着拿破仑自身处境的变动，他多年来搜罗来的各国奇珍异宝也变得扑朔迷离起来。

他的作品引起了人们的注意，前苏联学者尤·勃可莫罗夫觉得这部书可能有助于寻找拿破仑掠夺的宝藏。勃可莫罗夫认为瓦·斯戈特是一位注重史实的作家，他完成和出版这本书的时间在 1831 ～ 1832 年间，与拿破仑远征莫斯科仅隔 20 年，比较可信。那些曾参加了这次远征的人所写的手记或回忆录应该对此有所涉及，于是他决定要查阅一下与拿破仑同时代的人所留下的记录。

阿伦·德·哥朗格尔是拿破仑最信任的两名亲信之一，他曾和另外一个人一起与拿破仑乘雪橇向西疾驰，这件事发生在法军败退之时。勃可莫罗夫在哥朗格尔的回忆录中见到如下一段话："11 月 1 日，拿破仑从比亚吉玛退走。第二天，我们来到了萨姆廖玻。11 月 3 日到达斯拉普柯布。在这里，我们遇到大雪的侵袭……"

1805年为拿破仑特制的宝座

其扶手为神话中的"飞狮"镀金形象。诸如此类以动物的双翼作为帝王坐椅的扶手的情形很常见，双翼的大小由使用者的地位来决定。

哥朗格尔提及拿破仑曾在萨姆廖玻，斯戈特说拿破仑把战利品沉入了萨姆廖玻的湖里。两者提供的地点和日期是完全相符的。勃可莫罗夫向前苏联科学院地理研究所的专家咨询了相关情况，对方在回信中说："在比亚吉玛西南 29 千米的沼泽地有条叫萨姆廖夫卡的河，那块沼泽地的名字也叫萨姆廖夫卡。"

那么 100 多年来，有人对这块沼泽进行过探索吗？勃可莫罗夫虽然查阅了许多资料，但收获甚微。斯摩棱斯克地方政府内政管理局记录保存室提供的一点线索：

1835 年有人根据斯摩棱斯克地区长官的命令率领工兵部队对这个湖进行勘查。他们测量湖水深度时发现，在离水面 5 米左右的地方，有一堆像岩石般的堆积物，铅锥碰上去，似乎发出一种金属的声音。尼古拉一世拨款 4000 卢布，用来建立围堰，把水抽干。但后来发现那也只是一堆岩石而已，搜寻就此中止。随后勃可莫罗夫的探索因故中断，拿破仑的战利品到底隐身何处愈发迷离。

纳粹匿藏宝藏

1945 年 3 月底，第三帝国危在旦夕，纳粹元首希特勒进行着最后的挣扎，为了有朝一日能东山再起，他命令其副手马丁·鲍曼负责设计一个转移柏林庞大的黄金储备和价值连城的艺术珍宝的方案。

马丁·鲍曼接到希特勒的指示后，经过周密部署，最终决定把这些财宝分批运送出来，一批运往色林吉亚丛林地区，另一批运往巴伐利亚南部。一方面，分批运送可以减少人们的注意，如被发现也可减少损失；另一方面，南部的这两个地方相对比较安全，背靠阿尔卑斯山，完全可以在柏林失守后作为负隅顽抗的据点。

让马丁·鲍曼始料不及的是，巴顿将军的装甲部队行动神速，运宝队刚到色林吉亚，盟军就跟了进来。希特勒匆忙下达了一项"就地隐蔽和疏散"的指令，于是这批财宝被仓促地隐藏在色林吉亚南部马克斯村附近的凯塞罗盐矿中。

1945年4月，赫伯特·埃纳斯特少将率领隶属巴顿第3军团第7军的第90师装甲部队开到了色林吉亚，挖宝行动迅速展开。他们在那里找到了550只装有22亿德国马克的布袋，然后又在离地面600米的矿洞中找到一批艺术珍品和许多罕见的古代制服，寻找纳粹宝藏的序幕就此拉开了。

4月8日，他们又在一个45米长、22.5米宽的地窖里找到了大约7000只口袋，口袋里面装满了金锭和金币。除此之外还有大捆的纸币以及金银假牙、表匣、眼镜架、结婚戒指和一串串珍珠项链等。很明显，这些都是从战败国以及集中营的被害者那儿劫掠来的，其中黄金约有250吨，艺术珍品400吨，几乎欧洲所有纸币币种在地窖中都能找到。

运往色林吉亚的这批德国财宝已经找到，那么另一批财宝又在巴伐利亚南部的何处呢？

希特勒像

美军的情报人员从德国间谍那儿得知，用飞机押运的珠宝埋在了得克森附近的山脚下，同时运送财宝的代号为"杜哈"的专列和5辆卡车在到达巴伐利亚时也被盟军顺利截获。然而是否还有其他的黄金被运走了呢？

据说，1945年4月13日这天，一架满载珠宝的飞机在党卫军将军斯潘卫的押运下飞往德国南方，同时载着52亿德国马克和黄金的两辆列车也随之驶离柏林，其代号为"杜哈"和"鹰"。除此之外，还有5辆装满珠宝的大卡车也离开了柏林，其目的地是距慕尼黑西南50千米柏莱森堡的一个矿井。

盟军马上开始着手寻找那批代号为"鹰"的专列所运走的黄金。不久在密顿华特村附近爱因西特尔山上的一个山洞里，盟军发现了一处数量为1吨左右的纳粹金库，被证实是"鹰"专列上运送的那批财物。可令人百思不得其解的是，其数量为何如此之少。其他的大批财宝都到什么地方去了呢？有三种可能：一是分批藏起来；二是被人在路上抢走一部分；三是有人已发现了一些并取走。

经过一番调查，最终确认为第二种情况，即一大部分被别人抢走了。

失踪的黄金就此不知去向。多年来人们对它的下落发表了许多看法：

有人说，这批黄金很可能是德国人勾结美国军队，经过一番密谋后抢掠走的。他们甚至指出，这个集团在1945年6月7日从爱因西特尔山洞中搬走的金锭多达728块。五角大楼的发言人对这种说法提出批评，一再说这是无稽之谈。不管美国军方怎样为自己辩解，他们都无法否认曾组织过300多人员专门调查此案的事实。而且爱因西特尔山洞的黄金失窃一事也被记载在美军第3军

盟军在检查西柏林地堡中的残留物，寻找希特勒宝物的蛛丝马迹。

团的档案中，白纸黑字，无可否认，就连军队内部的一些官员也存有"不排除其中一部分落到非官方手里的可能性"的看法。

同时，另外一些人更执着地搜集着材料，从而较为详细地提供了这批黄金的下落：

1945年6月初，有两个自称为"德国平民"的神秘人物向第3军团驻密顿华特地区的指挥官麦肯齐少校透露了纳粹黄金藏匿的地点。麦肯齐听到这一消息，迅速与上尉博格开着一辆卡车前往藏匿地点。这两个"德国平民"所报告的事情属实，他们确实找到了黄金，并尽可能多地将这些黄金搬上车，途中，博格上尉将司机枪杀。两天后，有人发现他们分别化名尼尔和哈普曼躲藏在瑞士一个名叫维兹瑙的地方。也有人说，1946年5月博格又逃往南美，在那儿的一个大农场里过着神仙般的隐居生活。

黄金真是被麦肯齐与博格掠走的吗？由于没有更确凿的证据证实这一点，黄金失踪案恐怕仍然是美国陆军部卷宗上一宗无法破解的悬案。

建筑形圣遗物箱　德国

圣遗物箱是用来安放基督教圣者遗物或骸骨的容器。这在中世纪的欧洲是最典型的，圣遗物箱的造型主要有建筑形、人物形、动物形三类，而最常见的是建筑形，一般按照中世纪的建筑式样来制作，庄重肃穆，豪华典雅，各种人物雕饰布满器身，增添了奇妙的装饰效果。

消失的隆美尔财宝

1943 年 3 月 8 日清晨，在地中海之滨的哈马迈特城的一幢漂亮别墅里，几位军官围坐在宽敞、明亮的起居室里，但是却没有一个人有心情享受这难得的清晨美景。坐在正中间的正是纳粹德国的悍将之一，人称"沙漠之狐"的隆美尔元帅，他一扫昔日的威风，神情无比沮丧，他周围的 6 名亲信军官和一名年轻士兵也好不到哪里去，一个个像斗败了的公鸡，垂头丧气地坐着。

原来，隆美尔率领的非洲军团近来损失惨重，还被蒙哥马利将军统帅的英军沙漠部队团团围住。3 天前，输急了眼的隆美尔集结他仅剩的 140 辆坦克，孤注一掷地向同盟国军队发起进攻，企图扭转不利局面，重新掌握战场上的主动权。结果不仅没获得期望的胜利，反而因此陷入了更加被动的处境。眼看战争失败的命运已无可挽回，隆美尔开始同手下商量如何处理陆续从各地掠夺来的一大批财宝。

在更早一些时候，隆美尔就多次考虑过要把这批财宝经突尼斯城走海路运到意大利南部去。可是战场上的形势瞬息万变，隆美尔的计划还没来得及实施，英军就已经完全取得了对这一地区的海、空控制权，德国舰艇再也没有办法横越地中海了。隆美尔急得像热锅上的蚂蚁，害怕这批财宝落到对头们的手中。因此，一大清早就召集心腹们开会讨论怎样妥善处理这批宝贝。

仔细研究过后，以狡猾著称的隆美尔决定采取声东击西的策略，把这批财宝藏到他认为最安全的地方去，那就是突尼斯西南杜兹附近的沙漠里。杜兹是撒哈拉大沙漠边缘的一个小镇，沙漠上的小小绿洲，在它周围，是无数个形状相似、大小不一的沙丘。即使狂风劲吹，黄沙漫卷，也很难改变这些沙丘的模样。如果把财宝埋在那许许多多沙丘之间的某个地方，人们是很难找到的。

当天晚上，隆美尔先派出一支高速快艇舰队，装上他从博物馆和阿拉伯酋长的宫殿里抢来的几十箱艺术珍品，准备穿过地中海运到意大利去。一直密切监视隆美尔一举一动的英国情报机关立即行动起来，派出大量的轰炸机和军舰到海上搜索这些满载着财宝的运输队。

战败后的隆美尔究竟将财宝藏在何处，随着他的自杀，恐怕没有人知道真相了。

与此同时，隆美尔立即派出一支大约有15～20辆军车组成的车队，每辆车上都装满了金币和奇珍异宝，由隆美尔最信任的军官汉斯·奈德曼上校负责押送，借着黑暗的掩护，消失在无边的夜色中了。车队沿着土路以最快的速度向沙漠中驶去，按照原定计划，这批财宝在杜兹镇卸下，再由一支骆驼队运到沙丘间的一个安全地点埋藏起来。

但是，从此这支车队就失去了消息，焦急的隆美尔还没等到战争结束就被希特勒赐死了。后来就再也没有一个人知道这批财宝究竟被埋在哪一个沙丘的下面。

30多年后，当时充当随军摄影师的海因里希·苏特作为这件事的当事人之一，向人们回忆了这个故事。他说，在车队出发几周以后，英国的无线广播电台称英军在杜兹附近沙漠边缘与一支装备精良的德军小分队相遇，经过长达一天的战斗，英军全歼了这支小分队，德军士兵无一生还。

隆美尔像

这位人称"沙漠之狐"的德国元帅，尽管诡计多端，然而由于希特勒的多疑和战略物资的不足而被蒙哥马利打败，他本人也由于被指控参与谋杀元首而被迫自杀，至于他遗留下多少财宝可能无人知晓。

据估计，这支小分队是被派到一个边远地点执行任务后回去与所属部队会合的。苏特认为，这支被全歼的小分队就是去藏宝的人员，他们在返回杜兹的途中遭到伏击，全部战死。因此，隆美尔的这批财宝到底藏在哪儿就成了一个难解的谜。

可是上述整个故事都只是苏特的一家之言，以此很难判定故事的真实性。隆美尔的财宝真的被埋在沙漠里了吗？

又过了很多年，一个名叫肯·克里皮恩的美国人对这个故事产生了浓厚的兴趣，为了核实苏特故事的真实性，克里皮恩借着到突尼斯度假的机会，特地到哈马迈特城和杜兹镇进行了为期约一个月的实地考察。面对克里皮恩的询问，杜兹镇的许多老年居民都不知道当年的车队和骆驼队的事，但是有一个名叫尤素福的70多岁的老人说，当年他在骆驼市场做生意，曾亲手把5匹骆驼卖给了一批外国人。老人之所以能清楚地记得这件事，不仅是因为这些人一口气买了六七十匹骆驼，出的价钱要比平常的高，还因为这是他第一次看见金黄色头发的人，他们都穿着军装，可是他不知道这些人离开市场后朝哪个方向走了。另一位名叫赛伊迪的老人则记得大约在那个时间有一些卡车开进了他们的村庄，后来那些人就不知道去哪儿了，过了几个星期，一批英国士兵来到他们村开走了那些车。

克里皮恩的考察结果看起来很有价值，但他也是在苏特的故事基础上进行推测

的，整个故事还是存在着不少的疑点。如果隆美尔的财宝真的被运往沙漠藏起来了，那么那支庞大的运宝骆驼队到哪儿去了，是否真的无人生还，那批财宝是否真的还在沙漠的某个地方无人发现，恐怕只有一望无际的撒哈拉大沙漠才知道全部的真相。

马科斯找到山下奉文宝藏了吗

第二次世界大战进行到了尾声的时候，各个纳粹国家眼看败局已定，纷纷将自己在战争中掠夺来的大量财宝开始转移。日本法西斯侵略军的大将、号称"马来亚虎"的山下奉文也急急忙忙把自己在东南亚搜刮来的财宝秘密藏了起来，据说这批大部分为金块、总重量约6000吨的财宝被藏在菲律宾吕宋岛的某个山洞里。对于习惯以克来衡量黄金的普通民众来说，6000吨的黄金实在是一个难以想象的天文数字。即使到了现在，在一些发展中国家的国库里，恐怕也很难找到这样大的一批巨额财富。

二战中日本战败，山下奉文作为战犯被处死，那批巨额财宝也就留在

马科斯夫妇

了菲律宾。战后，菲律宾的掘金热是一浪高过一浪，结果都是一无所获。其中最狂热的要数当时菲律宾前总统马科斯了，他曾下令在全国172个地方同时展开掘金寻宝的行动，不同的是，当时没有人知道他到底找到了什么。

1986年，新上台的菲律宾总统科拉松·阿基诺下令调查和追回马科斯的财产，1991年7月31日，主管追查工作的菲律宾"廉政公署"公布了他们掌握的马科斯的部分财产总数。据查，马科斯在瑞士银行存有多达5325吨的黄金，在香港的银行里有5个秘密账户，存款总额至少有四五亿美元，很可能高达10亿美元以上。

马科斯为什么会拥有如此巨额的财产？1992年2月，马科斯遗孀伊梅尔达·马科斯对外宣称她的丈夫之所以拥有这样多的财产，是因为他找到了"山下奉文宝藏"。有些人不相信马科斯夫人的说法，认为她实际上是为马科斯当菲律宾总统时的贪污劫掠行为辩护。事实上，作为世界八大黄金产地之一的菲律宾，其所开采的黄金一大部分都落入了马科斯的私人腰包。而两个美国人的经历似乎可以证明马科斯财产确实有

一部分是来自"山下奉文宝藏"。

其中一位名叫洛克萨斯，他对外宣称山下奉文的财宝最早是由他发现的，可惜后来被马科斯抢走了。原来，1970 年，在菲律宾经商的洛克萨斯有一次偶然去日本旅行，从而结识了一位早年曾追随过山下奉文的退役日本军官，后来他从这个人手里买了一张藏宝图。当他回到菲律宾后，按照藏宝图上标示的路线，来到一座荒山的山洞里。他很快就发现一尊高 71 厘米的金佛，扭开可以开合的佛头，只见金佛肚子里藏满了钻石和珠宝。大喜过望的洛克萨斯正准备继续向里走，洞顶上的石头突然开始松动，他只好抱起金佛跑出山洞，刚一离开，整个洞口就崩塌了。这个故事听起来很像天方夜谭，但是洛克萨斯发现的宝藏是如何落到马科斯手里的呢？主要是洛克萨斯让友人们参观了他找到的金佛，得到消息的马科斯立即派了一队士兵查抄了他的家，拿走了金佛。他向法庭提起诉讼，要求归还他的金佛，法庭受理了此案，经过裁决马科斯应该将金佛还给他，可是最后洛克萨斯拿到手的却是一尊仿制的铜佛。有苦难言的洛克萨斯求告无门，只得忍气吞声。

人们推测，马科斯从洛克萨斯手中夺走了藏宝图，出动重型机械，挖开坍塌的山洞，从而获得了大量藏金。因此，山下奉文宝藏转移到了马科斯名下，并被他秘密转移重新埋藏起来。马科斯本人对关于他获得山下奉文宝藏的传说态度含糊，既不承认，也从没有明确否认过。至于真相如何，随着马科斯的去世，事情就变得死无对证。

虽然对山下奉文宝藏的存在与否人们意见相左，但是有 80 多个寻宝团体，包括菲律宾政府在内都曾在各地发掘宝藏，而且这股"寻宝热"至今仍未降温。不知道是那些人的运气太坏，还是宝藏根本就是子虚乌有的事，到现在也没有一个人得到所谓的宝藏，山下奉文宝藏仍是一个被迷雾笼罩着的巨大诱惑。

审判之后的山下奉文被狱警收押。

175

民俗传说

人类历史上是否存在"食人之风"？

达尔文在《一个自然科学家在贝格尔舰上的环球旅行记》中，具体细致地描写了南美洲火地岛人吃人的惨相："在冬天，火地岛人由于饥饿的驱使，就把自己的老年妇女杀死和吃食，反而留下狗到以后再杀。"

无独有偶，英国赫胥黎在1863年出版的《人类在自然界的位置》一书中，详细地描述了非洲的食人风气："在非洲刚果的北部，过去住着一个民族叫安济奎，这个民族的人非常残酷，不论朋友、亲属，都互相吃食。"并且还说他们的肉店里面挂满了人肉，他们像宰杀牛羊一样宰杀战俘拿来充饥，还经常把卖不出好价钱的奴隶像猪一样养肥了，宰杀果腹。而在著名小说《鲁宾逊漂流记》中，对野人之间互相吃食的描述就更是惨不忍睹。

这些都是对近现代以来吃人现象的记述。有人说，人类历史上自古以来就存在着食人之风，现代的吃人现象，正是原始人食人之风的遗留。那么到底远古时代有没有食人之风？对于这个问题，有两种针锋相对的观点：

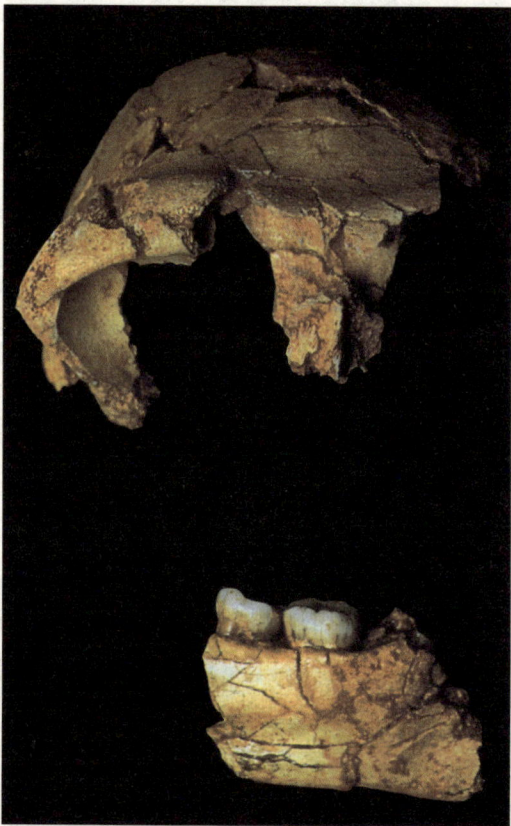

图为古人类头骨碎片，它是由西班牙古生物学家在阿塔普尔卡发现的，经鉴定，这些头骨碎片距今已78万年。

一种认为远古时代就广泛存在食人现象；一种认为古代人类相互和平共处，并没有食人之风。

1940 年，美国人类学家魏敦瑞在深入研究了北京猿人化石后，在他的论文《中国猿人是否残食同类？》中认为，北京猿人存在着食人之风："他们猎取自己的亲族正像猎取其他动物一样，也用对待动物的方式同样来对待他的受害者。"其根据是：

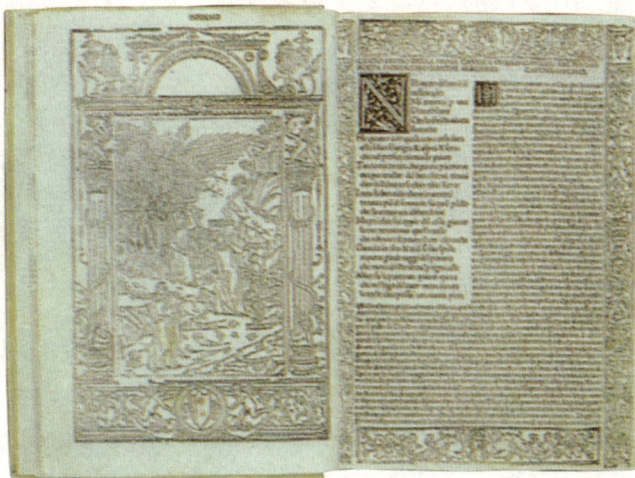
《鲁滨逊漂流记》第一版书影
在《鲁滨逊漂流记》里，有野人互相残食的情节。

北京猿人化石产地发现的头骨特别多，而躯干骨和四肢骨却特别少，并且颅骨往往还是打开着的。那么为什么要打开颅骨呢？魏敦瑞认为是为了取食脑子。

1961 年，伯高尼奥提出了另外一种解释。他认真研究了印度尼西亚苏拉威西岛南岸的布晋人，发现他们在 18 世纪以前有一种习俗：如果有人死了，就把死人送到远离住所的空旷地方掩蔽起来，等尸体干燥后，不用割下颈椎就能轻而易举地把头取下，然后用棍棒打击颅底，扩大枕骨大孔，取食脑子——他们认为吃食脑子会获得死者的智慧和优点。之后就将头颅极为庄重地运回村里，像神像一样祭拜。根据这个发现，伯高尼奥认为北京猿人洞里没有发现过颈椎，头骨比较多，而头部以下的骨骼很少，就是因为北京猿人也像布晋人那样，实行的是"两阶段"的葬仪。他认为远古人类不存在食人之风，而食取脑子，只是一种风俗，仅对死人而言，并且吃食的时候，对死者是极为尊敬的，毫无残忍的地方。

1979 年，中国人类学家贾兰坡撰文批驳了伯高尼奥的观点。他对北京猿人化石作了深入仔细的研究之后发表《远古的食人之风》一文，在文章中，他认为美国学者魏敦瑞的分析是正确的。他肯定地说，远古的北京猿人绝对存在食人之风。他推测说，北京猿人在"吃人"之后，将被吃的人的头骨带回山洞作为盛水器皿，这就是为什么山洞里头骨多的原因。他具体提出了四个理由：第一，猿人头骨的颅底部分破裂，这应当是用棍棒敲破颅底，取食脑子的结果；第二，猿人洞有大量纵裂的长骨，这应该是取食骨髓造成的；第三，在猿人洞还发现了大量火烧过的人骨，应当是烧烤人肉后留下的；第四，洞穴灰堆里有很多人骨碎片，这明显是食用后留下的。

同年，吴汝康教授在《也谈"食人之风"》一文中，对此提出了异议。他认为北

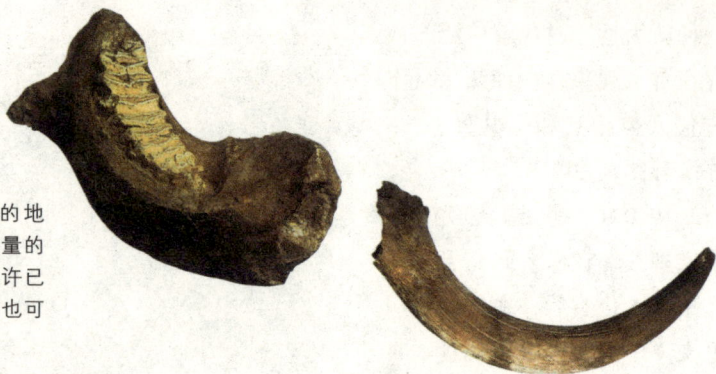

在欧洲直立人曾居住过的地区，考古学家们发现了大量的古象遗迹。当时，人类也许已经狩猎大动物，虽然它们也可能是食腐肉者。

京猿人并没有食人风气。并且对以上四个方面一一进行了反驳。第一，头盖骨部是穹窿形的，厚薄比较一致，由于受力均匀，可以经受较大压力而不破碎；但头骨颅底部分有许多供神经和血管通过的孔道，骨质厚薄不一，受压后容易破碎。所以猿人的头骨颅底部分破裂，也是很正常的。第二，除了敲打之外，造成长骨纵向裂开的原因还有很多，例如泥沙侵入断裂的长骨髓腔，由于潮湿膨胀从而产生向外的压力，在这种力的长期作用下，就可以导致长骨发生纵裂。第三，骨骼是一种良好的燃料，北京猿人很可能用人骨作燃料，所以才会在山洞里发现大量的烧骨和骨骼碎片；此外，如果人骨靠近火源，也可能被火烧到。

吴汝康还认为，像大猩猩这样与人类关系密切的动物，他们之间是和平共处的，并没有相互而食的习性，所以人类在远古时候也不会存在食人之风。

究竟远古时候有没有食人之风？至今还是个谜，也许我们永远也无法解答。但是这又有什么关系呢？我们唯一的愿望是：食人的现象永远别在人类文明进程中出现了。

世界上有没有挪亚方舟？

1916年俄国飞行员拉特米途经亚拉腊山时，偶然发现山头有一团蓝色的东西，在好奇心的驱使下，他飞回去细看，竟然是一艘房子般大的船，一侧还有门，只是其中的一扇已经损坏。飞行员把这个奇遇汇报了沙皇尼古拉二世。沙皇组织专家进行研究，结果得出了一个石破天惊的结论：这只像房子的船有可能是挪亚方舟！

《圣经》中有一段关于挪亚方舟的传说：亚当和夏娃偷尝禁果之后，被上

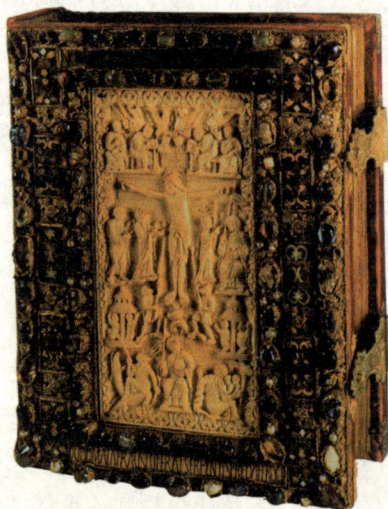

宝石镶嵌的《圣经》
《圣经》里记载着一段挪亚方舟的传说。

178

挪亚方舟的传说

当"大洪水"威胁世界时，挪亚将饲养在地球上的动物雌雄各一对载入方舟。

帝赶出了伊甸园，他们来到地面，从此之后整个大地就布满了人类。人类的贪欲似乎是与生俱来的，以至人间到处都是罪恶。在 5000 多年前，上帝终于厌烦了，有一天突然决定要把自己所造的丑恶的人和所有的生物都消灭。可是那时有一个叫挪亚的信徒，品行端庄，心地善良，上帝不忍心让他陪着恶人一起死去，就对他说："这块土地上的罪恶实在太多了，我后悔自己在这个世界创造了生命，于是我将把他们毁灭，可是我的儿子，你是这样的良善，因此我必须拯救你以及你的家族。我即将发洪水毁灭天下，而你，我的儿子，凭我赐予你无比的智慧，造一艘大木船，载上你的家人，并带上地球上各种动物雌雄七对。在此之后，暴雨将连降四十个昼夜。"

挪亚按照上帝的盼咐用木头制造了方舟。其长 360 米，宽 23 米，高 13.6 米，共有三层，相当于今天的 1.5 万吨级巨轮。挪亚刚把家人和动物转移到船上，只见乌云密布、飞沙走石、电闪雷鸣，灾难开始了。天上好像破开了一个大窟窿，大雨降了整整 40 个昼夜。整个大地洪水茫茫，看不见了丑恶，也看不见了生命，只有挪亚方舟孤零零地漂泊着。

挪亚方舟的故事不仅在《旧约全书》里记载得清清楚楚，而且在有世界最古老的图书馆之称的古代亚述首都尼尼微的文库里发掘出来的泥版文书上，也有记载。今天世界上几乎很少有人不知道挪亚方舟的故事，但是大多数人只不过将它视为一个有趣的传说而已，即使是很虔诚的基督徒，也不大相信这种离奇的神话！因此当俄国飞行员的发现公布之后，世界为之震惊。

第二次世界大战以后，一位土耳其飞行员又在天空俯视到"挪亚方舟"，并拍了照片。照片放大处理之后，科学家测出船身为 150 米长，50 米宽，和传说中方舟的大小虽有出入，但外形极为相似。这次发现又掀起了寻找挪亚方舟的热潮。1955 年 7 月，琼·费尔南带了 11 岁的小儿子登上峰顶。皇天不负苦心人，他们终于找到了"挪亚方舟"的残片，并且带回来了一块木板。经过西班牙、法国、埃及等国考古学家的研究，测定这块木板至少有 4484 年的历史。之后，琼·费尔南把自己的经历写成一本书，这就是著名的《我发现了挪亚方舟》。这样，在照片和实物的双重证据面前，一向认为"挪亚方舟"是无稽之谈的人们，这时不禁皱起了眉头，其中一部分人改变了他们的观点，认为或许在人类历史上有过一场大洪水，也

上帝创造世界 壁画

的确可能发生过"挪亚方舟"这样的事情。但是另一部分人在仔细地了解了事情的来龙去脉之后，对有关"挪亚方舟"的发现提出了几点致命的疑问。

第一，即使再大的洪水，水位也不可能升到 5000 米的高度。第二，如果在 5000 年前发生过挪亚时期的大洪水，那么为什么今天在地球表面找不到有被水改变的痕迹？第三，即便是所谓的"照片"，也都模糊不清，往往要依靠人的想象力去辨认方舟的形象。第四，假如说方舟被搁浅在亚拉腊山附近，那也应该会被冰川运动冲回较低的地方，怎么有可能在高达 5000 米的山顶上呢？第五，5000 年前的木板船，有可

世界名画——大洪水

能存放到今天吗？恐怕早就支离破碎了，又怎么可能呈现出方舟的形象？

这个谜还在继续，那么世界上到底有没有挪亚方舟呢？我们相信总有一天会解开这个谜的。

"大西洲"是传说还是真有其事？

公元前4世纪，柏拉图曾在他的两本对话集《蒂迈乌斯篇》、《克里提亚斯篇》中提到一个大西洲的故事。这个故事立即引起了人们的兴趣：世界上真的有大西洲吗？大西洲是一个什么样的陆地呢？

柏拉图在书中对大西洲的描述几近完美：大西洲位于副热带，全岛面积大约在40万平方千米左右，人口估计有2000万。岛的北部有绵延不断的崇山峻岭，是全岛的天然屏障。大西国的鼎盛时期大约在公元前1.2万年左右，当时风调雨顺，国泰民安，因此很快成了世界文明的中心。

对岛国的情况柏拉图是这样描绘的：大西洲的面积大于小亚细亚和利比亚之和。那里物产丰富，人们会冶炼、耕作和建筑。那里道路四通八达，运河交错成网，交通发达，贸易兴盛。他们凭借强大的经济势力四处扩张，他们的船队曾经征服了包括埃及在内的地中海沿岸的大片区域。

但盛极必衰，就在此时，大西洲突然间天降横祸，一场强烈的地震和随之而来的海啸铺天盖地，使整个大西洲遭到了毁灭性的打击。

柏拉图两千多年前的描述使人们一直为大西洲的神秘所深深吸引。人们一直在问，大西洲真的存在过吗？如果是，那么究竟是什么力量使得大西洲毁于一旦呢？

关于世界上是否存在过大西洲，科学家们的答案是肯定的。

海啸发生时，咆哮的海浪能毁灭所覆盖的一切。有人认为这是大西洲消亡的原因。

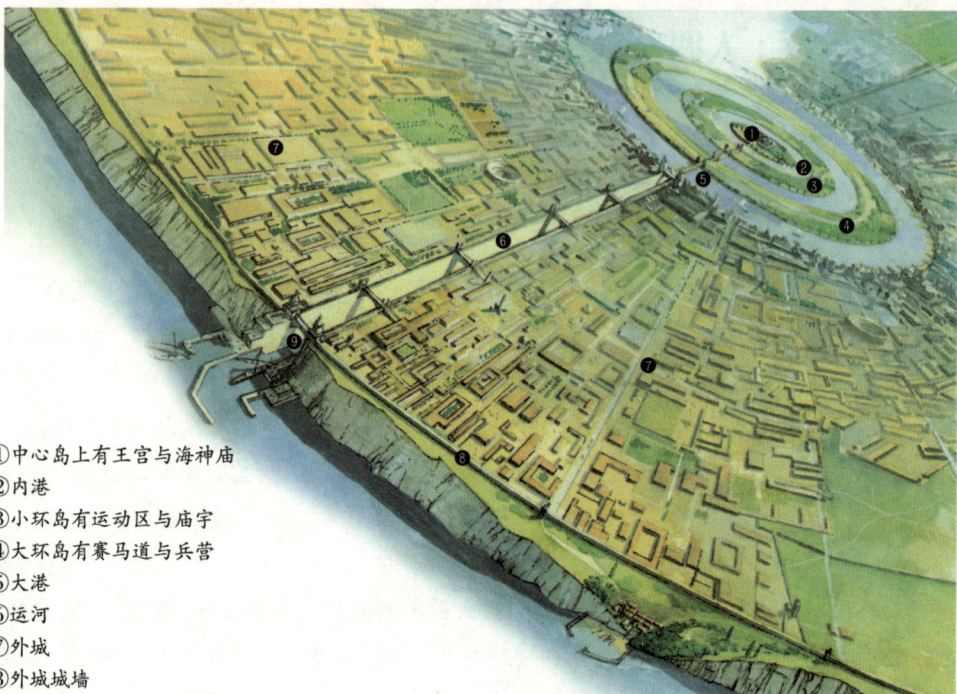

①中心岛上有王宫与海神庙
②内港
③小环岛有运动区与庙宇
④大环岛有赛马道与兵营
⑤大港
⑥运河
⑦外城
⑧外城城墙
⑨海上运河入口

依据柏拉图的描述绘制的大西洲想象图

1898 年，人们又意外地发现，在亚速尔群岛周围海域有一块海底高地，其大小、形状都与柏拉图笔下的大西洲十分相像。勘探人员将取出的岩石送到科研中心鉴定，结果证明这一带海域在 1 万年之前确实是一片陆地。

1968 年，在巴哈马一带海域的水面下人们发现了规模很大的城墙和金字塔，其中城墙约有 1600 米长，金字塔约有 200 米高，底边长达 300 米。1974 年，苏联的一艘海洋考察船又拍摄了这一带的许多海底照片。从照片上人们可以清晰地看到许多古代建筑的断墙残垣以及从墙缝中长出的海藻。

这一切似乎已经证实了大西洲的真实存在。如果真是这样，大西洲又怎么会突然沉没了呢？

科学家们带着这样的疑问投入到进一步的探索工作中，并纷纷提出了自己的观点。康纳利认为同时发生的火山爆发、地震和洪水泛滥是大西洲毁灭的原因。但是现代理学家对此提出了质疑，他们认为这一类灾变不可能毁灭整个大洲，更不可能使一片大陆在 48 小时内毁于无形。一些现代作家发挥想象力，想出了其他灾变来支持大西洲被毁灭的说法。例如《星球相撞》的作者维立考夫斯基提出，当时有一颗巨大的彗星，飞近地球使大西洲在一场全球性的灾难中毁灭、沉没。但这是无法证实的假设。

尽管大西洲的存在已经证据确凿，但也有不少人对此持否定态度。他们指出，如果真如柏拉图所说，大西洲当时已经达到高度文明，并且也已经懂得使用金、银、铜制品，那么为什么考古学家至今找不到这方面的任何证据？

地质学家认为大西洋里是不可能存在着沉没的大陆的。按照地质学说，在1亿8千万年至2亿年前，南北美洲与欧洲、亚洲、非洲是连在一起的整块大陆，之后，由于天体引潮力的作用，熔融物质从地壳的一条巨大裂缝中涌出，它不断推动大板块分裂开来。熔岩穿过海底裂缝从炽热的地球中心向上涌出，在这个过程中，熔岩逐渐冷却变成岩石，堆积在两边，新涌上的熔融物质不断堆积，造成岩石沿东西方向不断延伸，形成海底平原。由于冷却熔岩不断增长所产生的推力与天体引潮力的共同作用，整块的大陆开始逐渐分裂，裂缝越来越大，最终形成了今天的五大洲。从这种理论出发，那么大西洋里是不可能存在沉没的陆地的。

拍摄于20世纪初的照片中，康纳利把自己的肖像挂在家中书房，在这里他写出了《大西洲：大洪水前的世界》。

目前，大西洲之谜仍然没有完全被人类解开，各种各样的争论仍在不断进行。但结果并不重要，人类对未知事物强烈的好奇心和执着顽强的探索精神才是永远闪耀的珍宝。

史前的处女禁忌是怎么回事？

史前人类迈入一夫一妻制家庭的重大事件之一就是"处女禁忌"，它反映着原始人的心理与观念，反映着现代家庭建立的艰难历程。直到今天，在男子和女子的潜意识中还或多或少残留着处女禁忌的余渣。因此，对于处女禁忌这种神秘的文化现象加以科学地分析，就能从一定程度来研究婚姻史、民俗学、心理学，并且通过分析、研究，使人们正确地认识人类的童年。

处女禁忌在澳大利亚的一些原始土著部落中依然存在。如果部落里有人结婚，人们就纷纷前来祝贺，大家尽情地

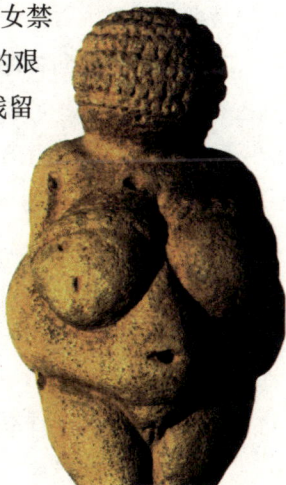

这尊石灰石女性雕像出土于奥地利，约制作于公元前35000～前8000年间，丰满的身材显示出年龄和怀孕状态的影响，两条细长的手臂搭在胸部。是丰产仪式中女神的代表。

喝酒、跳舞。当婚礼的狂欢达到高潮时，部落里的一些人就会把新娘簇拥到另一个房间里，用石器或其他工具破除她的童贞。然后，由一个人将沾有处女血的东西拿出来向大家展示。至此，婚姻仪式才算真正完成。

事实上，处女禁忌在人类早年是一种很普遍的现象，曾经在各部落流行过。在澳大利亚的某些原始部落中，当姑娘到青春期时，就由部落中受人尊敬的年老的妇女弄破其处女膜。位于非洲赤道附近的马萨、马来亚的沙凯族，苏门答腊的巴塔斯族都有类似的习俗。史学家通过研究了解到：这种习俗告诉了我们有关史前人类进入文明社会之前心理状态和婚姻状态的某些信息。

当今位于巴西热带丛林中的印第安部族少女，她们的裸身有一套谁可以触摸、触摸什么部位的规则，少女的胯带让人们注意到她们性成熟了。

那么是由谁来弄破处女膜呢？有些部落请新娘的父亲，有的则由新郎的朋友，有的则由部落里德高望重的人物。在西里伯尔的阿尔福族那里，这种奇怪的角色由新娘的父亲来担当；在爱斯基摩人的某些部落里，由巫师来弄破新娘的处女膜。在《马可·波罗游记》中曾介绍过，中国云南边境某些少数民族向陌生人献出童贞；在古希腊，在神庙前处女向神的代表献出童贞；在中世纪，欧洲姑娘的初夜权被当地的领主所占有，等等，这些可能也是一种处女禁忌的遗风。在印度的不少地区，新娘的童贞由一种木制的"神像生殖器"来破除。但是，完成这一使命的决不是新娘的丈夫。

从史前人类流行过的一些现象反映了一种群婚的残余，也反映了在人类社会后期，有了一夫一妻制婚姻后，贞操观念才发展了起来。在上述一些原始部落里，无论新郎、新娘，还是部落里其他的人都不仅不重视处女的童贞，甚至对童贞怀有深深的恐惧，因此出现了由第三者帮助破除童贞的婚姻现象。心理学家对这种婚姻现象表示难以理解，对原始人类史和民俗学缺乏了解的人则认为是不可思议的。但是处女禁忌却真实地存在过，并且至今也还在世界的某些地区真实地存在着。

人们对原始部落实行处女禁忌的原因迷惑不解，并一直试图来解开谜底，科学家也为此做出了许多努力。"心理分析学之父"弗洛伊德认为，从害怕流血和战栗与新奇的角度来解释，都不会触及这种禁忌典仪的要害。他认为，就女性来说，新婚会导致器官的受损和自恶的心理创伤，这种心理常常表达为对于逝去的童贞的惋惜和怅惘，表现为对夺去其童贞的人的一种深刻的恼怒。而为了使将来要与这个女子共度一生的男人避免成为女子内心恼怒的对象，避免女子因童贞的丧失而对丈夫产生报复和敌对的心理，部落里就十分流行处女禁忌。而对男子来说，由于原始人把女子看成是令人恐惧的、神秘的，他们害怕女子在初婚这天会将某种不祥带给自己。因此，做丈夫的都认为处女禁忌是非常必要的。

有的学者认为，处女禁忌是性自由的群婚生活时代的一种心理沉淀。史前人类的性自由留下

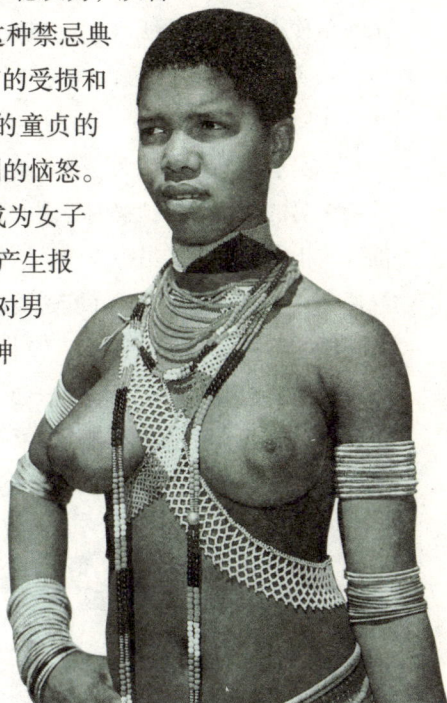

位于南非马巴索部族的少女，通过珠饰颜色和图案表示出她闺中待嫁的信息。

远古时代处女生活想象图

了不少像婚姻性自由等群婚残余。处女禁忌由丈夫以外的第三者，并且常常由男性通过仪式真实地进行。据史学家对澳大利亚部落的研究，处女禁忌仪式有时由多个男子公开地进行并有一定的仪式。这其实是对古代群婚生活的一种回忆，也说明人类已远离古代的群婚生活，逐渐向文明迈进。

还有一种解释认为，这是一种焦灼和期待心理造成的。原始人在面对各种新奇的事情时总是伴随着一种紧张、神秘的心理，作为紧张心理的外观，往往产生种种仪式。当夫妇有了第一个孩子时，在庄稼刚刚成熟时，在家畜刚生了小家畜

185

时，当一块林地刚刚开垦时，原始人都会产生这种紧张的心理，并用一定的仪式来表示，就像今天展览会开张、建造大厦要剪彩一样。结婚作为人生的一大里程碑，比出生、成人意义更加深远，作为一种纪念，采用忍受某种折磨的类似成人礼一样的仪式，也就比较容易理解了。

另有一些学者认为，这是族人为了防止对处女流血出现恐惧的疯狂心理。原始民族大多对红色有一种神秘的心理，原始埋葬中的殉葬品常常是一些红色的粉末，认为它能注入生命的活力。另一方面，原始人为了更加勇猛，常会喝敌人或动物的血，血会引起原始人类疯狂的杀欲。在安达曼群岛上的土著那里，十几岁的女孩子初潮时有许多禁忌，例如不得用原来的名字，不得外出等。神秘的处女禁忌也可能是因类似于月经禁忌那种恐惧感而引发的。害怕流血会带来可怕的祸害，而新人婚礼的喜庆与这种祸害总是矛盾的，为此，就由新郎之外的第三者来承受可能带来的祸害。

这些专家各执一词的推测，究竟哪一个更接近事实的真相，我们还无法判定。如果真的存在时间隧道，可以让我们回到那时那地，相信一定能解开这个谜。

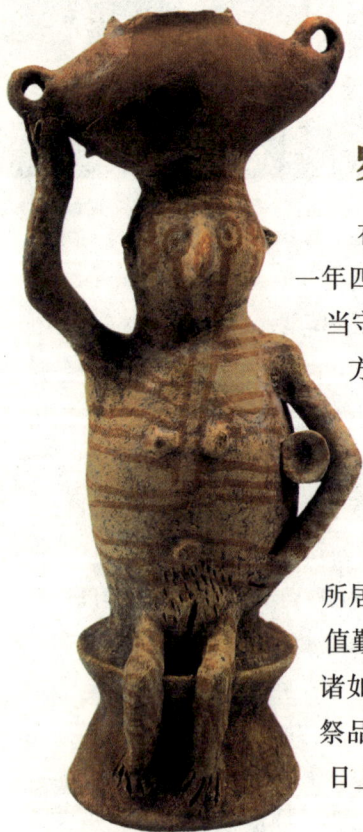

出土于以色列的公元前4000年手托牛奶罐的少女赤土陶器，瘦小的胸部显示了她处女的身份，但突出的阴部则表现了当时人们对生殖繁衍的重视。

罗马人为何用处女守护圣火？

在厄比妮亚那个时代，供奉罗马灶神威斯塔的神庙里，一年四季圣火都燃烧着，共有 6 个处女守护着圣火。她们担当守护神庙圣火的重要宗教职务，共同在称为灶神院的地方居住。她们以灶神庙中永远燃烧的圣火为守护对象，以此来纪念史前时代每一次生火的艰难。由于灶神崇拜以火为中心，并且火纯洁无垢，因此，罗马人认为守护神庙圣火的只能是处女。

守护圣火的处女除了生病之外，一般不能离开她们所居住的罗马公会所东南的女灶神庙。每天每名处女至少值勤 8 小时，主要负责保持神殿内圣火不熄灭。她们还有诸如到圣泉去取水，为公众祈福以及烹制祭礼仪式上用的祭品等其他职责。守护圣火的处女在庆祝农作物收成的节日上有更多的宗教任务，而更不可思议的是，她们必须参加生育祭礼。由于这些处女被整个罗马人的社会公认圣洁无垢，因而她们还受命保管条约、遗嘱、珍宝和其他重要文件等。或许这种服务是她们自愿提供的，委以如此重任也常看做是对她们的敬意。

罗马人的祭祀队伍

走在队伍前列、头戴面具、手持树枝的几位就是威斯塔神庙里的守火处女。其中一人已进入神庙内，她们要经常担负各种诸如祭祀、献礼的公众职责。

守护圣火的处女享有的特权与荣誉是其他罗马妇女所没有的。但是守护圣火的处女也有严格的纪律约束，一旦犯错就要受可怕的处罚。如果她们玩忽职守，祭司长通常以鞭笞来惩罚任由圣火熄灭的守护圣火的处女，对不贞的则处以活埋。后一项表明了罗马人认为守护圣火的处女一定要纯洁。

被活埋的守护圣火的处女在长达 1000 年的历史中不到 20 人，这其中部分原因可能是严厉的惩罚起到了相当大的威慑作用。当然那 20 个遭活埋的女性中，也许有些是被冤枉的，起因是罗马人认为受人尊敬的处女如果行为不端，可能会引起军事失利及其他灾难。

古罗马人为何沉溺于沐浴？

在罗马共和国建立初期（约公元前 400 年），上流社会突然兴起了大修澡堂之风。罗马帝国版图日益扩大并强盛后，各城镇也继而扩展，公民生活优裕，社会各阶层盛行沐浴之风。其时，公共澡堂很受欢迎。罗马城内的澡堂是最豪华的，其内有热气室、热水浴池、冷水浴池和凉气室。如果一个人跑去洗澡，往往先在特设娱乐室里打球或者做些别的锻炼，随后脱光衣服在热气室内直到全身热汗淋淋，再用油洗净，

罗马公共浴室

罗马城有大型的公共浴室建筑。浴室里有不同温度的不同浴室间。既有冲凉水澡的地方，也有蒸汽按摩的房间。人们到浴室不仅仅是为了洗澡，也是为会见朋友与社交。

罗马街道景观

在罗马港口城市奥斯提亚，完好地保存着古罗马时期的房子。从海岸吹来的沙子覆盖了房屋，保护了马赛克地板与墙。这座城市满是铺着地板的楼房，楼房下部是商店与酒馆。

穷人住在楼上相对狭小的阁楼里

手工艺品的制作者在一楼的作坊里制作并售卖他们的物品

一处大门引导着结束买卖的店铺主来到楼梯处，走到楼上的公寓住宅

楼层较低的公寓住宅的房间更加宽敞一些，价格也因此更贵一些

然后洗热水澡，凉了之后便跳进冷水浴池以强身健体。热澡堂就像一间附设芬兰蒸汽浴或土耳其浴及公共游泳池的现代健身室。

但这并非罗马热澡堂的全部内容。罗马和其他城市的大型热澡堂规模宏大且气派，内有大理石柱、精美拼花地板、穹隆天花板、喷水池和塑像。罗马城内名喀拉凯拉皇帝修建的澡堂，方圆 11 公顷，可供 1500 多人同时洗澡。罗马市中心戴欧克里兴皇帝的热澡堂占地更广。很多热澡堂除游戏室、热气室和浴池外，还有酒吧、商店和咖啡座。

罗马热澡堂因获得国家和私人捐助，通常收取很低的入场费，有些甚至无须交费。所以无论是富人还是穷人，只要是公民便可拥往热澡堂去过过瘾，或者夸耀一番。

澡堂是拥挤巨大的喧嚷场所，为何人们还会乐此不疲地沉湎于泡澡堂呢？人们从旧电影及盛传的传说中，知道罗马人祭祀酒神的秘密宗教仪式通常在个人领域悄悄地举行。但在澡堂里有更多足以诱惑人异想天开的事物，想染指的人也很容易发现捷径。在很长的一段时间，许多澡堂允许男女共浴，因此经常招致大群娼妓大肆交易。

其他公共澡堂里，许多男男女女赤身裸体，在热气室和浴池里动手动脚，也引发不少今日称为换妻的放浪行为。澡堂终致丑事频出、臭名远扬，所以公元2世纪哈德里安皇帝颁布了禁止男女共浴的禁令，而从此男女两性洗澡时间就不同了。

澡堂也成为狂饮者的最佳场所。不管在运动室或热气室里，总会感觉口干舌燥，那就更易借口喝上几大杯酒。酒使人迷失本性，结果口角和打架之类事情不断发生，喝得烂醉的人较受人注意，小偷扒手也趁机下手，流氓又借机抢劫，因此澡堂安全也成为人们头疼的事情。

不少罗马人也从沐浴风俗中看到堕落腐化的迹象。富人们喜欢夸耀财富，他们华衣盛装来到公共澡堂，带一群奴隶在两旁伺候，替主人宽衣，用油脂为主人身体按摩，再用金属或象牙制成的上有槽纹的刮板把皮屑刮净，然后全身抹上珍贵的香水。有些年老有德的人看到沐浴前的体操和游戏及涂油脂刮皮屑的夸耀行为，不禁皱起眉头。

现在，曾经辉煌奢华的罗马澡堂已成为众人观赏的废墟，罗马大厦在穷奢极欲中坍塌了。人们在追寻古罗马昔日遗风的同时不能不感慨世事的变迁和历史的无情！

古印加人为何将"空中之城"弃之而去？

神秘的"马丘比丘"这座空中古城在被废弃了近1个世纪之久后又重新展现在世人的面前，它位于乌鲁班巴河峡谷中，马丘比丘山的山顶，它的雄伟壮丽让世人惊叹不已，但对它的种种疑问也时时萦绕在人们的心头。

鱼形容器

根据传说，"马丘比丘"是印加帝国的缔造者曼科·卡帕克的出生地。它位于印加帝国首都库斯科以北118千米处，名字取自它所在的山峰，字面意思是"老山峰"。它三面临河，一面靠着白雪皑皑的萨而坎太山，地势极为险要。正是因为如此，它才躲过了西班牙征服者和天主教士的侵扰与破坏，得以完整保留。

城中建筑极具宗教色彩，凡是磨制光滑、对缝严整的建筑均为神庙，且都配备3扇窗，缝与缝之间没有任何黏合物粘接，连最锋利的刀片也插不进去。墙上的每一块石头都像是在玩拼图一样被巧妙地连接

马丘比丘遗迹

起来，与其他印加遗址的风格大相径庭。

在城市中间的"神圣广场"，矗立着一座巨大的日晷，马丘比丘人通过它来测定每天的时刻。在古城的一端还有著名的太阳神庙和"拴日石"，印加人希望用拴日石永远留住他们心中至高无上的神——太阳——万物生命和希望的起源。

陶制花瓶

勤劳的马丘比丘人还在城堡对面的山峰上筑出一层层梯田，并在每一层上开凿了引水渠，引来雪水浇灌农田，企望获得丰收。

拥有如此美丽而逍遥的空中之城，马丘比丘人为何离开自己理想的家园？没有任何留恋，没有任何先兆，到底是什么原因呢？很多人认为是因为西班牙征服者的原因。可是，根据历史记载，当年侵略者的铁蹄并未能够踏上这里，并且，考古学家在

印加人像

研究中还发现，早在1533年，西班牙人征服印加帝国之前，马丘比丘人就已经离开了这座美丽的"空中之城"！即使真的是因为西班牙人的入侵，想想印加帝国的雄厚实力，拥有万骑精锐的印加人，居然不敢和100多人的西班牙入侵者作殊死的战斗？这种解释恐怕站不住脚。

今天的考古学家在绵延的安第斯山脉中，陆续发掘到许多印加帝国的遗迹，证明印加人确实是抛弃了他们美丽的家园，而在荒芜的山地中重建了他们理想的国度。

马丘比丘人在云雾缭绕的山顶建造了美丽的空中家园，他们在此安居乐业，可是他们又离开了这方他们赖以生存的乐土去重建家园，到底是为了什么？是上苍的旨意，还是部落之间的侵袭与纷争，

还是奴隶们的反抗使其统治坍塌了？目前没有任何证据能解释他们为何弃家而去，印加人和马丘比丘人给人们留下了一道无法解答的谜题。

罗慕洛抢亲的故事是编造的吗？

埃特鲁斯坎母狼青铜雕像

该像铸造于公元前480年，是一只机敏、警惕的母狼，成为罗马的象征。据说，传说中罗马城的建立者双胞胎罗慕洛和瑞穆斯就是靠吸食狼奶获救的。

中国汉字的迷人之处在于，每一个字都有他的来历，都有一段有趣的故事。例如结婚的"婚"字，有许多语言学家就认为起源于古代抢婚的风俗："婚"字可以拆为"女"与"昏"，这说明古代女子出嫁是在"太阳落山之后的黄昏"时候进行的，为什么要在黄昏时候呢？因为这个时候方便抢亲。但是学者们却一直找不到关于中国古代存在抢婚风俗的证据。然而在西方的历史记载中，人们却发现这种抢婚风俗在古罗马普遍流行。古罗马有女子出嫁，"未婚妻"不能直接由娘家走到夫家，而是必须在家里等待"未婚夫"来"抢"。待到男子将他的"未婚妻""抢到"家里后，必须手持长矛挑开女方的头发，之后才能开始举行婚礼。那么古罗马为什么盛行这种奇特的抢婚风俗呢？据说起源于罗马城创建者罗慕洛诱拐萨宾妇女的事件。

相传，特洛伊城被希腊人攻克之后，特洛伊王子埃纳亚逃到台伯河入海口，受到拉丁国王的热情接待，并招他为婿。这样埃纳亚的后代在此创建了阿尔巴城，开始了漫长的世袭统治。传到努米托雷为王时，他的弟弟阿穆利奥觊觎王位，就发动政变囚禁了努米托雷，又下令处死了他的儿子，逼其女儿西尔维亚充任女祭司，以免她结婚生子来报复自己。从此阿穆利奥就高枕无忧，安享欢乐了。但是他万万没有料到，战神马尔斯却悄悄地让西尔维亚怀孕，并生下了双胞胎罗慕洛和瑞穆斯。于是愤怒的阿穆利奥处死了西尔维亚，并将她的孪生儿子装进竹篮，投入台伯河中。河中竟起巨浪，这样篮子被冲到另一岸上。饥饿的婴儿从早上啼哭到晚上，结果引来了一只母狼，母狼却没有伤害他们，而是将他们衔回狼窝，像慈母般喂养这两个可怜的婴儿——于是有人说母狼是西尔维亚的化身——两个婴儿七八岁时被猎人带回家中，抚养成人。兄弟二人都天生神力，勇猛无敌。他们杀死了阿穆利奥，迎回了外祖父努米托雷。努米托雷就把台伯河左岸的一片土地赐给两个外孙，让他们在这里共建新城。城堡建成之后，兄弟二人为争夺王位大动干戈，结果罗慕洛杀死弟弟瑞穆斯，并以自

萨宾妇女 1799年 达维特 法国

罗马人与萨宾人两军对峙，中间是一群萨宾妇女，他们带着孩子，苦苦地哀求自己的父兄停止这场战争。

己的名字命名新城，这就是罗马城名字的由来。

可是，罗慕洛创建了罗马城之后，城中的居民都是早先跟着罗慕洛弟兄征战的兵将，大多数人都没有妻子；而且由于罗马城是个新城，生活较为穷困，所以周围城邦的人都不愿意把自己的女儿嫁到这里。于是百姓常有不满的叛乱举动，罗慕洛的统治岌岌可危。

在这种情况下，罗慕洛心生一计，他放出风声，让人四处宣扬罗马城发现了"康苏斯"神的祭坛，并邀请邻邦萨宾城和其他城邦的人们来罗马城举行大型的康苏斯节日庆祝仪式。可是在节日庆祝正热火朝天的时候，突然从四面八方拥来了全副武装的罗马青年，他们拿着武器，抢走了所有来罗马的妇女，其中大多数是萨宾妇女。萨宾人知道后，非常气愤，就纠集了其他城邦的人来讨伐罗慕洛，一向以武力著称的罗慕洛自然不甘示弱，于是在罗马城外两军对垒，一场血雨腥风转瞬即来。在这个关键时刻，被抢的萨宾妇女披头散发跑到两军之间，一会儿呼唤父兄，一会儿呼喊丈夫，接着放声痛哭，两军士兵大受感染，纷纷放下武器，最后由罗慕洛和萨宾统帅塔提乌斯达成协议，罗马人和萨宾人合成一个公社，由他们两人共同统治。为了纪念这件事，罗马人后来就都采取抢婚的形式来结婚了。

这个情节生动的传说是真的吗？历史学家们争论不休。有人认为，罗马传说的真实性很值得怀疑，这个罗慕洛抢亲就更是子虚乌有了。德国诺贝尔文学奖得主蒙森极力认为这个传说纯属编造。他在厚厚的著作《罗马史》中，对此事只字不提。他曾发表言论说，根据他的考证，萨宾城距罗慕洛创建的罗马城很远，他们是不可能发生抢亲的事情的。

还有人认为，这个传说自然是不可靠的，但是也在一定程度上反映了当时某些历史的真实。比如萨宾人和罗马人的结合，不仅在这个传说里有，而且在许多古代历史记载上都有，因此全盘否定这个传说，是一种不科学的态度。

也有人认为，这个传说的可信度是很大的，证据是新近意大利考古学家在罗马城北 40 里处发现了一座古城，根据其中的文物，学者们考证出这就是传说中萨宾人居住的地方，并且古城的年代大约在公元前 8 世纪左右，而传说中罗慕洛创建罗马城的年代是公元前 753 年，二者正好一致。但是持相反意见者认为，萨宾古城的发现，只能证明一个问题：萨宾人确实是罗马人的近邻，但是却证明不了罗慕洛曾诱拐过萨宾妇女，也无法证明萨宾人和罗马人最后合成了一个公社。

古罗马城遗址

有些学者提出，罗慕洛这个人物太有传奇性，比如说他是战神马尔斯的儿子，比如说他吃狼奶长大……因此是不是存在罗慕洛还是个谜，更别说关于他抢亲的事了。

马里国王和他的探险船队何处漂泊？

13 世纪中叶，在非洲大陆崛起了一个强大的马里帝国，帝国国力日渐鼎盛，经济繁荣，文化发达，因此为了扩展疆域，历任马里国王不断对外征战。这种状况直到一位叫作阿布巴卡里的国王登上皇位才有所改善，他放弃了向周边邻国扩张的政策，转向浩瀚的海洋寻找发展空间。

阿布巴卡里国王亲自带领一支探险船队驶入了无边无际的大西洋，开始了他的梦想远航。不幸的是，这支由国王亲自率领的船队也一去不返，音讯全无，没有一个人能够回到非洲的故乡。

图中马里国王手执金权杖，托着象征财富的金球，而宝座的下面画的海水则表现了帝国对海洋的崇拜。左边骑骆驼的朝圣者则从反面衬托了马里帝国在当时非洲的突出地位。

这块产于14世纪初的陶俑据说是出自马里工匠之手。像这样的工艺品在非洲大地非常普及。

至今为止，这位胆识过人的阿布巴卡里国王和他的大队人马结局如何，还没有人知道，史学家对这个问题存在着两种截然相反的观点。

许多史学家认为，当时的生产力水平实在是有限，航海技术和船只的运载能力使当时的人还无法征服海洋。虽然这位马里国王雄心勃勃，胆魄过人，也逃不脱葬身海底的命运。

而另外一些史学家则提出一个大胆的看法：马里国王阿布巴卡里和他的探险船队已经到达了大洋彼岸的美洲大陆。远在哥伦布发现美洲之前的200多年，勤劳勇敢的非洲黑人就已经踏上过这块古老的土地，并留下了自己的足迹。史学家们为什么这么说呢？主要是他们从历代到达美洲的航海家的日志里找到了一些可以印证的材料。

1492年，哥伦布抵达美洲后，从那里带回了一些奇特的金属长矛，据当地印第安人说，他们曾经和一群黑人进行过交易，这些长矛正是从那群黑人手里买来的。后人对制作长矛的黄色金属进行了反复的化学分析，发现其中含的合金成分与非洲几内亚沿岸使用的合金工具惊人地相似，而马里国王当年正是从那里启程远航的。1513年，西班牙航海家巴尔普亚首次来到美洲中部的巴拿马，在他的航海日志中记了一些这样的情况：在当地一个部落村庄里曾发现土著印第安人关押着一批黑人囚犯，没有人知道这些黑人从哪里来，他们是在战斗中被俘虏的。

此绘画出自一个西方旅游画家之手，刻画了马里帝国的宫殿建筑及先进的帆船。

后来的学者们推测，这些黑人很有可能就是当年到达的马里国王和他的船员们的后代。

与此同时，在美洲海岸还发现了大量非洲黑人的石雕像和出土的黑人头盖骨。1939年，墨西哥考古学家斯特林率领一支考察队在濒临海边的一片原始森林中，发现了许多古代的石雕头像。这些石像精雕细刻，比例恰当，与当地印第安石雕像的艺术风格和表现技巧迥然不同。更奇特的是，这些石像的面目酷似非洲黑人，带有明显的非洲黑人的人种特征，一副宽阔厚实的鼻子，两片硕厚的嘴唇，前突的下颌，头发细密卷曲。

另一位波兰学者对古代美洲奥尔梅克人墓葬中出土的头盖骨进行了研究，根据各种不同人种头盖骨比例和外表轮廓上的特征发现，早期奥尔梅克人墓葬中出土的头盖骨中有13.5%具有非洲黑人的基本特征，而另一座年代稍晚些的墓葬中出土的头盖骨，只在4.5%具有一般非洲黑人的外表特征。由此推测，马里国王和他的探险队到达美洲后，很快就在这块新土地上定居下来，逐渐同当地土著居民融合了。早期他们还保留着比较纯正的非洲血统，后来由于和当地土著人通婚，人种特征逐渐变得淡薄了。

如果后一种说法说出了历史的真相，那么美洲大陆的历史将会重写，但是事实真相如何，恐怕只有波涛汹涌的大西洋知道一切的秘密，至于它什么时候会向我们吐露一切，则不得而知了。

真相探秘

奥林匹克运动会是怎样起源的？

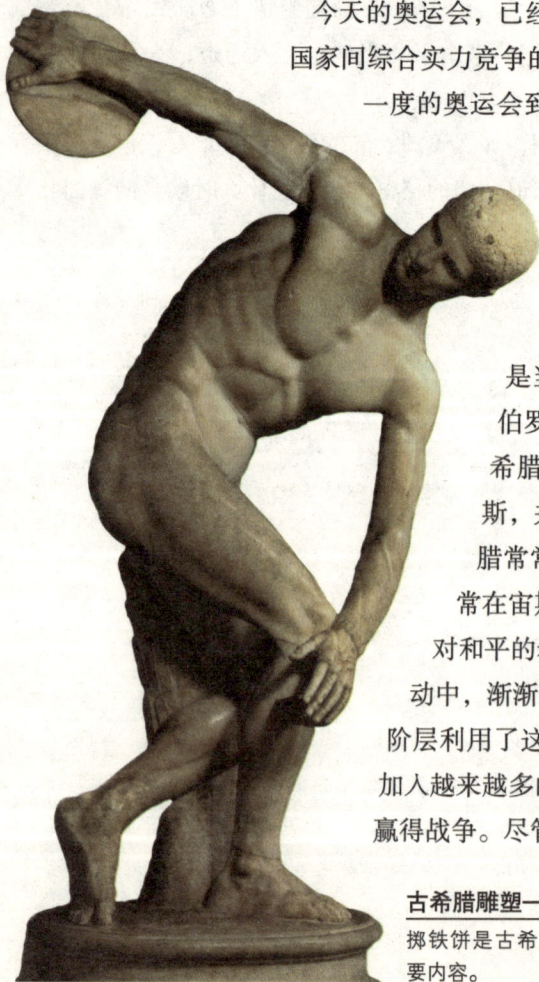

今天的奥运会，已经不仅仅涉及运动员的比赛，而且成为国家间综合实力竞争的一场"没有硝烟"的战争。每当四年一度的奥运会到来之际，人们都会寻思：这场空前的运动盛会是怎样起源的呢？

有人说，奥林匹克运动会起源于祭祀的活动。我们现在都知道，奥林匹克运动会这个名称，是来源于古希腊的奥林匹亚。这是当时希腊风景最为优美的地方，坐落于伯罗奔尼撒半岛的一个平坦幽静的山谷里。希腊人因为它美，就把它献给万神之首宙斯，并在这里修建了宙斯大庙。因为当时希腊常常发生战争，人民苦不堪言，于是就经常在宙斯大庙举行各种各样的祭祀活动，表达对和平的希望和对战争的诅咒。而在这些祭祀活动中，渐渐就有了一些竞技活动的端倪；同时统治阶层利用了这些祭祀活动，在主办这些祭祀活动时加入越来越多的竞技项目，目的是锻炼百姓的体魄以赢得战争。尽管统治者本着"战争"的目的，而民众一心渴望和平，但是殊途同归，致使古希腊的运动盛会得以产

古希腊雕塑——《掷铁饼者》
掷铁饼是古希腊奥运会的一项重要内容。

生并且久盛不衰。第一届正式的奥运会是公元前 776 年举办的，以后每四年一次，一直到公元 394 年，已经举办了 293 届，但是罗马皇帝狄奥多西不知为何突然下令禁止举办奥运会，于是这场盛会中断了一千多年，直到 1896 年才在雅典恢复。至今新奥运会也有一百多年的历史了。

有人根据希腊民间传说，认为奥运会起源于争夺公主所举行的角斗。据说古希腊有一个波沙王国，国王爱诺麦有一个美若天仙的女儿，自小视若掌上明珠，百般疼爱。后来女儿长

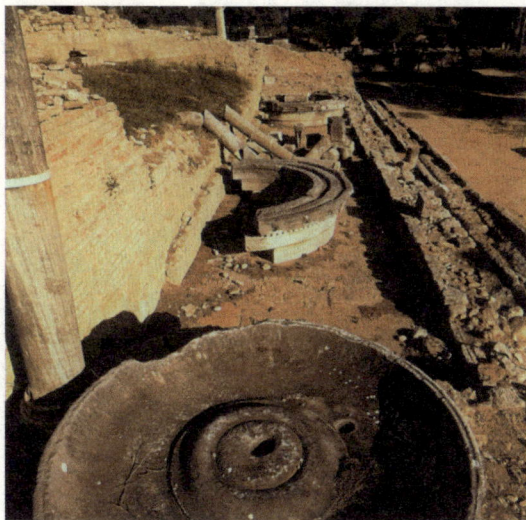

奥林匹亚古建筑遗址

大了，国王决定亲自挑选一个好女婿。当时希腊普遍"尚武"，于是爱诺麦决定比武招亲：所有想做驸马的青年必须和老国王比赛战车，如果胜了，就可以娶到公主，但如果败了，就要被长矛当场刺死。当时许多人以为老国王一把年纪了，就有点轻视他，而国王爱诺麦老当益壮，加上他的马是千里挑一的良驹，于是前后有 13 个求婚者做了长矛下的冤鬼。这样，即便公主再貌美如花，也没有人再拿自己的性命冒险了。招亲大会冷清了好些日子，正当老国王要把女儿许配给邻国一个王子之时，公主的恋人皮罗西出现了。令人感到奇怪的是，战车比赛进行到一半时，国王的车子突然翻了，这样皮罗西就赢得了比赛。原来，公主怕恋人出事，就偷偷派人把国王车上的钉子拧松了。国王当然不知道，还以为皮罗西神勇，很高兴地把公主许配给了他，最后把王位也传给了他。皮罗西为了庆祝自己的婚礼，在奥林匹亚举办了大型的祭奠，感谢宙斯对他的保佑，而在祭奠活动中，皮罗西安排了许多战车、角力等竞技活动。于是人们认为皮罗西是奥林匹克运动会的发起者。

其实在祭奠活动时举办竞技活动，一直是希腊人的习俗。荷马史诗的《伊利亚特》中就有这样的记述：希腊将领帕特洛克在攻打特

奖品

在古希腊运动会上，赛跑获胜者的奖品是一只盛满了圣油并绘有赛跑场面的土罐。

黎巴嫩巴勒贝克城遗址
最早建于腓尼基时代，腓尼基人曾在这里修建神庙，供奉太阳神巴勒。据说最早的奥运会就是为纪念他而举行的。

洛伊城时战死，在众将领为他举行的葬礼上，就安排了战车、拳击、角力、跑步、铁饼、标枪、射箭等比赛。按照这样的推说，奥林匹克运动会恐怕还要更早。1981年，考古学家在雅典西南挖掘出一座古代大型运动场遗址，大约能盛纳4万多观众，并且有一条可供13名运动员一齐起跑的长达170米长的跑道。更令人吃惊的是考古学家推证出，在公元前1250年，这个运动场曾举办过大规模的运动会，这就比现在有记载的第一次奥运会（公元前776年）整整提前了500年。

还有传说认为奥林匹克运动会起源于神的启示。据说伯罗奔尼撒半岛上国家林立，相互之间征战不已，但伊利斯国王伊菲道斯热爱和平，想避免战争，于是就向太阳神阿波罗祈祷，阿波罗神谕：若想阻止战争，就要恢复奥林匹亚祭奠，奉献牺牲，并要在祭祀中举行形式多样的竞技活动，以求能使众神娱乐，于是伊菲道斯带着神谕出访其他国家。在他的带动下，各国一律休战，后来为了感谢神谕，又集体创办了奥林匹克运动会。

还有相当一部分人认为，奥林匹克运动会不是古希腊人的首创，而是由外民族传入的，其中绝大部分又主张是受克里特文化的影响。据文献记载：克里特人在祭祀等活动中，往往加入一些如跳高、赛跑、拳击、斗牛等竞技项目。后来克里特文化衰落之后，希腊人承继了这一传统。

在今天奥林匹克运动会已经是家喻户晓的时候，人们更想知道这种风靡全球的运动会到底发祥于哪里，又是因为什么发展起来的。可惜今天我们仍然无法解开这个谜。

古罗马人为什么喜爱看角斗士表演?

古罗马统治者最喜爱的娱乐活动就是角斗士表演。格斗是在斗兽场里进行的，通常有两种方式，一种是让奴隶与奴隶格斗。角斗士在格斗时手持刀剑和盾牌，实际上是互相残杀，直到其中一人倒在地上死去方算结束；另一种方式是让奴隶与猛兽格斗。奴隶主专门养了狮子、老虎等凶猛的野兽，格斗时使猛兽处于饥饿状态，而把角斗士"喂"得饱饱的，他们坐在看台上"欣赏"人与兽厮杀，看到奴隶被野兽撕吃时则高声叫好。看过电影《角斗

人兽相搏壁画

古罗马竞技场表演的节目多种多样，其中一种表演便是由一个或几个斗兽士与豹、狮子或其他野兽搏斗，把猛兽打得筋疲力竭后才杀死。不过常出现的情况是野兽没死，反而把人咬死了，当然对于统治者来说这也无关紧要，因为大多数角斗士都是奴隶。

士》的人们，恐怕没有谁不被这种血腥场面所震撼。如果你到罗马城旅游，站在空旷的罗马竞技场，这种感觉就更强烈了。

面对这座"欢乐的屠场"，你肯定会思考这样一个问题：创造了高度文明的古罗马人，何以对这样残忍的表演如痴如醉?

史学家们没少争论这个问题，并且提出了好几种假设。有人认为古罗马人爱看角斗士表演和政治活动关系十分紧密。在当时的罗马，政治活动的主要场所

古罗马斗兽场遗址

斗兽浮雕

有元老院、浴场和角斗场。元老院是罗马的直接议政机构，而浴场则是平民的主要集会场所，而在角斗场中举行的角斗活动，恰恰最易于迎合和笼络平民。有野心的贵族往往通过举办角斗士表演来拉拢民心，巩固其政治地位。例如曾有一个叫赛马修斯的贵族，费尽心力找来了所需的强壮奴隶和猛兽，准备举办一个大型的角斗士表演。可是在比赛前一天晚上，29名奴隶被政敌秘密勒死了，结果由于没有举办成功而导致平民的强烈不满，使得他的政治地位岌岌可危。另外，据历史记载，著名的奥古斯都皇帝曾严格限制贵族举办角斗士表演，以防止他们拉拢民心危及自己的统治。可是这种说法还是没有回答中心问题：为什么古罗马平民那么喜爱观看角斗士表演呢？

还有人认为这和古罗马人提倡尚武斗勇的风气有关。当时的罗马致力于对外扩张，罗马帝国最兴盛时曾控制了整个地中海，其势力范围之广，扩及到欧亚非三大洲。因为长期战争，所以统治者必须想方设法让人民保持战斗传统，为此，他们想出了角斗士表演这个办法，以在公共场合培养一种剽悍勇猛的嗜血风气。考古学家在庞培遗址发现了一个用黏土做成的奶瓶上绘有角斗士图像，这说明当时获胜的角斗士就像现在的体育明星一样，是被人崇拜的。而到了后来，罗马曾经有长达200年的和平时期，这时作为战争的一种变体，角斗士表演显得就更重要了。

这种野蛮的角斗士表演现在已经灰飞烟灭。人们只是探求古罗马人为什么如此喜欢看角斗士表演。希望人类永远向着善的方向发展。

古罗马起义将领斯巴达克为何率军南下？

公元前73年，一场由斯巴达克领导的世界古代史上最为波澜壮阔的奴隶起义爆发了，这场起义以反对罗马奴隶主统治为目的，起义曾经席卷整个意大利半岛。

当斯巴达克起义军将克劳狄乌斯和瓦利尼乌斯的围剿接连粉碎后，斯巴达克曾拟订了一个北上计划："全军向阿尔卑斯山前进，越过高山，北上出境，返回故土。"重获自由，这也是人之常情。不过副将克里克苏对斯巴达克提出的这个计划坚决反对。随后，克里克苏率领2万人愤然出走，不幸被官军消灭。斯巴达克率军继续北上，将楞图鲁斯和盖利乌斯的前堵后追挫败，义军一度攻打到阿尔卑斯山脚下的穆提那城。但斯巴达克此时突然放弃北上计划，率领全军调头南下。

罗马元老院害怕起义军会攻打罗马城，立即派独裁官克拉苏带领8个军团前往镇压奴隶起义。克拉苏采用古老的《十一抽杀律》：凡战败或临阵脱逃者，10人当中抽签选出1人处死。如此严明的军纪使罗马军队的战斗力大大提高。

被赶到意大利半岛南端的布鲁提翁的起义军准备渡海去西西里，但却失败了。克拉苏下令在半岛最南端挖了一条两端通海的大壕沟，企图将起义军的退路截断，将起义军就地歼灭。起义军尽管奇迹般地冲过封锁，但损失巨大，不久就陷入困境。罗马元老院又在此时命令鲁库鲁斯从马其顿、庞培从西班牙回师，会同克拉苏从东、北、南三面包围起义军。

斯巴达克铜像

在这个紧要关头，起义军内部牧民出身的康格尼斯不同意撤离意大利半岛，带领1.2万起义军离开队伍，结果很快被克拉苏消灭。

公元前71年春，起义军与官军举行了一场最后的决战。双方在阿普里亚境内展开激战，斯巴达克和6万名部下英勇战死，官军把被俘的6000名起义军全部钉死在从卡普亚到罗马大道两边的十字架上。

尽管起义失败了，但确实沉重地打击了罗马奴隶主统治者。2000多年来，人们也对这次起义提出不少疑问：比如，斯巴达克曾一度制订北上出境计划，如果认真施行这个计划，他们离开罗马返回色雷斯结果会怎么样呢？那么他放弃北上计划的原因究竟是为什么呢？

当斯巴达克最初制订北上计划时，起义军内部已出现严重分裂：副将克里克苏率2万人出走，结果被官军很快歼灭了。起义军内部的第二次分裂也发生在斯巴达克提出渡海去希腊的时候，牧民出身的康格尼斯对撤出意大利半岛的主张坚决反对，带领1.2万人离开队伍，结果被克拉苏消灭。

看来，起义军内部始终在去与留的问题上存在严重的分歧。这与起义军来源有很大的关系：斯巴达克等人是来自色雷斯的角斗士，有很强的乡土意识，希望有朝一日能回归故土色雷斯。而另外一些起义军过去是罗马破产农民，不愿意离开罗马。这种强烈的本土意识使他们在大敌当前时意识不到真正的危险而团结起来。

研究者认为，斯巴达克计划的改变缘于客观形势的变化。起义之初，敌强我弱，斯巴达克感到很难对付罗马官军，不宜久留罗马，所以他拟订北上计划，先在敌人力量比较薄弱的北部地区发展自己，争取早点翻越阿尔卑斯山返回故土。但北上途中的节节胜利，尤其是起义军将罗马执政官克劳狄乌斯、名将楞图鲁斯和盖利乌斯的围剿接连挫败之后，声势大振，敌我力量对比出现了一点变化。起义军因此变得自信起来：觉得可以留在罗马"一搏"。

第二种意见认为：阿尔卑斯山的恶劣条件改变了起义军北上翻越山岭的计划。他们提出，阿尔卑斯山平均海拔 3000 米左右，是欧洲最高的山峰，许多山峰终年积雪，山上气候千变万化。12 万起义将士到达阿尔卑斯山脚下时，身上的单衣无法御寒，再加上起义军给养不足，没有办法，只好取消了北上计划。

还有人认为，斯巴达克改变北上计划是因为想到缺乏意大利北部农民的支持。

当然历史不能重写，如果斯巴达克继续北上，并且成功地翻越阿尔卑斯山，返回了色雷斯，结果会如何呢？罗马官军是想把斯巴达克逐出本土而完事大吉还是要将其一网打尽才罢休？这些仍然还是谜。

匈牙利人是中国人的后裔吗?

凡是熟悉中国历史的人都知道，在秦汉时期，在中国北方活跃着一支强大的游牧部落——匈奴。秦朝名将蒙恬曾领军十万修筑长城，抵抗匈奴的入侵，《蒙恬传》说他"暴师于外十余"，"是时蒙恬威震匈奴"。西汉大将卫青、霍去病、李广等人进军匈奴的故事至今还家喻户晓；东汉时窦固、窦宪痛击匈奴的事至今还传为美谈；唐诗中的名句"但使龙城飞将在，不教胡马度阴山"，讲的就是汉朝军队与匈奴之间的战争。这说明，在秦汉时期，匈奴如后来的蒙古和女真，盛极一时。但是令人奇怪的是，我们知道蒙古入侵中原建立了元帝国，女真入关建立了大清帝国，可是匈奴呢？它在中国的历史舞台上逐渐没落以致消失了，而几乎与此同时，在欧洲却兴起了一支强悍的民族。大约在 9 世纪的时候，匈牙利人的祖先在多瑙河流域出现了。不知从什么时候起，民间就有这样一种传说，说匈牙利人是从中国迁徙到欧洲的匈奴人的后裔，许多中外学者也纷纷宣布自己的考证结果：匈牙

匈奴人复原图

他腰上挎着弓箭，手上挥舞着长鞭，看起来凶悍无比，强壮有力。

漠南草原
匈奴人建立的游牧帝国，最大特点就是"动"，此地为匈奴人曾活动过的地域。

利人是匈奴人的后代。早在欧洲中世纪时，不少西方学者已经记载了匈牙利人的生活，通过这些记述，我们显然可以看出他们和匈奴人有着相当密切的关系。卢白鲁克的著作《东行记》一书中这样说："扎格克河（今乌拉尔河）发源于北方巴斯柯梯尔国，古代匈奴人即来自此国，后变为匈牙利人也。"在15世纪约翰德·杜兹洛撰写的关于历代匈牙利国王的历史著作中，我们可以看到这样的结论："匈牙利人乃是匈人后裔。"而同时期的安东尼·本菲尼尤斯在写匈牙利历史时，也持这样的观点。到了18世纪，"匈牙利人起源于匈人"的见解更是非常流行，许多研究者都由此推断说匈牙利人是匈奴人的后代。可以这么说，在西方学者那里，之所以认为"匈牙利人是匈奴人的后代"，一般都是以"匈奴人就是匈人"这个假设为基础。历史上有明确记载的是，不知从什么时候起，欧洲多瑙河流域出现了一支游牧部落匈人，后来有一个匈人首领阿提拉建立了强大的"匈奴王国"，但是不久这个王国就灭亡了，之后他的一个儿子又在多瑙河平原上建立了匈牙利王国。因而有些西方学者得出结论：只要匈人是从亚洲迁来的匈奴人，那么已知匈牙利人是匈人的后代，便可以推断出匈牙利人也是匈奴人的后裔。可是到底"匈奴人"和"匈人"是不是一个概念呢？《剑桥中国秦汉史》便认为"匈奴与匈人是两个概念"。而有些学者指出"匈奴"与"匈人"是一样的，他们的发音相似，很可能是音误造成了这种区别。

而中国学者论证这个问题就更直接了。他们不认为匈牙利是以阿提拉为首的"匈人"的后裔，而认为原来在中国北部的匈奴由于式微，迁到中亚地区，后来又来到多瑙河，成为匈牙利人的祖先。据我国史书《随书·四夷传》载："铁勒之

"单于和亲"瓦当
匈奴原是中国北方草原的游牧部落，后因汉朝军队的压力西迁，遂开始了横行欧洲的历史。这个瓦当是当年汉匈和亲的遗物。

阿提拉头像

素有"上帝之鞭"之称的匈奴王阿提拉率军横扫欧洲，给罗马人以沉重打击。在他的率领下，匈人建立了一个强大的"匈奴王国"。

先，匈奴之苗裔也。种类繁多……拂林东则有恩、阿兰、北褥、伏温、昏等，近二万人。"所谓铁勒，就是从中国迁入的匈奴的一支，而中国学者普遍认为匈牙利人的祖先，就是铁勒人。但究竟铁勒中的哪一支才是迁入欧洲的呢？很多人认为是昏，因为它的读音与匈的读音"Hun"相同；也有人认为是北褥，还有人认为是恩曲，总之意见很不统一。

我国近代著名学者章太炎早就说过："今天的匈牙利就是我国古时的匈奴。已经考证出匈奴在东汉后期西迁，一支到了乌孙，一支到了大秦，到大秦的就是现在的匈牙利。"后来何震亚又从语言、历史、风俗习惯等多方面对匈牙利人和匈奴人进行了比较研究，证明章太炎的推论是正确的。第一，在语言方面，他认为匈牙利的"匈"是种族名，而"牙利"是地名，"匈牙利"的意思实际上是"匈人居住的地方"，而"匈奴"这一称呼是地处中原的汉族最先开始叫的，在很长时间内，汉民族对周围民族一般都采用一种"蔑称"，例如"夷"、"狄"、"蛮"等，"奴"也是其中一种，例如我们过去称日本人为"倭奴"——这说明"匈奴"很可能过去就叫作"匈"。第二，在风俗方面，据历史记载，匈奴首领单于每天朝拜太阳、夜祭月亮，而匈牙利皇帝也有祭拜日月的习俗。综合种种，匈牙利应该就是中国古时的匈奴无疑了。

但是推论在没有成为科学结论之前永远是假说。如果说匈牙利人就是来源于中国的匈奴人，但为什么在匈牙利没有一件考古发现能够作证呢？哪怕是挖掘出一个古时"匈人"的头骨也好。因此要解开这个历史之谜看起来还需要很长时间。

阿提拉进攻高卢

尼安德特人真的绝迹了吗？

　　学者们普遍认为，在人类的进化过程中，直立猿人很可能是在大约150万年前出现的，而由直立猿人演变成智人大概是在50万年前出现。而多数的人类学家将"尼安德特人"列为智人的一个亚种，并以尼安德特智人的名称正式称它。"尼安德特人"因为考古学上的首次重大发现而得名：1856年，在德国莱茵省的一处名为尼安德谷的考古地点，出土了一个头颅的一部分，还有其他的一些骨骼，因此把这些骨骼的主人定名为尼安德特人。以后，在欧洲、北美洲以及中东的其他地点，又陆续挖掘到了更多的尼安德特人的骸骨。

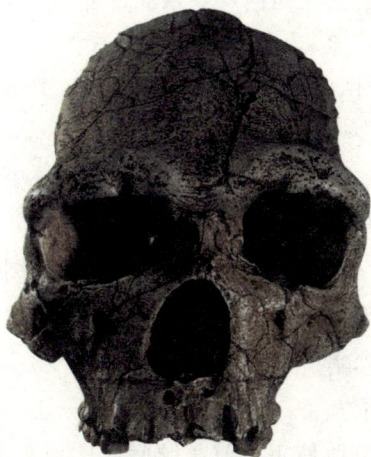

这个头骨反映了直立猿人向尼安德特人进化的中间阶段的特征。它发现于法国比利牛斯山区。

　　像所有的猿人一样，尼安德特人的最重要的特征就是他的颅骨。虽然每一个颅骨的具体形状是有所差别的，但它们已经具有了共同的特征。尼安德特人的颅骨是脑盖阔大呈现拱形，眼睛上方额骨隆起，下颌宽阔，牙齿巨大。尼安德特人的样子虽然还很像猿，但是他们的脑部容量已经与现代人不相上下了。从现存的骸骨来看，尼安德特人似乎粗壮结实，体格和身高与现代的爱斯基摩人有几分相似。

　　但是尼安德特人终于在历史的长河中灭绝了。是因为他们不能适应大约在4万年前冰期的最后阶段所造成的环境变化，还是被技能更加优越的种族取代了？或者，是因为他们与较近的种族杂交而在持续的进化过程中受到了同化？还有的学者认为，尼安德特人的头骨越来越大，婴儿的出生越来越困难，从而导致了尼安德特人种族的逐渐衰弱，从而导致了他们的最终消亡。以上的种种猜测，或许是尼安德特人灭种的原因。但是，尼安德特人

图为尼安德特人的骨骸，它发现于沙尼达尔洞穴。在它的周围发现有花粉的痕迹，也许花与尸体是同葬的，也许是从洞穴顶部落到尸体上的。

真的灭绝了吗？

1950年，苏联科学院一个部门，便曾报道在西伯利亚东北部酷寒荒僻的地区，发现了一群被称为"丘丘拉"的野人，而"丘丘拉"的意思就是被遗弃者或者是流浪者。并且这些野人说话的口腔声域极其狭窄，这有可能是遗传突变的后果，也可能是尼安德特人的后裔的迹象。

20世纪，一名在俄国革命期间驻防帕米尔山脉的军官，据实宣称他部下的士兵确实捕捉到了这样的一个生物，并且把它杀害了。而且这名军官在陈述的时候，屡屡地使用"前额倾斜"、"眉毛非常的粗浓"、"鼻子极其扁平"、"下颌阔大突出"、"中等高度"等这样的字句。而这些特征，与我们所知道的尼安德特人的特征是极其吻合的。如果是这样的话，那么这个士兵杀死的可能就是遗留至今的尼安德特人了。

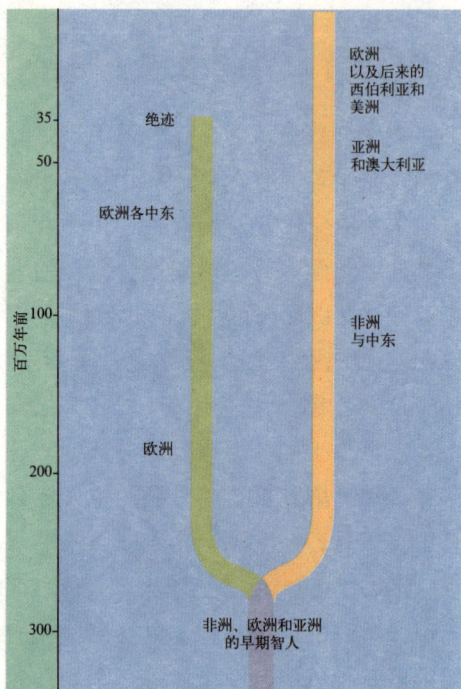

尼安德特人和晚期智人的起源

总之，我们对于尼安德特人的认识是模糊的，尼安德特人是我们人类历史进化过程中朦胧的一节。尼安德特人的来龙去脉，我们目前是不清楚的，究竟他们为什么消失了，他们是真的消失了吗？我们存在着许多疑问。伴随着分子遗传学和考古学的新发现，我们相信一定会有令人满意的答案。

东非是人类的发源地吗？

1871年，达尔文在《人类起源和性的选择》一书里就推测人类是从旧大陆某种古猿演化来的。他根据动物分布的规律，即世界上每一大区域现存的哺乳动物跟同一区域里已经灭绝的种属有密切关系，得出结论：古代非洲必定栖息着和大猿、黑猿及其相近的已经灭绝的猿类。由于大猿特别是黑猿与人类的亲缘关系较之其他动物更近，所以人类的祖先最早居住在非洲的可能性比其他各洲都要大一些。达尔文的观点是否准确呢？

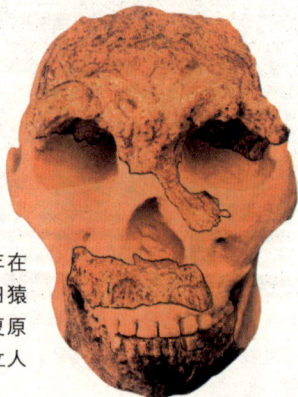

这是1963~1964年在中国蓝田发现的蓝田猿人的头骨和下颌的复原品。此发现表明直立人还散居在非洲之外。

20世纪20年代，考古学家在非洲首先发现了南猿化石，此后许多猿类化石和古人类遗骸也陆续在这里被考古学家发现。50年代特别是60年代以来，人们在这里找到了更多的古猿、南猿和直立人的化石，这些化石经放射性同位素方法测定发现，有些南猿生存在距今400万年以上。这些资料为非洲是人类的摇篮这一说提供了根据。

的确，非洲有可能是人类的发源地。据推测，在10亿多年以前，地球上曾经存在一个超级大陆，它分裂成几个板块后开始分离漂移，最终变成了我们今天所知道的亚洲、非洲以及欧洲等这几个大陆。这些大陆直到今天仍在漂移之中。非洲的东部边缘跟亚洲一起向东移动，而非洲的其余部分则缓缓地向西漂移。这被认为是造成巨大平行裂口的原因。这些裂口导致岩层中部向下滑落而形成一个很深的"谷地"，在谷地的两侧就形成了高高的峭壁。在肯尼亚的图尔卡纳湖岸和坦桑尼亚的奥杜威峡谷所发现的化石，证明在300多万年以前这里曾经有类似人的动物居住过，有些科学家根据这些证据认为大裂谷是人类的发源地。也就是说，东非可能是人类的发源地。

但是也有人不同意人类起源于非洲的看法，他们的理由是：第一，达尔文忽视了动物迁徙的问题，大型猿类在非洲出现就能得出人类一定起源于非洲的结论吗？相反的，按照动物迁徙的规律来说，它们的祖先还是应该到远离现代分布区的地方去寻找的。其次，古猿变成人，很有可能需要外界的刺激力，这就是地区环境变化的动力，如森林区变成疏林草原区。这种变化使得古猿不得不改变自身去适应环境。但是，现在的科学研究表明，非洲地区从中新世以来，环境变化并不激烈，虽然地形多变，但都不是对古猿变人的强烈的"外界刺激"。另外，从地理位置上来看，非洲其实只是欧洲大陆突出去的一个半岛。在动物地理分布或区系划分上，非洲和亚洲大陆同居"古北区"。那么我们就可以推测，在非洲发现的大量的猿类化石和亚洲大陆发现的化石之间存在密切的关系，很可能北非的那些古老的化石代表是源于亚洲，这些古

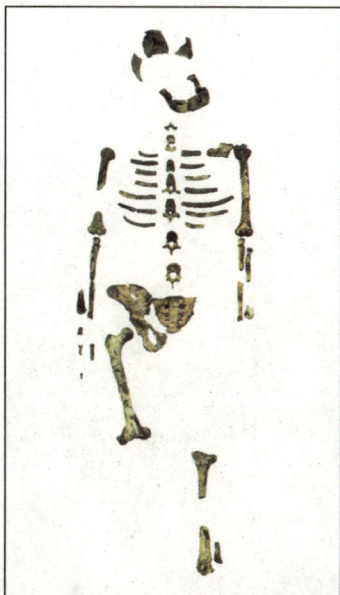

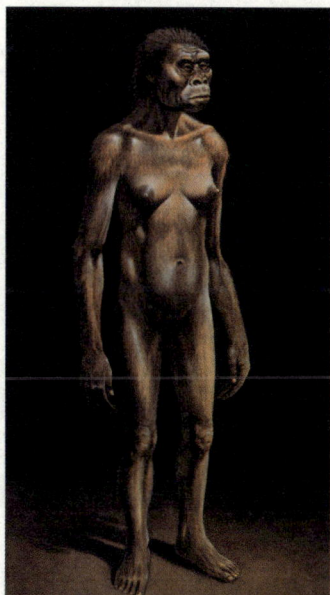

发现于埃塞俄比亚的这具几乎完整的人科家族女性骨骼（左），被确证生活于320万年前。骨盆构造表明她已直立行走，身高1.2米左右，是非洲南方古猿的一种。右图为她的复原图。

猿有可能是从亚洲迁移到非洲的。那么，有没有可能人类是起源于亚洲的呢？

人类起源亚洲说早在 1857 年就有人提出了。最早提出人类亚洲起源说的美国古生物学家赖第就主张人类起源于中亚。1911 年，另一古生物学家马修在一次题目叫《气候和演化》的演讲中列举了种种理由，强调高原是人类的摇篮，影响很大。1927 年在我国发现"北京人"之后，中亚起源说更加风靡一时，30 年代还组织了中亚考察团到蒙古戈壁里去寻找人类祖先的遗骸。主张中亚说的人阐述了他们的理由，

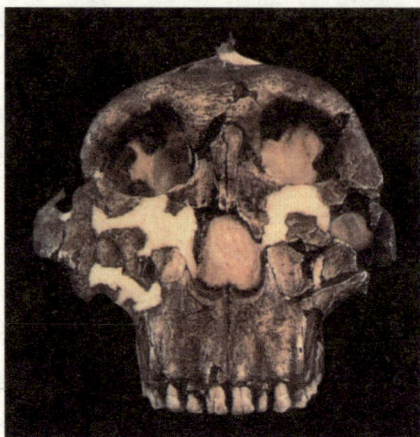

在奥杜威山谷发现的南方猿鲍氏种的颅骨。

重点落在如下几个方面。第一，非洲缺乏"外界刺激"，而中亚却有，那就是喜玛拉雅山的崛起，使得中亚地区高原地带的生活环境比低地困难，而对于动物演化来说这种刺激却是大有益处。这些外界的刺激可以促进人类的进化并最终形成。第二，按哺乳动物迁徙规律说，常常是最落后的类型被排斥到发源地之外，而最强盛的类型则留在发源地附近继续发展，因此在离老家比较远的地区反而能发现最原始的人类。这一说法的一个有力证据是当时发现的唯一的早期人类化石——爪哇直立人，它正好印证了这一假设。

除了中亚说之外，还有人主张人类起源于南亚。这种假说最早是海克尔提出的，海克尔绘图表示现在的各个人种由南亚中心向外迁移的。他认为，除了非洲的黑猿、大猿和人类亲缘关系相近之外，褐猿和长臂猿的化石和遗骸在南亚发现得很多。并

图为奥杜威峡谷，它位于非洲坦桑尼亚北部，是世界闻名的考古遗址，这里出土了大量的化石和旧石器时代的石器。

且，最近有人用分子生物学的研究方法证明褐猿和人类的关系甚至比非洲的猿类与人类的关系更密切，这又为南亚起源说提供了有力的论据。

当然了，人类的起源究竟是非洲还是亚洲，是中亚还是南亚，我们目前仍然无法确定。看来，我们只能期盼着更为详细和准确的考古资料来给我们一个答案了。

玛雅文明为何如此先进？

智慧的玛雅人创造了灿烂的玛雅文明，但直到1576年，由于西班牙王室使者迭戈·加西亚的发现才使得在中美洲丛林中沉睡达几个世纪之久的玛雅文明浮出水面。几个世纪以来的研究表明，玛雅文明已达到了令人吃惊的先进程度。

公元前1000年，玛雅人在危地马拉、洪都拉斯、墨西哥等地过着定居的农业生活，从此，玛雅文化开始形成。

据研究，玛雅人有独特的年表体系，他们把各个重要的历史日期记载在石碑、绘画里，甚至陶器上，通过对年表象形文献的分析研究，人们能准确地知道发生的历史事件，知道在玛雅各个城市中几个主要历史人物的名字及其出生、登基、去世的日期和地名。

根据传统的年表，玛雅文化史可划为三个阶段：(一)前古典时期，约从公元前1500年到公元317年；(二)古典时期，从公元317年到公元889年；(三)后古典时期，从公元889年到1697年，至此，最后一批有组织的玛雅人被西班牙人征服。在不同的时期，玛雅文明呈现出不同的特征。

在前古典时期，已经出现了玛雅历法。南部玛雅人在制作陶器、石雕艺术等方面取得了巨大的发展。中部玛雅人建有房基，也制作陶器；建有拱顶和添加灰浆的毛石工程；还竖有一系列初期的古碑。北方玛雅人不仅可以制作简陋的原始陶器，而且还建有大型的宗教中心。

雨神

雨神是众多玛雅神中极其重要的一个，被称为"察"。

泰可城

泰可城是玛雅文明中最大的一个城市。它的遗迹在现在危地马拉北部的热带雨林中。

209

大约在公元元年前后，玛雅人独立地创造了象形文字。玛雅人以石碑作年鉴，每20年立一块石碑，以记载发生的重大事件。令人遗憾的是，用玛雅文字撰写的典籍都被西班牙殖民者入侵美洲时当作"异端邪说"而烧毁了。现得以幸存下来并公认的只有3本，即《玛雅三抄本》。

另外，玛雅人也十分精通天文学，他们能准确地预测到日食、月食，并计算出金星公转的周期，其数据的精确度超过同时期的中国和欧洲。他们还制定了太阳历，将一年分为18个月，每月20天，外加5天的1个月，共计19个月计365天，对时间的计算其准确度超过了当时世界上通用的格列历。玛雅人在数学上也成就斐然。早在公元前3000年，玛雅人就发现和使用了0这个数字，这比世界上其他民族要早800年。

在古典时期，南方玛雅人产生贸易交换并得以繁荣。到后期，除了北方地区之外，大都出现了文化衰退。在中部地区有美丽的彩陶和石雕，还出现了更为精美的毛石工程、加工精细的尖顶石碑雕刻和特佩乌陶器。

在建筑、雕刻和绘画上，玛雅人更是堪称一绝。在他们建造的宏伟壮观的宫殿与欧洲最大的宫殿不相上下，巧夺天工的石砌金字塔、太阳庙堪与埃及金字塔媲美，而且镶嵌在每一建筑物上的巨型石雕精美绝伦而又含意深邃。更有意思的是装饰在建筑物正面的蛇形神面具与中国商朝时代祭皿上的饕餮纹十分相似。

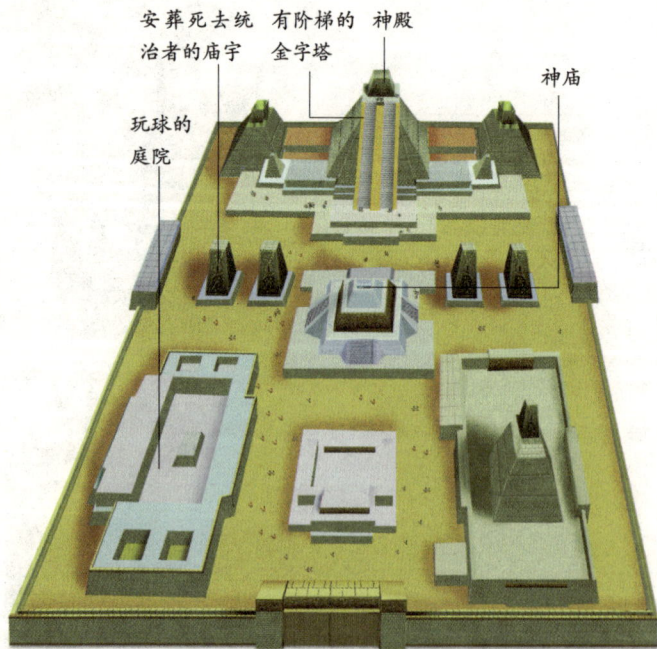

玛雅城市

玛雅城市的中心是高耸的金字塔形状的庙宇。在庙宇建筑群内包含了特别的庭院，用以进行玛雅人喜爱的游戏。

在后古典时期，南方玛雅人被托尔蒂克人征服。这里的玛雅文明出现了陶制塑像，在山岗顶上建有防御工事。后来，北方玛雅人也被托尔蒂克人征服；并在奇钦伊察形成了一个巨大的统治中心，人们崇拜"库库尔坎"——长羽毛的蛇神；制成精致的器皿。奇钦伊察后被遗弃，玛雅人迁都于玛雅潘。

玛雅文明现已成为人类文明史上一颗璀璨的珍珠，尽管它被湮灭在历史的洪流中，然而它的光辉将永远闪耀着。

是否确有亚马孙女人国?

在希腊神话中，关于亚马孙女人国的故事实在是最为丰富也最为精彩的一部分。亚马孙是一个异常凶悍的女性国度，她们一族发源于小亚细亚的峡谷和森林之中，其大体位置在希腊以东黑海沿岸的庞图斯地区，都城在铁尔莫东河畔的泰米细拉。据说亚马孙人有两个女王，一个负责战事，另一个则负责政务，并一同管理整个国家。相传每一个亚马孙女战士长大成人时都会烧掉或切去右边乳房，以方便于投掷标枪或拉弓射箭。亚马孙人在女王的统治下，相信自己是战神阿瑞斯的后代，此外她们也崇信狩猎女神阿尔特弥斯。战争、狩猎、简单的农业构成了女人国女人的全部生活。绝大多数的亚马孙女战士都是在马背上作战，精于骑射，甚至有不少亚马孙人以雇佣兵的身份出现在世界各地的军队中。

传说中男人不能进入亚马孙人的国境，为了避免种族灭绝，她们一般会一年一度地访问临近部落加加里亚人，之后所生的若是女婴，就妥善抚养起来，倘若是男婴，一般直接杀掉，偶尔也送还给他们的父亲。

亚马孙武士多次与希腊英雄交过手，例如大力神赫拉克勒斯的12件苦差之一就是取走了亚马孙女王的那件漂亮黄金腰带，他因为误会又杀死了女王希伯吕忒和她的很多侍女，于是女王之妹安提奥帕为了报仇，率军入侵希腊，结果战死在提秀斯所率领的军队中，从今天所发掘的希腊绘画中，还能看到那场战争的规模之大。荷马史诗的《伊利亚特》也提到，亚马孙女人国曾经援助特洛伊，结果在第十年女王为阿喀琉斯所杀。

在《哥伦比亚百科全书》中，也有关于亚马孙女人国的词条。它是这样描述这一奇异部族的：亚马孙是一个尚武的部落，生活在小亚细亚。这是一个女权制的社会，妇女善于打仗和管理，男人操持家务。每个妇女必须杀死一个男人才能结婚，而且所有的男婴在出世后就必须被杀死。据说她们

狩猎女神

图中左边持弓箭的正是狩猎女神阿尔特弥斯，她是亚马孙女性的崇敬对象。图中的猎犬正在撕咬自己的主人阿克泰昂，因为阿克泰昂在爱的女神阿佛洛狄特洗澡的时候偷看，所以，阿尔特弥斯在盛怒之下叫阿克泰昂自己的狗撕咬他。

英勇善战，征服了小亚细亚的许多地方，如佛里吉亚、色雷斯、叙利亚的许多地方。

长期以来，在神话和事实之间，人们存在着许多的疑问，这亚马孙女儿国仅仅是诗人们的凭空想象，还是确有其事？许多人认为，亚马孙女战士不过是一个神话，因为直到今天，我们也没能找到她们的遗迹。但是假如她们压根儿不存在，那为什么希腊人不惜浪费时间和笔墨去雕刻亚马孙女人的雕像，并且为她们谱写赞歌？

有人说所谓亚马孙女儿国不过是男性统治的希腊人的想象，并且这种想象从来就没有中断过。实际上中国也有类似的记载，例如中国唐朝圣僧玄奘法师写的《大唐西域记》中就提到一个女儿国，说

士兵头盔

东罗马帝国的西南海岛上，"全是女人"，"有产男子皆不养也"。后来吴承恩在《西游记》中又对女儿国的事情作了夸大处理，结果成了全书极其精彩的一章。一直到了 16 世纪，一支西班牙寻宝队还宣称在亚马孙河遭到一群酷似传说中亚马孙女战士的袭击。

但是除了神话传说、美术雕刻和文学作品之外，亚马孙女人国在历史典籍中也有涉及，这就不能不引起人们的重视了。古希腊历史学家希罗多德的《历史》中对亚马孙女人国的轶事作了详尽的描述，其中最为详尽的是亚马孙人与希腊人的最后一场战争。希腊人最后打败了她们，并准备把大量俘虏运到雅典，可是当船到海上时，由于看守不严，亚马孙女战士杀死了押运她们的希腊人。但是她们却对航海知识一无所知，于是随船漂流到黑海东北部的亚速海地区，遇到了塞西亚人，旋即与他们发生了战斗，可是一旦塞西亚人发现这些身

战神阿瑞斯雕像

原雕像创作于公元前320年左右。传说中的亚马孙人自诩为战神阿瑞斯的后代，她们骁勇善战，英勇无畏。

着男人服装的剽悍女人，马上放下武器，转而向她们求爱，这样最终他们中的年轻男子和这些女武士生养孩子，组成了一个"女权制部落"。希罗多德说这是绍罗马特亚人的起源。但是究竟希罗多德自己有没有见过亚马孙女战士，我们就不得而知了。

1997年的考古大发现，也许为这个千古之谜打开了冰山一角。在这一年，美国和俄罗斯联合组成的考察队在靠近哈萨克斯坦的俄罗斯南部草原上开启了150多个公元前600年到公元前200年前的游牧部落的坟墓。里面的兵器和女性骨骼被埋葬在一起，其中一个妇女的身上深深地嵌着一个箭头，估计是在战斗中被射死的。其中最为惊人的是一个年纪约在14岁左右的女孩子，她的骨架旁边除了放一把剑外，颈上的一个皮革小袋子里还放着一个护身符和一个铜制的箭头，右边是一把匕首，左边一个箭袋装有40多支箭。她的双腿有些弯曲，估计和长时间骑马有关。由此可见她所在的部落是从小就开始训练打仗的。

这么一幅"巾帼武士"的图画，令很多人都忍不住发问：难道她们就是传说中的亚马孙女战士？但是研究者仔细观察后发现，她们虽然看起来像是武士，但是骨架上并没有显示出更多暴力死亡的迹象。这是一个很大的疑点，由此一些俄罗斯的专家认为，可能她们属于一个好武的部族，这些武器只是陪葬品罢了。

亚马孙女儿国是否子虚乌有，看来仍要时间来验证了。

拉奥孔

在著名的特洛伊战争中，特洛伊城的祭司拉奥孔识破了希腊人的诡计，警告特洛伊人不要把那只被遗弃的木马搬进城里。结果由于泄露了秘密，拉奥孔与两个儿子被阿波罗与阿尔特弥斯派来的两条巨蟒杀死。

213

诺曼底登陆成功的背后英雄有多少？

丘吉尔曾说过这样的话："战争中真理是如此宝贵，要用谎言来保卫。"此话一语中的，泄露了第二次世界大战期间盟军诺曼底登陆计划取得成功的又一"天机"。就让我们以那些在看不见的战线上活动的幕后英雄的故事来探讨一下其中的奥妙吧！

第一个故事以一位代号为"宝贝"的双重女间谍为主人公。她的本名叫纳萨莉·萨久依安。她在俄罗斯出生，后来加入法国籍。二战爆发后，成为德国情报部门的一员。她被派往马德里，一位她在那里结识的美国朋友改变了她的命运。这位朋友建议她效力于盟国，并帮她联系上了英国使馆。本来纳萨莉和纳粹德国的头目赫尔曼·戈林关系很好，哪知一踏上英伦三岛，纳萨莉就背叛了纳粹德国，开始秘密地为英国"军情五处"办事。英国人通过纳萨莉，获得了纳粹德国的大量情报。

整个二战期间，谍报战线的形势异常复杂，可谓我中有敌，敌中有我。有时为了达到某个目的，可谓想破了头。而有时绞尽脑汁也使不出诡计的，却又轻易地得到了。冒牌的"蒙哥马利"就是其中的一个例子。

1944 年 5 月 26 日，希特勒仔细地端详着一张照片。照片上的人是英国陆军元帅蒙哥马利。这张照片是德国间谍于当天拍摄的。希特勒疑惑不解，蒙哥马利为什么要来这里。不久，又从密探那里获悉，蒙哥马利又去了阿尔及尔，并带来印有他名字缩写的手绢。苦苦思索的希特勒立即下令召集高级将领会议。会上，大家表达了各自的意见，最终取得共识：盟军即将在法国南部的加莱地区登陆。

艾森豪威尔将军像

然而，这一切都是盟军精心设置的"铜头蛇"行动的一部分，它其实是一个圈套。所谓"铜头蛇"行动，是由英国情报部门在诺曼底登陆战前夕进行的一场秘密情报战。其内容是在诺曼底登陆作战之前，找一个与英国陆军元帅蒙哥马利长相酷似的人冒充他进行一系列掩人耳目的活动，以便以证据确凿的"事实"向德军表明，英国登陆作战最高指挥官蒙哥马利元

盟军在诺曼底登陆的场面

帅已经到了非洲的直布罗陀和阿尔及尔而不在英国,从而使德国人相信:盟军的登陆地点不是法国北部的诺曼底,而很可能是法国南部的加莱地区。

假戏真做的布律蒂斯也在盟军登陆诺曼底计划顺利实施过程中扮演了重要的角色。

"巨人"电子译码器
盟军利用这种机器解开了德军的超级密码。

1944年初,驻扎在法国的德军兵力要比英美两国登陆部队的总兵力雄厚得多。如果德军将主要兵力集中于诺曼底,盟军的登陆行动计划肯定会受到很大的阻碍。为确保成功,盟军还决定同时采取"霸王行动"。这一行动主要是阻止德军的主力向诺曼底转移,使德军把与英国东南部仅一水之隔的法国加莱地区错认为登陆地点。"计划"虽好,但是实施起来并不容易。这时,英国人想到了"德国间谍"布律蒂斯,决定通过他假传情报,迷惑德军。

盟军为了执行这一庞大的冒险计划,也做了大量的准备工作,以配合布律蒂斯向德军传送假情报,例如派出飞机对加莱地区的德军兵营进行轰炸,制造出要在加莱同德军决一死战的架势;派出装有电台的汽车在这个地区迂回,发出几千封电报供德军监听。

这一切假象做得天衣无缝,致使德国人完全上了当。他们认为,依靠布律蒂斯这个优秀的间谍人员识破了盟军的入侵计划。于是,德军将最精锐的部队和庞大的坦克群集结在法国北部加莱地区……

当然,除了我们已知的几位幕后英雄外,还有许多不为人知的地下英雄都为这次登陆做出了巨大的贡献。正是借助他们的力量,1944年6月6日,一批神兵在诺曼底从天而降,而此时希特勒的重兵却还集结在加莱地区待命。

日本偷袭珍珠港能够避免吗?

日本偷袭珍珠港是第二次世界大战的转折点。从此,太平洋战争爆发,美国参战,日本走上了不归之路。美国人一直将珍珠港事件视为自己的耻辱,将责任全部推到日本一方,然而,真相到底如何呢?

著名美国历史学家舍伍德在其所著的《罗斯福与霍普金斯——二次大战时期白宫实录》一书中详细分析了美日的珍珠港事件前的外交谈判过程。日本前驻德大使来栖三郎1941年11月6日赴美,与驻美大使野村一起和美国举行了谈判。11月20日,

罗斯福总统对日宣战

日本代表作出了准备同美国达成协议的姿态，向美国国务卿赫尔递交了日本政府的"和谈新建议"。然而，11月22日，美方用所谓"魔术"的特殊方法截获和破译了日本外相东乡给野村和来栖发的密码电报。在这份电报中，东乡指示野村和来栖，日本政府20日的建议是："绝对最后建议"和"防止某种事件发生的最后努力"。这个最后通牒的期限是11月29日，电报最后强调，"最后期限绝对不能改变。在这之后，事情将自动地发生"。11月26日，赫尔国务卿对日本的建议作了答复，向日方代表递交了美国政府拒绝日本建议的照会，即所谓《赫尔备忘录》。因为美国截获和破译了日本的密电，美国方面觉察到日本将有所行动，但并不清楚日本的具体进攻目标，对此，就连日本谈判代表野村和来栖也不知道。舍伍德指出，11月25日日本机动部队向珍珠港进发，这正是东乡密电上指定的"绝对最后期限"的前4天。这就是说，日本根本不需要美国的答复，在一本正经的、无效的外交换文还在继续之际，战争就已经发动了。

当然，这只是美国学者的看法，对于这件事情，有些日本人又是另一种说法。

日本偷袭珍珠港成功

日本袭击珍珠港的飞行部队总指挥官渊田美津雄于 1967 年再版了他的《袭击珍珠港》一书，对日本袭击珍珠港的指责作一番解释。他指出，罗斯福总统在当时那种情况下为了使美国人民在参战问题上统一起来，千方百计想找一个类似的"路西达尼亚"号邮船惨案的事情作为参战的借口 (1915 年 5 月 7 日，美国以"路西达尼亚"号邮船惨案为借口对德宣战，参加了第一次世界大战)。日本电报密码早已被美国先进的无线电监听系统破译了，而且，美国人早已得悉日本正在觊觎

正在准备和谈的日美双方

作为假象，日本大使野村吉三郎（左）及特使来栖三郎笑容满面地随同美国国务卿赫尔前往白宫，而此时南云中将已率领日本攻击队驶向珍珠港。对于即将发生什么，双方是不是都心知肚明呢？

珍珠港。罗斯福对这件事情是完全清楚的，但他愚弄了人民和军队，故意使太平洋舰队处于无准备状态。

另外，当时任机动部队第一航空舰队参谋的原田也曾经写文章表示，美国政府早已得到情报。罗斯福总统深谋远虑，企图以此振奋士气。

随着影片《珍珠港》的上映，珍珠港事件再次成为热门话题，但珍珠港事件真相究竟如何，目前我们仍不得而知。

伊拉克的战机外飞之谜

知己知彼，方能百战百胜。若是双方均能如此那就不分胜负了。可见还要做到"故弄玄虚"，知己防彼。1991 年的海湾战争，伊拉克百架战机在大敌当前之际非但没有奋起反击，反而逃之夭夭，转飞伊朗。此"玄虚"弄得人们大为疑惑，至今无人知晓其中真正动机。

这支自诩为"世界上第 5 支最强大的军队"到底搞什么鬼？

西方新闻媒体曾对伊机外飞事件大肆报道。真真假假，扑朔迷离。使这一事件令人难辨真伪，然而归纳起来也不外乎有

战争后期科威特油井燃起大火

伊拉克撤离科威特时点燃了油井。虽然失败已成定局，萨达姆并不认输。飞往伊朗的战机就是留作回击的一招妙棋吗？

下面四种说法：

一种说法认为这是伊方的"韬晦之计"。众所周知，由于两伊战争刚刚结束，双方的敌对关系有所缓和。而海湾战争爆发后，伊朗即宣布中立以自保。在这种情况下，与其凭借地下防护体将战机留在国内倒不如将一些较为先进的飞机保存在中立国伊朗境内，故而战机纷纷外飞。

也有一些人士另持"未遂政变"一说。一部分西方人士纷纷猜测，伊国内的一起未遂政变可能是伊机外飞的直接原因。苏联某官方通讯社对于这一揣测也给予了证实。报道如下：伊拉克在海湾战争中表现不力，致使多国部队节节胜利，萨达姆颜面大失，遂杀鸡儆猴，将两名空军司令以"防空不力"罪处决。随后，一些属于这两位司令派系的空军将领及飞行员旋即发生政变，未果。政变败露后，牵涉其中的一

海湾战争后期的萨达姆像

部分官员即驾机出逃，寻求政治避难。

还有一种说法是"厌战开小差说"。有消息宣称，除向驻科伊军投放大量的收音机以及传单之外，多国部队还在美国示意下向伊本土投了数以百万计的传单，规劝他们弃械投降。可以说，心理战虽谈不上所获颇丰，但毕竟还是有一定成效的。故而许多西方人士认为伊空军有可能是开小差，临阵脱逃，以免多国部队"以石击卵"，做无谓的牺牲，这成为对这一事件的又一种新的诠释。

第四种就是所谓的"留作反击说"了。执行沙漠风暴的美军对伊拉克战机外飞伊朗一事心情复杂。一方面他们看到数以百计的伊战机受制于多国部队的狂轰滥炸，致

巴格达上空弹雨纷飞
迎战美国针对性的空袭，伊拉克予以回击。

执行战斗任务的美军轰炸机从航空母舰上起飞

使伊空军无法发挥应敌效应，只能外逃。而同时，他们也意识到这些外飞的战机有可能东山再起，成为美国及多国部队的隐患，这对于多国部队而言不可谓不是一颗定时炸弹。然而，事后伊战机的表现证明了这一担忧纯属杞人忧天，外逃飞机既无任何一鸣惊人之举，也没有卷土重来之势，其命运如何亦不为世人所知了。

"出逃"抑或"避难"、"阴谋"抑或"无计"、"厌战"抑或"保存实力"……至今这一系列疑团仍萦回于人们的脑海中，引起多方揣测。只是这些扮演神秘角色的外飞战机何去何从？阿门！愿上帝保佑他们生存至今。

科索沃战争中"特遣部队之鹰"计划缘何流产？

战火燃烧的 1999 年 3 月，美国迟迟未向科索沃派遣地面部队，受到北约其他国家的广泛质疑。

美国的妙计是什么呢？是"特遣部队之鹰"。原来，为了赢得各成员国民众的支持，并在战争中最大限度地减少飞行员的伤亡，北约专门制订了所谓"捕获—22"战略计划，对南联盟的军事目标发动有限的空中打击。对此，美国国防部的高级官员和北约最高司令克拉克将军多次向白宫提出警告：企图靠几天的空袭使米洛舍维奇屈服是不现实的，飞机不可能摧毁南联盟的武装。对此，白宫无从回答。因为按照白宫的设想，这个任务属于"阿帕奇"。

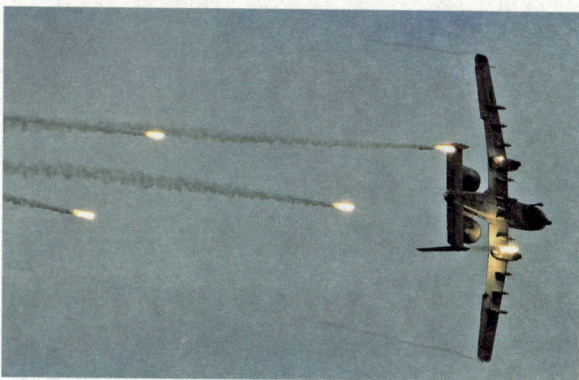

A-10雷电Ⅱ攻击机

F117隐形轰炸机曾在科索战争中大出风头

但是，在所有的一切都准备好了之后，美国当局突然下令撤回"阿帕奇"。就这样，耗资数亿的"阿帕奇"在没发射一枪一弹的情况下，便领命按原路返回了。为什么要取消原定计划？

为了探得其中的缘由，《今日美国报》资深记者达娜·普里斯特对驻欧美军 40 多位飞行员和指挥员以及包括 7 名四星上将在内的华盛顿高级国防官员进行了几个月的

"阿帕奇"武装直升机

采访。2001年1月2日，答案终于水落石出：最终导致白宫不让"阿帕奇"参战的是拉尔斯顿等人估计出的令人沮丧的伤亡人数。

"特遣部队之鹰"司令约翰·亨德利克斯和克拉克早就告诉美国政府，任何伤亡估计都是不足信的，但在这场特别注重飞行员安全的空袭战中，最敏感的问题还是伤亡。

到了今天，一些北约和美国的军官仍然愤愤不平，要是"阿帕奇"能够及时派上场，战争早就解决了。美国陆军部长卡尔迪拉谈及流产的"特遣队之鹰"计划时愤愤不平地说："某些人形成了一种奇怪的思维：在训练中死多少人都是可以接受的，战争中却绝对不能死人。他们给士兵们设立了一种错误的标准。"

然而，按照美国参谋长联席会议的一些成员和五角大楼官员的说法，之所以取消计划，并不是过于担心人员伤亡，他们的理由是："特遣部队之鹰"存在许多问题，它太脱离常规了，抵达阿尔巴尼亚太慢了，它不可能消灭足够多的敌方目标，从而彻底使战争进程改变。何况5月中旬，A—10飞机已经参战，"阿帕奇"就更没有参战的必要了……

不管怎样，"特遣部队之鹰"终于胎死腹中，留给美国的是一肚子的牢骚和不平，也许还有其他……真可谓是：机关算尽太聪明，反误了卿卿性命。

中国篇

寻找悠久的渊源

汉字起源真是 "仓颉作书" 吗？

　　早在几千年前就产生的汉字孕育和记录了中华民族古老的历史文化，传承了黄土地上悠久的文明。汉字以它独特的形状和用法而在诸多文字中独树一帜，汉字是怎样产生的？又是什么人发明的？对于这个问题，历来有不同的说法，最为流行的是 "仓颉造字" 说。

　　关于 "仓颉造字"，有个美丽而神奇的传说。仓颉本来是黄帝的史官，他有着四个眼睛，能上观天文，下察地理，还能看到一般人所看不见的东西。黄帝时期，人们都还在结绳记事，这种方法过于简单，没办法将复杂多变的各种情况记录下来，人们往往因为无法正确传达和交流自己的意思，而使农耕生产受到了阻碍。于是关心民生的黄帝就命令仓颉去想办法。仓颉接到命令后，把自己关在洧水河岸边上的一个房子里，天天想得饭都忘了吃，觉都顾不得睡，整天蓬头垢面，还是很长时间也没造出字来。有一天，他站在屋门口的大树下发呆，一只凤凰飞过，把嘴中的果实丢在他面前，仓颉捡起来仔细一看，发现上面有一个从来也没见过的图案，十分美丽。这时有一个猎人经过，看到那个图案就告诉他说那是貔貅的蹄印，与

仓颉像

仓颉，姓侯冈，南东吴村人，生而神明，有四目。为黄帝史官，始因鸟迹而制字，天为雨粟，鬼为夜哭。

仓颉造字图 汉

西晋卫恒《四体书势》道："昔在黄帝，创制造物。有沮诵、仓颉者，始作书契以代结绳，盖睹鸟迹以兴思也。因而遂滋，则谓之字，有六义焉。一曰指事，'上、下'是也；二曰象形，'日、月'是也；三曰形声，'江、河'是也；四曰会意，'武、信'是也；五曰转注，'老、考'是也；六曰假借，'令、长'是也。"

别的兽类的蹄印不一样，而且世界上万物的蹄印都是各不相同的。仓颉从这些话中得到了启发，意识到自己原来造不出字是因为闭门造车的缘故。于是，他周游四方，跋山涉水，看到什么都要仔细地观察和思考，将他们的特征记下来，风花雪月、飞禽走兽、日月星辰都成为他的灵感来源。他将这些灵感的美丽动人的地方整理出来，成为最早的象形字。传说他在造字的时候，天上竟然不可思议地下起米来，夜间听到天地间有野鬼凄厉的哭嚎声。仓颉把他造的这些象形字献给黄帝，黄帝看后非常满意，立即召集九州酋长前来，让仓颉把造的这些字传授给他们，九州酋长们又在各自的部落和领土大力推行。于是，九州大地人们都开始使用这些象形字，这给人们生产生活和交流信息提供很大的方便。

关于这段传说，很多书中有相关的记载，在汉代淮南王刘安著的《淮南子》一书中说："颉作书，天雨粟，鬼夜哭"。汉代最伟大史学家司马迁在《史记》一书中也说："造端更为，前始未有，若仓颉作为……是也。"到了东汉，许慎更是很明确地在《说文解字》中写道："黄帝之史仓颉，见鸟兽蹄迒之迹，知分理之可相别异也，初造书契。"《兖州续志》中说"仓颉，冯翊人，黄帝史官也。生四目，观鸟迹而制字。"此外，为了纪念仓颉造字的功劳，后人还根据传说把河南新郑县城南仓颉造字的地方称作"凤凰衔书台"，到了宋朝时还有人在这里建了一座叫"凤台寺"的庙宇。甚至仓颉的坟墓也有多处，其中文物考古工作者在现在的铜城镇王宗汤村调查发现一处龙山文化遗址，距今约4000余年，据说原来就是被当地人称"仓王坟"，坟前原来还建有"仓王寺"。可以看出，仓颉造字的说法还是很有来历的。

但是如果客观和理性地分析的话，汉字的复杂和多变根本不可能由一个人在一个较短的时间内发明出来。仓颉所处的时代还是原始社会，人们每天风餐露宿，最基本的生活都无法

甲骨文 商

商代的甲骨文是中国目前最古老的可系统识别的文字，距今有三千多年的历史。

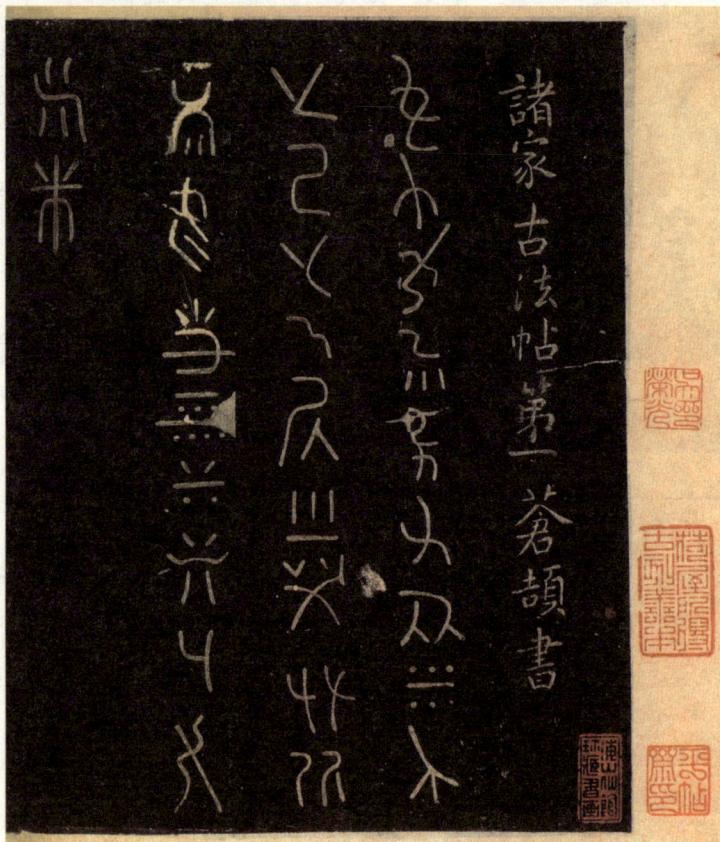

仓颉帖 远古 仓颉

这是北宋太宗淳化年间摹刻的《淳化阁帖》中收录的一幅仓颉的书法。近现代的许多学者对此帖议论纷然，很多人认为它是后人拟造的仓颉的书法，也有人对此持保留态度。研究者认为这些文字属于典型的篆书系统。

保证，如此低的生产水平和文化水平要发明像汉字这样既是独立发展又有相当久远历史的文字，对仓颉这种原始人来说简直不可能。此外，根据学者的考证，当时的文字有许多异体字，无疑产生于很多人的手中，所以人们认为"仓颉造字"是一种不太可信的说法，可能性大些的是他对这种形体不一的文字进行了整齐划一的工作。荀子就曾经认为：古时候，创造文字的人很多，文字是众人发明的，仓颉的功劳只是在于整理它们罢了。一个很有说服力的考古史实是有人发现西安半坡出土的陶器上有一些刻画符号，笔画简单，距今大约 6000 年左右，比仓颉造字的时代早 1000 年。除了仓颉外，还有传说中的神农作穗书，黄帝作去书，祝融作古文，少吴作鸾凤书，曹阳氏作蝌蚪文，曹辛氏作仙人书，帝尧作龟书，大禹铸九鼎而作钟鼎文等等，可以说是各有各的道理。文人学者们为此考证了 2000 多年，发表了各种看法，但谁也没能压倒对方，成为权威。

但不管"仓颉作书"的真相是怎么样的，不论它是严肃的史实还是美丽的传说，都反映出人们对祖国文字的热爱、对它传承中华民族悠久文化的肯定。正因为人们对那些造字的祖先怀着热烈的感激和景仰，那些动人的传奇才能流芳千古。

"尧舜禅让"是礼让还是篡位？

尧是远古时期有名的贤德的君主，他是三皇五帝中的第四个帝。他不"唯亲是举"，大力举荐有才干的舜为自己的继任者，这就是历史传说中有名的"尧舜禅让"。但是现在却有人开始怀疑这种说法的准确性，毕竟这仅仅是远古流传下来的一个传说，到了春秋时期，才有人把它诉诸于文字。所以，关于尧舜之间权力交接的真相，就成了一个千古疑案，后世的人们众说纷纭，莫衷一是，但争论的同时，这个千古未解之谜也为我们留下了很多美丽的传说。

大部分人还是比较认可"举贤"说的，因为这反映了我们中华民族的大公无私、唯才是举的传统美德。传说中，舜姓姚，他的父亲是个瞎子，他的母亲很早就去世了。后来，他的瞎父亲又娶了一个妻子，舜的后母心胸狭窄，而且心地狠毒。后来，后母生了个儿子，取名叫象。象好吃懒做而且飞扬跋扈，在父母面前，他经常说哥哥舜的坏话。舜的父亲也被他们拉拢到一起，站在他们的战线上。所以，夫妻俩和象常在一块儿商量，如何找机会害死舜，这样，象就可以继承父母的全部财产。但舜心地善良，并不介意他们的故意刁难。他还是一如既往的孝顺自己的瞎父亲，对后母和弟弟也很好。

尧帝像

尧是中国古代传说中的五帝之一，姓祁，名放勋，号陶唐氏，史称唐尧。陶唐氏是黄帝的后裔，最初定居在冀方(今河北唐县)，后来迁移至晋阳(今山西太原)。帝尧为陶唐氏部落首领后，建都平阳(今山西临汾)，命鲧治水，又命羲、和二人掌管时令，制定历法，教民按时农作。尧年老之时，叩询四岳的首领，举贤者，命舜摄政，经过三年的考核，让位于舜，史称"禅让"。

当时，尧已经八十六岁了。他觉得自己年老力衰，于是叫大家推举贤能的"接班人"，大家一致推举很有威望的舜。尧听了人们的推举后，决定先考验考验舜。于是，尧把自己的两个女儿娥皇和女英都嫁给了舜，并且派舜到各地去同人们一起干活。他先派舜来到历山脚下去种地。在舜来之前，那里的农民经常为了争夺土地不时地发生一些冲突。等到舜到了那儿后，农民们在舜的教化和领导下就变得互相谦让，经常你帮我，我帮你，把生产搞得很好。舜又到河滨去烧制陶器。原来那儿的陶工干活粗制滥造，陶器质地粗劣，等到舜一去，陶工们在舜的组织下，认真工作，制作出来的陶器十分精美。总之，舜每到一个地方，人们都愿意跟随着他。那时候，父权制已经确立，人人可以拥有财产。由于舜的才能，舜拥有了许多私有财产。

舜帝像

舜的瞎父亲和弟弟象听说舜有很多财富，又起了坏心。有一次，父亲叫他修补粮仓的屋顶。当舜沿梯子爬上屋顶的时候，他们就在下面放起火来，想借机把舜烧死。舜在屋顶看见起火了，想找梯子时，梯子已经被狠心的父亲和弟弟藏了起来。幸好当时，舜随身带着两顶遮太阳用的笠帽。他灵机一动，双手平举笠帽，像鸟张开翅膀一样跳下来。舜轻轻地落在地上，一点也没受伤。舜并没有怪罪他们，还是像以前一样尊老爱幼。一计不成，他们又设计了一个陷阱。一天，他们叫舜去掏井。当看到舜跳下井后，象和他的瞎眼父亲就在地面上把一块块石头丢下井去，把井填没了。他们企图把舜活活埋在里面。后来聪明的舜在井边掘了一个孔道，钻了出来。尽管父母兄弟对待自己不好，但舜还是像过去一样和和气气地对待他的父母和弟弟。于是，一家人就开始和和睦睦地在一起生活。

尧听说舜这样宽宏大量后感到很放心。于是在一个风和日丽的黄道吉日，尧在京城南郊举行了重大的禅让仪式。当尧庄严地把代表权力的权杖交给舜，舜恭敬地接过权杖的一瞬间，响起了雷鸣般的欢呼声。这就是一般历史书所说的"尧舜禅让"。因为它以群众推举或领袖授权为基础，所以人们称这种说法为"举贤说"。

还有一种说法是"拥戴说"。据说尧年老的时候，并没有想把帝位交给舜，而且当时尧的儿子丹朱也非常想继承父亲的大权，但碍

舜耕历山砖雕 金

孝子图 北魏

舜在汉魏南北朝时期经常被作为儒家和民众歌颂的对象，经常出现在表现另类人世生活的墓葬中。此图是北魏时期贵族墓中石棺的一部分线刻画，描绘了后人想象中的尧舜时代的场景。

于当时舜的声望迟迟没有下手。所以在尧死后，为了避免冲突发生，舜就避开丹朱到了南河之南。但那时天下的诸侯不到丹朱那里去朝见，反而跑来朝见舜。如果想打官司，他们不到丹朱那里去，都跑来找舜。于是，人们编出的歌谣不歌颂丹朱，却歌颂舜。所以，经过诸侯和民众的拥戴，舜便接受了大家的好意，接替尧登上了帝位。关于这个典故，荀子和孟子是比较赞同的。荀子认为，舜之所以能登上帝位，那是靠了他自身的道德；孟子也说过，舜登上帝位是靠了上天的赐与和民众的拥护。

关于"尧舜禅让"，有人甚至从根本上进行了否定，他们认为禅让只不过是被儒家神圣和美化了的精神价值取向罢了，实际上舜是篡夺了尧的大权。这就是比较流行的"篡夺"说。史学专家是根据《史记》的记载：舜取得了行政管理大权后，曾经进行了一系列的人事改组。例如，

彩陶神人纹壶 马家窑文化

尧舜时期，中国新石器时代的陶器达到了最辉煌的顶峰，其中彩陶以仰韶文化和马家窑文化最具代表性。仰韶文化的彩陶以花瓣纹和星形纹最为著名。马家窑文化以旋转的水波纹、涡纹、蛙纹、人神纹最具代表性。此为马家窑文化的马厂类型中彩陶神人纹的典型器。图中所绘神人纹显示了古人丰富的想象力，神人纹是综合蛙与人的产物。

舜启用了被尧长期排除在权力中心之外的"八恺"、"八元",历史上称之为"举十六相",这表明了舜在扶植亲信。而对尧信用的混沌、穷奇等,舜把他们排出了权力中心,这在历史上被称之为"去四凶",这显然是排除异己。不过历经这次人事改组之后,尧的大势已经去了,他的悲惨命运也就开始了。《括地书》引用《竹书纪年》说:"昔尧德衰,为舜所囚也。"又说:"舜囚尧,……使不与父相见。"意思大约是,舜先把尧软禁起来,后来也不准他同儿子、亲友见面,以此来逼迫他让位。就连尧的儿子丹朱也被放逐到了丹水。

关于尧舜之间的权力交接,是和平交接,还是被迫让位,从古至今就存在着很多猜测。由于当时没有确切的历史记载,这也成为一个千古未解之谜。

《河图》《洛书》是上古的无字天书吗?

《河图》、《洛书》都是中国上古时期传下来的神秘图案。关于它们的传说和问题是易学史上争论最多,被弄得最复杂最混乱,但同时又是内容最为丰富的问题。

相传在我国远古的伏羲氏时代,有一个丑陋的怪物游到黄河边上的城市孟津,背上负着一块刻有一幅古怪的图案的玉版,这个怪物大得吓人,吃了百姓们的稻谷和庄稼,最后竟然开始生吞人类。伏羲听到这件事,带着利剑来到河边要斩除这头妖怪,妖怪打不过伏羲,跪地嗷嗷求饶,自称是黄河里的龙马,并将背上的玉版献给了伏羲,由于它是来自黄河的宝贝,伏羲称这张图为"河图",后来,伏羲还按照《河图》做出了"八卦",可以用来推算历法,预测吉凶等。

到了大禹治水的时候,有一次大禹在洛河引水疏通河道,从干涸的河底浮出来一只可以驮起百十人的巨龟,大禹认为这是一只通灵神龟就将它放生了,不久后,大龟腾云驾雾再次来到洛河,将一块光芒四射的古老玉版献给大禹,上面同样有一些神秘的文字和图画,大禹将这块玉版命名为"洛书"。传说在《洛书》上有大禹一个也不认识的 65 个红字。后来经过大禹反复揣摩,整理出历法、种植谷物、制定法令等九个方面的内容,古人又根据这九章大法,整理出一本一直传至今日的科学法典《洪范篇》。

上述这些传说在我国最古老的典籍《周易》、《尚书》、《论语》中都有记

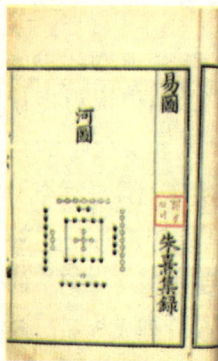
《河图》书影

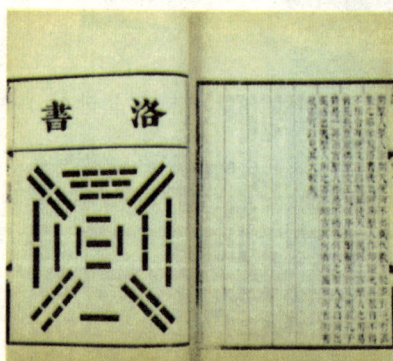
《洛书》书影

龙马负图寺大殿

《周易·系辞上》说："河出图，洛出书，圣人则之。"《礼记·礼运》中说"河出马图"。传说黄帝东巡河洛，黄河中有一似马非马、似龙非龙的神物背负河图，献给黄帝。龙马负图寺位于河南省孟津市雷河村旁，初建于晋永和四年(348)，现存建筑多为明清两代所建。

载。其中比较可靠的是《周易》中的系辞篇，里面是这样记载的："河出图，洛出书，圣人则之。"这与上述传说十分吻合。直到宋代，朱熹解《周易》时，还曾派他手下的学者蔡元定去四川，用高价才在民间收购到了华山道士传出的《河图》、《洛书》等，都是由一些圆圈点构成的图形。另外，还有一个可信的证据是在现在洛宁县长水一带有"洛出书处"石牌两块。1987年安徽含山县凌家滩原始社会末期墓葬中出土大量的玉片和玉龟，据专家考证是距今5000年无文字时代的原始的洛书和八卦图。

据说《河图》、《洛书》在古代出现的时候都有普通人无法识别的文字，但后来都慢慢地散佚，现在人们经常看到的两幅图是宋时朱熹的《易学启蒙》中的，因为有图无字又神秘难解，人们把它们叫作"无字天书"。其中《河图》是用黑白环点示数、排列成图的。即一六居下，二七居上，三八居左，四九居右，五十居中。而"洛图"也只有用黑白环点示数的图。有人形容它："戴九履一，左三右七，二四为肩，六八为足，五环居中。"关于河图洛书上的这些神秘的图案，自古以来无人能破译。

早在春秋战国时期，河图、洛书已经开始与天命、阴阳、占卜等有关了。孔子周游列国不得意时悲叹说："鸟不至，河不出图，吾已矣夫。"那时就已经有老子、孔子写的关于天命的书《河洛谶》各一种。在两汉时期的算命的文献中，河图、洛书更复杂和神秘了，共有《河图括地象》、《河图始开图》等三十七种，《洛书甄曜度》、《洛书灵准听》等九种。宋时出现的河图洛书又加进了新的内容，是融天文、人体、阴阳、象数为一体的易学图像，是一种理念的阴阳消长的坐标图，暗喻的范围非常广泛。

对河图、洛书的解释非常之多，有些人认为它是古人对天象的观察活动的记载。原因是有关河图的记载最早曾见于《尚书·顾命》篇。记载周康王即位时，在东边厢

玉龟 新石器时代

这两件玉器出土于安徽省含山县长岗乡凌家滩的距今约五千年的新石器时代晚期墓葬中。

房有：大玉、夷玉、天球、河图。后人就认为河图是的测日晷仪与天象图标，这些实物在当时是测日观天察地的仪器，在古人眼中带有神圣和神秘的性质，因而才有可能和代表古代王权威严的古玉器陈列在一起。还有根据《魏志》中说的"宝石负图"是一幅河图洛书的八卦综合图，看上去像罗经盘，磁针居中，外面围着八卦，最外层为二十八宿。所以这些河图是古代测量太阳的晷仪时根据日影来画出的；而洛书则是张天文图，用来概括天文的原理。还有人认为西安半坡出土的石板上用锥刺的圆点排成的等边三角形图案是它们的原型。但这还不过是一种有一定联系的设想，还无法看出这种图案与《河图》、《洛书》的起源有什么联系。

最近，西南电子技术研究所退休高工杨光和儿子杨翔宇发现，"洛书"的核心"十"字与墨西哥发现的"阿兹特克"(Aztec)历石中心人像的"十"字、金字塔俯视图中心的"十"字完全吻合。他们提出"洛书"是外星人遗物，"河图"则描述了宇宙生物的基因排序规则，而"阿兹特克"历石则是外星人向地球人的自我介绍。

各种关于河图洛书的说法都还没有真正找到依据，河图究竟是一个什么样的图案？洛书究竟是一些什么样的书写符号呢？河图、洛书的原型是什么？古人又是如何按河图洛书画出八卦的？还有待解答。

预测千古的《推背图》究竟是什么？

人类文明的发展历史已有至少五千年，在历史的车轮滚滚前进的同时，现代文明快速发展也伴随着一些人类自身难以解释和解决的问题。对于茫茫难以预测的未来，如果有人或有些事物能揭露其奥秘，一定会引起社会上的轰动。各国的科学家与有识之士都进行了大量的推测，就连好莱坞的大片也对此热衷不已。而中国在这方面也有自己的很多预言，其中最家喻户晓、脍炙人口的，而且也最为扑朔迷离的，当属一千三百多年前，唐贞观年间袁天罡及李淳风合作的《推背图》。

《推背图》是中国比较有影响力的预言之一，由初唐的司天监李淳风和袁天罡共同编写，共六十象，分别预言了从唐朝后发生的主要历史事件。从地域范围来看，涉及到中国和外国，如三十八象——噬嗑卦，预言的就是第一次世界大战。据说《推背图》有数个版本，原因是清兵入关后，恐怕有人能预知清朝未来，清廷故意颠倒《推背图》的顺序而制作不同版本流入民间。

唐太宗像

民间传说中，唐太宗从李淳风手里得到推算出来的天机，但自知天命难违，只好作罢。

对于《推背图》的起源的说法也很神秘。据说，李淳风精通天文历算，有一次他坐观紫微星斗，进行推算，预感到不久将有武则天乱唐的灾难。当他推算得忘了情准备一直推演下去时，突然被另一位术士袁天罡从后面推了一下后背，提醒道："天机不可泄漏！"他才就此罢手，不再推算，但这时他已经推到千年之后了。李淳风便把他推算的天机，写成诗歌，并配以图画，通过袁天罡作为奏章呈给了唐太宗。这种事关国家机密的东西当然是不能再让别人看的，可是后来却不知怎么泄漏出来，这就是我们现在看到的所谓的《推背图》。《推背图》不仅把唐数百年间，而且唐代以后的宋辽金元明清的治乱兴衰都预测得分毫不差。真是前无诸葛亮，后无刘伯温！而且最为珍贵的是它的一幅幅插图，把唐以后一千多年的中外服饰也都预测出来了，包括满族的花翎马褂，甚至洋人的西服革履，也预言得惟妙惟肖。从这个意义上来说，人们很难解释得通，为什么唐代的一个术士，能够预测未来的事情，以至于后来的清朝统治者都惧怕它的神奇魔力，不得不通过扰乱视听的方式，破坏《推背图》的版本的完整，来维持自己的统治。

据说一位预言家曾引用《推背图》的预言，证实唐朝的武则天和杨贵妃乱唐之事也被预言中了。《推背图》第二象，谶曰：

累累硕果　　莫明其数
一果一仁　　即新即故

颂曰：

万物土中生　　二九先成实
一统定中原　　阴盛阳先竭

《推背图》书影

《推背图》作为千古奇书，从诞生之日起，便充满了神秘的色彩，常沦为禁书。宋代和清代的统治者更是将其中的内容倒置、混合甚至篡改以扰乱视听，达到控制人心、巩固统治的目的。

预言研究家据此认为，第二象预言的是唐朝女祸灾难。一盘果子是指李子这种果实，即指代唐朝，它的个数是二十一，指的是从唐高祖至昭宣年间共有二十一主。"二九"者指唐二百八十九年。"阴盛者"指武则天当女皇统治大唐，

敦煌星图 唐

这幅唐代的星图有些残破，但我们依然能感受到唐人探索宇宙未知世界的强烈愿望。

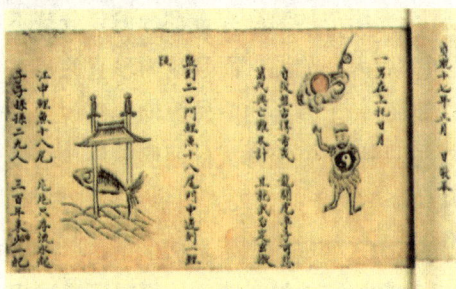

《推背图》书影

《推背图》是图文并茂的奇书，文字怪异，图像深奥。

淫昏乱政，几乎危及到唐朝的稳固统治。开元之治虽然可以与贞观之治媲美，却由于杨贵妃召来灾祸，女人受到宠幸，以致国乱家毁，所以称之为"阴盛阳先竭"。而这些从中国历史上都能找到证据来证明，从而也愈来愈加剧了人们对《推背图》的向往和崇拜，也增添了《推背图》在人们心目中的神秘色彩。

由上我们不难理解，为什么《推背图》在人们心目中如此有吸引力。的确，在人们心中，《推背图》是一种很神秘的东西，好像它是一本天书，能预知未来，它包含着什么"天机"，预言着未来的社会变迁，而且诗图并茂，在世界上被一些人称之为"中国七大预言"之首，它颇能引起人们的好奇心。但是如果《推背图》真能预知未来，李淳风这个人也太神奇了。他真是历史中确切存在的人吗？是有什么特殊的才能吗？

李淳风确有其人，在《旧唐书》、《新唐书》中都有他的传。他是唐太宗时人，博通群书，精通天文历算、阴阳之学。他曾经主持铸造过浑天仪，编成《麟德历》以取代过时的《戊寅历》，在唐代是一个了不起的天文学家、科学家。另一方面，他在史书中又被塑造成一个预言家，在稗官野史中更成了出阳入阴、兼判冥事的半仙（故事虽然在《西游记》中为大家所知，但最早却是见于唐人的笔记《朝野金载》）。后

武则天步辇图 唐 张萱

在李淳风的预言中，武则天被视为唐朝的女祸灾难，给唐朝带来了近于毁灭的打击。

来，由于他预测武则天乱唐之事，激怒了唐太宗被杀。由此可见，所谓预言书的作者的真伪更多的是文学家的描绘多一点，而他本身的真实情况也因此变得扑朔迷离。

再加上长期以来，《推背图》一直被当成禁书，不要说市面上不能出售，就是家里私自收藏和传阅也是违法的。人们往往有这样一种心理，对于一些"禁"的东西，兴趣愈浓，所以越是不让看的书就越是感到神秘，这样一来二去，反而不少人心里真的认为《推背图》中藏着什么天机。这从另一方面也加剧了《推背图》的神秘。但不论怎么讲，《推背图》反映了中国传统文化的瑰丽灿烂，反映了中国传统文化的博大精深和神秘。

八卦的原意何在?

八卦图是我国上古传下来的神秘未解的图形，传说是古代圣人伏羲创造出来的。《易经》中记载着在我国远古的伏羲氏时代，一匹龙马驮着一幅奇怪的图案游出黄河将它献给伏羲，这就是《河图》；又有一只神龟从洛水爬出来，龟壳上写着些神秘的符号，这就是《洛书》。伏羲氏得到《河图》和《洛书》后苦思冥想，恍然大悟后画出了八卦，用以推算历法、预测吉凶等。在中国传统文化中认为八卦图里面蕴含着极其深奥的道理，它可以推算天命、预测未来，使八卦中掺杂进了万物天定的宿命论的内容。后来的学者否定了这种迷信的说法，但关于八卦的只有传说和不确切的猜想，它因此成为中国历史中最引人入胜的未解之谜之一。

伏羲先天八卦图

据史书记载：古者伏羲氏之王天下也，仰则观象于天，俯则观法于地，观鸟兽之文，与地之宜；近取诸身，远取诸物。于是始作八卦，而文籍生焉。此图就是伏羲氏所作八卦。

八卦图的外观是正八边形，每条边上都有一个特殊的符号，分别代表了宇宙的八种最主要的物质，即乾、坤、震、巽、坎、离、艮、兑。八卦图有"先天"、"后天"之分，先天八卦图又称伏羲八卦图，以乾坤代表天地定位，形成中轴经线；以坎离代表水火为界，作为横轴纬线。相对二卦阴阳爻相反，互成错卦。后天八卦图又称文王八卦图，即震卦为起始点，位列正东。按顺时针方向，依次为巽卦，东南；离卦，正南；坤卦，西南；兑卦，正西；乾卦，西北；坎卦，正北；艮卦，东北。一般来说先天八卦图是理论的支撑，而后天八卦图则是被实际运用的。诸如天干、地支、五行生

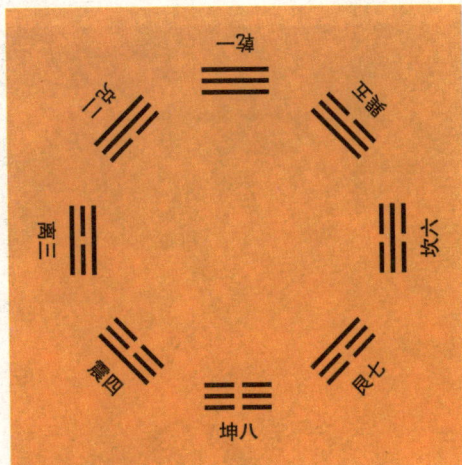

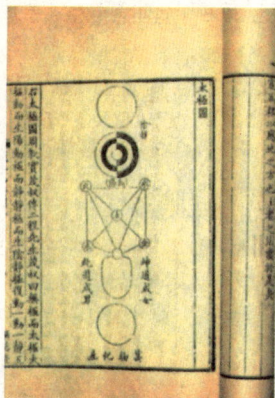

《周敦颐太极图说》书影

克等配置，均以后天八卦图作为背景参考的。

八卦反映的是什么呢？根据"五经"和《周易》中的记载，八卦是由太极推演出来的。《周易·系辞上传》上说"易有太极，是生两仪，两仪生四象，四象生八卦。八卦定吉凶，吉凶生大业。"这句话是说：生生之易的太极，运转中生成阴阳两种属性的物质，阴阳两种属性的物质不断分化、组合，又产生了"四象"和"八卦"。其中"四象"，有人解释为太阴、太阳、少阴、少阳，而"八卦"则是指构成宇宙的八种最主要的物质，即天（乾）、地（坤）、雷（震）、风（巽）、水（坎）、火（离）、山（艮）、泽（兑）。因此对八卦最普遍的看法是它反映的"天道"、"地道"和"人道"。天道所反映的是宇宙中所有事物产生、发展、变化乃至灭亡的规律，阴阳互补是这种变化的主要特征，如季节的变化、日月的起落等等，先天八卦图是它的有机模拟和高度概括。"地道"反映的是地面万事万物之间相互依存、克制、促进的规律，如江河奔流、生态平衡等，后天八卦图是它的有机模拟和高度概括。"人道"反映的是人与自然界之间的关系，也就是说人的生存变化都不过是自然中的一员，人应该遵循自然的规律。邵庸在他的著作《皇极经世·天象数第二》中说："天地定位一节，明伏羲八卦也。八卦者，明交相错，而成六十四卦也。数往者顺，若顺天而行，是左旋也，皆已生之卦也。故云数往也。知来者逆，若逆天而行，是右行也，皆

太昊伏羲氏像

太昊伏羲氏居于中国古代传说中的三皇五帝的首位，姓风，相传其人首蛇身，和他的妹妹女娲生儿育女，成为人类始祖。伏羲参天地万物的阴阳变化，创制八卦，教人结网渔猎，是古代东夷族的杰出领袖。

未生之卦也。"古代著名学者邵庸将先、后天八卦融会贯通，用先八卦图解释后八卦图，收获很多。他在《皇极经世》中对先、后天八卦这样说："乾坤定上下之位，离坎列左右之门，天地之所阖辟，日月之所出入。是以春夏秋冬、晦朔弦望、昼夜长短、行度盈缩，莫不由乎此矣。"

到了近代，对八卦又产生了许多解释。韩勇在《太易论》中认为八卦是反映太阳运动的："先天八卦反映了太阳相对于地球周期运转的循环规律，其运动方向与月亮相对于地球的运转方向恰恰相反，前者是顺时针，后者是

八卦亭

八卦亭位于陕西省岐山县周公庙，造型庄重谨严，装饰繁丽，相当气派。

逆时针，所以太阳运动的卦序方向是震、离、兑、乾、巽、坎、艮、坤。而后天八卦方位图中帝指的是太阳，……是说太阳在南方乾卦位天气最干，太阳最炎，而至巽卦位，太阳就开始下落入地，到西方坎卦位太阳就已陷入地下，即日落西山。"还有科学家认为八卦是外星人的生物密码，还有人认为它是结绳记事的工具，总之是五花八门。

八卦图还有一些有趣的事。现代电子计算机二进位制的创始人莱布尼兹收到了他的朋友从北京寄给他的"伏羲六十四卦次序图"和"伏羲六十四卦方位图"，他居然发现八卦由坤卦到乾卦，正是由零到七这样八个自然数所组成的完整的二进位制层数形。受到八卦图的启发，才有了二进制的发明。1930年，当时在法国留学的中国人刘子华发现太阳系的各星体与八卦的卦位有对应的关系，依据这个关系，利用天文参数进行计算，他推出当时未知的第十颗行星的速度、密度等，引起了一时轰动。

八卦图究竟是怎么创造出来的？八卦图有哪些作用？创造出它来究竟是有什么目的？这些仍是围绕在八卦图上的密云。

"万岁"何时用作皇帝的专称？

我们常在电视上看见大臣称颂皇帝时大呼"万岁"。在中国封建社会里，"万岁"一词是最高统治者的代名词。"万岁"是皇帝的专有称谓，除了皇帝，谁也不敢将自

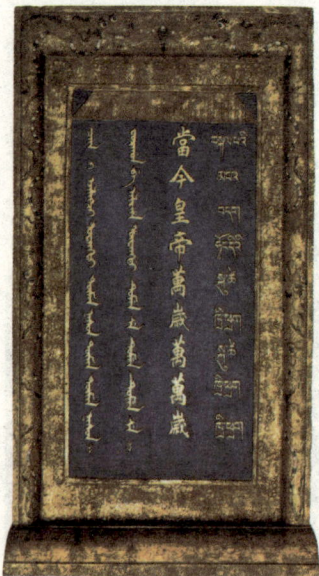

己与"万岁"联系起来。据说北宋大臣寇准出行，途中遇到一个精神病患者"迎马呼万岁"，此事被寇准的政敌上书告发，结果寇准被罢去了同知枢密院事的职位，降至青州任知州。就连明朝权倾朝野的大宦官魏忠贤，也只敢以"九千岁"自居。可见"万岁"这一称谓是被"万岁爷"独占的，一般人是绝对不能使用这个称谓的。那么"万岁"是何时被用作皇帝的专称的呢？

根据学者的考证，"万岁"这个词本来不是皇帝专用的。很久以前"万岁"只是表示人们内心喜悦和庆贺的欢呼语。在西周、春秋时，人们常用"万年无疆"、"眉寿无疆"等作为颂词和祝福语，传递喜悦与彼此间的祝福。如我国最早的诗歌总集《诗经》中有这样的诗句："跻彼公堂，称彼兕觥，万寿无疆。"这里的"万寿无疆"，就是人们经过一年的辛勤劳作后，举行欢庆仪式上举杯痛饮时发出的欢呼语。此外，西周金文中也有很多这类文字，如"唯黄孙子系君叔单自作鼎，其万年无疆，子孙永宝享"。那时也不是用于对天子的赞颂，表示的只是传之子孙后代之意。随着时间的发展，后来这些颂词、祝福语发展和简化成"万岁"一词。战国时期，人们还在频繁地使用"万岁"一词。"万岁"还没有成为身份的象征。上至诸侯王，下至百姓都在使用它。而且这时"万岁"一词在不同场合还有不同的意思。这一时期，"万岁"

长生牌位 清

这是供奉于布达拉宫三界殿内乾隆皇帝像前的长生牌。长生牌曾是为祝福康熙帝而立的牌位，用藏、汉、满、蒙四种文字书写，长年供奉于西藏政教中心所在地布达拉宫，至今保存完好。

康熙南巡图 清

此图为康熙南巡图的最后一卷，描绘康熙皇帝一行返回京师的行程，队伍从永定门北行，经正阳门进抵紫禁城大内。图中是众人组成的"天子万年"的字样，表达了人们对当时的万岁爷康熙帝的祝福和歌颂。

汉高祖刘邦长陵

中国第一位使"万岁"独属自己的皇帝修建了宏伟的陵墓，希冀在世界的另一面继续繁华的生活，得以万岁长生。

有一种意思，即作为"死"的讳称。如《战国策》载，楚王游云梦，仰天而笑曰："寡人万岁千秋后，谁与乐此矣？"据史书上记载，孟尝君曾派门下食客冯谖，前往封邑薛（今山东滕州南）收取债息。但有些贫民实在无力还息，于是冯谖便自作主张，"因烧其券，民称万岁"。可见那时的"万岁"只是一种欢呼语。

那么，"万岁"一词究竟在什么时候归帝王专用呢？史学界意见并不一致，说法不一，有的认为是到秦汉以后，臣子朝见国君时时常呼"万岁"，但这时还不是皇帝的专称。如汉朝礼仪规定，对皇太子亦可称万岁。当时皇族中还有以"万岁"为名的，汉和帝的弟弟就叫"刘万岁"。从汉到唐，人臣称"万岁"的事例，也是不绝于书。到了宋朝，皇帝才真正的不许称他人为"万岁"。

目前多数人认为属于皇帝的"万岁"，始于汉高祖。刘邦本来不过是一介贫民莽夫，当登上皇帝宝座后，总觉得应该用一种方式来标榜自己的功德和地位。名臣叔孙通是个很聪明的人，他揣摩到了刘邦的心理，一天，在早朝上，叔孙通就说："皇上，我有事要奏。我认为必须制定一套御用礼仪制度，否则不利于维持天子的尊严。"刘邦十分高兴，连忙问他有些什么想

汉高祖刘邦像

刘邦是西汉的开国皇帝，公元前202～前195年在位。刘邦字季，沛县（今江苏沛县）人。曾任泗水亭长，二世元年（前209）在沛县起兵反秦。前206年，刘邦率军攻入秦朝都城咸阳，推翻秦朝，废除苛法，约法三章，深得秦人拥戴。同年项羽入关，大封诸侯王。刘邦被封为汉王，据巴蜀、汉中之地。前202年击败项羽，即帝位，建立汉朝，定都长安。汉朝初年，刘邦对北方匈奴采用攻势，被围于白登达七天七夜，后以谋士陈平的计策方才得脱，此后，对北方的匈奴采取和亲政策，并承认南方的赵佗为"南越王"。死后葬长陵（在今陕西咸阳）。庙号高祖，谥高皇帝。

汉武帝刘彻像

汉武帝是汉代最有作为的帝王之一，文治武功，英略盖世。传说自他起，"万岁"始作为皇帝的专用词。汉武帝做李夫人歌，曰："是耶非耶，立而望之，翩何姗姗其来迟！李延年为汉武帝做思李夫人歌：北方有佳人，绝世而独立，一顾倾人城，再顾倾人国，宁不知倾城与倾国，佳人难再得。"毛泽东说：秦皇汉武，略输文采。斯蒂芬·乔治·西斯罗普评论：武帝意即"军事皇帝"，是中国最有成就的统治者之一，他是个神秘主义者，并热衷于皇家排场。

法。叔孙通慢条斯理地将自己的想法告诉给刘邦，其中有一条认为，皇帝是天的儿子，能当皇帝的人都是有天命指派的，所以，汉高祖刘邦临朝时，人们应该一起高呼"万岁"，表示对自己的祝福和敬畏。并且"万岁"应该成为皇帝的专称，一般人不能再用，因为只有皇上才有资格活上万年而不朽。刘邦马上就同意了这套礼仪制度的推行。以后，每次早朝时，"殿上群臣皆呼万岁"，朝廷上下显得井然有序，连刘邦也感到十分快意："吾乃今日知为皇帝之贵也"。从以上的说法可以看出，"万岁"的专称是从刘邦开始延续下去，并和一整套朝廷礼仪连在一起的。这套礼仪被后世不断补充、修订，越来越完善。

还有一种意见认为，汉武帝独尊儒术，"万岁"才被儒家定于皇帝一人的。据说，有一次，汉武帝出外巡游，来到雄伟巍峨的华山，爬到山顶后，一行人在一个庙前休息，突然传

汉武仙台遗址

位于陕西省黄陵县城北桥山上的黄帝陵内，据说是汉武帝祈仙所用。

来有一种苍老凝重的声音连喊了三声："万岁！万岁！万岁！"，随从们急忙去四处查看，却发现没有什么人，因为皇室出游的地方是不许一般人前来的。庙里的主持说："刚才这三声万岁是山神的呼喊，是对天子的到来表示臣服啊！"汉武帝十分高兴，于是诏令天下人以后不能随便用"万岁"的称呼，只能用在皇帝身上。《汉书》上就写着，元封元年春正月，武帝诏曰："朕用事华山，……在庙旁吏卒咸闻呼万岁者三。"十五年后，汉武帝又旧事重提："幸琅邪，礼日成山。……山称万岁"。汉武帝的意思是连山神、山石都得喊他万岁，臣民岂能不呼？从此，宫廷里，宝殿前，"万岁"之声不绝于耳，既然这种称谓已为皇帝独有，其他的人若再用就是对皇帝大不敬，要受严惩的。

到宋朝，"万岁"已经绝对成为"万岁爷"的尊称了。除了皇帝，绝对不允许任何人称"万岁"。"万岁"之称人臣决不可染指。一般百姓如果称了"万岁"，后果更不堪设想。大臣被人误称万岁，要受降职处分，北宋大将曹利用从子曹讷，一次喝醉了酒，"令人呼万岁"，被人告发，杖责而死。

由此可见，"万岁"这一称谓是逐步演化成为封建帝王的专称。在这漫长的历史中，至于究竟何时"万岁"被皇帝独占，还是值得进一步探讨的。

《诗经》是否为孔子所编？

《诗经》是中国第一部诗歌总集，标志着中国文学史的光辉起点和现实主义文学传统的源头，在中国文学史上占有极其重要的地位。关于《诗》的作者，说法最多的是被后世尊为"孔圣人"的孔子，"孔子删诗"在众多文献中都有记载。

传说据今两千年前的春秋战国时代，诸侯战

孔子像

孔子字仲尼，春秋时期鲁国陬邑(今山东曲阜)人。他的先世为宋国贵族，后因变乱而逃到鲁国定居。孔子幼时家贫，少年时即立志求学。二十岁后出仕，担任小吏，并聚众讲学，开创了私人讲学之风。鲁定公时由中都宰迁司寇且参与国政，因不满鲁国执政者季桓子所为而周游卫、宋、陈、蔡、楚列国，宣传自己的"仁"、"礼"等政治主张。晚年返鲁，致力于教育活动。整理《诗》、《书》等古文献，并将鲁国史官所著《春秋》撰修为我国第一部编年史著作。据说孔子是最早对《诗经》进行修正和删节的人，今天流传的《诗经》就是孔子删节后定的。

昊天有成命郊祀天地也昊天
有成命二后受之成王不敢康
风夜基命宥密於缉熙单厥心
肆其靖之

昊天有成命

诗经图　南宋　马和之

《诗经》自诞生之日起，便成为历代艺术家着力表现的题材。在众多的艺术作品中，以绘画为首，其中最为著名的属南宋马和之所绘的《诗经图册》。此图画《诗经·周颂·昊天有成命》的文章大意，人物造型准确生动，笔法古朴流畅，是画家对两千年前《诗经》中文学作品的艺术再创作。

乱、群雄割据，各个国家之间天天都上演着硝烟纷飞、刀兵相见的场面，孔子正生活在那个时期，为了传播自己的政治文化信仰，他不辞辛苦，风尘仆仆地带着诸多弟子周游列国，一路上吃尽了各种苦头，但他的理想在祖国鲁国行不通，到齐国也碰壁，到陈、蔡等小国，更不必说了。在卫国，被卫灵公供养，住着较长时间，到了六十九岁时才回到鲁国，目睹统治者的荒淫无道后，他转而从事《诗》、《书》、《礼》、《乐》等六经的整理工作，将大半辈子精力都用于教育和整理古代文献。传说那时礼崩乐坏，人们谈诗的风气早就很少了，但孔子却十分重视《诗》的言志和交谈两种用处，

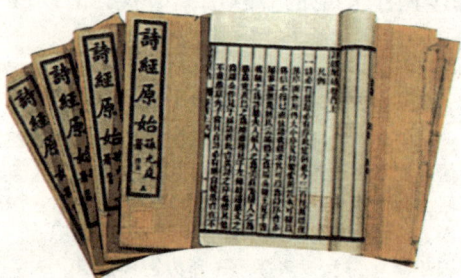

《诗经原始》书影

《诗经原始》由清代方玉润著。方玉润，字石友，号鸿濛子，四川人，后居云南，屡试不第，不得已投笔从戎。本书是方玉润晚年的作品，他一反前人旧说，提出要把《诗经》作为文学作品来研究，对于一些论点，宁肯阙疑，亦不附会穿凿。

认为《诗》是贵族阶层必不可少的教育科目，但当时流传的诗大部分是"王官采诗"。"采诗"是指周王朝派出专门的使者在农忙季节到各地采集民谣，由周朝史官整理后给天子看，目的是了解民情。但这些诗有好有坏，甚至有造反和淫乐的成分，为此，孔子把三千多篇古诗做了大量的删削，只留下305篇。强调"不学诗，无以言"，强调"诵诗"要"使之四方"而能"专对"。孔子不但要求弟子学《诗》，还要求于此两方面能够熟练运用。

先秦时人们把孔子删过的诗集称《诗》或《诗三百》，汉朝时儒家将其奉为经典，称为《诗经》，沿用至今。《诗经》收入了305篇诗；另有6篇只存题目而无内容，叫作"笙诗"。这样实际存在着311个题目，305篇诗。这些诗歌分为三部分：风诗160首，雅诗105首，颂诗40首。现在我们看到的《诗经》的内容十分丰富。里面记录了两千余年前中华民族古老的祖先们在黄河两岸用质朴的声音吟唱着的一首首优美动听的歌曲。这中间包含了对生活劳动中种种愉悦和磨难的感受，还有追求爱情时的各种纯朴大胆而真实的心声。这些诗大多感情真挚、强烈、质朴、健康。

关于"孔子删诗"的事，孔子在《论语》中是这么说的，"自卫返鲁，然后雅颂各得其所"（自从我由卫国回到鲁国后，诗中的类别雅颂才得到分类归位）。在众多文献中也都有记载，在《史记》中记载得最为完整。司马迁在《孔子世家》中说："古者《诗》三千余篇，及至孔子，去其重，取可施于礼义，上采契、后稷，中述殷周之盛，至幽、厉之缺。……礼乐自此可得而述，以备王道，成六艺。"后世许多文献也都是从这点演化来的。

但是后代一直有人怀疑是否真有孔子删诗的事。《左传》中记载有人在孔子还不到10岁时就已看到了定型的《诗经》。唐代的孔颖达认为就算是像《史记》中说的那样，孔子删诗前有很多诗，但从书中引用的诗来看还是删去的少，《史记》中说去了十分之九，恐怕还是不太可能。宋代的朱熹也持同样的看法，有人问朱熹关于孔子删诗的事，他说："那曾见得圣人执笔删那个，存这个？也只得就相信传说去。"清朝的

孔子删诗定礼图 明

这是明代所绘的圣迹图册的一部分。图中题记为：孔子年四十三，鲁昭公卒，定公立，季氏僭于公室，陪臣执国命，故孔子不仕。退而修诗书定礼乐。弟子弥众。赞曰：通齐志阻，归鲁志荒。道不可行，怀器以藏。乃修诗书，正乐定礼。沽哉沽哉，待价而起。

幽风图之八月剥枣
清 吴求

幽风图册表现的是《诗经·国风》中产生时间最早的诗的内容，一些章节与周公有关。

"幽"原是周人的祖先公刘的居住地，地方在今天陕西的旬邑县、彬县附近。由于周人对农业极为重视，所以幽诗多与农桑稼穑有关。本图依据《幽风·七月》的内容绘制而成，主要讲述农历八月，枣子已熟，农人打枣、拾枣、剥枣的情景。《幽风·七月》曰："六月食郁及薁，七月亨葵及菽。八月剥枣，十月获稻。为此春酒，以介眉寿。七月食瓜，八月断壶。九月叔苴，采荼薪樗，食我农夫。"

崔述也说根据《论语》、《孟子》、《左传》、《礼记》等书的考证，孔子后散失的诗还没有十分之一，所以"由是观之，孔子无删诗之事"。魏源也说："夫子有正乐之功，无删诗之事。"《左传》襄公二十九年载，吴公子季札在鲁国观看周乐，为他演奏的就是国风、小雅、大雅、颂，与今天《诗经》的编次相同，十五国风排列先后的次序也基本和现在《诗经》差不多。当时孔子还是七八岁的小孩，可见《诗经》的编次在孔子以前大体上就是这样，孔子并未删减，也没有做多大的改变。

这些怀疑到近代的古史辩运动时达到了极端，钱玄同甚至从根本上否认孔子与六经之间的关系，钱玄同在 1923 年在《答顾颉刚先生书》中认为："孔子无删述或制作六经之事……《诗》、《书》、《礼》、《易》、《春秋》，本是各不相干的五部书（《乐经》本无此书）……六经的配成，当在战国之末。"钱玄同以怀疑儒家经典奠定了他在中国历史学的地位。古史辩运动对于儒家经典的怀疑，可以说是对两千年来中国文化、学术、政治的核心部分，具有神圣不可侵犯性质的"经"的最后一击。但疑古学派"非圣无法"、"荒经蔑古"虽然适应了时代的要求，但却又在疑古过程中产生怀疑过头的倾向。但钱玄同的看法也可以作为对"孔子删诗"的又一挑战。

总之，《诗经》编者是谁直接关系着《诗经》在整个儒学系统中的定位问题和渊源问题，因此，有待后世的进一步解答。

中华民族为什么叫"华夏"？

黄帝像

黄帝本姓公孙，改姬姓，号轩辕氏、有熊氏。少典之子，生于寿丘，建都有熊，是传说中华夏民族的共同祖先。黄帝部落原定居于今天陕西西部、甘肃东南部的西北高原，后逐渐向中原地区发展，与相邻的炎帝部落发生冲突。阪泉(今河北涿鹿东南)之战，炎帝部落被击败，炎黄两部落由此联合。后又与蚩尤的东方九黎族战于涿鹿之阿，击杀蚩尤，从此黄帝成为华夏诸族联盟的领袖。后世认为养蚕、文字、舟车、历法等创造发明均始于黄帝时期。

汉族的形成和发展，是以华夏为主体，融合他族，不断发展壮大起来的。在中华五千年文明的漫漫发展的历程中，随着各民族经济文化上互相交流，互相渗透，形成统一的中华民族——华夏民族。"华夏"是中华民族的称号，凡是今天在中华大地上生活的56个民族，都称之为"华夏民族"。作为一名中国人，常常以称自己是"华夏民族"、"华夏子孙"为荣。尽管我们经常这样自豪地称呼自己，但对于"华夏"的由来，却是很难给出一个定论，作为一个未解之谜，自古至今，有很多说法。

关于"华夏"的由来，上古时代就留传这样一个传说。蚩尤原来是炎帝的大臣，是个很有野心的人，他想独霸天下，于是联合有苗氏，想把炎帝从南方赶到涿鹿，自称南方大帝。决定胜负的一战开始了，他们大战于涿鹿的野外。大战当时，蚩尤一夫当关，手持长剑，指挥着自己的士兵冲向炎帝的阵营，炎帝部落明显占了下风。不得已，炎帝被迫一面抵抗，一面带着部队仓皇地撤离战场，并向黄帝求援。这时蚩尤已向涿鹿进军，黄帝下令重整队伍，两军开始了新一轮的对垒，黄帝心想，只要我和炎帝携手并肩、齐心协力，一定可以打败蚩尤。但他们低估了蚩尤的法力，蚩尤竟然施起了妖法，刹那间，天地间扬起一片浓雾，而且天黑得伸手不见五指，炎黄的军队什么都看不见，被打得节节败退。面对一意孤行、制造战争、祸害百姓的蚩尤，黄帝决定奋力一搏，他找到了炎帝商量作战计划，并让人利用太极推测演算，后来又派人到蚩尤的大本营，探听军情，找到克制攻妖法的办法掌握了战争的主动权。当蚩尤再次施妖法反攻时，便被炎黄联军团团包围。此时炎黄联军把骨头做的战鼓擂得震天响，使得联军的士气大振，士兵们个个变得更英勇了。最后终于将蚩尤的部落打得落花流水，蚩尤也被俘虏。不肯投降的蚩尤被黄帝下令斩首，而炎黄部落最后团结一致，统一了整个中原。从此以后，中原各部落都尊黄帝为

黄帝战蚩尤图

共主，炎、黄等部落在黄帝的领导下融合成华夏民族，这就是"华夏"的由来。

还有另外一个关于华夏由来的传说，对此有不同的解释。相传，我国历史上第一个朝代是夏朝。大禹历时数年，成功治水，被舜选拔为继任者。之后他开启了一个清明的历史时代。所以在当时，以禹代表的夏后族在当时独领风骚，成为盛极一时的氏族部落。又加上夏后族以华山作为自己的活动中心，所以他们又被人们称之为华夏族。这也是为什么禹的儿子建立的第一个王朝叫夏的原因了。

今天，对于华夏由来的争论，仍然不断。一些专家学者将众多观点归纳为两类。第一种观点认为，"华夏"是民族的名称。他们认为我国古代以"夏"为族名，"华夏

黄帝陵冢

黄帝陵位于陕西省黄陵县城北的桥山上，是传说中中华民族先祚轩辕氏之墓。据司马迁《史记》记载：黄帝崩，葬桥山。历代皇帝均到此祭祖谒陵。黄帝陵相传建于汉代(前206～220)，972(宋开宝五年)年时移至现址，此后历代迭有修葺。陵内有祭亭，四角微翘，柱红檐翠，内立碑石，上刻"黄帝陵"三个大字。全陵高3.6米，周围4.8米。还有碑亭一座，镌有"桥山龙驭"四字，再向前有"古轩辕黄帝桥陵"石碑。山下的黄帝庙内有十四株古柏，其中一株称为"轩辕柏"，据说是黄帝亲手种植的。庙中有过亭，内有石碑七十多块，为明清两代所立，上刻历朝皇帝祭文。大殿正中上有"人文初祖"巨匾。

族定居在华山之周，夏水之旁，故而得名。"讲的就是这个意思。"夏"这个名词是由"夏水"得到的。中华民族自古以来就是融合了别的不同的民族构成的一个庞大的民族。她尽管不是一个单纯的民族，但是在历史的长河中她始终以一个核心民族为中心，逐渐地融合和同化别的民族，形成一种"单元性的多元化民族"，这就是今天的中华民族。在先秦时代，她被称为华族或夏族。而"华"指的是居住在华山、以玫瑰花（华）作图腾的"华族"，"夏"则指的是居住于长江中下游的"夏族"祖先的夏后氏。华夏民族的称谓，由此而来。

炎帝像

炎帝即神农氏，姓姜，号烈山氏或厉山氏，与黄帝同为少典之子。炎帝最初居于姜水（岐水）流域，后东向发展，进入中原地区。相传他教人务农，用木耜耕作；又亲尝百药，一日而遇七十毒，识别药性，遂有医药。

还有一种观点认为，"华夏"根本上不是什么民族的称呼，它仅仅指的是一个地域文化概念。而在这个派别中，又有两种不同的解释。第一个派别是这样解释的：遥远的中华民族的远祖们曾经分为三个主要的集团，他们分别是华夏、东夷和苗蛮。在不断的争战和竞争中，黄帝取得了最终的霸主地位，他领导的华夏集团于是成为当时的文化和政治主流，东夷和苗蛮两大集团不得不俯首称臣，被迫纳入华夏文明的圈子里。第二个派别认为，远古时代是以文化高低来定名的。所以，文化高的周礼地区称之"夏"，同样另一个文化高的民族称为"华"。"华"和"夏"合起来，统称为"中国"。相反的，对于华夏周围的四方，由于他们是文化低的地区和民族，所以被称为"东夷"、"南蛮"、"西戎"、"北狄"。后来华夏不断融合壮大，周围四方民族凡是接受华夏文化的，大都纳入了传统华夏文化的范畴，华夏渐渐地就成为了我们中华文明的象征了。

尽管现阶段我们还没有完全解开华夏之名由来的谜底，但我们相信，"华夏子孙"将永远是令我们每一个中国人自豪的称呼。

首次去西天取经的是玄奘吗？

在中国，《西游记》的故事可谓家喻户晓、妇孺皆知，它以唐僧、孙悟空等师徒去西天取经的过程为线索，讲述了他们在西行途中与各方妖魔鬼怪比智斗法的传奇故事。小说里武艺高强、嫉恶如仇的孙悟空大战白骨精、智取牛魔王，为取得真经立下了汗马功劳。相比之下，作为师傅的唐僧却显得那么优柔寡断、懦弱无能。但事实上，唐僧的原型——唐代的玄奘大师却是中国乃至世界佛教史上一大功臣，也是我国古代西行求法高僧中成就最高、影响最大的一位。但中国历史上西行取经的第一人是否就是他呢？后世有很多不同的看法。

一些书籍中是这么认为的。根据史书记载，玄奘当年是冒着偷渡的危险去西行取经的，并且在同行的胡僧中途退出之后，他孑然一身，仍然坚持独游沙漠。唐太宗贞观三年（629），他从长安西行，经姑藏（今甘肃武威），出敦煌，经今新疆及中亚等地，历尽艰险，辗转达到中印度。他在中印度巡游了各方佛教圣地学府并学习讲研了大量佛教著作，于贞观十九年（645）回到长安。孤征十七年，亲行五万里，历经一百多个国家（"所闻所履，百有三十八国"），玄奘大师西行求法后带回了大量梵文经典，并且把他在印度中亚的所见所闻写成了《大唐西域记》，详细介绍了印度各地的风土人情和宗教盛衰。此书不仅是历史研究的宝贵资料，也为今天考古工作提供了重要依据。可以说，玄奘是我国佛教传播史上一位重要人物。

玄奘像

但更多的人否认这种说法。众所周知，佛教是源于印度的。在中文的佛教教义里，西天往往是真理存在终极世界的代名词。因为佛教是从古中国的西域传入的。公元前5到6世纪，佛教在印度恒河流域创立以后，不久就向周边国家传播。汉代张骞出西域标志着丝绸之路的开通，促进了佛教的东传。佛教由印度西北部，东逾

玄奘墓塔

墓塔位于今陕西西安城南。玄奘，唐朝高僧，中国佛教唯识宗创始人。本姓陈，洛州（今河南偃师南）人。民间称其为唐僧，尊称为三藏法师。十三岁出家，博览经论。贞观三年（629）从长安出发前往天竺返回长安，带回了大量佛经和舍利等。后奉诏在弘法寺、大恩寺从事译经十年。所撰《大唐西域记》，是研究当时南亚、中亚诸地的重要历史资料。

葱岭，沿着丝绸之路传入中国内地。但最初来中国的传教者，基本上都是笃信佛教的中亚各国的西域僧侣，而不是印度僧。据北大学者季羡林先生考证，汉地最早的佛经并不是直接从梵文翻译过来的，而是经中亚古代语言转译的。同时，由于所翻译的经典，大都是口译，而且是按照西域的思想习惯，中国人不易接受。结果，初期佛经的原本在经过西域各地的间接输入后，不是经本不全就是传译失真，在流传过程中常常产生自相矛盾的现象。佛教盛行后，一些佛教徒想要改变这一状况，于是决意西出阳关，发起西行求法运动，由此揭开了中外佛教文化新的一页。在佛教盛行的两晋和唐代，西行求法的人陆续不绝，人数还是相当多的。据义净《大唐西域求法高僧传》所列就有近六十人。但在

唐僧取经图之玉肌夫人 元 王振鹏

本画册描绘唐玄奘西行取经的故事，它的出现在《西游记》的形成史上具有重大的意义。王振鹏，字朋梅，浙江永嘉(今温州)人，元代著名画家。曾官至漕运千户，供职于宫内秘书监。其画工密致，自成一家，很得元仁宗的赏识，赐号"孤云处士"。

古代生产力水平低下、交通极不方便的情况下，从我国内地到印度无论是走陆路还是海路，都需要经年累月，吃尽千辛万苦，甚至付出生命的代价。据佛教史传的记载，在成百上千的求法高僧中，真正能够幸存下来、学成而归的，只是少数人而已。这样看来，玄奘大师应该是这幸运的少数人中最成功的一位了，而不一定是第一人。

唐僧取经故事瓷枕 元

玄奘这位伟大的学者、翻译家、佛教徒，是7世纪最伟大的旅行家。他用十余年的时间穿过大沙漠，攀越帕米尔高原，游遍南北印度，带回大量佛经，晚年写成《大唐西域记》。他的精神以及人们对遥远西域的好奇使得关于他的传说在民间广为流传。从唐末至元明两朝，他的事迹逐渐发展，成为《西游记》的雏形。

那么，如果玄奘不是，谁又是西天取经的第一人呢？根据现存的史料来看，一般认为三国时代的朱士行应当是我国最早西行求法的人。他是三国时魏国的僧人，原籍颍川(治所在今河南禹县)。朱士行少年时出家，嘉平(249～253)年间，开始依羯磨法授戒成为比丘。他在出家后就埋首研读经

典。在洛阳讲《道行般若经》的时候，他常常感觉到口译的经文文句艰涩不说，有很多又被删略，很难理解，因此就希望去西域寻找原本。魏甘露五年(260)，朱士行从长安出发，历尽艰险，终于到达当时大乘经典集中的地方于阗(今新疆和田一带)，经过二十多年，才找到了原本梵文的《放光般若经》40章，大概60多万字。原本希望能立刻将写好的经文送回国，但由于当地学徒的阻挠，直到西晋太康三年(282)才由他的弟子弗如檀(汉语译作法饶)等10人送回洛阳。元康元年(291)由无罗叉和竺叔兰等译出，计20卷。而大师朱士行却终身未能回汉地，80岁病死于阗。虽然他所求得的经典只有《放光般若经》一种，译文也不算太完整，但在当时还是产生了很大的影响。有很多的学者如帛法祚、支孝龙、竺法蕴、康僧渊、竺法汰、于法开等，都通过《放光般若经》来弘扬般若学，更有后人假托其名作《朱士行汉录》，可惜连假托之作在隋初也已经散佚。但自朱士行后，西行求法的僧侣一时涌起，从三国到唐代，络绎不绝。只是成功者实在是微乎其微，史册上也无多记载。

"路漫漫其修远兮，吾将上下而求索"，也许正是这种为了寻求真理而不顾一切的坚强信念才给了前人那么大的动力，让他们心甘情愿前仆后继，为了取得真经而踏上充满荆棘的西行路。也许正是这样一种为了真理而不顾一切的执着精神才造就了这个民族雄汉盛唐的伟大文明吧。

山西大槐树迁徙之谜

"问我祖先在何处，山西洪洞大槐树。祖先故居叫什么，大槐树上老鸹窝。"这首民谣从明朝初年开始在我国的河北、河南、江苏、安徽、福建甚至台湾等地区广为传颂。民谣记录的是从洪武初年到永乐十五年(1417)前后，明政府在山西进行了历时50年、人数达到数十万、迁出面积达到当时我国一半以上国土面积的大规模的强制性移民，这次移民是有史料记载以来中国历史上规模最大、时间最长、范围最广、意义最深远的一次大移民事件。由于当时明政府把这些移民都集中在洪洞县古大槐树下，进行登记注册后强制带走的，所以绝大部分移民后裔都把前辈出

明太祖朱元璋像

朱元璋道：天下之治，天下之贤共理之；天下始定，民财力俱困，要在休养安息；得贤为宝。约翰·琼斯评：他（朱元璋）无情地将蒙古人赶出中国，并清除掉所有政敌，其坚决果断的统治为饱经内战之苦的中国带来了稳定。

发的最后之地洪洞作为外迁之前的祖籍，将这棵大槐树作为祖籍的标志。人们也因此把这次迁徙俗称为"山西大槐树迁徙"。

关于当时迁徙的原因和情景，在这些移民的后裔中流传着这样的故事：相传在朱元璋在建立明朝的过程中，一个得力而勇猛的大将军胡大海为他出生入死，立下了汗马功劳，因此，在开国大典后，朱元璋要论功行赏，就问胡大海想要什么，结果胡大海竟然恶狠狠地要求杀光河南的百姓。原来胡大海参加起义前，由于一时落魄，在河南一带讨饭，但当地百姓看到他长得过于凶狠可怕都不愿施舍，胡大海差点被饿死，因此，他得势后只想报复。朱元璋觉得牵涉的面积太大，但又考虑到胡大海的赫赫战功，于是答应他可以在河南界内射一支箭，他只可以杀这支箭射出范围内的人。不料，胡大海这支箭射在一支大雁的尾巴上，受伤的大雁飞出河南界内，竟一直飞到了山东，胡大海跟着飞雁一路追杀，几乎将河南、山东等地的人杀光了。朱元璋因为"天子一言，驷马难追"，只好开始从当时地少人密的山西调拨人口过去。

胡大海像

元末泗州虹县(今安徽泗县)人，字通甫。至正十四年(1354)投朱元璋军，充前锋。善用兵，以不妄杀人、不掠妇女、不焚毁庐舍约治军伍。官至金枢密院事。久征战浙江，议罢寨粮法。进江南行省参知政事，镇金华。为所部苗帅叛杀，追封越国公。

当时，明政府完全不顾移民地区百姓的想法，贴出告示："愿意移民的人，在家等待。不愿移民的人，三天内赶到洪洞县的大槐树下集合。"于是，3天内大约有十来万的不愿离乡背井的人聚集到树下，大批官兵突然将他们通通围住，全部捆绑起来，在百姓一片哭喊叫骂中开始登记造册。移民们临行之时，悲伤地看着故乡，听着栖息在树杈间的老鸹发出一声声哀鸣，潜然泪下，频频回首。为此，大槐树和老鸹窝就成为移民惜别家乡的标志，也因此留下了那四句民谣。据说当时官兵怕有人逃跑，就在

山西省洪洞县大槐树祠堂外景

明太祖朱元璋先后七次下令将包括洪洞县在内的山西南部无田百姓迁往中原等地屯种。大槐树成为移民眼中故里的象征。

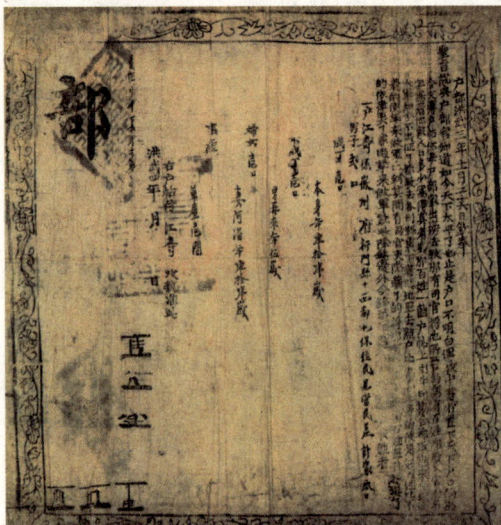

徽州府祁门县江寿户帖 明

洪武三年，明朝在全国实行户籍制度，户籍由政府保存，户帖发给住户。这是洪武四年明政府发给徽州府祁门县江寿的户口卡。

移民们的小脚趾上砍了一刀来识别身份，因此，移民后裔的小脚趾甲都是复形的，也因此留下了"谁是古槐迁来人，脱履足趾验甲形"的话来。还有在迁徙过程中，移民都是被反绑着双手来长途迁移的，因此，移民的后裔也喜欢背着手走路。从明初洪武三年 (1370) 直至永乐十五年 (1417)，前后将近半个世纪。山西两府 51 县的百姓分别被遣送至北京、河北、河南、山东、安徽、江苏、湖北等地，范围之广几乎占到了大部分的国土，而他们的后辈还有再次迁徙到了国外的。

为了不忘故土，许多移民后代都纷纷登记族谱，将迁徙的事记录下来，也成为这次迁徙的佐证。如湖北省宜城县郭海村《周氏祖碑》载：始祖周继全，自洪洞古大槐树筷子巷迁到宜城县关集，后居张家村，又改为周家楼。还有些移民到了迁徙地后，还是用原来的故乡名字来命名村名，如北京郊区有赵城营、红铜（洪洞）营、蒲州营、长子营等，根据考证他们都是明朝从赵城、洪洞等地迁去的。

这些记录主要是来自移民后裔的口口相传，关于胡大海这个人在《明史》中确实有记录，但他杀光河南人口的事并没有相关史料，可能是后人的附会和猜测。现在大部分的专家和学者还是认为：山西大槐树迁徙还是与当时中原之地兵火连年和长期的黄河泛滥有关，元朝末年，河北、山东、河南、陕西及安徽一带，人口锐减，土地荒芜。而山西由于太行山的阻隔，没有遭受到战火摧残，风调雨顺，经济繁荣，人丁兴旺。附近省份的难民也逃到山西，使山西南部更加是地少人密。根据《明太祖实录》记载：洪武十四年 (1381)，河南、河北人口均不过 189 万人，而山西却达 403 万人，超过河南、河北人口总和。当时刚刚建立的明王朝政权为能把各个省的经济都发展起来，才会大规模进行迁移。而洪洞又是山西人口稠密的县之一。所以明朝政府在这里给移民登记造册和编排队伍是完全有可能的。还有人认为移民是为了减少社会矛盾，平衡人口。这些都有一定道理。

六百多年过去了，山西大槐树迁徙的原因仍待考察，那棵汉代古槐也早已消失。槐乡的后裔遍布全国 20 多个省，400 多个县，有的还远在南亚一些国家和地区。槐树之乡牵动着海内外华人的心，每年 4 月 1 日至 10 日洪洞当地的人民还举办"寻根祭祖节"，牵动海内外大槐树后裔前来寻根。

直击苍茫的历史

盘庚是否迁都于安阳殷墟？

商汤像

商朝开国君主。又称成汤、武汤、天乙等。在位十三年(前1600～前1587)。契十四世孙，主癸之子。初继父位为商部族首领，当时桀无道，他用伊尹辅政，发展实力，势力逐渐强大，遂立志灭夏。汤首先攻灭葛等十多个部落，随后又灭掉夏的三个属国，经十一次出征，成为当时强国。最后，他又联合其他部落，乘胜西征，大败夏军于鸣条之野，一举灭夏，建立商朝。

商朝是我国奴隶社会的发展时期，从成汤到商纣，共传17世，31个王，前后约有496年。商朝时，地域辽阔，势力最大时东到大海，南到长江流域，西达陕西西部，是当时的一个大国。商朝前期，王朝内部的政治斗争十分激烈，由此也导致外患不断，为保持国家的长治久安，商朝经历了五次迁都。公元前14世纪，商王盘庚把都城迁到殷，从此商王朝稳定下来，因此商朝又称为殷商。然而，历史上对盘庚是不是迁到了今天的安阳殷墟却有争议。

大多数学者认为盘庚确实是迁都至今日的殷墟。《尚书·盘庚》篇对这次迁都的情况也有不少记载。

商汤建国时，最早的国都是亳，也就是今天河南的商丘。这里处在黄河下游，经常闹水灾，灾后损失惨重，皇宫内部、王公大臣和贵族之间也是矛盾重重，常常有内乱发生，到皇位传到能干的盘庚手里时，他决定改变这种混乱的状况，以促进国家的稳定和发展，于是他决定再次迁都。但是迁都的过程很不顺利，他的这一举动遭到了许多王公大臣和贵族的反对，盘庚只好对他们晓之以理，声称自己是"视民利用迁"，"承汝俾汝，惟喜康共，非汝有咎，比于罚"，即他不是为了处罚那些贪图权利的人，而是为了人民的利益，为了让商朝更加稳固才决定迁都。而对那些反对迁都的人，盘庚威胁说要将他们斩尽杀绝，不让孽种留在新邑。但

殷墟遗址

是，还是有大多数贵族固执地不肯搬迁。盘庚坚定地表明自己的立场："我主意已定，不会再改变了。"众大臣敌不过盘庚的坚持，终于同意迁都。于是盘庚带着平民和奴隶，渡过黄河，搬迁到殷（今河南安阳小屯村）。盘庚迁殷以后，在那里重振朝纲，缓解了王室内部的矛盾，促进了社会经济的发展，使衰落的商王朝又出现了一派繁荣的局面，以后二百多年，一直没有迁都。盘庚也因此被称为"中兴"之主，并为武丁盛世的到来，打下了基础。

经过三千多年的漫长岁月的洗礼后，商朝的国都已沦为一片废墟。近代，人们在安阳小屯村一带发现了大量古代的遗物。安阳位于河南省最北部，北临漳河水，西依太行山，是中华民族古老文化重要发祥地之一，殷指的就是今位于安阳西北郊的殷墟。在殷墟遗物中有十多万片龟甲（就是龟壳）和兽骨，而且上面还刻着很难辨认的文字，记载了当时社会政治、经济等各方面的情况，这些文字就是我们今天所说的甲骨文。另外，在小屯村还发现了大量的种类繁多、制作精巧的青铜器皿和兵器，后母戊大方鼎就是在这发现的，它高130多厘米，重875千克，上面还刻有富丽堂皇的花纹，其技术和艺术水平十分高超。而那里至今保留的宫殿宗庙建筑遗址、王陵墓地、星罗棋布的居住遗址、繁华的手工业作坊所体现出的宏大规模和王者气派都能证明那里曾

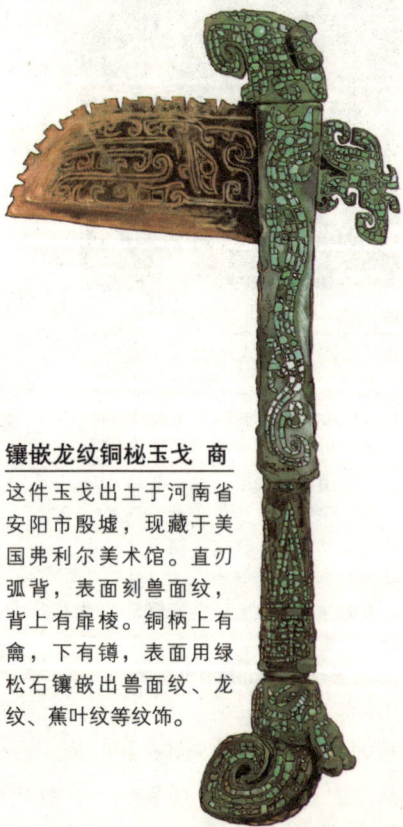

镶嵌龙纹铜柲玉戈　商
这件玉戈出土于河南省安阳市殷墟，现藏于美国弗利尔美术馆。直刃弧背，表面刻兽面纹，背上有扉棱。铜柄上有禽，下有镈，表面用绿松石镶嵌出兽面纹、龙纹、蕉叶纹等纹饰。

经是商朝国都的遗址。

但是也有不少史学专家和学者认为盘庚并不是迁都于安阳殷墟，《殷本纪》中记有"帝盘庚之时，殷已都河北，盘庚渡河南，复居成汤之故居……乃遂涉河南，治亳"，他们认为盘庚迁回了故都所在地——商丘。成汤帝于公元前1711年灭夏，建都于商丘南亳。据《史记》记载：成汤五世孙仲丁迁都到河南郑州，仲丁弟河澶甲迁都到今河南内黄东南，六世孙祖乙又迁都于今河南温县东，八世孙南庚把都城迁到了今天山东曲阜，九世孙盘庚"渡河南，复居成汤之故居"。所谓"渡河南"，就是从黄河以北迁往黄河以南。所谓"成汤之故居"，就是指成汤建都南亳之前所居住的商丘县北部的北亳。也就是说，盘庚又回到了先商的祖先居住地——商丘。《竹书纪年》记载："盘庚十四年，自奄迁于北蒙，曰殷，十五年营殷邑。"而学者们认为把盘庚所迁往的北蒙的殷，说成是今天安阳的殷墟，这显然是错误的：第一，安阳没有被称北蒙和亳的说法；第二，成汤和帝喾从不曾在安阳居住和建都。所以"渡河南，复居成汤之故居"所指的并不是安阳。至于在安阳小屯发现了商代出土文物和遗址，则是因为成汤的十三世孙武乙迁到了安阳小屯。晋代以后，由于个别史学家把北蒙的"殷"和"殷墟"混在了一起，所以后人才会误以为是安阳，以讹传讹，才有了今天的殷墟之说。

玺印 商

这三方中国最古老的印章出土于河南省殷墟，形质古朴，犹存象形文字的形态。

盘庚是不是迁都于殷墟，至今还没人能够下定论，有待专家学者们寻找更有说服力的史料和证据来证明。但是，不管史实如何，盘庚迁都后商朝社会的稳定和繁华显而易见，他为商朝的巩固和发展所建立的伟大功勋也是不可磨灭的。

历史上有无徐福东渡日本之事？

徐福去过蓬莱仙岛吗？"蓬莱"因秦始皇遣方士徐福率三千名童男童女去寻找长生不老之药而得名。自唐开元年始，它就被命名为"蓬莱乡"，风景秀丽，有"海上仙境"的美称。据说秦始皇十分憧憬得到服后可以成仙的仙草"养神芝"，与天地同寿，与日月齐庚。于是授命徐福东渡为他寻找不老仙药。

《史记·秦始皇本纪》中注明徐福是个读书人，除了读儒书外，同时也阅读了大量关于阴阳五行、修真炼丹等方面的书籍。他交游非常广泛，当时和齐国的侯生、燕国的卢生交情甚好。

然而，历史上对徐福东渡到底到了何方却有争论，有人说去了日本，有人说去了

南洋，也有人说到了美洲，更有人说到了海南岛。这当中，呼声最高的是说徐福当年东渡去了日本。

《史记》和《汉书》是中国历史最有权威性的两部史书，这两本史书中都有记载徐福东渡日本，其可信度还是相当高的。此外，五代后周时期义楚和尚所写《义楚六帖》中说："日本亦名倭国，在东海中，秦时，徐福将五百童男，五百童女，止此国也，今人物一如长安，又东北千余里有山，名富士，亦名蓬莱。徐福止此，谓蓬莱，至今子孙皆曰秦民。"证明徐福东渡地是日本。而宋代欧阳修和司马光文集等都有相似的记载，他们也认为徐福东渡到日本，明初，日本和尚空海到南京，向明太祖献诗，还提到了日本的徐福祠。民间传说就更多了：徐福东渡是公元前中国历史上的壮举，秦始皇派徐福三次东渡求仙药，徐福求药不成，却把秦帝国高度发展的造船、航海技术和政治制度、文化艺术、生活方式，还有冶炼、农耕、建筑、医药、文字、货币、宗教、武术、服饰、瓷器和当时世界最先进的科学技术带到了日本，还带去了一批谷物种子粮食等，对于开发、发展日本的生产力是十分有利的，三千人繁衍生息的同时，也传播了中华民族的传统文化。

对此，日本也有大量的史志记载：《富士古文书》："徐福一行奉秦始皇之命，到富士

秦始皇像

秦始皇(前259～前210)，公元前246～前210年在位。这位中国第一位皇帝始终将目光投向遥远的东方：用铁马金戈统一了东方六国，又用徐福的船队寻找长生不老之药。最后，在始皇三十七年(前210)，他在第五次东巡途中死于沙丘平台。运送皇帝尸体的灵车一路西行，回到咸阳。不久，他被安葬在骊山陵墓中。

徐福东渡时登程地点

山取不老长寿药，因以居也。"
《国文通考》有如下记述："今
熊野附近有地曰秦住，土人相
传为徐福居住之旧地。由此
七八里有徐福祠……"颇具说
服力的是，当时徐福的东渡出
发点千童镇有一项闻名遐迩的
民间文艺活动"信子"，在偌大
中国是独此一家，而在日本也
有，只是名叫"尸子"；而现
在仍保留有徐福墓、徐福祠的
日本新宫市，至今每年都要举

日本阿须贺神社内的徐福宫

行大祭仪式。此外，还有人根据古代中国和日本的海上往来，海船的营造规模和古文
物发掘，推测了徐福东渡到日本的路线。

徐福在日本的地位很高，从九州到本州的二十多处地点，流传着有关徐福的登陆
地点、活动遗迹、祠庙和墓葬等传说，同类遗迹往往重复地见于多处地点，并且长期
以来成为民间信仰崇拜的对象。尤其日本各地民众，称徐福为"王"，并尊他为"弥
生文化的旗手"。日本现有徐福陵墓 5 座，祭祀庙祠 37 座，因徐福登临而得名的蓬莱
山有 13 座，各种遗址和出土文物数以百计，各地历代传承和近代成立的徐福纪念组
织和研究机构就有 90 多个，祭祀节典和仪式多达 50 多个，以秦和徐为姓氏的有 17

日本徐福祠

始皇上天台 秦

台在今陕西西安市西郊阿房村南附近，有一座大土基，周长约31米，高约20米，全用夯土筑成，当地农民称之为"始皇上天台"，推测可能是秦始皇时期的观象台。

玉杯 秦

秦始皇功成业就，梦想长生不死，得道升天，在大寿时受大臣的祝颂，一时兴起，决定派人东渡大海求仙药。战国的玉制品主要用于礼仪和殉葬，秦汉时玉杯成为上层社会人们的观赏品和实用品，常出现在宴会上。这件玉杯直口深腹，在束腰高足支托下，显得秀丽挺拔。

个。在日本的佐贺、新宫、富士吉田这三个地方，祭祀徐福不仅是当地民众的重要信仰，而且已发展成重要的文化和旅游产业。参加徐福祭祀和纪念活动的，不仅有工、商、学、军和各界著名人士及民众，还有政界官员等。

徐福出海并东渡日本这一伟大历史事件，历来为中日学界所重视。中外文献对徐福航海并东渡日本对中日文化交流的重大贡献，都给予肯定性评价。

但是有些中日学者也对徐福东渡日本提出了疑问：他们认为，秦始皇灭六国后，中国人为了逃避秦始皇的暴政，大量移民日本，但是这其中并不包括徐福及其率领的童男童女们；徐福的故事只不过是民间传说而已，找不到可靠的历史文献来证明；更有人认为，徐福东渡日本的传说，是日本10世纪左右的产物，并非最先由中国人提出来的，徐福当时到的只是渤海湾里的岛屿，他在日本的事迹、遗迹、墓地，均属后人虚设；还有学者认为新宫市的徐福墓和其他遗迹都是后人伪造的。有的日本学者还做了实地调查，进一步证实了这一点。他们认为，徐福东渡日本的传说，是由于汉唐以后，日本和尚常到中国散布徐福的故事，被人不辨真伪地记入书中，发展到后来，人们就对这样的传说深信不疑了。

另外，又有学者认为，徐福东渡是历史事实，但不是去了日本，而是去了美洲：因为徐福东渡的时间与美洲玛雅文明的兴起相吻合，檀香山遗留下带有中国篆书刻字的方形岩石，旧金山附近有刻存中国篆文的古箭等文物出土，这些古代文物当是徐福这批秦人经过时所遗留的。

迷雾茫茫，徐福东渡究竟是不是去了日本，至今仍然是一个解答不出的谜。

小篆体十二字砖 秦

这件显示秦始皇开创强大帝国声势的秦砖，以阳文篆刻"海内皆臣，岁登成熟，道毋饥人"十二字，意思是秦朝统一天下，普天之下都是秦朝子民，希望国富民安。

黄鹤楼的名称因何而来？

"昔人已乘黄鹤去，此地空余黄鹤楼。黄鹤一去不复返，白云千载空悠悠。晴川历历汉阳树，芳草萋萋鹦鹉洲。日暮乡关何处是，烟波江上使人愁。"这首诗你一定不会感到陌生，它是唐代大诗人崔颢游黄鹤楼后所作。后来，诗仙李白也登上了黄鹤楼，他放眼楚天，胸襟开阔，诗兴大发，正要提笔抒发豪情时，却看到了崔颢的诗，自愧不如只好说："眼前有景道不得，崔颢题诗在上头"。崔颢题诗、李白搁笔，黄鹤楼从此名气大盛。

黄鹤楼虽建于三国，但屡遭破坏，各个朝代也不断修复，然而还是屡建屡坏，最后一座黄鹤楼初建于清同治七年(1868)，毁坏于光绪十年(1884)，此后在近一百年之内未曾重修。

中华人民共和国成立后，1981年10月，黄鹤楼的重修工程破土开工，于1985年6月落成，闻名遐迩的黄鹤楼再一次出现在人们的眼前。新修的黄鹤楼

黄鹤楼送别图 明 仇英

唐代诗人李白有诗云："故人西辞黄鹤楼，烟花三月下扬州。孤帆远影碧空尽，唯见长江天际流。"上图即是表现此诗内容的绘画作品。

黄鹤楼

黄鹤楼位于湖北省武汉市蛇山黄鹄码头，依临长江，享有"天下绝景"的美誉，并与湖南的岳阳楼、江西的滕王阁并称为"中国的三大名楼"。传说黄鹤楼始建于三国时期的吴黄武二年(223)，是孙权为了军事目的，以实现"以武治国而昌"（"武昌"的名称由来于此）的理想，而建立此楼，以便于筑城为守，瞭望敌情。后来黄鹤楼逐渐由军事建筑而变成了著名的名胜景点，特别是唐代以后，很多文人墨客来到此处游览观楼，写下了不少名篇佳句。其中，以唐代诗人崔颢的《黄鹤楼》最为著名，一首便成为千古绝唱，更使得黄鹤楼名声大噪。

以清朝的同治楼为蓝本，但是在此基础上更加高大雄伟，飞檐5层，攒尖楼顶，金色琉璃瓦屋面。楼外还铸有铜制的黄鹤造型、胜像宝塔、牌坊、轩廊、亭阁等一批辅助建筑，将主楼烘托得更加壮丽。

黄鹤楼的名称究竟因何而来，还是个谜，没有定论。关于黄鹤楼名称的来历，有很多神话传说。最多是从崔颢的"昔人已乘黄鹤去"中的"昔人"一词化来。这个"昔人"就是所谓的黄鹤仙人。但是这个黄鹤仙人又是谁呢？有三种说法。一种是说仙人子安曾经乘黄鹤在此处经过，黄鹤楼因此而得名，另有一种是蜀国人费祎成仙后，曾骑着黄鹤在此休息，此楼由此称为黄鹤楼。还有一种说法是荀叔伟曾见仙人下降，并在这里摆宴设饮而得名。但是，这几个故事都没有交代黄鹤楼因何而建，由谁而建。倒是另一则"辛氏酒楼"的传说交代得最为完整。

古时候，有个姓辛的妇人在山头卖酒。一位道士经常路过此处，饮酒但却分文不给，辛氏也不予计较。在一次饮酒之后，道士为了感谢辛氏的千杯之恩，就在墙壁上画了一只仙鹤，并对辛氏说：以后客人一到，你就拍手引仙鹤下壁，它就会翩翩起舞，为客人祝酒。一说完，道士就不见了。后来，道士的话果然灵验，这个小酒铺一时宾客盈门，辛氏也由此成了富翁。10年后，道士故地重游，临行时，吹奏铁笛。随着悠扬的笛声，白云、仙鹤飘然而至，道士跨上黄鹤直上云天。辛氏为纪念仙翁，筑地起楼，取名"黄鹤楼"。

这些神话传说，给黄鹤楼增加了很多浪漫色彩，但是黄鹤楼究竟名从何来，一些专家、学者还是有不同的看法。很多学者认为，黄鹤楼是以地方而命名的。黄鹤楼所在的地点叫作"黄鹄山"、"黄鹄矶"。有人考证，黄鹄山就是黄鹤山。唐代李吉甫在《元和郡县志》中说："江夏（今武汉）城西南角因矶名楼，为黄鹤楼"。

但还有人认为黄鹤楼是以人名命名的。《礼部诗话》一书载崔颢在诗中自注道："黄鹤乃人名也。"其诗云：昔人已乘白云去，此地空余黄鹤楼。云乘白云，则非乘鹤矣。……当以颢自注为正。也就是说黄鹤是人名而不是山名。

还有人认为黄鹤楼的来历既不是人名，也不是地名，而是根据形状而命名的。从楼的纵向看各层排檐看起来像展翅欲飞的黄鹤，所以才取名黄鹤楼。

自古以来，黄鹤楼名称的由来就是家家有说法，人人不相同，然而正是如此，黄鹤楼才有了这么多奇妙和神秘之处，引得无数人一睹它的风采，感念"白云千载空悠悠"的情怀和美丽。

黄鹤铜雕

宋太祖之"陈桥兵变"与"烛影斧声"

宋太祖赵匡胤，这位大宋王朝的开国皇帝，一生缔造了两个历史谜案：生前，他演绎了"黄袍加身"的陈桥兵变；死后，又留下了"烛影斧声"的悬案。

公元960年的元旦，正值后周君臣在宫中同贺新年之际，忽然传来北方镇、定二州的紧急军事报告，大意是：辽国军队南下，进攻周朝，形势十分危急，如果不马上增加军队，辽国军队必将长驱直下，后果不堪设想。小皇帝与皇太后只好请当时担任归德军节度使、检校太尉、殿前都点检赵匡胤率领禁军前往北方边境抵御入侵的辽兵。初三，军队驻扎在开封东北的第一个驿站陈桥。当天夜里，士兵们聚集起来，喧嚷着："皇帝这么年幼无知，他如何能够治理朝政？"此时赵匡胤正醉卧帐中。次日的黎明，闹事的将士们手执兵器来到赵匡胤帐前，声称："诸将无主，愿策太尉为天子！"赵匡胤惊醒披上衣服，

宋太祖赵匡胤像

宋太祖赵匡胤 (927～976)，涿州（今属河北）人，生于洛阳（今属河南）。后周显德三年 (956)，积功至殿前都指挥使，拜定国军节度使。七年初，发动陈桥兵变，建立宋朝，改元建隆。毛泽东道："唐宗宋祖，稍逊风骚。"克里斯特芙尔·法玛说："他是一名善战的将军，他的胜利恢复了中央对地方军阀所夺去地区的控制。他还是一位英明的管理者，其改革带来了一个和平而又繁荣的时代。"

未来得及应酬，将士们就把象征皇权的黄袍裹在他身上，众人也都拜在庭中，欢呼万岁。然后众人又硬拥他上马，返回开封，取代后周政权，建立了北宋。这就是著名的陈桥兵变、黄袍加身的故事。

军印 宋

北宋初年，宋太祖抽调地方精锐士兵补充禁军，长年驻守京城及附近地区，使地方军队实力大为削弱，无法与中央抗衡。为加强对禁军的直接控制，不设最高军职，殿前司由都指挥使主管，侍卫司分别由马军都指挥使和步军都指挥使主管，三个都指挥使均由皇帝任命，号称"三衙"。此图为侍卫司马军副长官的印信。

陈桥兵变历来被看作是"千古疑案"，疑点颇多。历来的看法大致有以下：

第一种说法是认为，陈桥兵变不是偶然事件，而是赵匡胤精心策划的。据《涑水传闻》等书记载："及将

北征，京师喧言，出师之日，将策点检为天子。故富室或挈家远避于外州，独宫中未之知也。"古诗写道："黄袍不是寻常物，谁信军中偶得之。"当时军队来到陈桥已有兵变之说，未见黄袍，已有天子之说，怎么可能不是预谋呢？

其次，所谓的"醉卧不省"不过是为掩人耳目。赵匡胤是率军出征的主帅，刚刚出发上路，怎能在军帐中"醉卧不省"？他再爱喝酒，也不能对军国大事如此掉以轻心，看来，"醉卧不省"乃是给人们以他对兵变一无所知的假象。据宋人笔记记载，赵匡胤早年曾为自己的功名前程占卜，"自小校以上至节度使，一一掷之，皆不应。忽曰：'过此则为天子乎！'一掷而得圣筊。"这段在宋代广泛流传的轶闻足见身为天子赵匡胤的夙愿。而在陈桥驿，他兵权在握，当天子易如反掌之时，反而会不

陈桥兵变遗址
兵变遗址在今河南省封丘市陈桥镇，即宋太祖黄袍加身处。

"宋太祖黄袍加身处"碑

261

念及早年愿望，一醉了之？这是否有太多的做作？

再次，《宋史·杜太后传》中记载，杜太后知道儿子称帝后，曰："吾儿素有大志，今果然。""吾儿生平奇异，人皆言当极贵，又何忧也？"这分明表示赵匡胤早有称帝野心，黄袍加身并不是从天而降的好事。

当然认为赵匡胤称帝并不是预谋的也大有人在。证据在于：《宋史》、《续资治通鉴长编》、《契丹国志》等史书皆记载有镇、定二州急报：北汉勾结契丹入寇。况且，并不存在谎报军情配合兵变的情况，因为镇、定二州节度使不是赵匡胤集团的人，不能制假。清赵翼认为，五代诸帝，多由军士拥立，相拥成袭。因此，赵匡胤的"黄袍加身"是可能的。

关于宋太祖的另一个千古之谜是"烛影斧声"。

开宝九年十月二十日晚上，赵匡胤忽然去世。第二天，其弟赵光义继承了皇位，即历史上的宋太宗。对于赵匡胤的死，《宋史·太祖本纪》上只有一段简略的记载："癸丑夕，帝崩于万岁殿，年五十，殡于殿西阶。"但是宋代的笔记野史上却有一些颇为离奇的记载。文莹《续湘山野录》记载，二十日那天，"上御太清阁四望气。……俄而阴霾四起，天气陡变，雪雹骤降。移仗下阁。急传宫钥开端门，召见封王，即太宗也。延入大寝，酌酒对饮。宦官、宫妾悉屏之，但遥见烛影下，太宗时或避席，有不可胜之状。饮讫，禁漏三鼓，殿雪已数寸，帝引柱斧戳雪，顾太宗曰：好做！好做！遂解带就寝，鼻息如雷霆。是夕，太宗留宿禁内，将五鼓，伺庐者寂无所闻，帝已崩矣。太宗受遗诏于枢前继位。"由于这段记载语气隐隐约约，文辞闪闪烁烁，于是便给后人留下了"烛影斧声"的千古之谜。

一种意见是，宋太宗"弑兄夺位"。持此说的人以《续湘山野录》所载为依据，认为宋太祖是在烛影斧声中忽然死去的，而宋太宗是夜又留宿禁中，次日便在灵柩前继位，实在难脱弑兄之嫌。《宋史通俗演义》和《宋宫十八朝演义》都沿袭上述说法，并加以渲染，增添许多宋太宗弑兄的情节。

另一种意见认为，宋太祖的死与宋太宗无关。持这种说法的人引用司马光《涑水纪闻》的记载为宋太宗开脱。据《涑水纪闻》记载，宋太祖驾崩后，已是四鼓时分，孝章宋后派人召太祖的四子入宫，但使者却径趋开封府召赵光义。赵大惊，犹豫不敢前行，经使者催促，才于雪下步行进宫。因此，太祖死时，太

宋太宗赵光义像

宋太宗（939～997），初名匡义，后改为光义。开宝六年（973）封晋王。九年即位，改名炅，改元太平兴国。

宗并不在寝殿，因而不可能弑兄。

还有一种说法，虽然没有肯定太宗就是弑兄的凶手，但认为他无法开脱抢占王位的嫌疑。在赵光义即位的过程中确实存在一系列的反常现象，即据《涑水纪闻》所载，宋后召的是太祖四子，而赵光义却抢先入宫，造成既成事实。《宋史·太宗本纪》也曾提出一串疑问：太宗即位后，为何不按照嗣统继位次年改元的惯例，而是急忙将只剩下两个月的开宝九年改成太平兴国元年？为何赵光义登基五年后，忽然有一个"金匮之盟"？既然杜太后有"皇位传弟"的遗诏，太宗为何要一再迫害自己的弟弟赵廷美，使他郁郁而终？太宗继位后，太祖的次子为何自杀？太宗曾加封皇嫂宋后为"开宝皇后"，但她死后，为何不按皇后礼仪治丧？

上述迹象表明，太祖死亡和太宗继位还是有很多疑点的，也无怪乎后世提出诸多疑义。真相究竟如何，有待于后人的进一步探求。

建文帝是自焚而死吗？

明洪武三十一年即 1398 年，明太祖朱元璋驾崩。临终前他立下遗诏，把皇位传给皇太孙朱允炆，史称为"建文帝"。第二年，建文帝的四叔燕王朱棣以"清君侧"为由在北平起兵，号称"靖难"。经过三年苦战，朱棣终于攻破南京。正当曹国公李景隆等人打开金川门、迎接朱棣进城的时候，后宫忽然起了一场大火，建文帝就在这大火中下落不明，其去向至今仍然是一桩疑案。

被载入正史的是最先传出来的"阖宫自焚说"。

《太宗实录》记载说，朱棣攻破南京城，率领众人抵达金川门。"诸王文武群臣父老人

朱元璋像

朱元璋驾崩，皇太孙朱允炆即位后，实行一系列宽政、削藩的政策，从而引发了"靖难之役"。

等皆欲出迎，左右悉散，唯内侍数人而已"。看着身边几个内侍，建文帝不禁叹息说："我还有什么脸面见他？"遂"阖宫自焚"。朱棣进宫后，到处寻找建文帝，最后在一片灰烬中找到一具面目全非的尸体，有人说这就是建文帝。于是朱棣令以皇帝的礼仪将其埋葬。夺取皇位这一年，朱棣在给朝鲜国王的诏书中说："高皇帝弃群臣，建文嗣位，权归奸慝，变乱宪章，戕害骨肉，祸几及朕。于是钦承祖训，不得已而起兵，以清敦恶。不期建文为汉奸逼胁，阖宫自焚。"假惺惺地表明，自己不过是想要"清君侧"而已，自己没有想到会导致建文帝的自焚。

首先创"焚死"说的是清代的王鸿绪，他在其所著的《明史稿·史例议》中花了

西安右护卫后千户所百户印　明

这是明朝政府铸造的卫所印章，百户所是明朝军队的基层编制，由112人组成百户，十个百户所组成千户所，前、后、左、右、中五个千户所组成卫，共5600人。百户所设总旗二人，小旗十人，进行日常管理与军事训练。朱元璋建立明朝后，分封自己的儿子为亲王，派往各地，为给亲王提供安全保障，在各封地设立护卫指挥使司，每司设左、右、中三护卫。西安右护卫是朱元璋为二儿子秦王朱樉设立的禁卫军编制。这方铜印就是洪武十一年秦王朱樉就藩西安时铸造的。

大量篇幅专门论述建文帝必定焚死。此外，清代的学者钱大昕在作《万斯同传》的时候，也采用了这个说法。至于永乐年间的《实录》和清代修编的《明史》，也都是重复这个说法。建文帝自焚而死一说大有盖棺定论之意。

但是，大多数人认为焚死说不可信，他们认为建文帝并没有丧生火海中。这些人从"正史"的字里行间，找到了另外一些蛛丝马迹。其中最能引起人们怀疑的即是《明史》。

《明史·恭闵帝本纪》中关于建文帝死亡的记载如下："都城陷，宫中起火，帝不知所终，燕王遣中使出帝后尸于火中，越八日壬申葬之。"人们以此为发端，提出疑问：既然是"不知所终"，怎么能辨认出那个被烧得面目全非的尸体就是建文帝？而既已发现了帝尸，为何又说是"不知所终"？这种自相矛盾的记载难道不值得人怀疑吗？更有人认为这段话根本就是含混的话语，因为"帝后尸于火中"似乎可以理解成仅仅得到了皇后的尸体。而乾隆年间补纂《明史本纪》称："棣遣中使出后尸于火，诡言帝尸。"则更为明确地道出当时根本就没有找到建文帝的尸体，不过"诡言"而已。

于是，另外一种说法就出现了，说在朱棣攻破南京那天，建文帝正欲拔刀自刎，被身边人救下，然后由程济等贴身亲信22人带领，从地道或御沟中逃跑了。逃走后的建文帝又匿向何方？有人说他由宫中的主录僧溥洽为他削发，扮演成和尚，藏匿于某处寺院了。当然，也有南逃至海外的种种传闻。

众多说法中流传较为广泛的是出家为僧说。有记载说，建文帝在南京城被攻破后出亡为和尚，晚年还曾经返回京师，去世后埋葬于北京西山。在《明史·程济传》中写道："金川门启，济亡去。或曰帝亦为僧出亡，济从之，莫知所终。"在《明朝

南京皇城校尉铜牌　明

皇城内多为政府机构和皇家御园。洪武二年，设立亲军都尉府，统领中、左、右、前、后五卫，专事对皇城的保卫。洪武十五年，建锦衣卫，设南北镇抚十四司，其编制将军、力士、校尉，专门为皇帝护驾，并巡查缉捕，是为御林军。校尉是御林军的低级军官，负责皇城安全，检验出入皇城人员的证件，若有失查，从重治罪。此铜牌为值夜班的军士佩带。

明代南京城垣遗址

小史》中的记述则更为生动："高皇大渐时，封钥一小匣，甚固，密授帝，戒以遇危难始启。及靖难兵入城，启之，乃杨应能度牒也。遂削发披缁，自御沟中逃出。"从此，建文帝以僧人身份四处流浪，直到朱棣死后才来归。建文帝在朱棣死后回归的故事在明代王鏊《震泽纪闻》及其他明代四家记述中有传奇般的记载。据说，这个流浪四方多年的老僧在宫内安然地度过了最后的日月，死后葬在北京西山，未加封号，号称"天下大师"。

记载这段故事的王鏊生于 1450 年，同"老僧"出现的时间相近，后来又做了户部尚书、文渊阁大学士的高官，其说大致可信。

关于建文帝并没有死的消息在社会上广泛流传。这对朱棣来说震动自然很大。他当然知道，自己是冒着"夺嫡"和"篡位"的罪名登上皇位的，正式的皇帝在世或者出逃，对他的帝位是一个极大的威胁。于是一方面他为了安定人心，不得不煞有其事地发布建文帝已死的诏书，另一方面又不得不根据传闻中的蛛丝马迹苦苦寻觅。关于朱棣寻找建文帝的故事也就自然有很多了。

如《明史·姚广孝传》说，84 岁高龄的姚广孝病危的时候，永乐皇帝亲自到广寿寺看他，他说："和尚溥洽关押太久，希望能够放掉他。"溥洽是谁？就是皇宫里的主录僧，他就是传闻中替建文帝剃头改装、被认为知道建文帝下落的人。这样一个和尚被关押 16 年，可见永乐皇帝对建文帝的下落有多么担心。《明史·胡濙传》则记载了永乐皇帝派遣胡濙暗察建文帝下落一事。永乐 21 年，以寻访仙人张三丰为名、通行天下州郡乡邑遍访建文帝下落的胡濙还朝时，已经就寝的永乐皇帝深夜召见他，直到

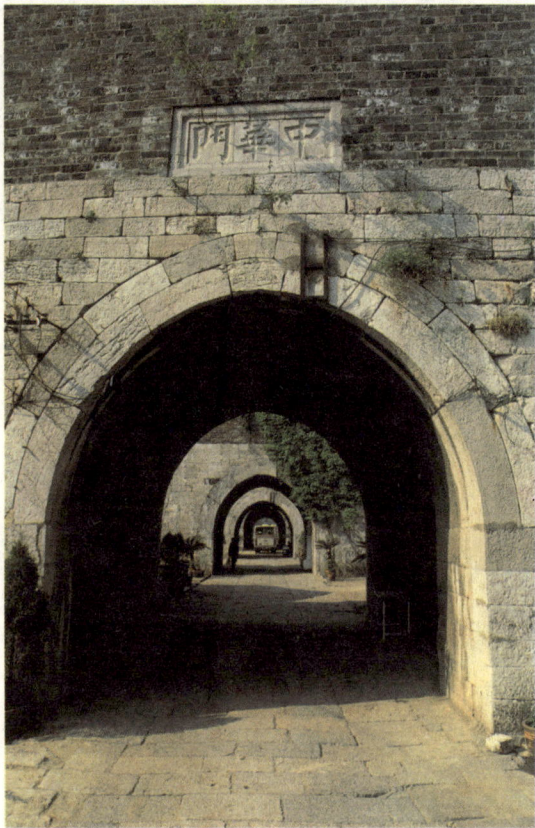

中华门 明

建于明洪武初年，属城堡类建筑，当时叫聚宝门，共有瓮城三道，门四重，内有藏兵洞27个，可藏3000士兵。

四更才出。这再次暴露了朱棣的紧张。

还有人说郑和之所以下西洋，其主要目的也是为了寻找建文帝的下落。《明史·郑和传》记载："成帝疑惠帝（建文帝）亡海外，欲踪迹之，且欲耀兵异域，示中国富强。"看来，朱棣自己也认为"不知所终"才是建文帝结局的最真实的结论。

随着时间的推移，建文帝的遗迹屡有发现，随之而来的便是新的疑问和新的谜团。著名历史学家顾颉刚在北大求学期间，居然在颐和园后面的红山上，找到了"前明天下大师之墓"；1928年的《艺林旬刊》还刊出了"明建文帝衣钵塔"及云南武定狮山佛寺塑造的"明天下大师像"的照片，照片的图注肯定地说："天下大师者，明建文帝也。"看来，建文帝下落之谜，仍然会被史学家及对此有兴趣的读者探究出来。

马可·波罗是否来过中国？

马可·波罗是中国历史上家喻户晓的人物，是沟通东西方文化的圣人，他的《马可·波罗游记》在人类旅游史上享有盛誉，在《游记》中他讲述了自己神奇的中国之旅以及他返回意大利的经过，并详细地描绘了中国的繁华与富饶。

马可·波罗像

马可·波罗于 1254 年出生于意大利威尼斯市一个商人家庭，是有史可载访问中国的第一个西方人。马可·波罗 17 岁时，他的父亲带他一起去中国，于是，雀跃万分的马可·波罗跟随他的父亲、叔叔出发了，他们由古丝绸之路东行，经过叙利亚、两河流域和中亚细亚，越过帕米尔高原，三年跋涉后，于 1275 年到达元朝皇帝避暑行宫所在地上都（今内蒙古多伦），拜见了元世祖忽必烈。他们在中国居留了 17 年，游历了中国的许多地方，他的观察力和记忆力相当惊人，他对不同地区的物产的观察非常细致；他很关注各个地方的商业活动、经济水平、风土民情、宗教信仰等；对所到之处的地形和交通状况的记载也很详细。不过，马可·波罗也爱夸大其词，喜欢吹嘘自己。1292 年马可·波罗离开中国并于 1295 年回到威尼斯。不久后，发生了意大利西部城市热那亚的海战，威尼斯舰队战败，马可·波罗被俘入狱。在狱中，他口述东方见闻，由狱友庇隆人鲁思梯切诺记录成书，这本书就是著名的《马可·波罗游记》。

但是，对于马可·波罗在《游记》中谈到的中国之行，历来遭到人们的怀疑和讽刺。有人认为马可·波罗根本没有到过中国，《游记》不过是为传教士和商人利益编出来的传奇故事，是道听途说或抄袭一些阿拉伯人著作而来的；没有任何证据可以证明马可·波罗确实在中国旅居过，只不过是他的一些故事和当时的一些历史事件相符而已。

为什么《游记》中没提到茶叶、女人的缠足、印刷书籍以及长城等这些在中国人的生活中占有极大地位的事物呢？为什么没提及汉字和筷子的使用呢？为什么浩如烟海的中国文献没有记载马可·波罗的活动呢？此外，还有许多学者补充了《游记》的不确之处：记录成吉思汗死亡以及其子孙世系的关系有诸多失误之处；攻陷襄阳城、襄阳献新炮法的情况有可疑之处；马可·波罗在扬州做官三年也不足信；等等。

但是，几乎中国所有的元史和蒙古史研究者都认为马可·波罗到过中国，在这方面研究贡献最大的是杨志玖教授，他在《永乐大典·站赤》里发现了一篇十分重要的元代公文，记载了西亚蒙古伊利汗国的使团准备从泉州下海归国的事情，其中最引

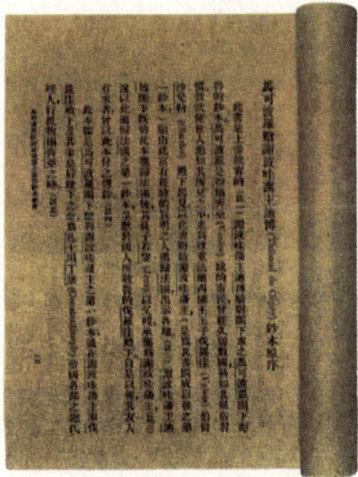

《马可·波罗游记》书影

征税图

此图选自意大利马可·波罗
(1254～1324)所著的《世界
奇观》，描绘的是忽必烈的
税吏征税的情景。蒙古统治
者征收的最重的税种有盐
税、糖税和煤税。

人注意的是史籍中波斯使臣的名字和返回时间与《游记》中马可·波罗所记录的完全
一致。虽然公文里面没有提到马可·波罗的名字，但很有可能是当时马可·波罗在元
朝的职位不太高。至于《游记》中没有提到筷子、茶叶、长城等，则是因为：第一，
马可·波罗的口述不可能面面俱到，他没受过高等教育，著书环境是监狱，而且又是
狱友记录的，难免会有漏处；第二，马可·波罗不提茶，很有可能是当时的蒙古人和
色目人也不喝茶，而是喝马奶、葡萄酒和果子露；第三，马可·波罗很少接触汉族
人，他也不识汉字，所以文中并没有提到汉字书法和印刷术。

究竟哪种观点最可信，马可·波罗到底有没有来过中国，看来还将成为一个长期
存在的疑案。

郑和为何七下西洋？

郑和，世称三保太监，是我国明朝初期伟大的航海家。郑和本来姓马，是云南省
昆阳（今云南晋宁）人，幼年时期入宫后改姓郑。

1405年郑和第一次下西洋，船舶长44丈、宽18丈的就有60多艘，所载人员有
2.7万多人，规模之大，前所未有。从1405年到1433年，郑和率领着当时世界上最
大的船队，克服了重重困难，率船队七次出海，进行大规模的远洋航行，途中经历了
无数艰难险阻，总共到过南洋、印度洋的30多个国家和地区。最南到达了爪哇，西
北到了波斯湾和红海，最西到达非洲东海岸，是历史上人类征服海洋的空前壮举。这
些船队给所经过的国家带去了大量的中国瓷器、铜器、金银和各种精美的丝绸、罗
纱、锦绮等丝织品，也带去了我们博大的中华文化，同时换回了亚非各国的许多特
产，如胡椒、象牙、宝石、香料以及长颈鹿、金钱豹等珍稀动物，广泛地促进了中国
与亚非国家的经济交流。

郑和历尽千辛万苦，七下西洋究竟是为了什么呢？对于这个问题的争论向来是各家各执一词、莫衷一是：

流传早而且广的一种观点认为是政治原因。《明史·郑和传》记载："成祖疑惠帝亡海外，欲踪迹之，且欲耀兵异域，示中国富强。"朱棣派郑和下"西洋"，是找寻建文帝的下落，以消除政治隐患。建文帝，名朱允炆，又称惠帝，明太祖朱元璋的长孙。朱棣的皇位是发动靖难之变后，从侄儿建文帝手中夺得的。在"靖难之役"后，朱允炆出走，不知去向。这在疑心很重的朱棣看来，自然是一块心头大石。残忍成性的明成祖在"靖难"之后，杀戮建文的臣子约数万人，是不会放过建文帝的，朱棣怀疑他逃到海外避难去了，怕他将来东山再起，会对自己的皇位构成威胁，所以派郑和下西洋暗中侦察建文帝的踪迹，以杜绝后患。但是，也有些学者认为：建文帝为人忠厚软弱，被朱棣从帝位上赶下台后，即使逃到国外也不会再有翻身之日，朱棣没有必要大费周折派人去探寻朱允炆的下落，而且有不少迹象表明，建文帝在南京城陷落前就已经葬身火海，不存在再寻建文帝之说。他们认为郑和下西洋寻找建文帝之说实在

郑和像

郑和(1371～1435)，本姓马，小字三保(宝)，明云南昆阳(今晋宁)。明初入宫为宦官，赐姓郑，并为内官监太监。永乐三年(1405)奉命与副使王易弘等率舰通西洋。之后，又远航六次，先后经三十余国。最后依次航行回国后，病死于南京。

是难脱牵强附会之嫌。

另一种观点认为，明成祖派郑和七下西洋是为了"耀兵异域"，"教化异族"，使海外诸国"宾服中国"。明成祖朱棣登上皇位时，明朝已经建立了二十多年，"靖难之役"并没有对农业与人们的生活产生不良的影响，中国广州等沿海的大都市都发展得十分繁荣。在这个时候，发展海外交通和海外的贸易已经是十分现实而且迫切的事。另一方面，和历代功利主义的封建帝王一样，朱棣也是一个功利主义者，自认为是"奉天命天君主天下"的"供主"，要海外各国都来朝贡，他要宣扬国威，向外示富，想利用对外的活动，展示自己的势力，并建立自己的声望。于是，明成祖朱棣决定组织一支强大的船队，前往"西洋"诸国。郑和下西洋便可以在国外显耀兵力，向海外各国夸示中国的富强，宣扬明朝的威德。此外，他还想借扬军威、示国力来缓减一部分人对他用武力夺得皇位的不满。

还有人说郑和七下西洋是经济原因，是为了发展对外贸易，为了打开封闭、僵化的外交大门，在经济上与其他国家实行贸易往来，增强自己的经济实力。明王朝刚建立时，附近的小国常常来朝贡，朝贡在当时是交换物产，番国进贡，明王朝每每恩赐，赏赐的常常大于这些小国所进贡的。但是由于经济拮据，明太祖下令限制进贡，于是由一年一贡改为三年一贡，有些国家还限制为十年一贡，于是明朝的外交关系几乎断绝，经济贸易几乎停顿，导致走私活动猖獗，明王朝的声势日下。明成祖为了迅速改善这种状况，

明代罗盘

罗盘是海运中重要的工具之一，罗盘是中国古代著名的四大发明之一。在明代，郑和七次下西洋中，罗盘起到了极为重要的作用。

三保庙

在印度尼西亚的爪哇岛上，为纪念郑和下西洋而建的三保庙。

郑和石碑

发展对外关系，扩大贸易往来，派遣郑和出使，剿灭海盗势力，清除不安定因素，并且宣布明朝已经"咸与维新"，封赏周邻各国，扶正祛邪，发展与各国的友好往来，欢迎各国前往明朝观赏进贡。派遣郑和统率巨大的船队到"西洋"各国，船队以中国的手工业品换取各国的土特产品，使各国都为中国的精美、巧夺天工的手工业品所吸引，从而愿意来中国。

而近年来海内外探索郑和下西洋的原因的角度又有所改变，认为郑和下西洋的任务随时间的推移而有所不同。郑和第一次出使是为了安抚邻近小国，减轻异族异国对中国的侵扰压力，以后几次主要为了发展外交关系，促进明朝与周边各国的友好往来。

不管郑和七下西洋是出于何种原因，所起到的作用却是毋庸置疑的，它促进了中外文化、经济的交流，让更多的国家了解中国，正视中国的存在，在中国航海史上是一个壮举，在世界航海史上也是一个创举。

郑和下西洋路线图

李自成出家之谜

明末农民起义军领袖李自成，万历二十八年 (1600) 出生于陕西延安府米脂县李继迁寨，字鸿基。他有勇有谋，大仁大义。天启六年，李自成到银川当驿卒，苦练骑射，成为了一名英勇善战的士兵。

崇祯三年 (1630)，农民起义风起云涌。李自成打听到"闯王"高迎祥在米脂领导一支队伍起义，就决心投奔他，高迎祥对李自成来投奔他自然感到非常高兴，让他当了一个队的将官，大家开始叫李自成为闯将。

崇祯十七年 (1644)，李自成在西安建立大顺政权，年号永昌。同年，李自成领导农民起义军攻占北京，几十万大军所向

李自成画像

披靡，战无不胜，终于推翻了昏庸无道、摇摇欲坠的明王朝。后来因为没有提防镇守山海关的明将吴三桂，李自成手下的将领也有人叛变，致使清军胜利入关，李自成迫于无奈，只好领兵退出北京城，途经河南、陕西、湖北等地，最后不知所终。于是，李自成北京败退后到底归宿何处，成了一桩历史悬案。三百多年来，一直扑朔迷离，众说纷纭。

关于李自成的归宿，归纳起来，有以下几种说法：一、死于通城九宫山；二、死于黔阳罗公山；三、死于辰州九宫山；四、死于通山九宫山；五、死于石门夹山；六、死于广西峡山。在这几种说法中有两种说法影响较大，即湖北通山县九宫山遇害和湖南石门夹山为僧两说。

言李自成兵败后逃到夹山石门为僧，老死在夹山灵泉寺这一说法流传极广。湖南省的石门县古称"澧阳"，又称"澧州"。据清乾隆年间的《澧州志林》所收澧州何璘的《李自成传》一文中称，李自成兵败后，一个人逃到了石门的夹山寺当了和尚，法名是"奉天玉和尚"。夹山寺位于石门县东 15 千米的三板桥，是一座唐代古刹。据文献记载，何璘曾经到夹山考察，见到一位服侍过奉天玉和尚的、口音像陕西人的 70 岁的老和尚，他告诉何璘奉天玉和尚是顺治初年来寺的，并取出奉天玉和尚的画像。这张画像"肖似史书所记李自成的模样"。1981 年，在石门夹山还发现了传系李自成所作的《梅花百韵》木刻版，又从奉天玉和尚墓葬中发现了骨灰和砖刻《塔铭》，墓葬中，其弟子野拂所撰写的碑文以及有关的文物与何璘文中所说相印证，据考察，

"工政府屯田清吏司契" 铜印

此铜印通高8.9厘米，印面每边宽7.9厘米，1959年5月北京市王府井出土。这枚铜印是李自成大顺政权铸造的印信，是专理屯田事宜的政府职能凭证。印面篆刻"工政府屯田清吏司契"，印背左侧有楷书阴刻"永昌元年肆月口日造"，右侧刻"工政府屯田清吏司契"，左侧壁刻"宇字伍百贰拾捌号"。

"野拂"就是李自成的亲侄儿李过，由此可证，被野拂精心侍奉的奉天玉和尚就是李自成。在夹山还发现了"永昌通宝"铜币，以及刻有"永昌元年"字样的竹制扇骨和铜制熏炉等。此外，李自成率领的大顺兵余部盘踞澧阳六七年，竟然没有另外推选一名统一指挥首领，也可以佐证李自成在夹山为僧。

持夹山说的另一依据是，李自成去当和尚，是为情势所迫，是为了联明抗清。当时，李自成率领的大顺军的主要敌人，已不是明代统治者，而是清代统治者。联合其他力量抗清已成为当务之急，而当时可以联合抗清的，只有湖南何腾蛟拥立的唐王朱聿键部，但与何腾蛟谈判，部队必须交给他指挥，而何腾蛟是唐王的臣子，李自成则是皇帝，这在情理上是难以接受的。况且，李自成逼死了崇祯皇帝，他是清王朝、南明王朝统治者心目中的大患。于是，李自成只好用缓兵之计，采取假死、隐居为僧的做法，一方面，让李过与何腾蛟联合，可以打消南明王朝对这支大军的敌意，共同抗清；另一方面，使清王朝以为，大敌已除，放松警惕，一旦时机成熟，李自成可东山再起。另外还有不少带有传奇色彩的故事，都可以成为李自成"禅隐之说"的佐证。

然而，另一种比较普遍的说法认为"禅隐之说"纯粹属于子虚乌有，李自成最后葬身于湖北省东南部的通山县九宫山，九宫山以西数十里外的牛迹岭，是

李自成施织黄缎袍

北京故宫武英殿

李自成率起义军攻克北京后，曾在这里处理日常政务。

他的墓地。最早记载李自成死于九宫山的是清朝靖远大将军阿齐格的奏报以及南明兵部尚书何腾蛟给唐王的奏报。奏报上说，李自成身受重伤，带着仅剩的亲信约20人，逃入九宫山中，被村民围困，无法脱逃，自杀身亡。还有的记载说，清顺治二年五月初二，李自成东征途中转战到江南，与清军大战一场，士气大损，后逃到湖北，躲在山上的一个黄土洞里，但没想到反而落入了别人的圈套，被程九伯的手下包围，最后战死。如今九宫山闯王陵墓的马镫遗物形制特殊，还刻有永昌年号，可以确认为闯王遗留下来的。

此外，史料中还有一些"蛛丝马迹"，可以证明李自成的确死于通山县九宫山。如《湖北巡按马兆奎揭贴》和《荆州总兵郑四维揭贴》等材料中，明确指出"闯逆已除"。更有说服力的是，在公布李自成的死讯后，史料中再也没有出现李自成活动的记载，而在《明史·堵胤锡传》中，李过称李自成为"先帝"，也很能说明李自成已经过世了。

李闯王究竟终于何地，以及因何而死，各种记载和传说扑朔迷离，至今尚无定论，悬案依然未决。

李自成陵园

李自成陵园位于今湖北省通山县城东45千米九宫山北麓牛迹岭。李自成节节败退，率残兵向湖南转移。顺治二年(1645)五月初，行至湖北省通山县九宫山。李自成率20余骑登山探路时，遭当地武装乡团的袭击而遇害，年仅39岁。大顺政权至此覆灭。

孝庄太后改嫁之谜

孝庄太后，一个来自茫茫草原的充满野性的女人，一个征服了两个雄霸天下的男人的神奇的女人，一个站在政治的刀锋浪尖开辟帝国基业的聪慧的女人，她的一生充满了传奇色彩。在清朝三百年历史长河中，疑案层出不穷，孝庄太后是否下嫁多尔衮引起的争议最多。

孝庄文皇后，博尔济吉特氏，蒙古科尔沁贝勒寨桑之女，生于明万历四十一年(1613)。清太祖努尔哈赤天命十年(1625)，博尔济吉特氏由兄长吴克善专程护送，嫁给了比她大20岁的亲姑夫皇太极为侧福晋。崇德元年，皇太极称帝，博尔济吉特氏被册封为庄妃，册文上写着："奉天承运，宽温仁圣皇帝制曰：自开辟以来，有英运之主，必有广胤之妃，然锡册命而定名分，诚圣帝明王之首重也。兹尔本布泰系蒙古廓儿沁国之女，凤缘作合，淑质性成。联登大宝，爰傚古制，册尔为永福宫庄妃。"崇德八年，皇太极病逝，庄妃6岁的儿子福临在多尔衮的拥立下登基，尊庄妃为皇太后。

太后下嫁之说，最早引起史学家关注的是明代遗民张煌言的十首《建夷宫词》，其中有一首说："上寿觞为合卺尊，慈宁宫里烂盈门。春宫昨日新仪注，太礼恭逢太后婚。"张煌言此词写于顺治七年，多尔衮于顺治五年已称"皇父摄政王"，慈宁宫又是孝庄皇太后的寝宫，词中说慈宁宫中喜气盈盈地举行婚礼，显然是指孝庄太后下嫁多尔衮之事。

主张太后下嫁确有其事的还有其他一些论据：从多尔衮的"皇父"称谓就可得知太后下嫁于多尔衮，在顺治朝多尔衮公开以皇上的父亲自居，自称为"皇父摄政王"，而只有皇帝的母亲下嫁了，多尔衮才有可能被称为"皇父"。当时，多尔衮在朝中的权势十分之大，加上他对孝庄皇后痴迷已久，朝中一些巴结他的人就提出

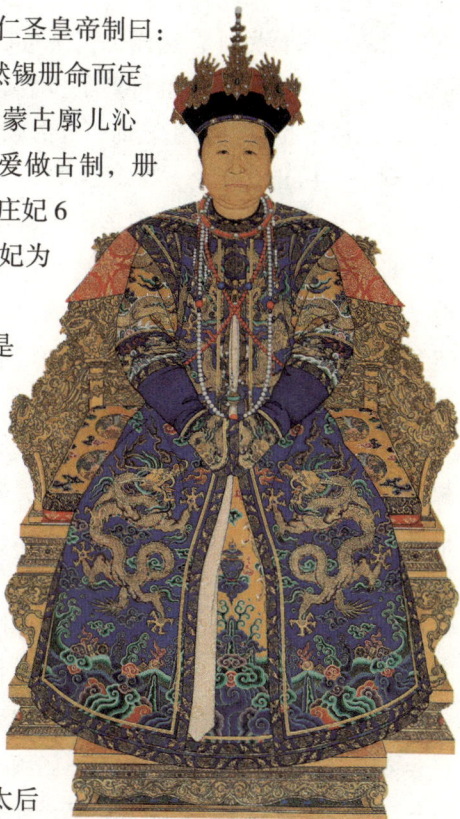

孝庄太后像

孝庄太后(1613～1687)，明天启五年(1625，天命十年)嫁与清太宗皇太极，明崇祯十一年(1638，崇德三年)生皇九子福临，即清世祖顺治。康熙二十六年(1687)去世，享年75岁。

昭西陵

昭西陵是孝庄文皇后的陵墓。从地理位置看，此陵在昭陵的西面，故名昭西陵。

让皇太后下嫁，另外，这样也正好可以控制顺治帝。这一提议很快就得到了多数大臣的支持，而福临也碍于多尔衮的权势勉强同意。就这样，太后正式下嫁多尔衮为妻。太后下嫁一事，折射出了顺治帝和孝庄皇后这对孤儿寡母当时尴尬险恶的政治处境。清末还发现了顺治时太后下嫁皇父摄政王的"顺治遗诏"，诏书所记如果属实，无疑是太后下嫁最具权威的铁证。

另外，也有人说太后下嫁是因为皇太极晏驾后，满清贵族内部的斗争非常激烈，到底由谁继承王位引起极大的争议，当时多尔衮和皇太极长子豪格势力相当，争抢王位，到了剑拔弩张的地步，就在这时，当时还是妃子的孝庄文皇后找多尔衮商议，提出让多尔衮拥福临即

册封庄妃册文 清

庄妃于明天启五年(1625，天命十年)嫁与清皇太极。明崇祯九年(1636，崇德元年)，清太宗皇太极册封后宫时被封为西宫。此图是册封永福宫庄妃的册文。

位，条件是让多尔衮担任摄政王，多尔衮权衡利弊后，同意拥福临为王。然而福临年仅6岁就继位，还是一个只知玩耍的顽童。睿亲王多尔衮执掌朝中军政大权，他手握重兵，是朝中说一不二的人物，甚至连皇帝的大印"玉玺"也搬到睿王府内使用，以代统天下，小皇帝随时有被废掉的可能。人们认为，孝庄是为了保住皇帝顺治的天子宝座，利用多尔衮对她的痴迷，与他做了一次权色交易，委身下嫁于多尔衮。

还有人认为，满族作为北方少数民族，向来就有兄终弟及、弟娶兄嫂的风俗，即使有下嫁之事，也不违背伦理道德。旧时满洲有这样一种风俗：父亲死了，儿子娶其庶母；兄长死了，弟弟娶其嫂子。因此，在清朝初期，兄弟之间、叔侄之间的妻妾互娶也就成了习以为常的事。站在这样的历史背景下来思考，正当盛年的孝庄与壮年英武的小叔子多尔衮的结合，是一件理所当然的事情，太后下嫁一说实有其事。

然而，否认太后下嫁的史学专家和学者也不在少数。老一辈清史学大家孟森先生早就撰有《太后下嫁考实》，针对太后下嫁说的各种论据，一一反驳。他认为张煌言是明朝元老，素来对清朝

皇太极像

怀有敌意，所作诗句难免有诽谤之词，并不可信；而且，顺治帝称多尔衮为"皇父摄政王"，寓有中国古代国君称老臣为"仲父"、"尚父"之意，不足为据。孟森先生还提出，对"太后下嫁"的故事，虽然野史中记载很多，但在清史稿中并没有提到。从事实来看，孝庄皇后死后，清王朝又延续了二百多年。这期间，大清诸朝对她尊崇备至，极尽歌功颂德之能事，在陵寝祭祀方面也把其放在首位，如果真有太后下嫁之事，清皇朝岂不是自取其辱？然而，孟森先生之说并未成为定论，胡适先生读过孟森的《太后下嫁考实》后，就曾致书诘难。

究竟有没有太后下嫁一事，应该说这仍是一众说纷纭的历史疑案，不过不管史实究竟如何，都不会影响孝庄皇后作为一位神奇而杰出的女性的历史地位。

珍妃坠井是慈禧所为吗？

珍妃，一个正当花样年华的女子，聪慧伶俐，能歌善舞，为何在25岁时选择用一口井葬送了自己美好的生命呢？她的坠井真的是慈禧所为吗，还是别有隐情呢？历史上对珍妃坠井的缘由一直争论不休，至今尚无定论。

珍妃，姓他他拉氏，满洲镶红旗人，生于光绪二年(1876)。她的祖父曾历任南方多省的巡抚、总督数十年。父亲名长叙，一子二女，珍妃是小女。光绪十四年(1888)正月，慈禧太后为光绪帝备办大婚，长叙的两个女儿均被选中，一年后同时入宫，慈禧的内侄女被选为皇后，姐妹俩年长的被封为瑾嫔，妹妹被封为珍嫔。光绪二十年(1894)一同被封为瑾妃和珍妃。

有人说珍妃是光绪最宠爱的妃子，却是慈禧最憎恶的妃子。因为她年轻貌美，性格活泼、开朗，还擅长书画；珍妃爱玩爱闹，常在宫中穿帝服扮光绪，有时还穿太监服扮小太监；她还把照相机带进皇宫，穿上各式各样的服装拍照；光绪帝十分喜欢音乐，珍妃也能拉会唱，还常和他一起切磋书画，下棋聊天；此外，她常陪光绪在养心殿办公，并支持光绪亲掌政权，她的这些举动使得作为慈

珍妃像

清光绪帝妃。光绪十四年(1888)被选为珍嫔。聪明，有才学，得宠于光绪帝，进珍妃。支持变法，助光绪帝理朝政。遭慈禧太后忌恨。戊戌政变猝发，密谋急派太监聂八十、寇连才出宫给维新派传递消息。旋被圈禁。二十六年(1900)，八国联军陷北京，慈禧太后出逃时，珍妃溺死于故宫井中。

禧内侄女的隆裕皇后对珍妃十分嫉妒，经常在慈禧面前讲珍妃的坏话，而慈禧也不喜欢珍妃介入政事，对珍妃由刚开始的喜欢到后来的憎恨。1898 年，康有为、谭嗣同积极推行变法，光绪帝接受了以康有为为首的改良派的主张，推行新政。光绪帝在与变法派的不断接触中，已经感到国家的全面危机，也感觉自己责任重大。因为珍妃是这位孤独的年轻皇帝在四壁高墙的皇宫庭院中唯一的慰藉，每天退朝后，光绪都要去珍妃的住所跟她谈心，而素来与光绪政见相同的珍妃积极赞成维新，这一举动，更加招致了慈禧对珍妃的不满。光绪二十四年 (1898)，慈禧发动政变，捕杀了维新派，光绪帝被囚禁于瀛台涵元殿，珍妃也失去了依靠，遭受杖责，被囚于紫禁城内钟粹宫后北三所。

两年后，也就是光绪二十六 (1900) 年，八国联军攻破北京城，京城的百姓争相逃难，躲避战祸，整个皇宫也陷入一团混乱之中，慈禧挟持光绪帝，带着皇后和大阿哥，以及少数太监、宫女匆忙出逃，跟随的还有少数王宫大臣。临出逃时，慈禧处死了年仅 25 岁的珍妃。

珍妃被处死的原因究竟是什么呢？关于这点，历来传闻很多，人各异词。

说法最多的是，慈禧早就看珍妃不顺眼，在八国联军入侵之际，为维护封建的贞节传统，把珍妃叫出冷宫，对她说："倘遭污，莫如死亡为益。"认为珍妃年纪还轻，如果遭受到外敌的侮辱，会玷污了大清国的国体，还不如死了更好。于是逼珍妃坠井殉节，珍妃万万没有想到，两年后她走出囚室面对的不是自己的所爱，而是狠心要将她置于死地的太后，珍妃不屈服，想见光绪帝："汝何亦逼我耶！"然而当时的光绪帝还住在养心殿，对此事毫不知情。慈禧想速战速决，就命令大内监总管崔玉贵把珍妃强行推入井中，珍妃溺水而死，留下形单影只的光绪帝日日为自己所爱魂牵梦绕，独自垂泪。

另有文献记载说，慈禧西逃前，命人叫珍妃一起出逃，而珍妃却披头散发地来见慈禧，慈禧怒气冲冲地说："都这个时候了，你还不换衣服出逃，洋人进来了你就活不了了。"而珍妃却纹丝不动，还贸然进言："皇帝是一国之主，应该以国家社稷为重，您是太后，当然可以选择出去避难，可皇帝不行，他必须留在京城掌管大局。"慈

珍妃井

278

禧一听，火冒三丈，心想：好你个珍妃，在危急时刻，不但不听劝，还敢公然顶撞我，大谈朝廷社稷，干预朝政，是大逆不道之举，留下你只会是个祸根。于是一怒之下命令太监崔玉贵将珍妃拖到贞顺门内的水井旁，并把她扔入井中。如果你留意的话，在今天的北京故宫博物院，还能见到这口井。

另外，清末野史中还有这样一种说法，慈禧太后并不是非得让珍妃死，而是大内监崔玉贵从中捣鬼，有意害死珍妃。在《清宫遗闻》中曾有记载："推妃坠井乃内监崔某意。"但是这一说法并不足信，尽管崔玉贵在宫内恣意妄为，胆大包天，但是如果真要置光绪帝最爱的妃子于死地，恐怕还是得有慈禧太后的幕后指使作为后盾才行。

光绪帝读书像 清

《光绪朝东华录》中记载，心如蛇蝎的慈禧为掩盖她的罪行，对外宣称珍妃是为了保护自己的贞洁，以免被洋人侮辱而投井自杀的，并于光绪二十七年下了一道懿旨："上年京师之变，仓卒之中，珍妃扈从不及，即于宫闱殉难，洵属节烈可嘉，加恩著追赠贵妃位号，以示褒恤。"最初珍妃葬在北京西直门外田村，后来以贵妃葬仪，于1913年移到光绪帝陵寝崇陵旁的嫔妃寝内。

珍妃之死，到底孰是孰非，哪种记载可靠，仍需进一步考证。

皇帝祭月朝服 清

朝服是皇帝的主要礼服之一。清代皇帝的朝服基本上保持了满族风俗的披领和马蹄袖，摒弃了中国汉族帝王传统的长袍宽袖形制。清代皇帝礼服中，朝服级别最高，主要用于各种典礼。不同的场合穿着不同颜色的朝服，红色朝服是皇帝祭日穿着，蓝色朝服是皇帝举行圜丘祭天、祈谷等仪式穿用。

李莲英死亡之谜

清朝末年，在人们心中留有深刻印象的除了"老佛爷"慈禧外，恐怕就是大太监李莲英了。这位幼年家境贫寒的小太监，因为善梳新髻，加上在慈禧与八大臣夺权时立下了大功，从此一跃而成为慈禧太后最宠信的太监以及同治、光绪两朝的太监大总管。

慈禧死后，李莲英再没了靠山，于是托词年老体衰而出宫。1911年3月4日死去，年64岁。这位昔日红极一时的李莲英，在他得势的年月里，不知道有多少冤魂丧命在他的手上。他自己的下场如何？是寿终正寝，还是死于非命？

历史上对李莲英的死亡情况有较明确记载的是《清稗类钞·阉寺类》一书。该书记载说，李莲英在"孝钦后（即慈禧太后）殂死后，不意又为隆裕后所庇……迨其病卒，隆裕后特赏银两千两"，也就是说，慈禧太后死后，李莲英又受宠于隆裕太后。后来在李莲英病死之后，隆裕太后还特意赏赐两千两银子。李莲英的后人也一再宣称："我祖父是善终，享年六十四岁。"又说："我祖父因得急性痢疾，医治无效而病故。由得病到病终仅四天时间。"在《李莲英墓葬碑文》中也写道，李莲英"退居之时，年已衰老，公殒于宣统三年二月初四日"。正是据此，才有李莲英宣统三年(1911)病死的说法。

但是世人对此一直持怀疑的态度。李莲英果真是病死的吗？要确定他的死亡之因，必须确定其墓葬情况。只

李莲英像

李莲英(1848～1911)，原名英杰，字灵杰，道号乐元，祖籍浙江绍兴，清末直隶河间(今属河北)人。七岁净身，以善梳新髻得慈禧宠信，由梳头房太监擢总管，赐二品顶戴，赏穿黄马褂。慈禧死后出宫，不久死去。

慈禧旧照

这幅晚清留下的照片中，老佛爷慈禧装扮成普渡众生的观音。他身边捧着法器的是李莲英装扮的善才童子。

要能找到李莲英真墓，就能对李莲英是否善终作一个结论。

那么，李莲英到底葬在哪里呢？有人以为李莲英墓在北京海淀区恩济庄。这里本来就是清代太监的茔地，慈禧太后生前曾赐给李莲英一块高敞之地，因此，李莲英应该是葬在这里。民间还有传说认为李莲英墓是在清东陵慈禧墓旁，但是有人提出否定看法认为，清东陵是清代帝王嫔妃安葬的地方，李莲英再怎么红极一时，毕竟也只是个奴才，不可能有资格葬在这里。此外还有说其墓在永定门外大红门李家墓地。总之，众说纷纭。

慈禧陵隆恩殿内景

光绪三十年(1904)，慈禧太后七十大寿时，慈禧自己扮成观音大士，左侧李莲英扮善才童子，右侧之女四格格扮成龙女。

慈禧太后像

1966年"文革"期间，正值"破四旧"，北京海淀区恩济庄六一学校被打成"牛鬼蛇神"的校长、书记、教师等一起被编入了劳改队。一天，校文革主任带着几个红卫兵，砸开了坐落在校园内的古墓，这座古墓相传就是李莲英的真墓。走进墓里，人们不意间发现了一个极大的秘密。人们发现，李莲英的墓极其考究，里面有很多的陪葬品，每一件都是稀世珍宝。棺材完整无缺，里边一具尸身盖着被子躺在那里，然而在整个尸体部位只有一颗已经腐烂干净的拖着三尺长辫子的骷髅头，还有一双鞋底，此外都是空荡荡的，连一节指骨都没有找到。

人们推测认为，既然李莲英墓里所有的宝物没有任何被盗的痕迹，并且从

清定东陵

清定东陵位于河北省遵化县马兰峪，是咸丰皇帝两位皇后慈安和慈禧的陵寝。两陵之间隔有一条马槽沟，建筑形制相同。慈禧死后，李莲英常到东陵拜谒慈禧陵寝。

孝定皇后朝服像

孝定皇后（1862～1913），光绪帝皇后，姓叶赫那拉氏。宣统皇帝继位后，上徽号为"隆裕"。李莲英在慈禧死后依然受到隆裕太后的眷顾。

他1911年的死亡到1966年的掘墓，前后仅55年，尸骨怎么可能腐烂到"颗粒无存"？

李莲英墓的初见天日，使李莲英"得善终"的谎言就不攻自破了。但是真相又到底如何呢？于是关于其死亡的原因又有了多种说法。

在民间有"李莲英被人暗杀于河北、山东交界之处"的说法，但是说法也各异。有人说李莲英手中有大量的财产，连他自己也说过"财大祸也大"，说明他早就预感到自己会因财产问题而招致祸害。最后果然是他身边的人密谋他的财产而杀了他。另一说是说李莲英有个侄女，嫁在山东无棣县，李莲英偶然来了兴致前去探望她。

途中经过山东和河北的交界处被人杀死。当时两个随从吓得魂飞魄散，只拾起一个血淋淋的人头，用包袱一裹，马不停蹄地逃回北京。等到再派人返回李莲英的尸身时，早已不见踪影。

也有人说李莲英是在回自己所住的南花园

路上被人暗杀的。慈禧死后，李莲英退居南花园。他知道大势已去，因而终日郁郁寡欢。这一天他怀念故主，于是自己来到东陵拜谒慈禧陵寝，结果在回来时的路上被人杀死。

说李莲英被暗杀，无论是为财还是为了其他，都是可以成立的。李莲英生前权倾朝野，与慈禧狼狈为奸，坑害了很多人，当然人人为之切齿。

慈禧死后，李莲英尚受隆裕太后眷顾，退居南花园养老，再次让人们恨之入骨。所以一旦他失去靠山，成为众矢之的就是必然的了。

还有一种说法是认为李莲英被小德张所杀。小德张是隆裕的亲信，经常鼓动隆裕查办李莲英。李莲英为此急忙向袁世凯的亲信江朝宗求救，在江朝宗的周旋下，总算暂时转危为安。

小德张不甘心，于是也去结交江朝宗，江朝宗见小德张是当今太后身边的红人，当然不会拒绝。一次，江朝宗下帖请李莲英在什刹海会贤堂吃晚饭，一向轻易不出门的李莲英因为对江朝宗感恩，破例准时来到会贤堂。席散后，李莲英路经后海时就被土匪杀害了。

至此，人们基本可以断言李莲英不得善终，死于非命。至于他为什么被杀、在何处被杀、为何人所杀，这仍然是一个未解之谜。

探索掩埋的真相

伏羲、女娲兄妹通婚之谜

伏羲女娲图 唐

中国古代"三皇五帝"的传说，一直流传至今。伏羲和女娲都位居"三皇"之列。他们是传说中人类的始祖。

伏羲、女娲兄妹通婚的故事，在中国古代传说中也流传得较广。据传，伏羲和女娲是一对兄妹。天降洪水，他们在一个大葫芦里躲过了劫难，然后兄妹结婚，人类便是他们的后代。这个故事是真是假，没有太多的历史记载。唐末李元的《独异志》中有这样详细的记载："昔混沌初开之时，有娲兄妹二人于昆仑山咒曰：'天若遣我兄妹二人为夫妻，而烟悉合。若不，使烟散。'于是烟即合，其妹即来就兄。"

河南唐河曾出土了一幅《伏羲女娲图》，其前均有两朵烟，这是夫妻可以结合的象征。

还有的汉墓画像石上有作交尾状的伏羲、女娲像。伏羲被画成鳞身，女娲被画成蛇躯。他们被比喻成人格化的蛇神和女神。有的汉墓画石上有分别手捧着太阳和月亮的伏羲和女娲。这就是说伏羲是太阳神，是阳精；女娲是月亮神，是阴精：取阳光雨露滋育着万物生长之义。

如今，在陕西省临潼骊山有一座人祖庙，庙里面仍供奉着女娲。这里每年要举行两次祭礼，一次在农历三月三日，一次在农历六月十五日。当地的人们又把这两次庙会称为"单子会"。很多不育的妇女往往趁庙会之时，夹着床单，怀里藏着布娃娃，先到骊山的人祖庙给女娲烧香许愿，然后再偷偷地夜宿附近的树林中。附近各村的青壮年男子，在晚饭后也多上山，遇到这些不育的妇女，便可就地同居。次日清晨，这些妇女回村时，只能低头走路，不可回顾，否则会"冲喜"。

男女交媾玉雕 石器时代

这种奇异的"野合"风俗，恐怕也是从远古伏羲、女娲兄妹通婚的传说中遗传下来的。

中国远古时，兄妹为什么可以通婚呢？人类最原始的婚姻状态可以对此做出一定的解释。婚姻和家庭观念最初并不存在于人类的头脑之中。当时人类之间是一种杂乱的两性关系。采集、狩猎经济发展起来后，古人们在劳动中开始按照男女、年龄进行分工。随着人类思维的进步使父母开始不愿与自己的子女发生两性关系。最后杂乱的两性关系终于被人类摒弃了。比较固定的血缘群团，又称"血缘家庭"或"血缘公社"发展了起来。作为一个生产、生活单位，它同时又是一个内部通婚的集团。在这里面，祖辈与少辈之间、双亲与子女之间发生两性关系是不允许的，而兄妹之间互相通婚并没有被禁止。这种血缘群婚在人类发展史上经历了以百万年计的漫长岁月。据人类学家考证，在我国发现的云南元谋人、陕西蓝田人均属于分类学上的直立人阶段，大致都处于血缘公社时期。

在我国的少数民族中，如纳西族、傣族、苗族、侗族、壮族、黎族和高山族等，现在还都流传着兄妹通婚的神话。此外，在一些少数民族地区，现在还或多或少地保留着血缘婚的残余。

现代的历史学家，至今还不能断定出伏羲和女娲的年代距今有多长时间。但是，他们一定是生活在原始社会的血缘公社时期。这一点是可以肯定的。而这一时期距今有百万年之久。伏羲和女娲究竟是否兄妹通婚，现有的史料还无法充分证明。

马克思曾说："在原始时代，姊妹曾经是妻子，而这是合乎道德的。"这样看来，伏羲和女娲兄妹通婚似乎更有存在的可能。

足球是黄帝发明的吗？

石球　旧石器时代

球类游戏在中国出现甚早，黄帝虽然是神话中的人物，但神话往往也包含了重要的历史事实。谁能肯定蹴鞠就不是这位祖先给我们留下来的呢？

蹴鞠是中国古代一种类似足球的运动，用以练武。公元前3世纪末的古籍《蹴鞠新书》记载了一个古老的传说：足球是黄帝发明的。蹴鞠亦作"蹙鞠"、"鞠鞠"。关于蹴鞠，除《蹴鞠新书》的记载外，刘向《别录》也有很相似的记载："蹴鞠者，传言黄帝所作，或曰起于战国时。"足球是否是黄帝发明已经没法考证。不过近代发掘所得，也似乎可以解释中国古代就有类似足球的运动。但它到底是什么时候开创的呢？现在只能推断出它的始创时代可能比战国要早。

1926年，中央研究院的李济教授在山西夏县西阴村灰土岭，发掘到大小不一的纹饰陶球和一个陶制小陀螺。考古专家卫聚贤看过这些实物后，认为这些陶丸大的是玩具，小的则为弹丸。根据考古学家研究的结果，认为这些器物与半坡遗址同期，属于距今约四五千年的新石器时代仰韶文化遗物。

考古研究的发现并不止于此。1934年，李济和梁思永等又在山东历城县城子崖发现龙山文化遗址。在这里，他们发掘到直径2.2厘米的红色陶球，而且在同一遗址第五区黄土凸起处东灰土堆内，发现一堆大泥球，但都已经被打坏。这些大泥球以碳十四法加以测定，约在公元前2800年至公元前2300年之间，属于龙山期文化，在新石器时代晚期。

1954年，在西安半坡仰韶期文化遗址，考古专家们又发掘到一些大小不一的石球。他们认为：这些石球不但数量多，而且磨得光滑、规则，直径自1.5至1.6厘米，很可能是弹丸一类的东西。这就产生了疑问：这些到底是弹丸还是玩具呢？如果是弹丸，它们一旦被打出去，就很难得找回来。以新石器时代的打磨技术，要制成一个弹丸必须费很长的

太宗蹴鞠图　北宋

蹴鞠是宋代流行的一种体育活动，这幅画描绘了宋太祖赵匡胤、宋太宗赵光义和近臣赵普等一起蹴鞠玩乐的情景。

时间，大概要数日。那么新石器时代的古人，会不会把这些费劲做的"弹丸"用来打出去呢？这一点看来是不大合理的。又有人认为这些石球是装饰品，可是它们上面并没有穿孔，也着实难以令人相信。

玄宗打马球图 唐 韦偃
古代也流行着其他的球类运动。马球是唐人喜爱的一种游戏。

《汉书·枚乘传》有"蹴鞠刻锐"的说法。颜师古注云："蹴，足蹴之也；鞠，以韦为之，中实以物；蹴鞠为戏乐也。"由此可见，金元时寒贱之子琢石为球，恐怕是古代的游戏方法，以其作为某些皮球的代用品。在殷墟发掘工作中没有发现当时可能存有的皮球，而在西安的发掘工作中却发现了石球，也许因为皮制品不好保存，而石球、陶球却可以很好地保存下来。

这些虽然仅仅是主观的推断，没有形成定论。但根据考古发现的种种器物，中国新石器时代即使不一定有足球，也似乎已经有了球类运动。可是公元前2世纪司马迁作的《史记》和公元前1世纪刘向校的《战国策》，都明确地记载了战国时代齐都临淄人爱好足球运动。史称汉高祖刘邦的父亲丸公，他本人就常常与乡中丰邑"屠贩少年"踢球。刘邦生于公元前247年，据此推论，丸公应生于战国之时。当时连小城边邑也流行踢足球了，可见足球运动在当时已经很广泛了。

蹴鞠纹铜镜 宋

磁州窑白地黑彩孩儿蹴鞠枕 北宋

甲骨文之谜

大型涂朱红牛骨刻辞 商

大约在公元前 16 世纪，商汤灭夏，在中原立国。从此中国历史进入商代。商王盘庚曾五次迁都于殷。直到商纣亡国总共 273 年，商代晚期的统治中心一直在殷。但商朝被灭之后，殷民迁走，殷都逐渐变成一座废墟。殷都的文明也只局限于文字记载上，甚至有人认为那些记载不可作为信史。后来，一连串的偶然事件逐渐否定了这种怀疑。考古者逐渐将殷都积淀的古文明展现出来。

1899 年，北京国子监祭酒王懿荣老先生感到身体不舒服，就买了一剂含有"龙骨"的药物，在准备将这些"龙骨"研碎时，王懿荣发现这些坚硬的东西并不是什么骨头，而是上面有许多划痕的变黄的龟甲。王懿荣是一位研究古文字的专家。好奇心驱使他拿起甲骨仔细地观察。他吃惊地发现这些划痕像是一种文字。他于是将这家药店的全部"龙骨"买下，经过细致研究和考证，断定这种非篆非籀的字形是商代的一种占卜文字。

我们现在已能解释商代的文字为什么要刻在甲骨或兽骨上，为什么这些刻着文字的甲骨碎片总是有许多裂纹或切痕。原来所有这些碎片都是史书上所称的"卜骨"。骨上的裂纹是人们有意用高温加热所造成的。根据商代的习俗，商代人上自王公下至庶民，无论是大事还是小事，都要用这种龟甲和牛胛骨进行占卜。占卜时，就用燃炽的木枝烧炙甲骨的反面凿出的槽和钻出的圆窠，这时甲骨因厚薄不匀而出现"卜"字形裂纹。这些裂纹就是他们判断吉凶的"卜兆"。占卜以后，将所问事项刻记在甲骨之上，这就是"卜辞"。占卜的内容是以当朝国王为中心的，有对祖先与自然神祇的求告与祭祀，有对天象、农事、年成以及风、雨、水的关注，也有对周围各国战争的关注和商王关于旬、夕、祸、福以及田游、疾病、生育的占问等。这样就为我们提供了许多商代历史事件或天气

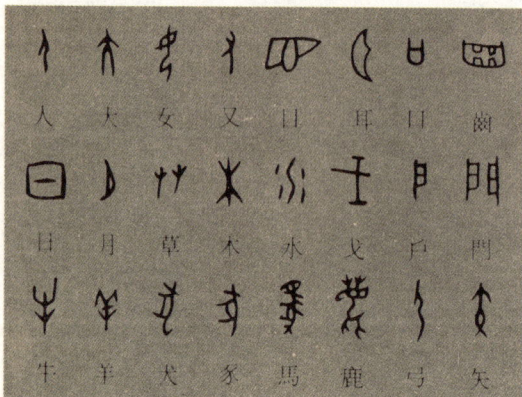

甲骨文中的象形字

陶罍 商

继承夏代白陶制作工艺发展而来的商代白陶工艺发展达到鼎盛。在都城遗址所在的河南安阳殷墟就出土了数量较多、制作工艺较精湛、造型秀丽美观、胎质洁白坚硬、器表装饰绚美、拥有很高工艺价值的白陶器。白陶器的表面也多拍印装饰，有和同期青铜容器上相类同的弦纹、饕餮纹、夔纹、云雷纹、三角纹、曲折纹、圆圈纹、菱形纹、蝉纹、漩涡纹等图案组成的带条装饰。此器出土于河南省安阳市殷墟，现藏美国弗利尔美术馆。

气象的资料。

王懿荣的发现引起了许多中外人士对甲骨的重视。1908 年，经罗振玉先生多方查询，才得知甲骨实出自河南安阳小屯一带。伴随着甲骨被确认、购藏和挖掘，古文字学家也开始对甲骨文进行破译。经过众多专家的努力，甲骨片上排列的文字成为可以通读的文句了，从而证实了出土甲骨文的小屯村正是古文献记载的殷墟。因此，一个湮没了三千多年的繁华故都终于在世人面前得以呈现。

自 1899 年发现殷墟甲骨至今，约有 15 万片以上商代甲骨已出土，现分藏在中国内陆和台、港、澳地区，另有一部分流散到其他国家。殷墟甲骨文内容涉及到商代的政治、经济、文化及天文等。可以说甲骨文的发现和破译帮助我们解开了历史上许多难解之谜，而发现的甲骨文共有 4500 多个单字，还有三分之二的文字等待人们去破解。

花园庄甲骨坑内的甲骨堆积层

绘画的始祖是谁？

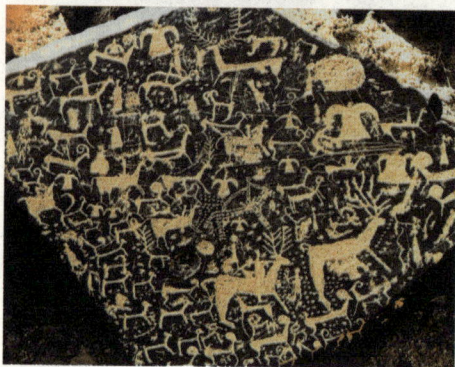

远古时代的岩画

在世界美术史上，中国画独树一帜。中国绘画的起源可追溯到原始社会，其绘画痕迹留于陶器上的各种花纹、图案上，但现代意义上的绘画并非这些花纹、图案。那么，谁是中国画的始祖？中国画起源于何时？我国有很多关于这个问题的传说，古籍上也对此众说纷纭。

"白阜始作图画说"。《画史会要》中说："火帝神农氏，命其臣白阜，甄四海，纪地形而图画之，以通水道之脉。"白阜是传说中神农氏的大臣，古人在讨论绘画起源诸问题时极少提及此说，因为白阜画的是地形图。

"绘画源于黄帝说"。《鱼龙河图》说："黄帝遂画蚩尤形象，以威天下。"这些可以说是绘画。《云笈七签》又云："黄帝以四岳皆有佐命之山，乃命潜山为衡岳之副，帝乃造山，躬形写象，以为五岳真形之图。"这两者都只能算是画地形图了。

"伏羲氏始作画说"。《周易·系辞上传》云："古者伏羲氏之王天下也，仰则观象于天，俯则观法于地，观鸟兽之文，与地之宜；近取诸身，远取诸物。于是始作八卦，而文籍生焉。"古今都有学者认为，伏羲氏所画八卦的爻象的意义原在图形，因为它们都是象形的。伏羲氏观察天象画出了"乾"，根据大地则画了个"坤"等等。因而伏羲氏所画的八卦乃是中国最原始的绘画。

"绘画始作于史皇说"。史皇是黄帝的大臣。《文选》李善注中说："《世本》云：'史皇作图。'宋忠曰：'史皇，黄帝臣；图，谓图画物象。'"《云笈七签》则称："黄帝有臣史皇，始造画。"说得更为直截了当。在《画史会要》中，黄帝之臣史皇"体象天地，功侔造化"，颇"善鱼"，无一不通，无一不画。

猪纹钵陶器 河姆渡文化
它是砂质的黑陶，两个宽面的外壁都刻有一个形态逼真的猪。

黄帝的另一大臣仓颉作文字便是授传于史皇的"写鱼龙龟鸟之形"。

"绘画始于仓颉说"。不仅书法，绘画亦源于仓颉。书画同源是得到我国大多数学者的肯定的。朱德润《存复斋集》云："书画同体而异文……类皆象其物形而制字；盖字书者，吾儒六艺之一事，而画则字书之一变也。"《孝经援神契》中说道："奎主文章，仓颉效象。"宋均注云："奎星屈曲相钩，似文字之画。"意即"屈曲相钩"的文字实际上就是中国最原始的绘画。

"绘画始祖为封膜说"。《画麈》中指出："世但知封膜作画。"意思是说人们只知晓封膜为绘画之祖。但此说没有根据。唐人张彦远见到《穆天子传》中有"封膜昼于河水之阳"之语后，误把"封"当作姓，又将"昼"解为"画"，并用郭璞的注来证实这一误解，很是牵强，有穿凿附会之意，使后人误传世上曾有过"封膜"其人，并说中国绘画之祖就是封膜。此说实为以讹传讹，故而不足凭信。

人物龙凤图　战国

这是一件葬仪中用以引导死者灵魂升天的铭旌，也是我国现存最古老的帛画。画中女子侧身而立，细腰长裙，广袖宽袍，姿态优美大方，双手合掌前伸，似在祈祷。她的前方和上方各绘一龙一凤，凤鸟昂首奋翼，腾爪扬尾；龙则曲足扭身，其势扶摇直上。整幅画以线条造型为基础，省略了一切背景，静态与动态形成一种对比。

"敤首为绘画始祖说"。《说文解字》曰："舜女弟名敤首。"敤首是传说中英雄时代舜的妹妹，她曾"脱舜于瞍象之害"，向两个嫂嫂告发了恶徒们欲置舜于死地的阴谋，救了舜一命。《列女传》盛赞她善画，"造化在心，别具神技"。敤首又名嫘或画嫘。正是由于嫘创造了绘画，所以她又叫画嫘。

然而，敤首的绘画事迹，距今年代久远，某些古籍的记载又缺乏有力的根据，往往带有神话色彩，无从查考。中国绘画的始祖也许是黄帝时代的人物，究竟谁属目前仍是个谜。

孙武到底有没有著《孙子兵法》？

我国古代的军事文化十分灿烂，以《孙子兵法》为其杰出代表。《孙子兵法》又称《吴孙子兵法》，通称《孙子》，为中外人士奉为兵书之鼻祖，相传为春秋吴将孙武所撰。在中国古代，这部经典的兵法著作为军事家的必读书，在宋代官定的军事教科书《武经七书》中位居首位。只有熟读《孙子》、考试合格的从军行武者才能被授武职。《孙子》传入西方，也有数百年历史。据说拿破仑滑铁卢失败后，曾十分后悔没有早读此书，否则或许能免遭失败。今日经营工商企业的日本、西方企业家，常有使用《孙子兵法》而取得成功的。

然而对于吴国将军孙武到底是不是《孙子》的作者，却有一番争论。战国时《商君书》、《韩非子》等提到过"孙吴之书"，指的是《孙子兵法》和《吴子兵法》，但并未说明作者即是孙武。

汉代司马迁《史记·孙武列传》正式记录了孙武的事迹："世俗所称师旅，曾道《孙子》十三篇，吴起兵法，也多有敌弗论。"他肯定地说《孙子》十三篇为孙武所著。此后千年之间，无人对《史记》之说提出怀疑。但到了宋代，又出现了疑问：历史上是否确有孙武其人？孙武真的写了《孙子》？持怀疑观点的有宋人陈振孙的《直斋书录题解》、叶适的《习学纪言》等。怀疑者们认为：第一，他的名字和事迹有可能是司马迁的误闻或是杜撰，《左传》未提及；第二，一些孙武所处时代不可能出现的名词、事件、状况出现在《孙子》中，例如春秋时代仅称大夫为"主"，臣僚以"主"称国君是三家分晋后的事，而《孙子》中称国君为"主"；第三，《史记》同时记载了齐将孙膑的事迹并有兵法理论，但并未专门说明有《孙膑兵法》，也许是太史公将一书误作二书，一人误作两人。因此，《孙子》或被说成是春秋、战国之时山村处士所写，或被认为是孙膑所撰，还有的说是秦汉时的人伪托。

孙子像

《孙子兵法》是不是孙武所作，也许不大重要，人们关注作者之谜，只能说明对这部书的重视和对先祖的敬仰。

但是，陈振孙、叶适的怀疑论遭到了许多学者的反对，如明代宋濂的《诸子辨》，清代的《四库全书总目提要》的撰者等。这些意见认为：严肃、认真的史家太史公在本传中所叙孙武、孙膑事明明白白、翔实可靠，《汉书·艺文志》明确提出古兵法有《齐孙子》（孙膑）和《吴孙子》（孙武），实无可疑。至于《左传》，本身也非完整之历史记录，也有可能出错，不能仅凭其中偶遗之记载即断定《史记》之文字为误谬。《孙子》原文定出自春秋之世，只是后代人在其中窜入

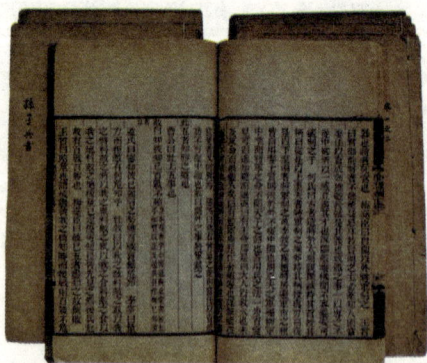

清版《孙子兵法》书影

正式称《孙子兵法》为武经，定孙子为武学教本，应当始于宋代。明代因之，亦列孙子于武经七书之首。清时，言兵者亦莫不奉孙子为圭臬。民国初年，蒋方震首以现代兵学为孙子作新释，从而为孙子研究开辟一崭新途径。

了若干涉及后世名物之文字。先秦古籍常有此种现象，即便是《左传》本身，也不例外，《孙子兵法》核心内容的真实性、历史性和孙武的著作权不足以受到影响。

1972 年山东临沂银雀山汉墓竹简本《孙膑兵法》和《孙子兵法》的出土，为解决这番争论提供了一些重要的资料，有可能揭开历史真相。因为已考订出墓葬年代是西汉初年，而且竹简《孙子兵法》恰好有十三篇，所以可以证明：第一，至少在西汉初年《孙子》已经存在，其篇目内容与今天基本一致，曹操整理《孙子》，并

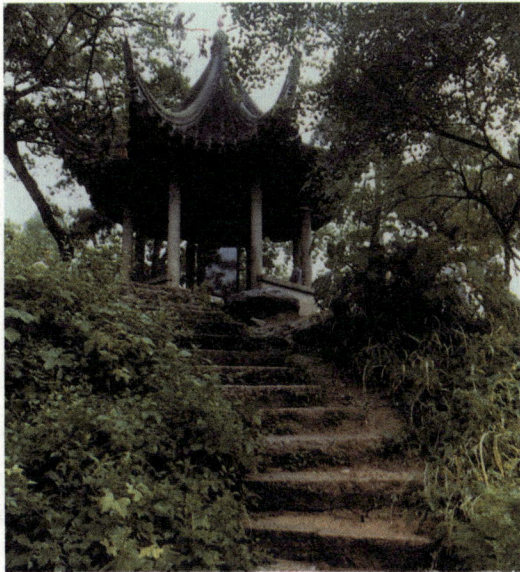

苏州虎丘孙武亭

无大的改动。第二，确实有《孙膑兵法》这本书。第三，确有孙武、孙膑两人。第四，《孙子》并非孙膑著。第五，《史记》所记载史实基本可信。有一种意见认为，《孙子》的作者之争应该暂停，孙武肯定是《孙子》的作者。

由于竹简本的可信度还是一个疑问，因此不能证明《孙子》成书的具体时间，也无法证明《孙子》从成书到竹简抄录时，其间有无重大修改。不能直接证明《孙子》就是孙武所作，因而还有待于进一步的考古发现和研究，以解开《孙子》的作者之谜。

左丘明有没有著《国语》？

左丘明像

《国语》是我国最早的一部国别体史书，共有 21 卷，分别记载了西周末年和春秋时期周、鲁、齐、晋、郑、楚、吴、越等八国的史事。这部书以记述人物的言论、对话为主，其中有不少脍炙人口的历史故事。如召公谏厉王止谤（《周语》）、勾践卧薪尝胆终于灭吴（《越语》）、管仲帮助齐桓公称霸（《齐语》）等等，一代一代被后人传诵。《国语》不仅对研究春秋战国时期历史有重要价值，其生动、幽默的语言也对后世文学产生了积极的影响。但《国语》的作者是谁历来是各位学者争论不休的话题。

西汉大史学家司马迁说："左丘失明，厥有《国语》。"(《报任安书》)东汉史学家班固也说，左丘明在写完《左传》之后，"又纂异同为《国语》"(《汉书·司马迁传赞》)。三国时吴人韦昭在为《国语》作注释时，在序文中也认为左丘明作《国语》。唐代史学家刘知几也持有同样的见解，认为"《国语》家者，其先亦出于左丘明"(《史通·六家》)。但在刘知几之后的唐代大文学家柳宗元首先提出了相反意见。他写有《非国语》二篇，否定左丘明为《国语》作者。从此，宋人刘世安、吕大光、朱熹、郑樵，直至清人尤侗、皮锡瑞等，也都对左氏作《国语》的传说产生了怀疑。

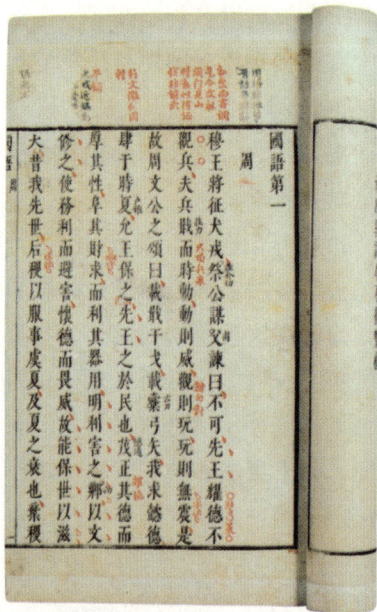

《国语》书影

在现代学者中，对这个问题的认识分歧依然存在。徐中舒认为：《左传》、《国语》"此两书其中大部分史料都应出于左丘明的传诵。古代学术，最重传授系统，谁是最初传授者，谁就是作书的人"(见《〈左传〉的作者及其成书年代》)。张孟伦认为："《国语》是左氏编纂的。司马迁不但用它做过《史记》的资料，而且在《自序》里说过'左氏失明，厥有《国语》'。这就不但告诉了我们《国语》是左丘明编纂的，而且是他失明后'发愤之所作为'的，我们也就不必再有什么怀疑了。"他又说："汉、魏各学者钻研《国语》，又做过精密注释工作，都没有怀疑《国语》是出自左氏的；宋儒宋庠作《国语补音》，也以为这种看法是很正确的。"(见《中国史学史》上册)李宗邺认为，"汉距春秋甚近，汉人说《国语》是左丘明作的，当为可信。"(《中国历史要籍介绍》)

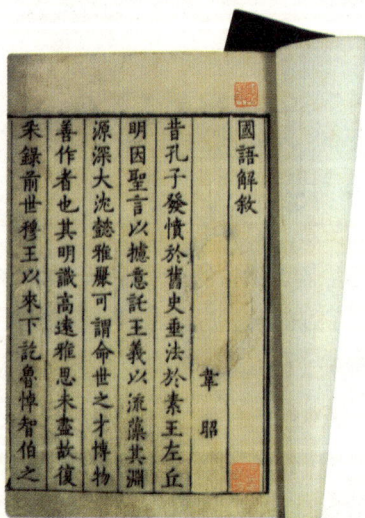

《国语解叙》书影

但也有不少学者不同意上面诸位学者的说法。王树民认为："《国语》和《左传》以不同的形式叙述了基本上同时期的史事，这一点很受世人的重视。自从《左传》为经学家所尊奉，于是《国语》也称为《春秋外传》，并说为左丘明所作，其说实无根据。"又说，"《国语》为汇编之书，非出一时一人之手，这从本书的形式和内容方面，都可以得到充分的证明。"又说，"各篇的作者和全书的编者，现都已无从查考，也就不必强求了。"(见《史部要籍解题》)顾志华认为:"《国语》是一部汇编之书,它仅仅反映了春秋时期的八个国家,其中每个国家所记史事详略不同,写法也不相同,不像出自一个人的手笔,很可能是当时各国史官把史事记下来后,有人在这些材料的基础上进行整理、加工、润色而成的。至于最后定稿者是谁,就不得而知了。《国语》的成书年代也已不能确定,大致是在战国初年,各篇先后有所不同。"(见《中国史学名著题解·国语》)

由于双方若要说服对方,都还必须更深入地考证左丘明的确切生活年代及事迹,还要更加详细地对比分析《左传》、《国语》在记载史事方面的异同,包括书法体例、语言风格、思想观点等等。探究《国语》的作者究竟是谁成为史学界的一大难题,也将成为提高《左传》和《国语》研究水平的一个重要环节。

《吕氏春秋》究竟成书于何年?

《史记·吕不韦列传》曾载:"《吕氏春秋》布咸阳市门,悬千金其上,延诸侯游士宾客,有能增损一字者予千金。"这便是有名的"一字千金"之说。此书的编纂者吕不韦是卫国国都濮阳(今河南濮阳西南)人,早年通过经商成为大贾,"家累千金"。庄襄王作了秦王后,拜吕不韦为相,以酬谢其奔走请托的拥立之功。在秦执政期间,吕不韦不但学习信陵君、春申君的养士风气,还学习信陵君使用宾客著书立说的办法,命宾客综合各派学说之长,编成《吕氏春秋》一书。

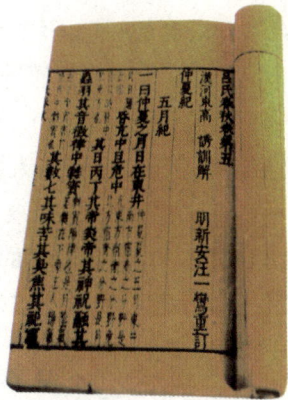

《吕氏春秋》书影

《吕氏春秋》分三部分,即《八览》、《六论》、《十二纪》,共160篇。至今有关它的成书年代,说法不一。

第一,作于秦八年说。在《吕氏春秋》的《序意篇》中,吕不韦说:"维秦八年,岁在涒滩,秋,甲子朔,朔之日,良人问十二纪。"高诱注云:"八年,秦始皇即位之八年也。"古人习惯将序作于书作成后,那么,吕不韦自说《吕氏春秋》成于秦始皇即位八年(公元前239年)当然可信。

第二,作于秦十年说。司马迁在《史记·自序》中说:"不韦迁蜀,世传《吕览》。"张守节的《正义》说:"即《吕氏春秋》知。"也就是说《吕氏春秋》成于"不韦迁蜀"之后。司马迁可以用其作《史记·吕不韦传》记载的吕不韦迁蜀的那一段历史证明自己《吕氏春秋》成书于秦十年后的观点,"秦王(秦始皇)十年(公元前237年)十月免相吕不韦,出文信侯(吕不韦)就国河南。岁余,诸侯宾客相望于道,请文信侯。秦王恐其变,乃赐文信侯书,其与家属徙处蜀。吕不韦自度稍侵,恐诛,乃饮酖而死。"司马迁在《史记·太史公自序》中又说:"不韦迁蜀,世传《吕览》。"不韦迁蜀在秦十年之后，这一点是很清楚的，而这又与上所证吕氏之书成于秦始皇六年（即秦八年）之说不相符。

究竟哪一个说法符合历史的真相，还是一个未解之谜。

秦兵马俑主人到底是谁？

1974年，在陕西省临潼县秦始皇陵东侧发掘出土了由一号坑、二号坑、三号坑、四号坑组成的大型地下兵马俑军阵。这就是令世人惊叹叫绝的秦兵马俑，堪称"人类文明的精神瑰宝"，是"世界第八大奇迹"。

最著名的一号俑坑，由6000件陶人、陶马组成一个长方形军阵。整个军阵由三部分组成：前面是210个弓弩手组成的前锋部队，中间是6000人的铠甲俑组成的主体部队，后面是35乘驷马战车，战车两侧各有一排保护驭手的侧翼部队。这些武士俑身高1.75～1.95米，均按秦军将士形象塑造，体格魁伟，服饰逼真，神态生动。他们手执戈、矛、戟、铢等各种

始皇兵马俑　秦

兵器，严阵以待。陶马则高1.5米，长2米，高大健壮，肌肉丰满，表情机警，栩栩如生，匹匹都如同即将奔赴疆场的骏马。经判断，一号坑为"右军"，二号坑为"左军"，三号坑为"指挥部"，四号坑为"中军"。

人们认为，只有统一全国的秦始皇，才具有组织和指挥这支钢铁队伍的气度和能力。秦始皇死后，有这么一支驻扎在京城内外的大军。因此，这些俑坑就应该是秦始皇的陪葬坑，这些兵马俑毫无疑义就是他的殉葬品。

可是，有人经考证否定了这个结论，提出了一堆疑问，使这个公认的看法变成了扑朔迷离的谜团。

其一，军阵之谜。

在一号坑和二号坑里，发掘出战车。它们和步兵、骑兵组成方阵，形成一种作战方式。但是在《文献通考》、《菽园杂记》、《淮南子》和《史记》等古籍记载中，那不是秦始皇时期的军阵。那么，兵马俑也就不该属于秦始皇了。

其二，武士之谜。

四个俑坑中的大部分兵士均身穿战袍，腿扎行膝，足登浅履，精梳着各种头髻，没有一个人戴攻坚作战的头盔，没有着护身铠甲。秦始皇怎么能用这样无战斗力的军队征战南北吗？

其三，武器之谜。

秦统一六国后，为防止旧贵族反叛，下令收缴全国的兵器，铸成钟座和各重24万斤的12个大铜人，违者诛杀。然而，在兵马俑坑中竟出土了大批的步兵使用的矛、戟、铍等长柄武器及弩弓。这都是违禁的。因此，当时的人是不可能如此做的。

其四，服饰颜色之谜。

秦统一六国之后，规定"衣服、旌旗、节旗皆为尚黑"的制度，一律着黑色。可是俑坑中的武士俑们，身上穿的却是五颜六色的衣服，不符合历史事实。

那么，到底兵马俑的主人是谁呢？

学者陈景元在《大自然探索》1984年第4期发表的《秦俑新探》一文中详细考证了俑坑中出土的铜铖的年代顺序和武士俑身上的铭文，认定这些兵马俑属于秦昭王之母——秦宣太后。这位太后本是楚国人，生前嫁到秦国，专权41年。这些兵马俑是她的仪仗队，是护送她的亡灵回老家的。

然而，上海《社会科学》杂志1985年第2期发表刘修明的文章，对上述说法又提出两个问题，使这个说法难以成立。其一，俑坑出土的兵器比秦宣太后晚50年。谁也不会把当代的新式兵器加到半个世纪前的死者的坟墓中去。兵器之一名为"相邦吕不韦戈"，属于秦始皇时代的三年、四年、五年、七年之物。兵器之二名为"寺工"长铍，"寺工"一词最早出现在秦始皇二年，是专铸墓葬兵器的官署。况且这些兵器出土时，土层并没有被挖掘过的痕迹。其二是秦宣太后的葬地。《史记》中明确记载"宣太后死，葬芷阳骊山"。实际上，芷阳在骊山南麓，而兵马俑坑在骊山北麓，方向正好相反。一个是言之凿凿的史实，一个是明确无误的实地，结论根本不同。

兵马俑的主人究竟是谁？这仍是一个令人费解的谜团。

武士俑的发型特写　秦

陕西省临潼县秦始皇帝陵兵马俑坑（公元前210年）出土，灰陶加彩，陕西省秦始皇兵马俑博物馆藏。

达摩真的"面壁九年"吗？

大家都知道，在武侠小说中，少林弟子历来是各大门派中的佼佼者，少林拳更是威力无穷，名扬天下。但也许你并不知道少林拳的创立者是一位名为达摩的印度僧人。其实，达摩是中国佛教禅宗的开山鼻祖，是中国佛教史上非常神奇的一个人物。关于达摩的生平事迹，众说纷纭，莫衷一是。其中最著名的是他在少林寺"面壁九年"的故事。那么，达摩在历史上究竟是一个什么样的人？所谓面壁九年又到底是怎么一回事呢？达摩究竟有没有面壁九年呢？

据史书记载，达摩是天竺国佛教禅宗第27代祖师般若多罗的嫡传弟子。有一天，达摩问他的师傅般若多罗大师："我得法以后，应该到什么地方去传法？"般若多罗回答说："去震旦。"达摩遵照师傅嘱托，东行来到今中国。首先在南朝都城金陵晋见了梁武帝萧衍。据敦煌发现的《坛经》抄本讲，梁武帝问他，自己的一生造寺布施供养，有什么功德？达摩回答说，没什么公德。就这样得罪了皇帝，结果被驱逐出境。在南方不受欢迎的达摩，只好渡江北上到魏都洛阳。在过江的时候，达摩看江面宽阔、水深流急，没有船只，正愁着没法渡江，看见附近坐着一位老婆婆，身边放着一捆芦苇。就问道："老人家，你是准备用这捆芦苇渡江吗？"老婆婆没有说话，只是点了点头。达摩心想：一个年迈老人可以踩苇过江，我为什么不能呢？于是便恭恭敬敬请求说："老人家，请赐一苇渡我过江。"老婆婆仍然没有说话，顺手抽出一根芦苇递给达摩。达摩双手接过，告别老人，来到江边把芦苇往江面上一放，轻轻踏上芦苇，顺顺当当过了长江。后来他

达摩图 张大千

达摩即"菩提达摩"。南天竺(今印度)人。南朝宋末经海路来华，从广州赴北魏，在洛阳、嵩山等地游方并传禅学。一说梁普通元年(520)或大通元年(527)到广州，武帝迎至建康，因面谈不契，遂渡江入魏。住嵩山少林寺面壁九年，世称"壁观"。将印度输入的禅法简易化，提倡"理入"(即"壁观"，喻心如墙壁，中直不移，无所执著)和"行入"(即"四行"：报怨行、随缘行、无所求行、称法行)的修行方法。主张心性即"佛性"，并以《楞伽经》传慧可。被中国佛教禅宗推崇为"初祖"。唐时谥"圆觉禅师"。

几经流浪，终于到达了少林寺。这半隐半现的处于山脚下密林深处的小寺庙与世隔绝，正是僧人修炼的好地方。于是达摩决定留在这里。不久，他便在庙后面山坡上的四分之三处发现一个小山洞。这个石洞大概有 3 米高、6.6 米长，方方的洞门，正好朝阳敞开，冬暖夏凉，空气清爽。洞前还有一块小草坪，周围浓荫蔽日，不见天空，于是达摩决定就在这里修行坐禅。相传，达摩在这个石洞里，整日面对石壁，盘膝静坐。一次，达摩发现自己刚坐下修

少林寺初祖庵大殿 北宋

佛教禅学中，达摩被奉为初祖。初祖庵是北宋时期所建的纪念性建筑。

炼不久，便不知不觉开始打瞌睡，他被自己的惰性激怒了，并且认识到打瞌睡是绝不会到佛教的终极境界的，于是，他毅然地用刀割断了自己的眼皮，扔出了山洞。不久以后，在达摩眼皮落地的地方竟长出一棵茶树芽。从此他不说话，不持律，默然地终日面朝石壁，双眼闭目，五心朝天，在"明心见性"上下功夫，在思想深处"苦心练魔"。洞内静若无人，万籁俱寂，入定后连飞鸟都不知道这里有人，竟在达摩的肩膀上筑起巢穴来了。达摩在山洞里呆了九年，一直修炼达到佛教的终极。

后来，当达摩离开山洞开始传授禅宗时，弟子们发现，他坐禅面对的那块石头上，竟留下了一个达摩面壁姿态的形象，衣锦织纹，隐约可见，宛如幅淡色的水墨画像。在今天的嵩山少林寺西北的五乳峰的山腰，还有一个达摩洞。这是一个临崖开凿的洞，石洞幽邃，深约 7 米，宽 3 米。洞前有一座明万历三十二年 (1604) 雕刻的双柱单孔石坊，额上南面刻"默玄处"三字，北面刻"东来肇迹"四字，洞内有达摩及其弟子的石像。人像石旁有诗曰："九年面壁佛祖在，灵石显影精气神"。还有另一种说法是，达摩在少林寺面壁修行整整十年，而不是九年。即通常说的"十年面壁"，就是从这衍生出来的。

有学者提出，所谓"面壁九年"的说法的真正原因是达摩所传的禅，以《楞伽经》为依据。他提出"理人"和"行出"的修行方法。所谓"理人"就是"壁观"。有人把"壁观"理解为"面壁静观"，于是就产生了"面壁九年"的说法。所谓"面壁"是比喻通过修行，使人心如墙壁、不偏不倚。实际上是要去除人的思维和认识作用，对于客观事物不起分别和执着。即

达摩一苇渡江图

"令舍伪归真，凝住壁观，无自无他，凡圣等一，坚住不一，不随它教"。这样就能"与道冥符，寂然无为"，达到佛教所说的"涅槃"境界。

但也有人认为，达摩面壁的故事根本是后人杜撰的。只是表达一种佛学修炼的信念。达摩面壁九年的真实性是被后人质疑的——那么长的时间，不吃不喝也不睡觉，整日端坐在石洞里，这根本不符合生理规律。而且，今

嵩山少林寺达摩洞

传说达摩曾在此洞面壁九年，其身影也因此神奇地印在石洞壁上，后由寺僧将印记凿下，供于寺内，可惜被北洋军阀纵火焚毁。

天的达摩洞里所谓的影壁，其实只是一些轮廓模糊的石纹线条。这显然是后人钦敬达摩面壁九年的坚定信念和他感天地、化顽石的决心，根据石壁的自然纹理和形态，逐渐揣度描摹而成的。就连达摩这个人，历史上也是众说纷纭，有说他是"南天竺人"，有说他是"波斯国胡人"。根据道宣《续高僧传》记载，菩提达摩是南印度人，因其"游化为务，不测所终"，所以生卒年不详。而据禅宗的《传法宝记》等资料记载，达摩曾六次被人下毒，最后是中毒而死。《洛阳伽蓝记》里说达摩"自云一百五十岁"，其实这也是作者杨衒之据传闻而记的，他本人也没见过达摩。

其实，不管达摩有没有面壁九年，这种修行的方法对我国禅宗的影响是十分深远的。

水墨山水的始祖是谁？

山水画是一种表现山川之妙，并能为人类寻求某种精神寄托的画种。中国的山水画则以它抽象的笔墨，生动的气韵创造了一个虚灵如梦、物我两忘的奇妙世界。尤其是水墨山水，更是以其轻烟淡彩、洗净铅华的形式受到了古代清高文人的推崇。从古至今，水墨山水画名家辈出。那么，究竟谁是我国水墨山水的始祖呢？关于这个问题，历来就有很多的争论和传说。

一种说法认为顾恺之是我国水墨始祖的第一人。传说当年东晋著名的大画家顾恺之为了绘画创作，四处游山玩水，当他游行到三峡时，他站到船头，放眼望去，三峡那一片奇山异水上面还有蓝天白云，猿猴的叫声和飞鸟的鸣啼回荡在山谷里，尤其是那些碧绿的山峰望过去，一层又一层渐淡，在雾气围绕中显得神秘莫测。面对鬼

顾恺之像

顾恺之，东晋晋陵无锡(今属江苏)人，字长康，小字虎头。大司马桓温、荆州刺史殷仲堪，先后引为参军。义熙初为散骑常侍。博学多才艺，工诗赋、书法，尤精绘画。善画人像、佛像、禽兽、山水等。每画人成，或数年不点其睛，人问其故，答曰："四体妍蚩，本无关于妙处，传神写照正在阿睹中。"年六十二，卒于官。所著文集及《启蒙记》，今散佚。画迹极多，其中传世之《女史箴图》卷，传为早期摹本。

斧神工的大自然的杰作，顾恺之心情澎湃，感慨万千。他不禁感叹：真是风光无限好！我要把这些都画下来让人们都看到！一时兴起的他，叫来仆人铺开画案，摆上纸笔，在山风吹拂的船上，顾恺之对着秀丽的江山，拿起笔来，挥毫泼墨，便成就了一幅气象万千的山水画。相传这就是中国第一张水墨山水画。

由于画的山水灵秀十分动人，一时被人们纷纷效仿。不过，这只是一种传说，顾恺之的这幅画并没有实物流传下来，因此无法确定他到底是不是水墨山水的始祖。但有一点可以肯定的是，今天我们所能见到的最早的山水画，应当是顾恺之的《女史箴图》和《洛神赋图》中的背景山水。虽然顾恺之的这两幅画是以表现人物为主体的，山水只是人物背景的衬托，但是，作为人物背景组成部分的山、兽、林、鸟却结合得很完整，表现得也很真实。画里用线条来表现山川的形态以及俯视的角度都成为后来山水画的基本表现技法，尽管这种表现还比较幼稚，但却不能否认它的开创性地位。从这种意义上说，顾恺之不但是中国人物画的第一人，而且也称得上是中国山水画的祖师爷。

洛神赋图卷 东晋 顾恺之

魏晋时期，中国山水画，"人大于山，水不容泛"。顾恺之的洛神赋是这一艺术形态的真实反映。

山水画 唐

这是一幅甘肃敦煌莫高窟的唐代壁画，再现了唐代青绿山水画的发展与兴盛。

不过，更多的研究者认为，水墨山水的开山始祖并不是顾恺之，而是唐代著名的山水诗人王维。

王维是个大才子，除了写诗外，琴棋书画样样皆通。他年轻时积极进取，一直官至尚书右丞。后来因为张九龄被贬到荆州，奸相李林甫独揽朝政，政治腐败，社会黑暗。不能在仕途得意的王维于是转向山林，回归自然。隐居期间，他斋戒禅诵，心无旁骛，过着居士生活。深山老林之中，朋友往来不便或者是诗人根本不愿与他们交往，也没有什么娱乐活动，于是王维就画下那些充满诗情画意的山水田园诗。正如《山中寄诸弟妹》一诗云："山中多法侣，禅诵自为群。城郭遥相望，唯应见白云。"中国向来是诗画一体的，诗中有画、画中有诗的境界最受推崇。王维的诗画就是一个最好的例子。他的画就像他的诗描写的那样，出现的都是空旷清幽的自然景色，比如：雪景、剑阁、栈道、晓行、捕鱼等都是他泼墨挥毫的对象。所以王维的画里是充满着诗意的。 另外，由于王维是一位参禅的诗人，他的画中总有着佛家的恬淡。王维的山水画和诗一样没有喧闹的景物，仅用水墨渲染，体现出一种清幽淡远的意境。所以，无论诗画，王维的作品都体现出一清字。 另外，王维的画不拘于对景象事物的细部作具体而微的形、色的描绘，只是追求神韵。从艺术上看，王维的画笔墨精湛、渲染极佳，用墨"重"、"深"，功力非常之深。 但让人遗憾的是，王维的绘画真迹现在已保留无几，我们只能从前人的文献记载里窥见他的非凡神采了。苏轼在一则短文中记载说王维曾在当时开元寺画过一铺壁画，壁画是一个高僧像，苏轼在"嘉祐癸卯上元夜"

王维像 唐

王维（699～761），唐太原祁县（今属山西）人，父迁居蒲州（今山西省永济西），又称河东人，字摩诘。

辋川图 唐 王维

王维不仅是诗人，同时也是画家和音乐家。在长安附近的辋川，他创作了奠定他作为绘画南宗地位的《辋川图》，也写了许多永久地载入文学史的优美诗篇。

来看这幅画，当时夜已经很黑，风吹动油灯，那僧人竟然像要从画中的景色中走出来一样。

此外也有人提出，王维也不是水墨山水的开山始祖，真正的开创者应当是六朝刘宋时的宗炳和王微，正是他们对透视法的阐发及中国空间意识特点的揭示透露了千古的秘密。还有一种说法是，在拥有五千年文明的古老中国，山水画的起源很早。它的起源可以追溯到秦汉时期。据史书记载，秦汉时期已经有了山水画，可惜没有实物流传下来。总之，中国画博大精深、源远流长，后世对于水墨山水画的始祖究竟是谁众说纷纭。但因为无论是顾恺之还是王维，今天都看不到他们水墨山水画的真迹，甚至连复制品也没有，所以至今这个问题仍尚待考证。

历史上的三个张三丰之谜

在武侠小说中，武当派的祖师爷张三丰绝对是一个叱咤江湖、风云天下的无极高手。他所创始的太极拳以柔克刚，于无形中化有形，令无数高手望而却步，独步武林几十年。然而，历史上曾有过三个张三丰，那么，究竟哪个张三丰是武当内家拳的创始人呢？

一种观点认为，张三丰应该是宋代人。据清朝康熙八年黄宗羲的《王征南墓志铭》记载：太极拳当是宋代武当丹士张三峰所创。"少林以拳勇名天下，然主于搏人，人亦得以乘之；有所谓内家者，以静制动，犯者应手即仆，故别少林为外家，盖起于宋之张三峰。"在《太极拳剑推手各势详解》中是这样说的：有一天，张三丰在屋里突然听到院子里有喜鹊叫个不停，他就从窗子里朝外望了一下，看见喜鹊正低头怒视。张三丰好奇地顺着它的方向望去，原来地上一只大蟒蛇正盯着一只喜鹊。二者就这么相持着，互不相让。每当喜鹊上下飞击蟒蛇时，蟒蛇就轻轻地摇头摆尾闪避。喜鹊进攻多次都是无功而返。一旁的张三丰由此领悟到以静制动、以柔克刚的道理，并仿照太极变化而把武当内拳命名为太极拳。

到了民国年间，张三峰造拳的历史更为众说纷纭。但宋代的张三峰道士既然已被内家拳拉为祖师爷，而黄氏父子又公开声称张三峰所创的是内家拳，于是某些太极拳书就放弃宋张三峰创太极拳的说法，而以元末明初之武当山张三丰道士为太极拳创始人了。

据《明史·张三丰传》记载，张三丰，名通，又名全一，字君宝，或君实，号三丰(峰)。他是元末明初时的一个道士，祖籍辽阳懿州(今天的辽宁彰武)。据说，张三丰长得高大威武，他"丰颐巍伟，龟形鹤背，大耳圆目"，还有一副硬如铁戟的长胡子。张三丰

张三丰像

明朝道士，名全一，一名君宝，号三丰，以号行。辽东(今辽宁)人。

不仅长得极有特色，而且行为乖张，平日里不修边幅，无论寒暑，他都只穿着一件破旧的蓑衣，大家又叫他"张邋遢"。更为传奇的是，张三丰文武双全，武功奇高，能以一对百，靠内力劈开山谷，从中穿行而过，还能死而复生。更让他名扬天下的是，明朝的皇帝都对他礼让三分，为他大兴土木。明成祖曾经为他大修武当山，专门为他建造了"遇真宫"，征集丁夫30万人，大兴土木，在武当山营建武当宫观，耗资白银几百万两，赐名遇真宫，塑三丰像。从此以后，武当山香客云集，名声大振，张三丰也成为一个神仙级的人物。武当一派由此发扬光大。

有人在研究了"明史"中的"胡传"、"郑和传"、"姚广孝传"和"方伎传"中的张三丰事迹后，给出了一个让人大吃一惊的答案——张三丰，这个被当时人们津津乐道的神化人物，原来是明太祖死后，明代皇朝宫廷争夺皇位的副产品。众所周知，明成祖朱棣是夺了他侄子建文帝的皇位才当上皇帝的。由于传说建文帝未死于战火，永乐帝不放心，就派了亲信以寻访道士张三丰(邋遢)为名，到

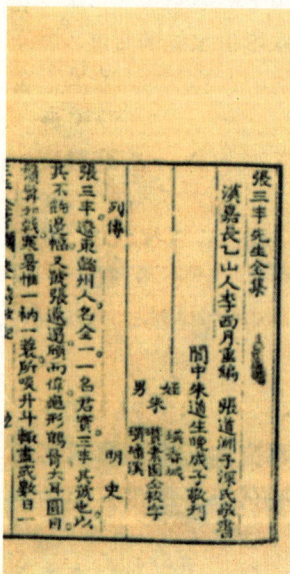

《张三丰先生全集》书影

武当秀色

武当山地处湖北西北部，又名太和山。北通秦岭，南邻神农架，海拔 1610 多米。山中有七十二峰、三十六岩、二十四涧、十一洞、三潭、九泉、十池、九井、十石、九台等名胜，奇岩险峰，飞瀑流泉，景致十分秀丽，故被宋代大书法家米芾盛赞为"天下第一山"。

各地去查访建文帝下落。甚至连郑和下西洋都是为找建文帝的。经过 21 年在国内外对建文帝下落的秘密查访都未果，明成祖才放下心事。但是皇帝派人寻访张邋遢道人的新闻已传遍民间。永乐帝只好大修武当山，为张三丰立像。其实这一切都是为了掩盖劳师动众的真相，欺骗人民。

但历史的真相究竟怎样，究竟创造武当内家拳的是哪个张三丰呢，也许只有留待后人考察了。

杨贵妃马嵬坡之谜

有史以来，历代美女从青春华茂到悲辛收场的故事中，集其大成而又奇诡多变，故事流传最广最久的，要算唐朝玄宗皇帝的贵妃杨玉环其人其事。传说历史上的杨贵妃，被杀在马嵬坡。但有人认为，杨贵妃没有被杀死，而是辗转到了日本。这两种说法都有充分的根据。杨贵妃的生死之谜也成为中国历史上一个千年未解之谜。

关于在马嵬坡时贵妃已死的说法是这样的。杨贵妃原名杨玉环，历史上记载她"晓音律，善歌舞，有倾国之貌"。她原来是为唐玄宗的十八子寿王瑁的爱妃。一次，在宫廷宴会上，唐明皇看中了她，为了得到她，先要她入宫做女道士，号为太真，然后占为己有。天宝四载 (745) 册封她为贵妃。她入宫之后，"三千宠爱在一身"。天宝十五载 (756)，安禄山称帝，京师危急，唐玄宗携杨贵妃仓皇逃走，在马嵬坡，以右彪武军大将军陈玄礼为首的随从将士，认为这场国难的原因是杨贵妃与哥哥杨国忠平时为非作歹，因此愤怒地杀死了宰相杨国忠，并胁迫唐玄宗将杨贵妃缢死。如果唐玄宗

杨玉环像 清

杨玉环(718~756)，唐玄宗的贵妃。小字玉环，号太真。蒲州永乐(今山西永济)人。初为玄宗子寿王李瑁妃，后召入宫中。她自幼善歌舞，晓音律，性聪颖，深得玄宗宠爱。天宝四载(745)，进册贵妃。姊妹皆显贵，分别封为韩、虢、秦三国夫人，堂兄杨国忠升任宰相，操纵朝政，政事败坏。天宝十四载(755)，安禄山以诛佞臣杨国忠为名，发动叛乱。玄宗逃奔至马嵬驿(今陕西兴平西)时，军士以咎在杨家，杀杨国忠。禁军将领陈玄礼等请求杀贵妃。玄宗无奈，命缢妃于佛堂。

不这么做，他们就不再保护皇室了。唐玄宗无奈，只好照办。贵妃死时年38岁。《资治通鉴·唐纪》记载：唐玄宗是命太监高力士把杨贵妃带到佛堂缢死的。《唐国史补》和乐史的《杨太真外传》记载：唐玄宗与杨贵妃诀别时，她"乞容礼佛"。高力士遂缢死贵妃于佛堂前的梨树之下。中国文学史上久远不衰的叙事长诗的《长恨歌》也是认为这样。还有人说她是吞金死的。这种说法仅见于刘禹锡的《马嵬行》："路边杨贵人，坟高三四尺……贵人饮金屑……平生服杏丹，颜色真如故。"

总之，大部分正史都认为贵妃必死无疑。这种说法还有实物为证。现在在兴平市西北12千米的马嵬坡就有一座杨贵妃墓，据说陈玄礼在确认贵妃已死的情况下，命令士兵用行军被褥把贵妃尸体包裹起来，在道旁挖了一个坑，草草掩埋，保护着玄宗继续西逃。两年过后，玄宗返回长安，途经马嵬打算对贵妃进行改葬，但因为当年事出突然，在旧的

马嵬坡杨贵妃墓

杨贵妃墓在陕西兴平市马嵬坡。墓为一个陵园，面积3000平方米，墓砖砌圆形，立"杨贵妃之墓"碑，大门横书"唐杨氏贵妃之墓"七字，墓园内有历代名人题咏碑刻。

掩埋地被挖开后，并没有找到贵妃的尸体，只找到贵妃遗落的香囊和鞋袜，玄宗只好郑重其事地将贵妃遗物掩埋，从而形成了一座衣冠冢。杨贵妃墓原是一个土冢，相传冢上有一种白色的土，香气宜人，被称为"贵妃土"。游人们纷纷拾取，使得封土被大量带走，为保持墓葬而砌成现在这风格独特的青砖冢。

可是，令人惊奇的是日本也有两个杨贵妃的坟墓，一个在荻町的长寿寺，另一个在久津。京都等古城还有她的塑像。日本著名影星山口百惠在 2002 年接受记者采访时也亲口承认"我是中国杨贵妃的后代"。这都是杨贵妃没有死而是东渡到了日本的说法的佐证。据说，陈玄礼觉得贵妃是一代难见的佳人，还是不忍心杀她，得到了唐代舞女谢阿蛮与乐师马仙期的帮助后，当时在马嵬驿被缢死的不过是一个侍女。 据日本学者渡边龙策在《杨贵妃复活秘史》一文中说：逃出马嵬坡后，杨贵妃辗转到了扬州。见到了日本遣唐使团的藤原制雄，藤原很同情她，建议一起到日本。于是杨贵妃便搭乘日本使团的大船，在日本久津登陆，东渡日本，同行的还有她胞兄杨国忠之媳徐氏及孙儿杨欢。据称，杨贵妃到日本后，受到日本天皇孝谦的热烈而隆重的接待。后来，杨贵妃曾帮助孝谦挫败了一次宫廷政变。所以，贵妃受到日本人民，尤其是日

明皇幸蜀图 唐 李昭道

此图描绘唐玄宗为避安史之乱而行于蜀中的情景，画中山石峻立，着唐装的人物艰难行于途中。

贵妃晓妆图 明 仇英

本妇女的爱戴。这种说法在我国也有不少人支持。《长恨歌》就说"忽闻海上有仙山"。这个仙山有人认为就是指日本。李商隐最出色的一首咏杨贵妃的诗"海外徒闻更九州，他生未卜此生休"，对杨贵妃逃亡到日本传说，有进一步的传播作用。著名学者俞平伯在《长恨歌的质疑》和《从王渔洋讲到杨贵妃的墓》等文章中明确指出，杨贵妃是辗转到了日本定居。周作人先生对此也表示赞同。有人分析杨贵妃可能不死逃向别处的一些情理上的推测。杨贵妃被缢死时执行者是内侍，内侍们对杨贵妃或手下稍留情，或意外，皆可能是贵妃暂时气绝而未毙命。皇帝与军士都急于赶路，不可能细看。贵妃复苏后，就只有随侍奉命料理殡葬的宫女了，她们都是心腹就更要设法救援，因此，杨贵妃倘若未死，代为掩饰及协助她另路脱身的人是有的，而且是极可靠的。也有人认为

杨贵妃没死不过是人们美好的愿望，因为总结天宝之乱的历史经验，贵妃不是罪魁祸首，她有作为牺牲品的一面。高力士就曾说"贵妃诚无罪"，人们幻想杨贵妃没死只不过是对无力左右命运的弱女子的同情。

有一种离奇的说法是杨贵妃远走美洲。台湾学者魏聚贤在《中国人发现美洲》一书声称，他考证出杨贵妃并未死于马嵬驿，而是被人带往遥远的美洲。

现在，贵妃香魂归何处仍没有确切定论。

杨贵妃观音像 日本

民间传说中，杨贵妃在当时并未死去，而是跟随日本使者东渡扶桑，所以现在日本许多地方都留有杨贵妃的足迹。这件杨贵妃像于13世纪造成，现存于日本京都泉涌寺。

追寻隐含的奥秘

《山海经》到底是什么性质的书？

　　《山海经》是我国第一部描绘山川与物产、风俗与民情的大部头地理著作，还是我国古代第一部神话传说的大汇编，有着巨大的文化价值与历史价值。全书共十八篇，分为《山经》和《海经》两个部分。然而，对于这样一部体系庞大的"怪"书的性质归类，却是各有各的看法。

　　有一种比较有影响力的观点认为，《山海经》是一部巫术之书、记祭祀的礼书和方士之书，是古人行施巫术的参考书。鲁迅在《中国小说史略》中称："《山海经》……盖古之巫书也"。他的观点对中国学者产生了重大的影响，绝大多数人都持此种观点。班固把《山海经》置于"术数略"的"形法家"，是"大举九州之势"而求其"贵贱吉凶"，类似后世讲究"风水"的迷信之书。这是对《山海经》性质的最早的说明。

后司马迁认为它荒诞不经，难登大雅之堂，认为《山海经》中虽然记载了方位、山川、异域，但那是因为祭祀神灵的需要，如《海外西经》记载的"登葆山，群巫所从上下也"。此外，《海经》中所记载的海外殊方异域、神人居住的地方、怪物的藏身之处，都是秦汉间鼓吹神仙之术的方士的奇谈。由于诸多对巫术和祭祀的记载，《山海经》

青藤老人卧看《山海经》图 清 任颐

青藤老人即明代大书法家、画家、文学家徐渭，这位智者同时也是伟大的叛逆者。他背对着读者，正卧看《山海经》。

被归类为语怪、巫术书。

茅盾从神话学角度把《山海经》归为一部杂乱无章的神话总集，专记古怪荒诞的神话故事。这一看法很具有普遍性。《山海经》所收的神话故事源自上古历史传说，以及各地诸侯国的报表文书和采自民间的神话故事。如我们周知的"女娲补天"就来自于《大荒西经》，还有《大荒北经》中的夸父追日，《北山经》中的精卫填海、后羿射日、共工怒触不周山、大禹治水、黄帝擒蚩尤等这些神话传说都来自于《山海经》中的记载。

《山海经》书影

《山海经》是中国古代最为深奥的著作之一。它被认为是地理书、文学书、巫术书、神话集、游记以及小说。

此外，还有不少学者认为《山海经》是一部自然地理和人文地理专著，是"第一部有科学价值的地理书"，具有极高的军事价值和政治价值，它详细地记载了境内山川地貌的距离和里数，还记录了各个地区的山脉、河流，以及草木、鸟兽、矿藏等，还有关于各地的特产和风情的记载。

近世的许多学者，也都认为它是一部既有科学内容、又杂有巫术迷信成分的地理志。既是历史地理学家又精通古代神话和宗教的顾颉刚颇赞同此观点，或许是为了在巫书与地理志之间寻求一种平衡与融合。很长一段时间内，《山海经》是地理书似乎成了定论。但是后来也有人认为，虽然《山海经》记述了山川、异域，但是它并不是以讲述地理为目的，不能够把它误认为是一部实用的地理书。

还有一种观点，认为《山海经》是根据图画记述的。在晋代，陶渊明有诗曰："泛览周王传，流观山海图，俯仰终宇宙，不乐复何如？"《山海经》中有些文字，如"叔均方耕"、"长臂人两手各操一鱼"，确实是根据图片来述说的。根据我国古代很早就有的关于山川地图的记载，可以推测出《山海经》成书时有一种绘载山川道里、神人异物的图画，也就是说最早的《山海经图》是图文并茂的，上面既有图形图画，多为一幅幅线描的怪兽人神插图，也有文字，还有大量图画式的文字。

《山海经》是实用的自然地理和人文地理专著，还是杂乱古怪的神话？是奇士编撰的小说，还是巫术和方士之书？它成书于什么时代，作者又是谁？谜底仍未解开，还有待于新的发现和进一步探讨。

孔子的出生之谜

历史总是在不经意间发生着细微的差池，而给后人造成无尽的猜测、论证和遐想，也许我们在抱怨历史"不负责任"的同时，还要感谢它给我们提供了一个展现想

圣迹图·孔子不仕退修诗书 明

孔子的功绩，一在整理古代文献，二在立学传徒，为中国传统文化的承上启下发挥了重要作用。此图描绘了孔子不仕而退修诗书、办私学、整理传授"六经"的情景。但随着史料不断增加，人们在尊重孔子的时候，对他的经历增添了许多新的困惑。

象力的舞台，在这里，你可以任凭自己的想象力如天马行空般地在时间隧道里穿梭，肆意地给予历史人物安插也许别人认为是不可能发生的事件，在客观的事实之上放置自己主观的看法。就像孔子，多么伟大的人物，这位在中国文化史上有着重要地位的思想家、教育家，关于他的出身问题至今还是个谜团，学者们为此还争论得如火如荼，大概当初孔子并没有想到吧，早知如今会成为千古之谜，当初就应该记载得清清楚楚，明明白白。

先师手植桧

相传为孔子手植，多次死而复生。

关于孔子，钱穆讲过非常精辟的话，指出孔子为中国历史上第一大圣人。"在孔子以前，中国历史文化当已有两千五百年以上之积累，而孔子集其大成。在孔子以后，中国历史文化又复有两千五百年以上之演进，而孔子开其新统。在此五千多年之间，中国历史进程之指示，中国文化理想之建立，具有最深影响最大贡献者，殆无人堪与孔子相比伦。"

孔子名丘，字仲尼，鲁国陬邑人。子姓，孔是其氏。据《春秋》记载，孔子生于鲁襄公二十一年十一月庚子(前551)。《史记》则云孔子生于鲁襄公二十二年(八月庚子)。这可能是因为《公羊传》及《谷梁传》用古夏历(十月历法)，而《史记》则用鲁历，在历法的换算中发生讹误。传说孔子身材高大，头有异骨，相貌雄伟与众不同。因此，关于孔子的出生，人们提出了许多美好的想象，最著名的有两种说法：

一种认为孔子的父亲和母亲为了能够得到一个聪明伶俐的孩子而在尼丘山上祈祷上天赐予他们可爱的儿子。充满了浪漫的神话气息的传说栩栩如生，寄托了后人对孔子无限的崇敬之情。孔父孔母的虔诚打动了上天，感受黑龙的精灵而生仲尼。这种说法是否正确当然我们是无法考证的，但是，在史书上还真有诸如此类的记载，像东汉的郑玄所著的《礼记·檀弓正义》中就有"叔梁纥与征在祷尼丘山，感黑龙之精以生仲尼"的记载。另一种认为孔子的母亲在睡梦中感黑帝而生。无论是哪一种说法都带有神话的色彩，有些荒诞，但却是人们的一种美好意愿的表达，的确，对于心目中的圣人，大家都希望他的出现是一个美丽的童话。就像是五彩的泡泡，明知它是一个空洞的气泡，却小心呵护，因为寄托着自己的梦想。

当然对于孔子向来有不同的看法，就像其容貌，有人把他描写得雄伟高大，也有世俗所传鞠躬佝偻之孔子。于是"野合"、"私生子"之类的说法的出现就不足为奇了。更有甚者有人说孔子是"野合"而生出的一个私生子和被遗弃儿，孔子乃是他的父亲叔梁纥在社日的狂欢集会中，与一个平民少女颜氏征在在尼山之丘"野合"而孕的私生子。这种说法将人们头脑中的圣人完全颠覆。当然学者们对"野合"说进行了合理的解释：

对于现代人来说，野合似乎是一件奇怪之事。但在上古礼俗中，"野合"乃是一种重要的与宗教有关的礼俗活动。野合与春秋"社祭"有关，是一种重要的宗教活动。那时人们认为，通过"野合"，可以促进农事的播种和丰收。

孔子少时只知母不知父，从母居住于母亲家族中。是母亲将其抚养成人。春秋时，特别是存留殷商文化传统的一些邦国中，仍有母系制度的遗俗。从母居并不被认为奇怪。孔丘的整个童年和少年时期，是在贫穷与卑贱中走过来的。

孔子像

孔子(前551～前479)的祖上原居宋国，后为了避难逃至鲁国。其父叔梁纥在66岁左右与未满20岁的颜征在结婚。婚后两人曾到山东曲阜东南的尼丘山拜神求子；后来生下孔子，便取名为丘，字"仲尼"。

孔子出生图

图画演绎的是孔母颜征在梦感黑帝而生孔子的故事。

孔母颜氏征在出身于贫家，但她却是一个十分坚强颇有傲骨的女性。她没有把关于孔子生父是叔梁纥这一身世告诉孔子。当孔子三岁时，叔梁纥即已去世。当孔子17岁时，其母颜氏也去世。起先，颜氏被作为一个穷妇草率地埋葬，但是，一个与颜氏为邻的车夫的母亲向孔子透露了关于其生父及显赫家世的背景，并告诉他孔父及孔氏家族的墓地在防。孔子之曾祖父孔防叔曾任防邑大夫，故名"防叔"。知道这个消息后，正在血气方刚之年的17岁孔子干出了一件极其勇敢的事情。他不仅到防地找到了父亲家族的墓地，而且公然向世俗和叔梁纥的遗族挑战——掘开了父亲的坟墓，而将自己那位身世微贱的母亲与贵族父亲的遗骨合葬在一起。

学者们还从孔子的言论中发掘蛛丝马迹，他们提出孔子晚年曾说："先进于礼乐，野人也。后进于礼乐，君子也。如用之，则吾从先进。"因此有人认为连孔子都自居为先进于礼乐的"野人"。

也许对于孔子的身世寄托着太多的谜，也寄托着太多的个人色彩，所以才有了赞颂之极的祈祷梦生之说，也才有了贬鄙之极的野合说。

孔子著《春秋》之谜

《春秋》是流传下来的迄今为止我国最早的一部编年体史书，也是儒家的主要经典。人们谈论《春秋》时，往往提到孔子。但《春秋》到底是不是孔子所作？人们对此有不同的看法。

一种观点认为，《春秋》就是孔子所作。它最早由孟子提出来。孟子认为，春秋时社会动荡，各种邪说暴行屡屡出现，"孔子成《春秋》而乱臣贼子惧"。现代学者指出，孔子之所以作《春秋》，一是因内乱，一是因外患。孔子作《春秋》以正名分，

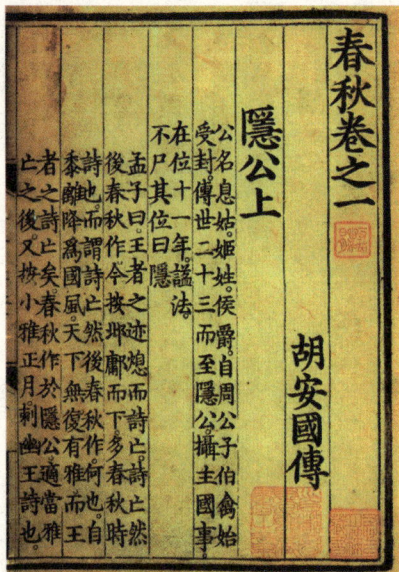

《春秋》 内页

给诸侯、大夫以严正的褒贬，从心理上来钳制他们，以安定天下的秩序，恢复周王室的政治权力，同时达到"尊王攘夷"的目的。

另有一种观点认为，《春秋》不是孔子所作，不过是由孔子整理而成。有的学者指出，孔子是我国历史上第一个创办私立学校的教育家。他为了能更好地讲学，搜集鲁、周、宋、杞等故国文献，重加整理编次，形成《易》、《书》、《诗》、《礼》、《乐》和《春秋》六种教本。孔子对它们的内容虽有删节，但态度是"信而好古"，也就是尽量保持原有的文字，包括原来的史事内容和表达风格。司马迁在《史记·孔子世家》中说："子曰：'弗乎弗乎，君子病没世而名不称焉。吾道不行矣，吾何以自见于后世哉？'乃因史记作《春秋》，上至隐公，下讫哀公十四年，十二公。"据此说法，孔子是根据鲁国和周王室以及其他诸侯国的史官的记载略加修改，编写成一部简要的史书。《春秋》中的一些字句都是沿用以前史官的写法，并非孔子的创造。

还有一种观点，认为孔子根本没有著作或删订《春秋》。"五四"以后，钱玄同主张此说。他认为，"六经"（《诗》、《书》、《易》、《礼》、《乐》、《春秋》）并没有孔子改动的痕迹。《春秋》应是鲁史旧文，其中如"郭公"、"夏五"之类，都保存了原来的缺简，只不过在长期转写、流传中，难免会有改动。他们又举出《论语》作为例子，说《论语》载孔子生平言行甚详，其中论《诗经》的最多，但对于《春秋》却一字未提；

夫子洞

孔子出生前，其父与其母曾在山东曲阜的尼丘山祈祷。故而孔子出世后，取名丘，字仲尼。上图是尼丘山的夫子洞，传说是孔子的出生地。

孔子时代《春秋》还是鲁国秘藏的国史，孔子不可能也不必要对这本秘藏的国史进行改编。有的学者则根据《春秋》记载孔子生年和卒年，认为孔子修《春秋》的说法是不能成立的。因为他不会自称"孔子"，又不能写出自己的卒年。孔子只是曾经把《春秋》作为教材而已。经孔子一用，《春秋》便逐渐流传到了民间，然后再由孔门弟子一代一代地传述下去。《春秋》不是一时而成或出于一人，而是由鲁国史官们在两百多年时间里陆续编纂而成，从而出现了一些前后风格、笔调不太一致的地方。

以上三种说法各有道理，谁也不能彻底说服谁，遂成文史上的又一桩公案。但不论《春秋》是否为孔子所作，都不会削弱孔子作为文化伟人的地位和《春秋》作为古籍的不可估量的研究价值。

孟姜女真的哭倒长城了吗？

《孟姜女》传说以故事、歌谣、诗文、戏曲等多种形式在我国广大地区内流传，有着久远的历史，几乎家喻户晓。它与《白蛇传》、《牛郎织女》、《梁山伯与祝英台》，一向被称为中国的四大民间传说。但是孟姜女的故事到底是怎样形成的呢？历史上真有孟姜女哭倒长城一事吗？

大多学者认为，孟姜女的故事是由《左传》所载春秋时"杞梁之妻哭夫崩城故事"演化而成的，后来以多种文艺形式广泛流传于民间。在我国学术界，最早开始研究孟姜女故事并取得卓越成就的，当首推顾颉刚先生。顾颉刚认为，其实孟姜女与万里长城毫无关系，她应该是春秋时的齐国人。孟姜女故事最早见于《左传》：襄公二十三年（前550）传说，齐国将领杞梁被委任为攻打莒国的先锋，他是齐国的贵族，不愿受贿，战死疆场。他的妻子善哭在齐国是有名的。她听说自己的丈夫不幸阵亡后，嚎啕大哭，据说她哭杞梁哭得极为哀婉动人，以至把城哭倒了。到了唐代"杞梁妻哭崩城"的故事发生了实质性的变化。一个叫贯休的和尚写了一首诗，把杞梁夫妇的故事和秦代修筑长城联系到了一起。从此"孟姜女哭长城"的故事就这么一代代流

姜女庙

在古松的掩映下，姜女庙孤零零地坐落于山海关外，东望大海，南瞰长城，绵延着历史长河中动人的寻夫故事。

传下来了。因此，顾先生认为孟姜女就是《左传》上所说的"杞梁之妻"，而唐代以来孟姜女故事是春秋时代杞梁之妻故事嬗变而来的。

不少学者同意顾先生的上述论点，例如著名学者钟敬文先生就认为民间传说这种民间文学的形式在流传过程中是不断变化的：在《左传》里，杞梁的妻子哭得凄凉；到了战国时期，《礼记·檀弓》写她在路上迎柩而哭；西汉刘向的《列女传》，写得就更夸张了，说她连哭十天，哭到城墙崩塌，最后投水自尽。孟姜女这个极为哀怨动人的故事流传了两千多年，传播地区几乎遍及全国，它的变化多姿是必然的。以至于孟姜女的传说由原来的齐国杞梁之妻，逐渐演变，到了隋唐就急剧转变为孟姜女哭倒埋夫尸的万里长城。

也有人认为：孟姜女哭倒长城是确有其事，这个故事最早出现于春秋时期（约前549），而当时的齐国正处在泰山之北。也就是说，孟姜女哭的应该是齐长城，而不是秦始皇修筑的长城。事实上，故事发生时，秦长城尚未修筑，而齐长城西段已在公元前557年以前完成。历史故事产生在山东，齐长城的建筑年代又早于杞梁战死的年代，这时秦长城和其他国家的长城都未建，所以孟姜女哭的长城，只能是齐长城，而不是秦长城。

但是，有的学者并不认同顾先生关于唐代以来孟姜女故事是由春秋时杞梁之妻演

姜女石

传说孟姜女为寻找筑长城未归的丈夫，不远万里来到海边长城脚下，哭倒长城，见丈夫骨骸后投海自尽，海中遂长出巨石。

化而来的观点。中国学者路工认为，杞梁妻和孟姜女哭倒长城这两个故事在内容上根本不同，其主人公也有许多差异。我们没有理由说孟姜女故事是从《左传》的杞梁妻故事发展来的。我们知道形成孟姜女故事的主要原因，它反映了战争和劳役给人民带来的痛苦与灾难。长城从春秋战国到明代，一直不停止地修建增补，所

秦万里长城第一台遗址

在秦代修筑长城时，榆林这个地方是当地地势最高、烽火台最大、里面驻军最多，也是两路长城汇合的地方。自秦以后，历代均以此台为镇守北方的重要军事要地，号称镇北台。

以每一朝里民间都可能产生像孟姜女这样的故事。"孟姜女哭倒长城的故事"是经过千万人民集体创作的，表达了他们的真实感受，寄托了他们的悲愤与无奈。

苏联汉学家鲍·李福清也认为孟姜女的传说与杞梁之妻的传说无关，在 1961 年出版的《万里长城的传说与中国民间文学的体裁问题》一书中还指出，顾颉刚在分析各种有关孟姜女的作品时，并没有把民间文学创作与人民的生活联系起来。顾颉刚认为孟姜女传说起源于古籍资料，这一结论是不能令人同意的。孟姜女传说事实上是在民间产生的，后来才笔之于书，而由于各种具体的历史条件，它的情节才发生了变化。孟姜女传说的记录最早见于唐代的《同贤记》。孟姜女万里寻夫、哭倒长城的情节，最直接、最早见于文献是在唐人所留《琱玉集》转载的《同贤记》。《同贤记》把孟姜女故事的时代背景，设定于秦始皇修筑长城，男主角名叫杞良，是筑城戍守的士兵，因不想再受修筑长城的劳累之苦而决定出逃，但是被人发现了，杞良在仓皇中逃进孟家后园，正好撞到孟家的女儿孟仲姿洗澡。孟仲姿羞愧至极，为了名誉和清白，只好和杞良结婚，二人渐渐产生了深厚的感情。不久后，杞良回到工地，惨遭不幸被打死，他的遗骸被筑在城中，仲姿悲痛欲绝，放声大哭，将长城哭倒。持此种观点的人认为，孟姜女传说与武士杞梁之妻的传说无关。所以我们研究的时候，不能机械地拿历史上的人物、事实，对照传说故事中的人物、事实，以证明真实不真实。

孟姜女的故事历经唐、宋、元、明、清各代文人的共同创作，以至到今天出现了各种不同的版本，男女主角的姓名、身世、故事细节、哭城地点，都有不同的说法。究竟哪种说法最有说服力，学者们还在争论，目前还难以达成共识。

曹植为何写《洛神赋》?

曹植 (192 ~ 232)，字子建，曹操第三子，曹丕的亲弟弟，他生于乱世，在军营中长大，但他博学多才，深得曹操的宠爱，曾经几次被立为太子。曹植因生性放任，饮酒过度，导致他在和曹丕争当太子的斗争中失败。曹丕称帝后，并没有停止对曹植的打击和迫害，曾多次贬低曹植的爵位和改换封地。明帝曹睿即位后，拒绝曹植的一切请求，曹植最终在困顿苦闷中死去。

曹植的文学作品明显分为前后两个时期。前期，他与曹丕一起是邺下文人集团的核心之一，他们经常游山玩水，吟诗作赋，抒写自己的政治理想，也写了一些时局动荡和反映人民苦难的作品；后期作品则主要是抒写自己被迫害的无限抑郁悲愤之情。《洛神赋》是曹植的后期代表作，被赞为是可以与屈原的《九歌·湘君》相媲美的传世佳作。《洛神赋》构思神奇，形象生动，语言自然而绮丽，是建安文学中赋的代表作。但人们一直在猜测曹植的《洛神赋》是为谁而写的呢？

《洛神赋》作于 223 年，关于这篇赋到底是为谁所写历来人们说法不一。有人认为，《洛神赋》是曹植为了怀念他死去的嫂子甄后所作，所以又名《感甄赋》。甄后原是袁术的儿媳妇，曹操攻城时见甄氏貌美如花，清新可人，就将她给了曹丕。曹植一直很喜欢他的这位嫂子。《文选》记载，甄后死后，曹植进京拜见曹丕，无意中看到嫂子甄后留下来的遗物，睹物思人，曹植不禁潸然泪下；回封地的途中，经过洛水，由于极度伤心再加上旅途劳累，神情恍惚，眼前浮现甄后的幻影，曹植悲喜交加，一时文思泉涌，一气呵成写下了《感甄赋》。魏明帝看后，为他的才华所折服，但认为赋名不妥，改为《洛神赋》。但这种说法史书上没有记载，多流行于民间，有的学者认为这是老百姓根据当时民间流行的《感甄记》改编演化而来的，没有充分

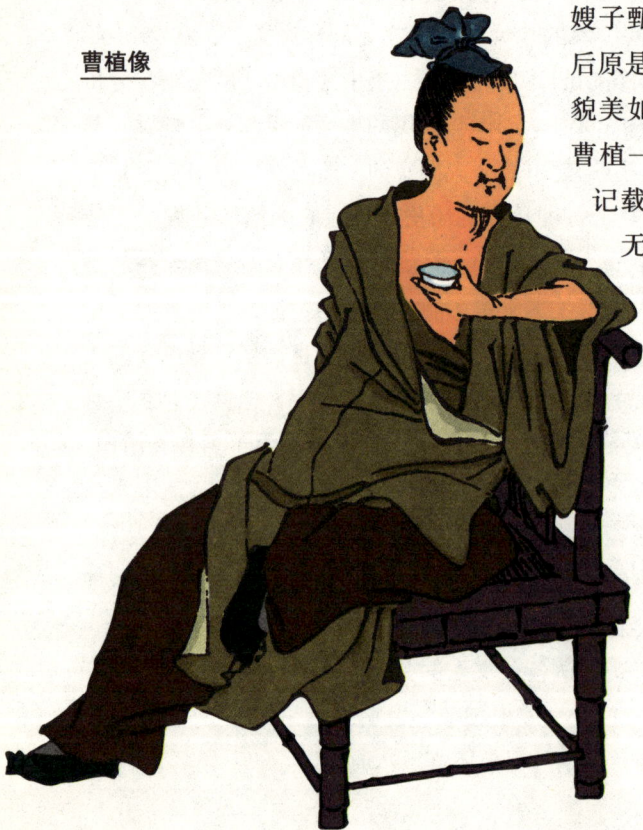

曹植像

的文献证据，不可信。

还有人认为曹植在《洛神赋》中塑造了一个美丽痴情，但又被猜忌怀才不遇的洛神形象，曹植以此比喻自己空怀为国建功立业的宏图大志，却屡遭排挤迫害、无力回天的生活状态。这正好应和了赋中人神相恋，但最终不能结合的悲惨命运。

千百年来，关于《洛神赋》是不是为甄后所写这个问题人们一直争论不休，许多人认为《洛神赋》不可能是曹植为甄后写的，他们也举出了各自的理由，代表性的有以下几种：有人认为由曹植当时所处的环境来看，曹植爱上甄后是不可能的，退一万步讲，即使曹植真爱上了甄后，就曹植和曹丕当时极度紧张的关系来看，曹植也不可能有那么大的胆量写《感甄赋》，曹丕本来一直对曹植争夺太子之位耿耿于怀，多次寻找机会置曹植于死地。这有历史上那著名"煮豆燃豆萁，相煎何太急"的七步诗为证；还有人认为在中国封建社会小叔爱上嫂子，在民间看来是乱伦，是禽兽之举，是民间所不能接受的，如果这篇赋真是如此，也不会在民间广为流传；还有一些人认为《洛神

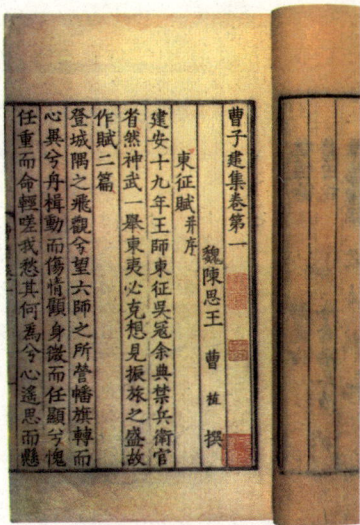

《曹子建集》书影

曹植诗、文、赋兼工俱美，文章"独冠群才"，赋以《洛神赋》出名，代表了建安辞赋创作的最高成就。诗的成就更佳，被推为"建安之杰"，辞藻华赡，形式以五言为主，钟嵘《诗品》誉为"五言之冠冕"。

洛神图 清 萧晨

《洛神赋》描写曹植与洛神的一段悲欢离合的爱情故事，始则极力描画洛神轻盈的风仪，柔美的体态，艳丽的容貌与服饰，娴雅文静而又妖媚缠绵的情致，继而则述彼此倾心爱慕之情，终以人神道殊，终不得交接而绝，表达对理想的追慕和失望的哀愁。此图描写洛神凌波微步，高标玉洁，仪态万方，为众多洛神图中的佳作。

319

赋》和《感甄赋》并不是一篇文章，持这种观点的人认为《感甄赋》也确有其文，但不是《洛神赋》；另一种代表性的观点是《洛神赋》中的女神形象是曹植比喻自己，历史上男性文豪用女性形象来比喻自己的比比皆是，因此也不排除曹植用洛神比喻自己的可能。

当然，与此同时，还有很多人坚持认为《洛神赋》是曹植为甄后所写，洛神就是甄后的比喻，并举出许多文献材料来佐证。他们指出《太平广记》和《类书》两本书中都记载洛神就是甄后。著名感伤诗人李商隐在他的诗中也曾经多次引用曹植怀念甄后的故事。现代大学者郭沫若也认为魏晋时代的男女关系已经不是那么严格，他在《论曹植》一文中明确表明他的观点，《洛神赋》是曹植为怀念他的嫂子甄后所作的。

曹植为何写《洛神赋》呢？关于这个问题，也许未来的某一天，更多历史文献材料的发现，会为我们解开这个谜，我们期待着那一天的早日来到。

洛神赋图(局部) 东晋 顾恺之

此图取材于三国时期文学家曹植的《洛神赋》，描绘曹植在洛水边遇到宓妃的浪漫故事。顾恺之以手卷的形式，用连续的画面，艺术地展现了原赋的内容，表达了曹植抑郁惆怅的感情，成功地传达了洛神"翩若惊鸿、婉若游龙"的动人姿容。这幅画在内在气质上和曹植的《洛神赋》达到了珠联璧合的程度，是中国绘画史上不朽的精品。

桃花源究竟在何处？

千古名篇《桃花源记》出自我国屈原以后的又一伟大诗人、晋宋时代杰出的诗词散文大作家陶渊明的手笔。它是我国古代散文中的奇葩，传诵千古而不衰。《桃花源记》就是他亲笔绘出的理想社会图：环境优美，怡然自得。在这样的理想社会，没有君主，没有战乱，没有贫穷，没有欺诈。人们淳朴厚道，和睦相处，过着自食其力、康乐幸福的生活。1600多年来，这篇不足400字的《桃花源记》，不知让多少人为之魂牵梦绕，可在现实生活中，怎么也寻它不到。"桃花源"究竟是纯属虚构，是东方的乌托邦，还是有它真实的原型呢？它的原型又在哪里呢？

陶渊明 (365～427)，字元亮，又名潜，别号五柳先生，谥号"靖节先生"。原籍江州浔阳紫桑栗里 (今江西省九江市西南 10 千米) 人。他生于一个没落了的官僚世家。

曾祖陶侃，封长沙公，赠大司马。祖父陶茂是武昌太守。母孟氏，是陶侃的外孙女。在这种家庭环境中，陶渊明自幼聪明好学。史称"潜少怀高尚，博学，善属文，颖脱不羁，任真自得，为乡邻之所贵"。

义熙十四年 (418)，刘裕杀晋安帝，立恭帝，朝廷大权全归刘裕。为了笼络人心，任陶渊明为著作佐郎，而"不为五斗米折腰"的陶渊明厌倦了官场上尔虞我诈的生活，无心恋政，说自己有病而不赴任，于是有了"陶征士"之称。公元 420 年，刘裕称帝，国号宋，改元永初，废晋恭帝，晋朝灭亡。第二年，恭帝被刘裕杀死。就在宋永初元年前后，陶渊明写下了他的代表作《桃花源诗并序》。

湖南的桃源县被大多数人称为陶渊明笔下的桃花源，俯临沅水，背倚青山，景色绮丽，松竹垂阴，千百年来，吸引无数骚人墨客前去寻访、探幽，留下千古佳话以及墨宝遗迹。目前有神话故乡桃仙

陶渊明像

岭、道教圣地桃源山、福地洞天桃花山、世外桃源秦人村四个景区近百个景点。桃源地域东汉时置县，名沅南县，属武陵郡。隋开始直到唐和五代，撤县而成为武陵县的一部分。宋太祖乾德元年 (963)，朝廷发出了分拆武陵县的政令，转运使张咏根在实地

桃源仙境图 明 王彪

此画是对晋代文学家陶渊明《桃花源记》的形象表现。图中丛山叠翠，桃花成云，其间有良田桑竹掩映；人物衣冠古朴，有一种不知有汉、无论魏晋的田园之乐。

桃花源

清静无为的思想在陶渊明笔下便成了一处"绝圣弃智"、自然和谐的"桃花源"，桃花源成了老庄政治哲学的现实建构，也成了历代政治家们疲累之余的休息场所。图为湖南桃源县传说中的"桃花源"遗址。

考察后，建议置桃源县。历史悠久的"桃花源"，是中国古代四大道教圣地之一，有"第三十五洞天，四十六福地"的美誉。它以山水田园之美，寺观亭阁之盛，诗文碑刻之丰，历史传说之奇而举世闻名。当地的人们用陶渊明的诗文命名在此修建了观、祠、亭、洲，比如桃花观、集贤祠、蹑风亭、缆船洲等。不少学者认为陶渊明描绘的那幅美好的社会生活图景并不是他的臆想和虚构，而是桃源县实在的生活。

也有学者认为《桃花源记》是当时居住在武陵地区的苗族社会生活的写真，那时武陵地区的苗族人民已出现了自耕农的私有制，但由于生产力还比较低，剩余产品也比较少，还产生不了突出的富户和显贵人物，所以没有阶级压迫、阶级剥削的社会现象。除了陶渊明对此有记载外，另一个东晋文人在他的著作中也提到了这个"世外桃源"。此外，武陵的苗族人民素有对桃树的崇拜以及有客人"便要还家，设酒杀鸡作食"的习俗等等，这些都能说明陶渊明所说的桃花源就是指湖南武陵地区的苗家社会。

在今天的连云港市区也有两个武陵的地名：一个是《魏书》中记载的武陵郡，遗迹犹存，在赣榆县的沙河城子村；另一个是云台山脉的宿城西山麓，至今留有武陵古邑的地名。位于江苏省连云港市北云台山东南侧的宿城山凹，三面环山，山川秀丽，景物清幽，除了翻越虎口岭，与外界无路可通。宿城区山雄水秀、风光旖旎，春生奇花瑞草，秋染五色层林，左映清流激湍，右带茂林修竹，还有悟正庵的千年银杏、保驾山的苍松掩映、滴水崖的漱玉喷珠、枫树湾的飞金流丹等人间奇景，四时好花常开，八节鲜果不绝。陶渊明确实曾经到过这个地方，他在著名的《饮酒诗》中写道："在昔曾远游，直道东海隅"。根据地理志的记载，陶渊明所说的"远游"，正是指处于东海一角的宿城高公岛之行。而且，宿城山的地理方位与入口，与《桃花源记》中的记载相吻合。南唐诗人李中早就在他写的"犹怜陶靖节，诗酒每相亲"诗句里发出了与陶渊明同样的感慨——看到秀丽的渔村，鲜美的芳草，一径通幽的石峡小口，只想忘记世间烦恼，常住于此。苏东坡知道陶渊明是游过宿城山的，他也曾模仿陶渊明写过这样的诗篇："我昔登远山，出日观苍凉，欲济东海县，恨无石桥梁。"陶渊明的后裔陶澍向道光帝讲述高公岛、宿城一带的太平景象时，把它们说成是与桃花源无异的人间仙境。后来，他还在宿城法起寺旁建起了"晋镇军参军陶靖节先生祠堂"，还仿照陶渊明故居的特点，在门前植柳栽桃。于是昔日"山有小口，仿佛若有光"的宿城山水，如今已出入通达，一片繁华景象。

桃花源究竟只是陶渊明失望于现实中的理想，一个激起无数人对美好生活的向往的美丽的梦幻，还是真的曾经有一个那样神奇而又美丽的地方，现在还是一个无法解答的谜。

李白是胡人还是汉人？

李白是我国历史上一位颇具传奇色彩的大诗人。历史上说他的长相特异，对月氏语十分精通，并且据说他的先世曾经流落到西域。那么他的家世如何？这是后人非常感兴趣的研究话题。一直有人在问：李白究竟是胡人还是汉人？

根据李白自述及其好友的述说，李白是唐玄宗的族祖，出身显赫。在李白自己的作品中，他曾经自述说："家本陇西人，先为汉边将。攻略盖天地，名飞青云上。"以及"白本陇西布衣，流落楚汉"、"白本家金陵，世为右姓，遭沮梁蒙逊难，奔流咸秦，因官寓家，少长江汉"等。李白的叔父李阳冰在《草堂集序》中说，"李白，字太白，陇西成纪人，凉武昭王李暠九世孙。蝉联圭组，世为显著。中叶非罪，谪居条支，易姓与名……神龙之始，逃归于蜀"。

据此，有人推断，李白应该是太宗李世民的曾侄孙。进而再推断，李白的曾祖父有可能是李世民的哥哥或弟弟中的某一个。

但是根据史料记载，唐玄宗在天宝年间曾经下过诏书，准许李暠的子孙"隶入宗正寺，编入属籍"，也就是说登记上皇族的户口。为什么李白一家没有去登记呢？李白后来进入了翰林院，有很多与皇帝接近的机会，为什么也从没有提起过？晚年的李白，处境很是艰难，求人推荐的心情也很是迫切，但是他仍然没有提起过自己的皇族身份。身为皇族后代是十分荣耀的事情，

李白像

李白(701～762)，字太白，号青莲居士，生于碎叶(属于唐安西都护府，今吉尔吉斯斯坦托克马克附近)。唐代著名诗人。

江油李白故里
李白(701～762)幼时从中亚的安西都护府回到
内地的故乡四川江油。

足以使他光耀门户，青年时代的李白纵然豪放飘逸认为这不值得一提，可是晚年困境中的他为什么仍旧死守？这难道不是有点奇怪吗？有人推测，这大概是因为既然李白的祖上是李世民兄弟中的一个，便可能牵涉到玄武门事变这样一场宫廷恩怨。此外，前文还提到，李白可能是李陵的后裔，因为李陵曾因罪在历史上留下了不是很好的名声，故而李白生前只承认远祖李广，却否认李陵。因此，李白生前不愿意将自己的家世公诸于众。

后世对李白父子的了解则更显得模糊。前文提到，"中叶非罪，谪居条支，易姓与名……神龙之始，逃归于蜀"，李白的一个好朋友也曾经写过："隋末多难，一房被窜于碎叶，流离散落，隐易姓名，故自国朝以来，

琉璃堂人物图 五代 周文矩
图中表现的内容是诗人王昌龄在江宁县丞任所的琉璃堂聚会吟唱的故事，与僧人相对着黑衣者为王昌龄，后部倚松的是诗人李白。王昌龄(694～756)，字少伯，京兆长安(今陕西西安)人，世称"王江宁"或"王龙标"。诗作负盛名，有"诗家天子"、"七绝圣手"之称。

诗仙李白

漏于属籍。神龙初，（其父）潜还广汉，因侨为郡人。父客，以逋其邑，遂以客为名，高卧之林，不求禄仕。"通过这两段已有的关于李白之父经历和处境的材料，人们会提出疑问：李客为什么要"逃归于蜀"？为什么要"潜还广汉"？是国破家亡、流落异域，还是因为触犯刑律、流放边疆？无论是哪一种理由，在时隔百余年后，都构不成"逃归于蜀"和"潜还广汉"的可以讲得通的原因。那么，促使李客"逃归"、"潜还"的真正原因究竟是什么？还会有什么

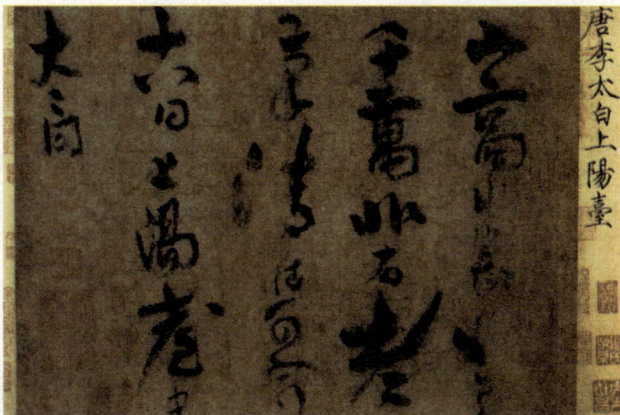

上阳台帖 唐 李白

宋代《宣和书谱》曰："李白字太白，长于巴蜀，弥月之初母梦长庚，故因以取名。……至其名章俊语，郁郁芊芊之气见于毫端者，固已逼人，是岂可与泥笔墨蹊径争工拙哉！尝作行书，有'乘兴踏月，西入酒家，不觉人物两忘，身在世外'一帖，字画尤飘逸，乃知白不特以诗名也。"宋代书法家黄庭坚在《东坡题跋》中道："白在开元、至德间，不以能书传，今其行草殊不减古人。"《天若不爱酒帖》是李白书自己所作的诗，字迹回环曲折，灵动放逸；《上阳台》帖格调天纵，点画行走如云烟，释文曰："山高水长，物象万千，非有老笔，清壮可穷。十八日上阳台书。太白。"

江宁县令　　高僧法慎　　　　诗家天子王昌龄

更为严峻的理由使李客跑到偏僻的山中？李白父亲的"逃归"之谜，使人们对李白身世的了解更为迷离。

清朝人王琦分析认为，李客的逃很可能与任侠、避仇有关。他推测说李客或许是一位行侠仗义的侠客，由于其行为触犯了当权者，所以只能是避到穷乡僻壤，隐姓埋名，终其一生。

如果上述推断得以成立，那么李白家世中的一些疑难问题就可以略见端倪了。李白父亲特殊的经历和处境，使李白能在诗文中对身边所有的亲戚朋友都饱含深情，却唯独对自己的家世闪烁其词。他的亲友在提及李白的家世籍贯时也出自"为尊者讳"、"为亲者讳"的目的，不得不使用一些托词和曲笔。这样分析，李白这个皇族的后裔，他不敢将自己的家世形诸文字，更不能登记上皇族的户口，等等疑问，似乎也就有了答案。

又有人根据李白的长相及其对外语和外族礼节的精通提出了一种新的看法，认为李白的出身并非如他自己所言，而是西域的胡人。持这种说法的人考证说，其一，碎叶、条支等地，在隋朝末年并不在中央政权的势力范围内。怎么可能成为窜谪罪人之地？这样推断，李白不是汉人而是胡人。其二，从李白之父的名字看，他们认为，其名字是在潜还蜀中后改的，其名为客，是因为西域人的名字与中原不一样，西域人往往被称为"胡客"，因此以"客"为名。其三，隋末，蜀中地区正是与西域胡人贸易往来的区域，李客也许以经商致富，入蜀后因富有渐成贵族。其四，从李白的相貌看，李白"眸子炯然哆如饿虎"，相貌具有胡人的特征，又精通月氏语，对少数民族的礼节也十分精通。总之，所有证据都指向这一结论：李白根本就是一个胡人。

太白醉酒图 清 改琦

唐代大诗人杜甫于唐玄宗天宝五载(746)初至长安，分咏当时八位著名酒徒的个人性情和艺术成就。其中有这样的诗句："李白斗酒诗百篇，长安市上酒家眠。天子呼来不上船，自称臣是酒中仙"。淋漓尽致地描绘了李白作为"诗仙"的恣狂和放逸不拘。此图是清代著名画家改琦为这一诗句所作的人物画，再现了李白的洒脱和轻狂。

同时也有许多人对此予以驳斥。他们指出，"窜谪"一词的含义不应如此被限制。古时凡是由汉族居住区域移往外域，即是"窜谪"。何况，李白的先世移居西域并非因罪窜谪，并且谁说这一事件发生在隋末呢？再有，不仅仅西域人入中原被称为"客"，外地汉人入蜀不也可以被称为"客"吗？说李白精通月氏语和懂得夷礼，这也不足以说明李白就是胡人。在唐朝这样一个地域博大、民族融合广泛的帝国里，一个汉族人，如果他的家世与西域有关联，是完全可能精通夷礼夷语的。至于说李白貌似胡人，汉族人中不是也有具有胡人特征的人吗？进而指出，倘若没有确凿的证据说李客不姓李，是胡人，那么也就不能肯定李白的先人是胡人。这些人的驳斥使用了一系列诘问，可以说给认为李白是胡人的人以足够的挑战。

《李太白文集》书影

还有人认为，李白并不是李广的后代。他的先世应该是久居西域的汉人，"潜归蜀中"，后来为了抬高自己的门第，所以才更改了姓名，假冒是李暠的后代。

另外有一种看法较为折中，认为李白先世既非胡人也非汉人，而是汉胡两族的混血儿。他们查证古籍后，认为李白是西汉名将李广的嫡孙李陵的后代。当年汉武帝时，李陵兵败投降，汉武帝盛怒之下将李陵在中原的妻儿老小全部杀死。李陵后来娶胡女为妻，他的后代也就随胡人俗。隋朝末年，其后裔又蒙难被流放到西域。李白的先世就属于这一支。这样，李白带有胡人的血统，那就不足为奇了。这种分析，可以说折中了所有的观点，似乎也言之有理。

然而无论哪一种说法，都因为关于李白家世的文字记载之隐约其词而有漏洞，李白自己的记述也使自己的身世扑朔迷离。这位号为"诗仙"的传奇大诗人李白，其身世之谜何时能够解开？

《满江红》的作者真是岳飞吗？

岳飞是南宋抗金卫国的名将，骁勇善战，在南宋初期抗金战争中屡建功劳。他一生征战，反对投降，代表了广大人民的愿望矢志抗金，执着地追求收复失地、报仇雪耻。

绍兴六年，岳飞从鄂州移军襄阳北伐，一路上，顺利地收复了伊（阳）、洛（阳）、商（州）等州，大军围攻陈、蔡地区。但是，这次北伐，虽然五战五捷，却因钱粮不继抽回，而未能成功。岳飞面临着这种极其困难的处境，只好中途折回。岳飞的满腔

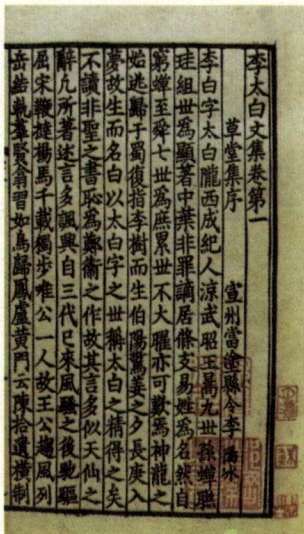

热血沸腾起来，他想起自己从戎报国、风尘仆仆地转战在南北各地的战场上，虽然已经得到了节度使的荣誉与少保的官位，但是，这与自己追求的收复失地、报仇雪耻的壮志相比，个人的高官厚禄算得了什么呢？岳飞情不自禁写出了千古绝唱——《满江红》：

怒发冲冠，凭栏处、潇潇雨歇。抬望眼，仰天长啸，壮怀激烈。三十功名尘与土，八千里路云和月。莫等闲、白了少年头，空悲切。

靖康耻，犹未雪，臣子恨，何时灭！驾长车、踏破贺兰山缺。壮志饥餐胡虏肉，笑谈渴饮匈奴血。待从头、收拾旧山河，朝天阙。

人们一直以为这首豪气冲云天的词是岳飞所作。而近代学者余嘉锡却对《满江红》的作者是岳飞提出了疑问。他认为有两点值得怀疑：

疑点之一是这首词最早见于明代嘉靖十五年(1536)徐阶编的《岳武穆遗文》，在岳飞去世(1142)后，这首词从来不曾见于宋、元人的记载或者题咏跋尾，为什么会突然出现在400年后的明代中叶呢？这是令人生疑的。

另一个可疑之处是岳飞孙子岳珂所编《金陀粹编·家集》中没有收录这首词。岳飞的儿子岳霖和孙子岳珂，曾费尽千辛万苦、不遗余力地搜求岳飞遗稿，但在他俩所编的《岳王家集》中，却没有收录这首《满江红》，而且31年后重新刊刻此书时，仍然没有收录该词。如果真是岳飞所作，怎么会没有收入呢，岂不怪哉？据此，余嘉锡认为《满江红》可能不是岳飞所作，而是明代人的伪托。

继余嘉锡之后，20世纪60年代后期，夏承焘写了一篇《岳飞＜满江红＞词考辨》的文章，他除了赞同余嘉锡的怀疑外，又从词的内容上找出了一个新的证据，即"贺兰山缺"的地名有问题。他认为岳飞伐金要直捣的黄龙府，在今吉林省境内，而贺兰山却在今内蒙古河套之西，南宋时属西夏，并不是金国土地，这首词绝非是

岳王庙内正殿

岳飞像

岳飞(1103～1142)，字鹏举，宋相州汤阴(今属河南)人。早年从军，所部军纪严明，英勇善战，称为"岳家军"。绍兴四年(1134)，收复襄阳等六郡，任清远军节度使。十年，挥师北伐，连克蔡州、郑州、洛阳等地，取得郾城大捷。高宗于此时连下十二道金牌下令退兵，被迫班师。十一年夏，受召临安，解除兵权。不久，以"莫须有"罪被杀害。孝宗时追谥"武穆"。宁宗时，追封鄂王。

岳飞所作。

　　针对上述论断，一些学者又提出了不同的看法，认为不能轻易怀疑《满江红》的真伪，岳飞的确是《满江红》的作者：岳珂的《金陀粹编·家集》中没有收录此词，是当时复杂的政治局势使然，岳飞遭人陷害冤死时，他所有的奏议、文字都遭毁弃，岳珂没能及时发现此词；历史上也有很多重要篇章是在当时被遗漏或湮没后重见天日的，古代的私人藏书，往往被视为珍宝，不想宣泄外人，因而某些珍藏的典籍手稿不可能都有记载；至于词中的"胡虏"、"匈奴"、"贺兰山"等都是借古喻今，并不是实指，不能简单地当作是违背地理状况。

　　《满江红》这首耀煌古今、激动人心的爱国名篇究竟是否出于岳飞手笔？学者们各持己见，尚难统一观点。但是不管作者是谁，这首词抒发了作者"精忠报国"的怀抱，表现了这位英雄不愿虚度年华，迫切希望建立功名事业、报仇雪耻及收复国土的雄心壮志。风格豪迈悲壮，音调激昂，可谓"千载后读之，凛凛有生气焉"。

《清明上河图》中的"清明"是什么意思？

　　宋代张择端的《清明上河图》是中国历史上的一幅杰出画作。自从它问世以来，受到上至皇宫贵族、下至文人墨客的赏识和珍藏而辗转数百年。此图卷全长528厘米，宽24.8厘米，是一幅描绘北宋都市生活各方面的长卷风俗画。张择端用十分高超的艺术手法，横向全景式构图，将极其繁复的场景处理得有条不紊，严密紧凑。它的笔法谨严，设色典雅，人物传神，器物逼真，是世人公认的中国古代遗产中的伟大作品之一。对了解和研究当时的经济、文化、建筑、交通、服饰、民俗等具有极其重要的价值。

　　但是，此画原来既没有画家本人的署名，也没有画名。后来，金人张著在卷后题跋，认为此画为"翰林张择端"所作，并附了简短的作者小传，同时提到了张择端画有《清明上河图》及《西湖争标图》。至此，这幅图卷才被称为《清明上河图》。

清明上河图卷 北宋 张择端

这是一幅巨幅风俗画，又称城市风景画。描绘的是北宋都城汴京（今河南开封）汴河及其两岸的风光。全画分三段：首段描绘郊区风景，春寒料峭，薄雾疏林，渐次有新绿杨柳和人群，这是全卷的序幕。中段描绘汴河风光，汴河为当时的全国交通命脉，作者以虹桥为中心，展现水陆交通繁忙的气象，表现了壮丽的京都气派。后段描写市街店铺鳞次栉比，人群熙来攘往，就在这种喧闹繁华中画幅戛然而止，令观者意犹未尽。整幅画用笔道劲简率，城郭、房屋、舟车，无不比例恰当。人物刻画细致、神态各具，结构严谨，其间各物动静结合、跌宕起伏，令人感到繁而不乱、冗而不长。

由于画卷上有宋徽宗题诗之句"如在上河春"，后人因此确定此画描绘的是清明时节的景色。从那以后，直至 20 世纪 80 年代，人们都认为它画的是清明时节的景物，未有异议。

而今，学术界却对这幅画的名称发起了一场争论。尤其是"清明"一词，其说不一。

一是"清明节"说。

近代一些艺术史家持"时令说"的观点，认为图中描绘的是在清明时节，汴京城郊居民进行扫墓、踏青、探亲等种种活动。并肯定了是"清明节"。

二是"清明坊"说。

1981 年有人对画面中的内容提出了质疑，并提出了"地名说"，从画面所展现的内容推断此画描绘的是中秋节前后的景色，而非"清明"，他又据画中的"城门楼"设想《清明上河图》应该是描绘的从"清明坊"到汴河口这一段上河的繁华热闹的景色，"清明"是指汴京城中的"清明坊"。上述两种意见都有理有据，但也有各自的缺陷。如持"清明时令说"，则画面上并无门插柳条、扫墓、踏青、郊游等特有的"清明"时节习俗；如持"清明坊"之说，也无有力凭证。

三是寓意"承平"说。

还有一种观点是"清明"既非时令，又非地名。画面所显示的是秋色而不是春光，是沿河数里好几处街道，并不仅指在郊外的某一个地点。这里所说的"清明"应该是在称颂"太平盛世"。《后汉书》有"固幸得生于清明之世"的话，用"清明"即意味着"治平"。张择端作为一名皇帝御用画院的待诏创作这幅鼓吹"歌舞升平"的作品，以迎合宋徽宗的心意，是很有可能的。他为了加强歌功颂德的气氛，成功地向皇帝进献此画，因而选用了"清明"一词。这一说法，颇有见地。

综上所述，从各方面加以分析，第三种意见是很有说服力的。因此，在《清明上河图》有关"清明"二字的解释还没有定论之前，我们一般情况下将其视作北宋一般的都市生活的典型写照。

《水浒传》的作者是谁？

《水浒传》是我国古代文学艺术宝库中的精品之作，它是我国古代第一部农民起义为题材的长篇白话小说。小说通过梁山英雄从个人复仇到集体反抗而最终又失败的悲壮历程，塑造了农民起义的众多英雄形象，它深刻地揭露了封建统治阶级的罪恶，歌颂了反抗封建压迫的英雄人物，揭示了封建时代尖锐的社会矛盾和起义产生、失败的社会根源。其中的宋江、鲁智深、林冲、武松等梁山好汉，流传了几百年，家喻户晓。

但是，它的作者是不是施耐庵呢？

《水浒传》的故事取材于北宋末年宋江领导的一次农民起义，历史上确实有宋江等36人起义反抗北宋朝廷一事，起义给了当朝统治者沉重的打击，但最后还是失败了。《徽宗本纪》和《张叔夜传》等文献都记载了此事。后来这个故事就在民间广泛流传，而且不断丰富与充实，在南宋时被民间的说话艺人用说话的形式继续传播，到了宋末元初时，就被人写入了《大宋宣和遗事》话本，到了元代，戏剧艺术空前繁荣，当时杂剧表演中就有《水浒》戏，百回本《水浒传》的问世是在元末明初，从民间口头流传到说话艺人话本再到文人的加工创造而成，这是一个相当漫长的过程，然而这项再创造、再加工的工作难度非常大，它的完成者究竟是谁，学术界目前还有很大的争议。

大多数的人还是对施耐庵是这一名著的作者持肯定意见的：施耐庵是江苏兴化人，他出身船家，家境贫寒。童年时随父到了苏州，13岁时在苏州附近的浒墅关读书，29岁时中举人，后来经朋友推荐，到山东郓城任训导。在山东，他遍搜梁山泊附近有关宋江等人的英雄事迹，熟悉了山东的风土人情，有关他搜集这些事迹还有很多有趣的记载。35岁时施耐庵考中了进士，到钱塘任县

施耐庵著《水浒》图 当代 晏少翔

施耐庵，名子安，字彦端，又字肇端，号耐庵，江苏兴化人。元末由于战乱迁至浙江杭州，乱平后回到兴化。又说施为苏州人，晚年迁兴化，卒于淮安。

尹，两年后因与当权者不合，任期不满便辞官回苏州，在家从事创作。后来，施耐庵做了起义领袖张士诚的幕僚，这使他熟悉了农民起义军的军营生活和许多起义军首领。时间一长，施耐庵发现张士诚等首领日益骄逸，料想他们肯定不能成功，于是便离开了张士诚，居住在常熟河阳山和江阴祝塘一带以教书为生，并根据民间故事和说话艺人话本，还有自己所搜集的资料，潜心创作《水浒传》。张士诚失败后，朱元璋搜捕有关人员，施耐庵为了避祸，只好到现在大丰市的白驹镇定居，并继续《水浒传》的创作。《水浒传》一书著成后，在民间流传甚广。朱元璋看到此书后愤怒至极，将施耐庵关进刑部天牢。后经刘伯温的帮助，托病就医被释放，施耐庵在天牢关了一年多，精神上、肉体上都受到很大摧

水浒人物图之黑旋风李逵像 清

残。出狱时，已是瘦骨嶙峋，步履艰难了，不久后，他就去世了。从《水浒传》这篇名著里我们可以看出施耐庵的爱憎，他对于朝廷、皇帝的昏庸的憎恶，对奸臣当道的痛恨，对于有才识之人在这个社会当中难以生存的这种不满，他在那些英雄人物身上也寄托了自己的理想和希望。明人胡应麟《少室山房笔丛》认为，虽然《水浒传》的创作大体上经历了从南宋初年到元末约134年的时间，是群体创作与文人加工润色后的结果，但是，它的主要创作人还是施耐庵。这个观点是大多数人都接受的，而且，至今所有版本的《水浒传》基本上都冠有施耐庵的名字，《水浒传》的作者是施耐庵，也成了基本的文学常识。

武松像(左) 明 陈洪绶；醉打蒋门神(右) 明 杨定见
明朝末年著名画家陈洪绶的《水浒叶子》刊于崇祯十四年(1641)，又称《水浒牌》，是明末清初最著名的水浒木版画集，影响甚大。汪念祖在《陈章侯<水浒叶子>引》称："陈章侯复以画水画火妙手，图写贯中所演四十八叶子上，颊上风生，眉间火出，一毫一发，凭意撰造，无不令观者为之骇目损。"杨定见在明末清初刻《水浒全传》时收入大量的水浒人物情节故事图，典型生动，精工巧丽。

另一种观点则认为《水浒传》的作者是罗贯中，罗贯中是施耐庵的门生，根据考证，罗贯中所作的《三遂平妖传》的二十一篇赞词中，有十三篇被插入到《水浒》中，这种情况表明，两书的作者是同一个人，就是罗贯中。而且他们认为罗贯中创作的《三国志通俗演义》和《水浒传》之间存在的差异正好表现了作者在世界观方面发生的变化。

还有人认为《水浒传》是施耐庵和罗贯中师生二人通力合作而完成的，施耐庵死后，罗贯中在淮安又住了几个月，他把施耐庵留下的书稿做了番整理后，动身到全国的刻书中心——福建的建阳去，准备把《水浒传》刻印出来。可是，这里所有的书坊，没有一家敢刻印。罗贯中只好在建阳住下，这期间，他又将《水浒传》重新做了纂修和编次，同时集中精力，写成了《三国演义》。不久后，他也染病，离开了人世。明人高儒《百川书志》著录有《忠义水浒传一百卷》，题为"施耐庵撰，罗贯中编次"。大多数学者认为《百川书志》所载是《水浒传》的祖本，材料很有权威性。此外，天都外臣作序的《水浒传》题署"施耐庵集传，罗贯中撰修"，是如今能见到的最早的《水浒传》的版本，也很有权威性。这又可佐证施耐庵和罗贯中两人都是此书的作者。

部分学者还认为《水浒传》的作者是郭勋，他组织门客，参考了宋元人的话本、诗词、笔记和元杂剧等编写而成的。他们提出的论据有两个：一是明初时尚无人提及《水浒传》，郭勋的百回本《水浒传》应该是《水浒传》的最早版本，现在见到的最早谈到《水浒传》的文献出现在嘉庆年间，此时明朝已经灭亡一百多年，所以《水浒传》不可能产生在元末明初。

二是《水浒传》里的不少地名都是明代的建制，元末年明初的人不可能写出来。这说明元朝末年的施耐庵不可能是《水浒传》的作者。而《水浒传》上所署的施耐庵，很有可能也不是真实姓名，而是为逃避祸害而取的别名。

这些观点各执己见，也没有一种观点能够理由充分地驳倒其他观点，《水浒传》的作者究竟是谁，到目前为止还没有定论，有待学者们进一步考证。

谁是《金瓶梅》的真正作者？

《金瓶梅》是一部惊世奇书，也是"明代四大奇书"之一，还被清代小说点评家张竹坡誉为"第一奇书"。它借《水浒传》中"武松杀嫂"一节引出以西门庆为主角的一段市井生活，借宋代的人物暴露明代社会的腐败。一般认为书名是以西门庆三个重要女人名字中的各一个字拼凑成的。"金"指潘金莲，"瓶"指李瓶儿，"梅"指庞春梅。这本书思想内容丰富、艺术手法娴熟，但是它问世时，作者并没有署上自己的真实姓名，所以学者们对它的作者问题始终抱有很大的兴趣，以至《金瓶梅》的作者到底是谁，迄今仍然无定论。

《金瓶梅》的作者署名"兰陵笑笑生"，但其真名实姓考证至今并无定论，作者是何方人氏也说法不一。因为作者声称写的是山东地面的人和事，署名中又有"兰陵"字眼，加之作品用语基本上是北方话，所以多认为是山东人。有的研究者认为作者是李开先。李开先是山东人，嘉靖进士，40岁罢官回家，他的身世、生

《金瓶梅》故事图 清

平和对词曲等市井文学的极深的爱好和修
养与前人对《金瓶梅》的说法不
谋而合；作品本身也证明它
同李开先关系密切；李开先
的作品《宝剑记》也是用《水
浒》的故事，把《金瓶梅》和
李开先的《宝剑记》作比较，就
会发现不少相同之处。所以《金瓶

梅》和《三国演义》、《水浒传》、《西游记》一样，都是在民间艺人中长期流传之后，经作家个人写定的，而这个写定者就是李开先。还有人认为作者是另一个山东人贾三近，他是嘉靖、万历年间大文学家，因为《金瓶梅》一书从头到尾贯穿了大量的峄县人仅用的方言俚语，峄古称兰陵，从贾三近的生平事迹，以及宦游处所、人生经历、嗜好、著作目录等方面看，他是最接近"兰陵笑笑生"的一个人。

最流行的看法则认为，嘉靖年间的大文学家王世贞是《金瓶梅》的作者。王世贞，字元美，号凤洲，又号弇州山人，是南京刑部尚书，也是明代著名的文学家、史学家。王世贞才学富赡，文名满天下，与李攀龙、谢榛等合称为"后七子"。在前后七子中最博学多才。李攀龙去世后，他独领文坛20年。《明史》称他"才最高、地望最显，声华意气，笼盖海内"。

他为官清正，不附权贵。东林党杨继盛被严嵩陷害下狱，他经常送汤药，又代杨妻草疏。杨被害后，他为杨殓葬；父亲被严嵩陷害，他作长诗《袁江流钤山冈》和《太保歌》等，揭露严嵩父子的罪恶。他精于吏治，乐于提拔有才识之人，衣食寒士，不与权奸同流合污，受时人推重。

据说他作《金瓶梅》是想为父报仇，王世贞的父亲因献《清明上河图》的赝品，被人识破，因而得罪权臣严嵩和严世藩父子，最后被残害致死。王世贞为报父仇，特作小说《金瓶梅》献给严世藩投其所好。书的内容隐射严嵩父子，揭露他们的种种丑行，而书上又涂有毒药，当严世藩读完此书后就中毒而死了。

但是著名学者吴晗率先对这个观点提出质疑，他查阅了大量的正史、野史、笔记，以翔实的史料作为依据，推翻了前人据以立论的主要依据——《清明上河图》与王世贞家族的关系，得出历史上的王世贞之父并不是因为献假图被害，严世藩也不是因为中毒而身亡的结论，否定了《金瓶梅》为王世贞所作的传统看法。吴晗还从书中大量运用的"山东方言"这一点来看，认为王世贞虽然在山东做过三年官，但是要像本地人一样用方言写出这样的巨著是不可能的。他还明确指出，《金瓶梅》应为万历十年至三十年的作品，作者绝不可能是王世贞。有不少研究者也撰文支持吴晗的观点。

20世纪80年代，国内开始有语言学家发表文章对作者的山东籍贯表示怀疑，理由是作品中有不少用语是当今山东方言所没有的，反而在吴方言区经常用到，于是大胆设想作者有可能是吴方言区人。30年代时，英国汉学家阿瑟·韦利就曾提出《金瓶梅》作者是徐渭这一说法，在60多年后的今天却被绍兴文理学院讲师潘承玉新近出版的《金瓶梅新证》给证实了。

潘承玉的《金瓶梅新证》首先从时代背景推断《金瓶梅》成书时代为明嘉靖末延续至万历十七年稍后，而这正与徐渭的生活时代相吻合。从地理原型、风俗、方言等诸角度多层面来看，小说与绍兴文化

《金瓶梅》故事图 清

此是清初人依据《金瓶梅词话》第六十三回所绘的图画。画面中央艺人正在表现海盐腔，右下方的伴奏乐队有提琴、三弦、笙、笛、云锣等乐器，两旁是饮酒看戏的宾客，左上方是掀帘看戏的女眷。

也有很深刻的联系，根据《金瓶梅》是一部"借宋喻明"、"借蔡讽严（嵩）"之作的定论，指出当时正是绍兴形成了全国第一个反严潮流，披露了徐渭与陶望龄以及沈炼为代表的一大批"反严乡贤"鲜为人知的史实，从沈炼正是被严嵩迫害致死，断言徐渭是因感于乡风，感于沈炼的冤死愤慨而作《金瓶梅》。另外，徐渭在晚年曾暗示过他花40年心血而完成了一部长篇小说。而《金瓶梅》的措词用语、文风都与徐渭十分吻合。另外，从作者写作《金瓶梅》的特殊心态，也跟徐渭的遭际一脉相承。

中国古典文学名著《金瓶梅》问世四百多年来，作者究竟是谁？创作背景怎样？笑笑生究竟是何人，还是一个未解的谜，这一连串疑问仍像重重迷雾笼罩，等待后人的解答。

《胡笳十八拍》究竟是谁的作品？

为天有眼兮何不见我独漂流？

为神有灵兮何事处我天南海北头？

我不负天兮天何配我殊匹？

我不负神兮神何殛我越荒州？

怒涛滚滚般不可遏制的悲愤，诅天地咒神祇、雄浑不羁的气魄以及用整个灵魂倾诉出来的绝唱，绞肠滴血般痛苦的诘问，这就是著名的《胡笳十八拍》。对于《胡笳十八拍》的作者是谁，中国文学史上历来有争议。有的学者认为是当年曹操迎回汉家的蔡文姬，有的学者却持相反的观点，更有学者认为是董庭兰所作。下面把各家说法分别叙述出来。

郭沫若作话剧《蔡文姬》，著文六谈《胡笳十八拍》，认为蔡文姬是《胡笳十八拍》的作者。他说，这实在是一首自屈原《离骚》以来最值得欣赏的长篇抒情诗，只有身临其境的人，才能写出这样的文字来。郭沫若认为《胡笳十八拍》是蔡文姬被胡骑所掳后所写的作品。但是文史专家们有不同的看法。他们认为《胡笳十八拍》不是蔡文姬所作，主要理由有：

其一，《胡笳十八拍》的描写不合地理环境和历史事实。

第一，刘大杰等指出，在那时根本没有诗中所叙"城头烽火不曾灭，疆场征战何时歇？杀气朝朝冲塞门，胡风夜夜吹边月"那种汉兵与匈奴的争战不休。说明作者并不了解南匈奴和东汉王朝的关系。南匈奴已于东汉末年内附东汉王朝。距离文姬所居的南庭匈奴河套地区尚远。再者在建安八年蔡文姬归汉，而曹操则在建安十二年平定三郡、乌桓，在时间上也不对头。这与诗中"两国交欢兮罢兵戈"也不符。

第二，刘大杰等指出，汉末南匈奴分为二支，文姬可能被居河东平阳即今山西临汾的於扶罗、呼厨泉一支虏去。而诗中"夜间陇水兮声呜咽，朝见长城兮路杳漫"、"塞上黄蒿兮枝枯叶干"不合地理环境。

第三，否定者认为，诗中有"戎羯"一词，而羯族是晋武帝后"匈奴

文姬归汉图 明 仇英

337

别种人居上党以后才有的名称"，蔡文姬在五胡乱华之前预先知道是不可能的。

其二，不见著录、论述和征引。

刘大杰等人认为，汉《后汉书》、《文选》和《玉台新咏》以及晋《乐志》和宋《乐志》均无《胡笳十八拍》的记载，六朝论诗的人也没有称述，《蔡琰别传》也没有引用它的诗句。由此断定，它是唐人伪造。

其三，关于风格、体裁问题。

刘大杰等认为，从语言结构、音律对偶及修辞炼句上看，此诗具有和东汉诗不同的特征。诗中"杀气朝朝冲塞门，胡风夜夜吹边月"两句，东汉诗中不曾有过炼字、修辞如此精巧、平仄如此谐调、对仗如此工整的，在东汉诗赋中也没有"人生倏忽兮如白驹之过隙，然不得欢乐兮当我之盛年"这种错综句法。用语方面，诗中"泪阑干"是唐时始有的词汇。语句方面，"夜闻陇水声呜咽"是袭用北朝民歌《陇头歌辞》。用韵方面，《胡笳十八拍》和曹植《名都篇》、《美女篇》的通押迥别。先韵和寒韵不通押，也是唐人用韵方法。

有人指出，全诗1200多字，只有两联对仗工整，比起同期建安诗篇不算多，不能抓住两联就说它不是东汉风格。

而朱长文《琴史》卷四《董庭兰传》："天后时，凤州参军陈怀古善沈、祝二家声调，以胡笳擅名。怀古传庭兰。"沈即沈辽。《崇文总目》载："《大胡笳十八拍》，沈辽集，世名沈家声。沈辽早于陈怀古，陈怀古为董庭兰师。"

以上说法各有道理，到底《胡笳十八拍》为何人所作这个问题，学术界至今仍未给世人一个满意的答案。

蔡文姬图 清 任薰

高鹗续写了《红楼梦》吗?

《西游记》、《水浒传》、《三国演义》以及《红楼梦》并称为我国古典文学的四大名著,其中又以《红楼梦》成就最高,达到了我国古典文学的顶峰。《红楼梦》成书至今已有200余年的历史了。作为我国最重要的一部小说,它不仅感动了中国人,也得到了世界人民的重视与喜爱。《红楼梦》有各种不同的版本,数十种续书,流传到世界各国。

长期以来,人们普遍认为曹雪芹只写了《红楼梦》的前80回,后40回是清代文人高鹗所写。然而由于《红楼梦》的成就如此之高,人们对它的热爱如此之深,曹雪芹心中的《红楼梦》的后40回究竟如何,一直成为文学界乃至热爱"红楼"的人的一大遗憾。

"高鹗续书说"最早是由我国大学者胡适提出来的。他最早看到《红楼梦》的时候,认为小说的诗词是在暗示人物的命运和结局,但是看到后来,有些人物的结局并不按照诗词所预言的那样。所以他提出小说的前80回和后40回有矛盾,进而猜测《红楼梦》可能是由两人所写。同时,经他考证,高鹗的同年进士张船山在《赠高兰墅鹗同年诗》题解中写道:"传奇《红楼梦》后四十回俱兰墅所补。"于是胡适便将补书的作者认定是高鹗。这种观点提出后长期被人们接受,也就是很多人普遍认为《红楼梦》后40回是由高鹗所写的原因。对于高鹗补写后40回,也有不同的说法。一种说法是高鹗根据自己的喜好编出自己喜欢的后40回,自娱自乐,还有一种说法更可笑,那就是高鹗奉清廷的要求,修改和续写"红楼",所以在思想上必然受到约束。

然而,随着对内容的进一步研究,很多学者、专家认为高鹗不可能续后40回《红楼梦》。首先,从高鹗的生平来看他不可能续写《红楼梦》:高鹗,字兰墅,一字云士,清代文学家。因为他酷爱小说《红楼梦》,所以自取别号"红楼外史"。他是汉军黄旗内务府人,祖籍铁岭(今属辽宁)。他于乾隆五十三年(1788)中举

大观园图(局部) 清

人，六十年 (1791) 中进士。据胡适考证，高鹗续写"红楼"的时间是在 1791 至 1792 年，只有两年的时间。然而，这么短的时间，高鹗可能写出占原书一半篇幅的后 40 回吗？高鹗怎么可能求取功名的时间里花如此多的精力续写《红楼梦》？这显然是件不合情理的事情。其次，高鹗续写"红楼"的时候，真本的《红楼梦》并没有完成太久，可能根本就没有消失，只是零散不全，需要补充，那么高鹗何必又要舍弃原来的而自己另写后 40 回呢？难道他想替曹雪芹干活，自己做无名英雄吗？

而且据我国的红学专家周汝昌老先生考证，《红楼梦》的结果不是高鹗所续的那样，而是在大抄家后，贾府全家败落，在贾环及赵姨娘等的密告下宝玉和凤姐入狱，后来被小红（红玉）和贾芸搭救，凤姐因此心力交瘁而亡，宝玉沦为更夫时宝钗也已郁郁而亡。在抄家前黛玉与湘云投湖

《石头记》(清曹雪芹著，脂砚斋批)书影

自尽，后来史湘云被搭救，沦落风尘。最后与宝玉邂逅二人结为夫妻。这才是故事真的结局。这么说，高鹗续书又何必两头不讨好呢？

我们再来看看曹雪芹。传说他曾"披阅十载，增删五次"，这说明《红楼梦》很可能本来就已经写完了，只是一些原因，我们没有看到后 40 回。那么高鹗是否真的续写后 40 回呢？

目前，一些专家学者认为高鹗不仅没有续写后 40 回，而且现存的红楼梦都是曹雪芹本人所写。据他们考证，将 1959 年山西发现的《乾隆抄本百廿回红楼梦稿》(简

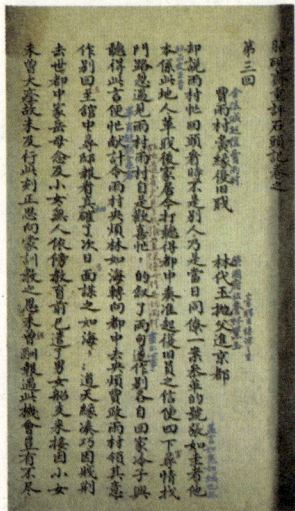

金陵十二钗仕女图之林黛玉像 清 费丹旭

大观园图 清

大观园是《红楼梦》中的主要人物贾宝玉、林黛玉等人活动的场所。此图纵137厘米，横362厘米，展现了在凹晶馆、牡丹亭、蘅芜院、蓼风轩和凸碧山庄五个地方活动的人物173个，是研究《红楼梦》的珍贵资料。

称《红楼梦稿》）与其他所有版本进行了比照，发现《红楼梦稿》才是曹雪芹的手稿本，而其他所有版本都是曹雪芹在这部稿本上一边修改一边由不同的人抄录出去的。只是由于全书修改的时间很长，抄出去的版本很多。

另一方面，从语言上来考证，全书120回通用的语言风格都是南京话，而东北人高鹗是写不出来的。况且，"红楼"中的人物是变化发展的，不一定与诗词的预言发生矛盾。

无独有偶，一位计算机专家从数学统计方面入手，在语言风格上，通过计算机的统计、处理、分析，也对《红楼梦》后40回由高鹗所作这一流行的看法提出了异议，认为120回都是曹雪芹所作。

《红楼梦》后40回到底是由谁续写的？也许这并不重要，正如断臂维纳斯的完美之处，因为不完美而完美，后40回是给读者留个想象空间。

到底是谁误读了《红楼梦》？高鹗是否钻了只有80回的这个空子？他是否真见到了80回以后的残稿？到底他的40回续书，和雪芹真书有无关系？这成了一个历史之谜，不过也正是因为后人的续写，才使得《红楼梦》这一经典成为一部有始有终的完整作品。

破解神秘的符号

谜团重重的后母戊鼎

后母戊鼎（原名司母戊鼎，2011 年正式更名为后母戊鼎）是世界上罕见的青铜器贵重文物之一，而且也是到今天为止所有出土的鼎中最大最重的。它的存在和发现本身就是一个传奇故事。从它的发现和出土无不充满神奇色彩，再加上它的特定发现时期，使本来就具有很大价值的后母戊大方鼎蒙上了一层层神秘的面纱。

后母戊大方鼎的鼎耳为什么不翼而飞？这里有这样的传说：1939 年是一个动乱的年代。时局的混乱，加剧了盗墓风气的盛行，身居河南省安阳市武官村的村民自然不会忘记身居殷墟之旁这块风水宝地，村民们开始有组织地在夜间盗掘古墓。3 月的某个深夜，在河南安阳侯家庄武官村吴玉瑶家的农田里，距武官村大墓西南隔大约 80 米处，随着村民的铁锹"仓啷"的脆响，华丽雄伟的青铜之冠、国之重宝——后母戊大方鼎出土了。村民们忙碌了一夜，但因为鼎太大、太重而无法搬动，他们不甘心整夜提心吊胆地忙碌无功，于是一个私掘者取来锯子，将大鼎的一只鼎耳锯了下来，然后又将大鼎重新掩埋。事后他们相约谁也不准透露此事。后来，侵华战争爆发，日本人闻知此事，想花重金购买都没有得到。抗日战争胜利后，后母戊鼎在 1946 年 6 月重新出土，作为蒋介石的寿礼，被用专车运抵南京，拨交中央博物院筹备处保存。但当年被盗墓的村民偷偷锯下的一只鼎耳在动荡的年月里下落不明，这也

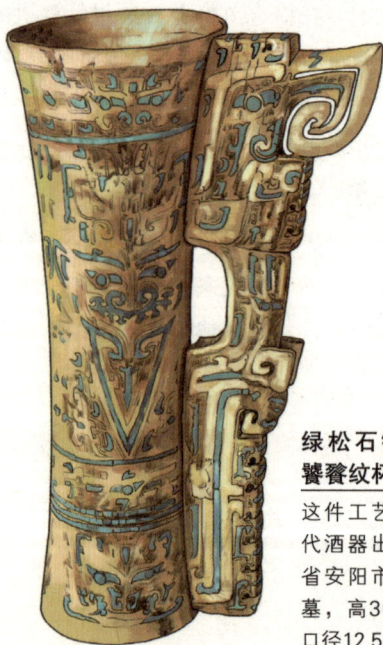

绿松石镶嵌象牙饕餮纹杯 商

这件工艺精湛的商代酒器出土于河南省安阳市殷墟妇好墓，高 30.5 厘米，口径 12.5 厘米。

成为后母戊大方鼎的永远的遗憾。今天我们看到的后母戊大方鼎，有一只鼎耳就是后来补铸上去的。1959 年，中国历史博物馆在北京建馆，后母戊大方鼎又被运到北京展出。现在中国历史博物馆展出的是原鼎的复制品，真品早已作为珍贵的历史文物保护起来了。

后母戊鼎整个总重 875 千克，高达 133 厘米，口长 110 厘米，宽 78 厘米，足高 46 厘米，壁厚 6 厘米。因为此鼎大得足够做马槽，所以人们又称它为"马槽鼎"。后母戊鼎立耳方腹、四足中空，除鼎身四面中央是无纹饰的长方形素面外，其余鼎身各处皆有饰纹，而且各部分纹饰各具形态。鼎身四面的长方形素面周围以饕餮作为主要纹饰，四面交接处，则饰以扉棱，扉棱之上为牛首，下为饕餮。鼎耳外廓有两只猛虎，虎口相对，口中含人头，鼎耳侧是鱼纹纹饰。四只鼎足的纹饰也很有特色，在三道弦纹之上各饰以兽面。鼎腹内壁铸有铭文"后母戊"。其造型、纹饰、工艺均达到极高水平，堪称商代青铜文化顶峰时期的代表作。

考古工作者通过对有关青铜器的研究，以及甲骨文中的记载，认为为鼎腹内壁铭

后母戊鼎 商

后母戊鼎（曾用名：司母戊）总重875千克，高达133厘米，口长110厘米，宽78厘米，足高46厘米，壁厚6厘米。

文"后母戊"三个字中，"母戊"是商王武丁的后妃妇妌的庙号。以及根据铭文可知，后母戊鼎是商王武丁的两个儿子祖庚或祖甲为祭祀其母亲妇妌而制的。最初给该鼎命名的是郭沫若先生，称其为司母戊鼎，他认为"司母戊"即为"祭祀母亲戊"。另一著名学者罗振玉也曾认为："商称年曰祀又曰司也，司即祠字。"于是，这一命名便一直沿用下来了。但争议一直不断，有多位学者提出，"司"字应作"后"字解，因为在古文字中，司、后是同一个字。于是在此后出版的《辞海》对"司母戊鼎"作了这样的描述：商代晚斯的青铜器，鼎腹内有铭文"司母戊"三字（或释"后母戊"）。是商王为祭祀其母戊而做。如今，把"司"改为"后"，实际上是否定了从前把"司"理解为"祭祀"的说法。大部分专家认为"后母戊"的命名要优于"司母戊"，其意义相当于"伟大、了不起、受人尊敬"，与"皇天后土"中的"后"同义。改为"后母戊"，意思相当于：将此鼎献给"敬爱的母亲戊"。

后母戊大方鼎最为神秘也最难让人猜测的是它是如何铸造的。后母戊大方鼎表明商朝青铜器的制作技术已经达到炉火纯青的地步，标志着我国古代青铜工艺出现第一个高峰。但是铸造后母戊大方鼎，在当时的生产力情况下是一件相当困难的事。据推测，后母戊大方鼎的铸造过程是这样的。在商代，冶炼青铜用的是陶制的坩埚，它的形状和后来倒放着的头盔差不多，考古工作者趣称它为"将军盔"。据科学估算，每个"将军盔"能熔铜12.7千克。假使铸造一个中小型的铜器，只需用一个坩埚就可以了。但是，要铸造后母戊大方鼎这样的庞然大物就需要七十多个"将军盔"同时浇铸，这意味着要求几百人同时操作。如此浩大的工程该如何施工呢？有人认为勤劳智慧的奴隶们采取化整为零的战略，先分别铸好鼎耳、鼎足、鼎身，然后再把铸好的各个部分合铸在一起。经过奴隶们的长期艰苦卓绝的劳动，终于铸成了后母戊鼎。但这种猜测没有得到相关科技的论证。直到今天，在发达的科技面前，都没有人能再现铸鼎的情况。

后母戊大方鼎是中华文明的瑰宝，它纹饰美观庄重，工艺精巧，一向为世人所钦羡。因此它的价值更高，而围绕它的种种迷雾也增添了它在世人心目中的地位，后母戊大方鼎之谜的解开，有待考古和科学技术的进一步发展。

妇好偶方彝 商

方彝出土于河南省安阳市殷墟妇好墓。器顶采用当时常用的建筑形制"四阿式"，器表饰花纹、龙纹、三角形纹、人字形纹，是商代王室的重器。

秦始皇铸造十二金人之谜

秦始皇是中国历史上第一个统一的王朝——秦王朝的开国皇帝。关于他的传奇故事在民间流传得甚为广泛。在传说中，他既是一位功不可没的大英雄，是中华民族的骄傲，另一方面他几乎又成了暴君、残忍的代名词。秦始皇为了永世享用他的征战功绩，做出了种种至今在世界上仍让人叹为观止的壮举，为世人留下了很多解不开的历史之谜，12金人的铸造便是其中的一个。

在秦都咸阳，秦王宫阿房殿前，屹立着12个铜器铸造的大铜人，因为铜是黄色的，所以又称作"金人"。他们身着外族服装，每个都非常巨大和沉重，很难运输，而且他们浑身雕有精细的花纹，且个个耀武扬威，精神抖擞，英勇无比，日夜守护着秦王宫殿。铜人造形之大，制作之精巧考究，为历史上所罕见。在这方面，有很多历史书籍记载。如据《史记·秦始皇本纪》记载："二十六年……收天下兵，聚之咸阳，销以为钟鐻金人十二，各重千石，置廷宫中。"贾谊的《过秦论》也有"销锋铸鐻，以为金人十二"记录了12金人的故事。

令人奇怪的是，中国第一位皇帝秦始皇要铸造这12个铜人目的是什么呢？为什么耗费巨资铸造这又笨重又没有实际作用的金人呢？围绕这个问题，存在两种主要说法：

秦始皇嬴政像

秦始皇(前259～前210)即嬴政，又称赵政，公元前246～前210年在位。李白歌曰：秦王扫六合，虎视何雄哉，挥剑决浮云，诸侯尽西来。斯蒂芬·乔治·西斯罗普评：始皇帝一定是位充满惊人壮志的领袖，关于他的一切，他的恐惧和憎恨，他的计划和远见，都被夸张、放大到超过人类的常规，只有这样一个统治者才会去修长城。毛泽东说：秦始皇作为，远胜书生意气。

秦始皇在统一全国后，秦王政创立了"皇帝"的尊号，自称始皇帝。但由于吕不韦曾经专权的阴影，和辛辛苦苦征战得来的皇位不易，为了实现自己当初"宣布子孙称二世、三世，以至万世，代代承袭"的宏伟愿望，所以他坐稳皇帝后始终在忧虑和思考着如何确保长治久安，使江山传之万世的问题。而要坐稳天下，必须要解决的一个问题就是收缴和销毁流散民间的各种兵器，只有这样，才能防止别人的武力夺权。于是，他总是在寻找一个合理的借口，来收缴全国的兵器，机会终于来了。一天，在大臣们的陪同下，秦始皇正在观看舞灯笼和各种杂耍。正在看得高兴的时候，忽见一

队杀气腾腾、手里拿着刀剑等兵器的武士上场表演。秦始皇看见后，又触动了自己的长久以来的心病。这时候，恰巧临洮一个农民送来一条消息，说是见到12个巨人，而且他们当地还传唱着一首童谣："渠去一，显于金，百邪辟，百瑞生。"秦始皇听后，龙颜大悦。于是他假托征兆，说这是顺应天意，下令收缴民间兵器，集中到大都咸阳，铸成12个铜人。实际上，秦始皇收兵器铸造铜人，完全是出于巩固自己皇位的考虑。

还有另外的一个故事版本。有一天，秦始皇正在阿房宫中休息。突然，梦到天气大变，天空昏暗无光，并且伴有鬼神妖魔作怪，于是他非常惊恐害怕。正在他手足无措之际，忽然有一个白发苍苍、长髯飘飘的老道来到他的面前。这个老道精神矍铄，神采奕奕，他挥动着手中的拂尘，指点迷津道："制十二金人，方可稳坐天下。"说完，随着眼前金光一闪，老道人便不见了。秦始皇也从梦中惊醒了。秦始皇梦醒后，宁可信其有不可信其无，立即下令将全国的兵器收到咸阳，铸成了12个铜人。有很多专家学者也曾经指出，秦始皇一生非常相信方士道人的话，再加上建国之后的担忧心情，这种说法是可信的。

但遗憾的是，今天我们是看不到这12个铜人的踪影了。那么，它们究竟到哪里去了呢？难道如此巨大的金人会不翼而飞？目前，关于金人的下落问题存在着三种猜测：

有人认为，当初楚霸王项羽在攻克秦都咸阳后，曾经火烧阿房宫。在火烧阿房宫时，连同象征秦王朝永固的这12个金人也一起烧毁了。项羽火烧阿房宫的说法流传了

十二金人像

秦始皇时期的十二金人像因为岁月的流逝，已无从寻找。下图中的十二金人像是后人根据历史记载重塑的。

约两千年，但最近考古工作者在阿房宫前殿遗址 20 万平方米的勘探面内只发现了几处红烧土遗迹。专家认为，这表明历史上有关项羽放火焚烧阿房宫的记载是不准确的。

还有一些历史学者指出，这 12 个金人是毁在董卓的手上。东汉末年，董卓率军攻入长安，将其中的 10 个金人销毁，并铸成铜钱，而剩下的两个被他下令迁到长安城清门里。到三国时期，魏明帝曹睿下令把这两个铜人运到洛阳。当成千上万的工匠们运到溺城时，由于金人的重量太沉，不得不放弃了这个巨大的工程，于是就停止了搬运。到了东晋十六国时，后赵的石季龙又把这两个金人运到了邺城。后来前秦的秦王符坚统一北方，他又把这两个金人从邺城运回长安销毁。至那时，存在于世间约 600 年的 12 个金人全部被销毁了。

另有一种说法是比较乐观的，他们根据史料记载认为，这 12 个金人并未被毁掉。因为 12 个金人是秦始皇生前的最喜爱之物，所以在秦始皇陵墓营造好后，这 12 个金人和其他精美的奇珍异宝一起随着秦始皇的死去被当作随葬品而葬于陵墓之中。现在，由于一些技术等方面的原因，秦始皇陵墓的发掘工作暂时还不能开展，因此十二金人的下落问题至今仍是一个未解之谜。也许到了我们的考古技术达到秦始皇陵墓开掘的那一天，这个历史上的未解之谜才有可能被解开。

曹操的七十二座陵墓之谜

"人生用智死即休，焉有余智到垄丘"是宋代文人俞应符对我国著名政治家、军事家、文学家曹操死后留下七十二疑冢的感叹，从另一方面，也表达了对曹操无穷智慧的钦佩。一代枭雄曹操在生前洒尽英雄气概，于乱世中崭露头角，开创了魏国的一代基业，形成了三国鼎立的局面，其才智是鲜有人能及的。智者的行事往往也异于常人，所以，在他死后，也给世人留下了一个千古未解之谜，那就是他的墓冢之所在。曹操的陵墓据说有 72 座之多，其中真真假假，究竟哪一个是曹操的墓葬之所在？直到现在，都没有人搞得清楚。

关于曹操墓葬的所在地，广为流传的是这样的一个传说。建安二十三年 (218)，可能是预感到自己行将寿终正寝，已近暮年的曹操为他的后事特地颁布了一道《终令》。大意是说，古代圣贤的墓葬的所在

魏武帝曹操像

曹操 (155～220)，字孟德，小名阿瞒，东汉末沛国谯县 (今安徽亳州) 人。少机警，好任侠。年二十，举孝为郎。建安元年 (196)，迎献帝至许昌 (今河南许昌东)，总揽朝政。十八年，封魏公。二十一年，病死于洛阳。其子曹丕代汉称帝，追尊其为魏武帝。曹操道："宁可我负天下人，不使天下人负我。"曹操文云："唯才是举，吾得而用之。"

地一般都是贫薄的地方，现在我发现邯郸城西的西门豹祠就比较合适，而且，西门豹也是我毕生仰慕之英雄，能够做他的邻居，我已经心满意足了。我们都知道，西门豹即战国时期魏国的大改革家，其投巫治邺的故事家喻户晓，对于他，曹操是十分景仰的，所以，让自己的墓地与西门豹祠比邻而居是他的心愿。

在《终令》中，曹操还告诉他的儿子曹丕，他的墓葬一定要遵循他的毕生的提倡，那就是要薄葬，而且多次一再要求"以高为基，不封不树"、"无藏金玉珍宝"。他的儿子曹丕也忠实执行了这一遗嘱。而且，更为奇怪的是，为了怕自己的墓冢被盗，他命令曹丕和他的群臣在他死后，要为自己设置72个坟墓，每个坟墓对外都称作是自己的墓冢所在，至于自己真正埋在哪一个，《终令》中并没有明确说明。所以，在下葬那天，72口棺材同时出殡，以迷惑当时的人们。这样，人们就不知哪座是真的曹操墓，令人疑惑，所以又叫作"疑冢"。

那么曹操为什么要为自己设置72座坟墓呢？难道仅仅是因为曹操的老奸巨猾、傲视世人的才智，和后人玩一个"猫捉老鼠"的游戏吗？其实不然，七十二疑冢仅仅是长期藏在聪明一生的曹操的一个心理阴影而已。关于上面的这个问题，这里又有另外一个传说。

我们都知道，长1.78米、由2008块玉片、近2000克黄金编制而成"金缕玉衣"出土于西汉的梁王墓葬群，它不仅反映了汉代的文明的发达，最为直接的是，它宣告了汉梁王墓葬群藏宝的丰富。的确，史料记载，汉梁王墓葬群中的每一座墓都是一座宝库。后来，丰富的宝藏引来了无数的盗墓者，曹操便是其中的一位。而且，据史学

邺城三台遗址 魏晋南北朝

邺城遗址位于河北省临漳县。金虎台、铜雀台、冰井台是邺城著名的"三台"，在曹魏时期达到第一个发展的兴盛时期，既作为重要的离宫，又是坚固的军事堡垒。传说曹操死后就安葬在这一带。

家考证，东汉末年曹操的兵卒，应该是第一批走进汉梁王墓葬的盗墓者。据记载，当时汉梁王墓葬群的每一座墓都用大量上千千克重的石头封死了墓道，对于普通的盗墓者来说，即使能够找到墓葬的准确方位，也是很难进入墓室。而曹操可以动用庞大的军事力量，获取墓葬里的宝物。

盗墓得到大量财富的同时，曹操心理也犯了嘀咕："厚葬是很容易招来盗墓的，一个人虽有再多随葬品，但却因为过多的宝藏招来盗墓者，最后也逃脱不了暴尸野外的命运。"于是曹操成为中国历史上第一位提倡"薄葬"的统治者。所以在公元218年他颁布的《终令》中，提出死后不要厚葬，而是将自己埋葬在瘠薄的土地上，根据地面原有的高度作为圹基，陵上也不用堆土，更不要植树。而且，他虽然为自己准备了送终的极为简朴的四季衣服，仍留下遗嘱说："我如果死了，就按当时季节所穿衣服入殓，其余季节的衣服就不要随葬了，金玉珠宝铜器等奢侈物品，一概不要随葬。"

其实，曹操这样做，虽然与他一生主张节俭这个原因有关外，但更为重要的是，他深刻地知道，如何防止盗墓，应该是自己死后的最大顾虑。因为目睹了许多坟墓被盗后尸骨纵横、陪葬品狼藉一片的场面后，曹操的心中自有一番思量，他明白，自己能管得住今生，却管不住来世，他不愿自己死后随便被世人糟蹋。

"苍天乃死"字砖 汉

此砖是曹操先世宗族墓的壁砖，字砖中"苍天乃死"四字与黄巾起义的口号不谋而合，起义军广泛传布太平道，表达民众推翻汉朝的普遍心情。

所以，曹操便与后人的智慧进行了一场死后的生与死的边缘上的较量，从现在的考古结果来看，曹操依然是胜利者。直到今天，曹操的墓究竟在哪儿还是个谜。关于曹操墓冢的所在地，史学界有三个争论：一种说法认为，曹操葬于邯郸之西岗西门豹祠一侧。西门豹祠建于南朝梁元帝萧绎承圣三年(554)，曹操却死于此前334年，这种说法显然不符合史实。另一种说法认为，曹操葬在漳河底。据民间传说，清朝顺治初年，漳河水干涸，渔民看见河中有一块大石板，从石板的缝隙中进入，渔民们看到曹操穿着龙袍，躺在一块巨石上面。而且还有传说讲，曹丕曾经因为漳河水改道，曹操墓穴被淹没而没有地方祭祀而悲伤。不过这也只是传说而已，并不是史实。第三种说法认为曹操葬在漳河边，即七十二疑冢中的一座。如果真是这样的话，曹操的真墓是可以找到的。但建国后，由于建设的需要考古学者曾对这些疑冢进行了系统的文物普查和征集，终于揭开了这一疑冢之迷：这些疑冢是南北朝时代东魏、北齐的王公贵族墓葬群，而且其数量也不是72座而是134座。

2009年12月27日，河南省文物局公布，经考古发掘得到确认，河南省安阳市安丰乡西高穴村南的高陵，实为曹操墓。之后，国家文物局认定河南安阳东汉大墓墓主为曹操。至此，这一令后人无限感慨的千古谜团终于揭开。

马王堆古尸为何千年不腐？

马王堆汉墓帛画 西汉

马王堆一号汉墓的彩绘帛画绘制精美。画面呈T形，以繁杂严谨的构图把全画分为上、中、下三部分，上部为天界的景象，人首蛇身的女娲居中。表达了对人生幸福的追求，反映出对生命的肯定和热爱。画中对人和其他生灵的刻画充满了奇异的想象。

1972年，在湖南马王堆古墓中出土了一具女尸，就是这具女尸震惊了世界，为什么呢？原来，尽管历经2000多年，但这具女尸外形完整，面色鲜活，发色如真。解剖后，其内脏器官完整无损，血管结构清楚，骨质组织完好，甚至腹内一些食物仍存。为什么这具古尸历经千年不腐呢？

一般来说，古墓中的尸体留至今天，只会出现两种结果：一是腐烂。因为在有空气、水分和细菌的环境里，大量的有机物质会很快腐烂，棺木也会腐朽，最后尸体也难免烂掉。二是形成干尸。这需要极为特殊的气候条件，在特别干燥或没有空气的地方，细菌微生物难以生存，这样，尸体会迅速脱水，成为"干尸"。

马王堆的女尸为何成为"湿尸"而不腐烂呢？其原因是：

第一，尸体的防腐处理完善。经化学鉴定，它的棺液沉淀物中含有大量的乙醇、硫化汞和乙酸等物。证明女尸是经过了汞处理和其他浸泡处理的，硫化汞对于尸体防腐的作用很大。

第二，墓室深。整个墓室建筑在地底16米以下的地方。上面还有高20多米，底径50～60米的大封土堆。既不透气也不透水，更不透光。这就基本隔绝了地表的物理的和化学的影响。

第三，封闭严。墓室的周壁均用可塑性大、黏性强、密封性好的白膏泥筑成。

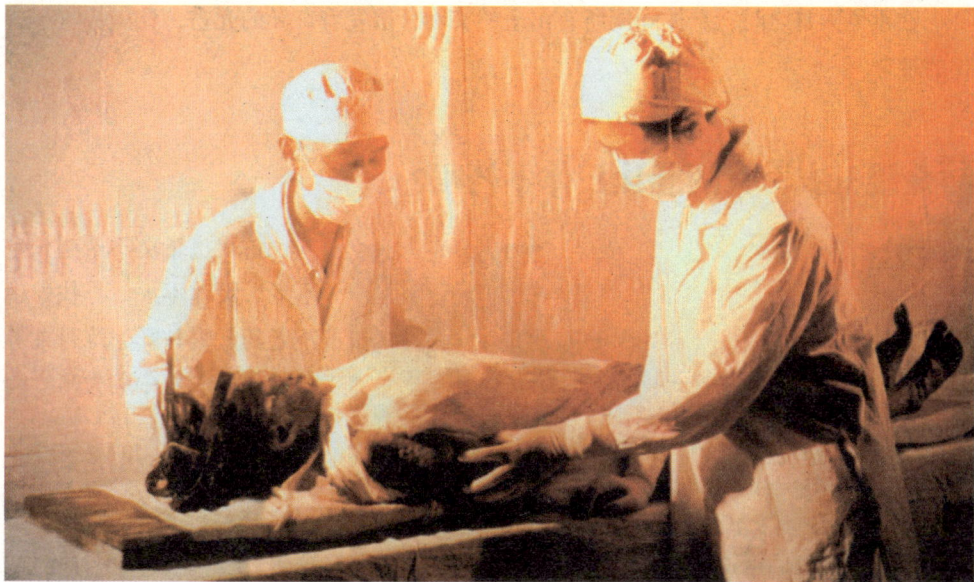

科学家正在检验女尸

泥层厚约1米左右。厚为半米的木炭层衬在白膏泥的内面，共1万多斤。墓室筑成后，墓坑再用五花土夯实。这样，地面的大气就与整个墓室完全隔绝了，并能保持18℃左右的相对恒湿，光的照射被隔绝，地下水也不能流入墓室。

第四，隔绝了空气。由于密封好，墓室中已接近了真空，具备了缺氧的条件。在这种条件下，厌氧菌开始繁殖。存放在椁室中的丝麻织物、乐器、漆器、木俑、竹简等有机物和陪葬的大量的食物、植物种子、中草药材等，产生了可燃的沼气，从而加大了墓室内的压强。沼气能杀菌，细菌在高压下也无法生存。

第五，棺椁中存有具有防腐和保存尸体的作用的棺液。据查，椁外的液体约深40厘米，棺内的液体约深20厘米。但它们都不是人造的防腐液，而是由白膏泥、木炭、木料中的少量水分和水蒸气凝聚而成的。而内棺中的液体是女尸身体内的液体化成的"尸解水"。这种自然形成的棺液防止了尸体腐败，并使得尸体的软组织保持了弹性，肤色如初，栩栩如生。

中山靖王墓出土卧羊 西汉

在重见天日之时，尸体随同所有出土的文物，散发着奇异的光芒，让人惊叹于造化的神奇。

"金缕玉衣"真的能让尸体不朽吗？

东汉光武帝陵

古代皇帝莫不希望长生不老、灵魂不灭，寻找长生不老药、喝甘露、炼丹丸等等是他们一生中的大事。为了长生，他们想尽了一切可能的方法，这种求生的欲望也寄托在死后的裹尸衣上，这就出现了汉代特有的玉衣。玉衣是什么样的？它是如何制成的？它真可以使寒尸不腐？种种谜团被考古工作者解开了。

据载，玉衣是汉代皇帝、诸侯王和高等贵族死后特制的一种殓服，史书中称"玉匣"或"玉柙"，但它的形状究竟是什么样的，汉代以后就没有人知晓了。考古工作者在1968年河北满城县的一座小山丘上，发现了西汉中山靖王和他的妻子窦绾的墓。许多小玉片分散在刘胜和窦绾棺内的尸体位置上，经过考古工作者的精心修整和研究，终于复原出两套完整的玉衣，使我们得以亲眼目睹史书中记载的玉衣的样子，这个谜团随之被解开了。

这两套玉衣制作很精细，他们的外观和人体的形状一样，分为头部、上衣、裤筒、手套和鞋五大部分，各部分都由许多三角形、长方形、梯形、圆形等图形的玉片组成，玉片上有许多小的钻孔，玉片之间用编缀着纤细的金丝，所以又称为"金缕玉衣"。刘胜穿的玉衣形体肥大，头部的脸盖上刻画出眼、鼻和嘴的形状，腹部和臀

金缕玉衣 汉

部突鼓，裤筒制成腿部的样子，颇似人体。可能是出于对女性形体造型的避讳，窭绌的玉衣比较短小，没有做出腰部和臀部的形状，刘胜玉衣全长 1.88 米，由 2498 片玉片组成，用于编缀的金丝约重 1100 克。

汉代人喜欢用玉衣做殓服与当时人的迷信思想想必有关联。在汉代，人们深信玉能使尸体不朽，玉塞九窍，可以使人气长存。九窍指的就是两眼、两鼻孔、两耳孔、嘴、生殖器和肛门，一共

玉辟邪 西汉

汉人尤其喜欢玉，认为它可以辟邪，使人获得长生。

九个孔。出土的玉衣经常就搭配有用玉做成的眼盖、鼻塞、耳塞、口含、罩生殖器的小盒和肛门塞。其中最讲究的是要用玉蝉含口，因为古人认为蝉是一种代表清高而且品格修养好的昆虫，它只饮露水而不吃东西。人死后，其灵魂离开尸体，正如蝉从壳中蜕变出来时一样，所以古人可能就是借"以蝉为含"的寓意。还有的学者持偏向于生物学的解释，他们认为汉人用玉蝉作口含，是受这种昆虫循环生活的启发，从蝉蜕转生而领悟再生，因此给死者含蝉比喻这只是暂时的死亡，而生命可以获得再生。

在 2000 多年前的西汉时代是如何制作出来如此精美的玉衣的？让我们现代人确实琢摸不透。玉衣制作所用的玉料要经过开料、锯片、磨光及钻孔等多道工序，每一片玉的大小和形状都必须经过精心的设计和细致的加工，制作过程是很复杂的。据科

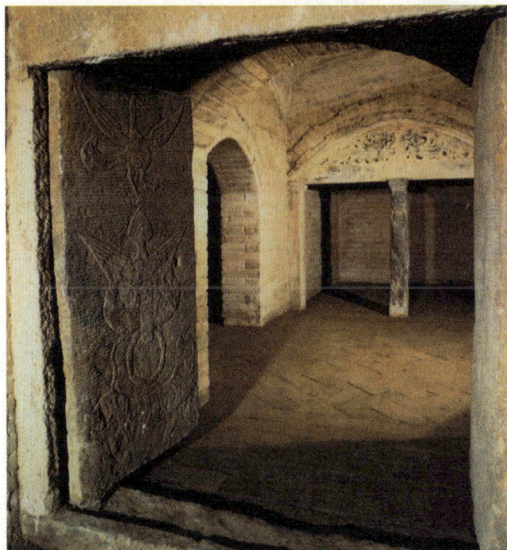

墓室 东汉

学测定，玉片上有些锯缝仅 0.3 毫米，钻孔直径仅 1 毫米，它的工艺繁杂与精密程度实在令人惊叹。整个玉衣制作过程所花费的人力和物力当然也十分昂贵，据推算，汉代一名玉工制作一件玉衣需要花费十余年的工夫。

汉代皇帝可谓费尽心机，用玉衣作为殓服。但其结果适得其反，由于金缕玉衣价格昂贵，往往好多人去盗墓，以致汉代帝陵都被挖掘一空。盗掘者取出金缕玉衣加以焚烧，汉代帝王的尸骨也一并化为灰烬。因此，公元 222 年，魏文帝曹丕下令禁止使用玉衣，从此历史上就没有玉衣了。有

幸躲过被盗命运的那些诸侯墓葬，尸骨早已化为一抔泥土，但他们所留下的精美绝伦的玉衣，让我们不得不惊叹 2000 多年以前工匠们的高超技艺。

敦煌藏经洞到底是为什么开凿的？

敦煌藏经洞是莫高窟 17 窟的俗称。20 世纪初在敦煌，一个姓王的道士在废弃的莫高窟每天念经打坐，他虽然是出家人，却私心很重，十分贪婪。无奈当时莫高窟是一个没有什么香火的地方，周围人烟也很稀少。王道士整天愁眉不展。一天，他请人对破败不堪的洞窟进行了整修。

一个雇工在施工的时候，居然发现洞窟两侧的墙壁是空的，赶紧告诉王道士。王道士很惊讶，他联想到当地关于这里是宝藏埋藏点的传说，心中一怔，但又装出若无其事的样子对雇工说：我早知道了，大概里面有木头什么的被虫蛀了。等施工完成了，王道士便在夜里带领些徒弟用流水不断冲刷墙壁后洞窟里的三层洞沙，终于挖出

敦煌藏经洞第17窟外景

敦煌第17窟即是闻名中外的藏经洞。图中的这一扇门在为盗贼打开的同时，也开启了中华文明的另一片新天地。

敦煌莫高窟

洞了，他简直不敢相信自己的眼睛：洞里像山一样堆着绢画和各种佛教法器，四壁画着不可思议的精美壁画，整个洞窟犹如神话故事。这就是藏经洞被发现的传说。这个名字叫王圆箓的道士随后却以发现者自居，为了一些小钱让人随意从里面盗取宝物，包括一些列强，给藏经洞带来了巨大的损失。

到现在藏经洞内已经发现了数以万计的古代佛经、道经及世俗文书等，几乎涉及到社会和自然科学的各个方面，是研究我国近两千年学术文化发展的宝贵文献，中间有不少的"世界第一"。敦煌学家从文献中发现了世界上最早的纸、最早的活字、最古老的书籍、最早的乐谱、最早的报纸、最早的火枪、最早的马具、最早的星象图、最早的连环画、最早的棋经、最早的标点符号等。敦煌藏经洞因为曾经的辉煌和博大精深的文化内涵而闻名于世。可是另外一方面人们却不知道藏经洞为什么开凿？是谁在什么时候开凿？为什么把这些价值连城的宝贝云集在一个地方呢？到现在还很难找到关于这座巨大的宝库的开拓者资料，这些使关于藏经洞来历的千古之谜变得扑朔迷离。

斯坦因像

根据对北区洞窟的考古报告表明，这些洞窟是僧人居住修行或印制佛经的地方，所以关于藏经洞的来历，目前较为公众认可的说法是：藏经洞是僧侣们为了避免战乱而有目的地开凿，以免破坏宝贵的佛教资源，这种说法叫"避难说"。约在11世纪，西夏人占领了敦煌。战火四起，百姓流离失所，处于水深火热之中。而在破城之前，寺院的僧人们聚集在一起，将不便带走的经卷、文书、绣画、法器等物分门别类，匆匆忙忙用白布包起来胡乱码放在洞窟之中，然后封闭了洞口，又抹上一层泥壁，再绘上壁画掩人耳目。但后来僧徒也因为逃避战争之难没有再回来，天长日久，洞窟也就慢慢荒废了，加上风沙淤塞了洞窟的通道，才使洞窟因此幽闭近800年。从王道士发现的"敦煌遗书"来看，内容主要有佛教、道教、摩尼教、景教等宗教文献，其中还有藏文、于阗文、突厥文、回鹘文、梵文、粟特文、希伯来文等现已成为"死文字"的多种文字写本，的确是5到11世纪敦煌繁荣的历史见证。

此外，法国人伯希和也主张"避难说"。他在1908年春到敦煌莫高窟，盗窃经卷写本、精美画册6000余本，运到巴黎图书馆，他还偷拍了莫高窟全部洞窟的照片。他进入洞内时，洞内的宝物已被斯坦因洗劫了一部分，但他是一位汉学家，把全部藏品翻看一遍，再挑选自己认为最宝贵的东西。因为比较内行，所以他掠取的文物虽然数量上没有斯坦因多，但质量上却可以说绝对是精品。根据掠取的文书，在第一次党

敦煌藏经洞经卷

敦煌藏经洞内被斯坦因翻检盗掠的经卷。随着这些经卷的发现，世界学者们都注意研究这些千年历史的文献，形成了敦煌学。而莫高窟也受到世人瞩目，画家张大千即在此生活多年，对洞窟壁画进行临摹、整理。

项攻打敦煌时，为避免兵灾，当时的僧人匆忙将这些东西堆入洞中，封了起来。原因是藏经洞中的藏品堆放也没有一定的顺序和分类，而且没有西夏文书。也有人认为经卷的收藏是受到了黑汗王朝的威胁。

也有观点却认为藏经洞的开凿是为了收集敦煌各个寺庙里的废弃佛教用品，即"废弃说"。因为宗教用品都是礼佛敬神的东西，具有神圣性，是不可随便就丢了，而且，由于儒家的影响和文化的稀缺，中国古代很尊重写过字的纸，还有人专门走街串巷收集各家的字纸来统一祭拜后焚烧。僧侣们也因此把没有用处的佛教用品保存起来，但他们没有选择焚烧而是凿洞封存。持这种观点的代表人物是敦煌历史上不得不提的第一个盗取敦煌莫高窟的外国人——英国的斯坦因。他在1907年到达敦煌，5月买通了王道士进入莫高窟。所盗卷轴共计写本卷子8082卷，木版印刷20卷。其中佛教著作6790卷。共装24箱经卷，5箱精美绣品。运到伦敦大不列颠博物馆。

敦煌道士王圆箓 摄影 1907年

来自湖北的这位道士在不经意间打开了中国古代文明的一扇辉煌之门，同时，他也成为大多数人眼中的罪人。这张1907年拍下的照片中(当时大多数中国人都没有拍照片的机会)，瘦小的他憨笑地面对着读者。

1914年他再次来莫高窟，又盗走5大箱600多卷写本。斯坦因根据所见到的写本和绢画上的记载分析出了"废弃说"。但遭到了很多人的反对，原因是藏经洞的藏品大多十分完整，而且精致细腻。

一个中外人士都关心的问题还有敦煌是否还另有藏经洞呢？有地质部门在莫高窟探测过程中曾发现一个洞窟墙壁有异常现象，至于是否也是藏经洞，因为没有打开，所以仍是一个谜。

敦煌藏经洞带着这些千古之谜，历经千百年沧桑，在茫茫戈壁沙漠的怀抱中，闪烁着绚丽的光彩。

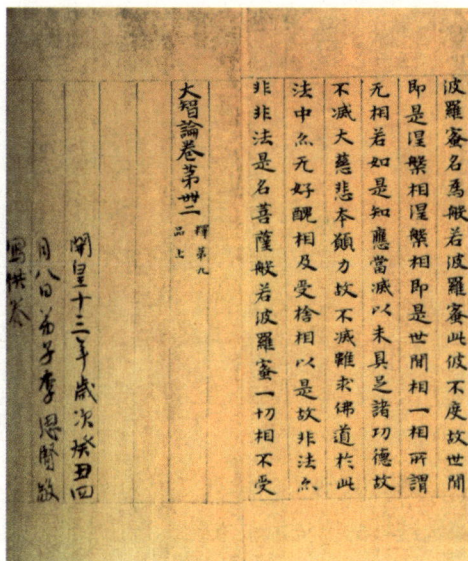

大智度论卷第四十二 隋 李思贤

此为敦煌石窟藏经洞出土的经书，由经生李思贤书写，其正文书体以北碑为主，其后的题字以南帖的风格书写，很有特色。

武则天死后因何立无字碑？

武则天像

树碑立传是自古以来就有的惯例，但武则天却是其中的一个例外。武则天的一生是一个传奇，她打破了男尊女卑的千古礼数，打碎封建时代的桎梏，坐上了皇帝宝座。关于她的种种传奇故事，无论是正史，还是稗官野史，还是民间文学和市井杂谈，都广泛记载和流传。她生前治国安邦，唯我独尊，创造了中国历史上很多的第一，现在人们已经给她的一些功绩以很高的评价。但令人捉摸不透的是，作为中国历史上第一位也是唯一的一位女皇帝武则天，在死后所树的碑上却一个字都没有，这给世人留下了一个千古未解的"无字碑"之谜。

武则天与丈夫唐高宗的合葬陵墓坐落在离西安市西北 80 千米的乾县梁山上，"无字碑"矗立于陵园内城的南面，朱雀门外司马道的东边，与西面颂扬高宗文治武功的"功德碑"、"述圣记碑"并肩而立。乾陵是武则天亲自规划和指挥修建的，从公元 683 年高宗驾崩到 705 年武则天死，耗时长达 22 年。"无字碑"由一块完整的大石头雕刻而成，高 7.53 米、宽 2.1 米、厚 1.49 米，总重达 98.84 吨。碑头雕刻着 8 条互相缠绕的螭龙，碑东、西两面各刻着冉冉腾飞的"升龙图"一幅，升龙身躯矫健扭动，神态飘逸若仙。碑座长 3.35 米、宽 2.65 米、高 1.10 米。碑的阳面是一幅线刻狮马图画，画中的狮昂首怒目，威严挺立；而马则屈蹄俯首，仿佛悠游就食。整座碑高大雄浑，雕刻精细，不愧为历代石碑中的典范，唯一与众不同的是没有碑文。

那么武则天为什么立下无字碑，像她这样的历史风流人物，为什么不

无字碑 唐

武则天墓前无字碑，在今陕西扶风县乾陵。

乾陵　唐

唐高宗与武则天合葬墓乾陵位于今陕西省扶风县境内，是唐代帝王陵中唯一一座未被盗掘的。

大大的歌功颂德、名垂千古呢？关于这个谜底，众说纷纭，莫衷一是，但总结起来主要有三种说法。

"功德无量说"认为，武则天之所以立"无字碑"，是用来夸耀自己，显示自己功高德大是不能用文字来表述的。的确，大量的历史记载也证明了武则天的治国才能，她是公认的我国历史上唯一的、杰出的女皇帝。从公元655年武则天开始做皇后起，她便参与和掌握大权达50年之久。如果仅从唐高宗驾崩算起，也有21年。在她统治大唐期间，她扶植新兴地主阶级，打击豪门世族；奖励农桑、兴修水利、减轻赋役和整顿均田制，使社会经济继续向前发展，人口数量不断增长；她还发展科举制度，吸收到大量新兴地主阶级进入政治舞台，从而解决了以前困扰历代统治者头疼的豪门专权问题；在武则天统治初期，她也能知人善任，破格用人，鼓励各级官吏举荐人才，并虚心纳谏；她还加强了国家的边防，改善与边境各族的关系。总之，武则天是一个富有政治才干和理想的人，在她统治期间为人民谋取了很多好处，对唐朝在世界上的泱泱大国地位，做出了很大的贡献。而且巩固和发展了"贞观之治"，为"开元之治"奠定了基础，对唐朝经济的发展起了一个承前启后的作用，她的功绩的确难用文字表达。

还有一种说法是"自知之明说"。这种猜测认为，武则天有自知之明，立下"无字碑"是非常聪明的举动，"是非功过"留待后人评说。固然，武则天有她自己可以肯定的一面，但也有应该否定的地方，所以留待后人评说是为上策。在她统治期间，唐太宗"贞观之治"以来的经济仍在继续发展。但当时的政治局面却不那么清朗，面对错综复杂的政治局面，她力挽狂澜，显示出了非凡的政治天赋。但她的消极面也比较突出，为了巩固自己的地位，她任用"酷吏"，培养党羽，消灭异己，扶植亲信，实行告密和监刑的恐怖政策，甚至还杀死自己的二子一女。尤其在她统治晚期，政治日益腐败，形成了一批以武氏为核心人物的新的特权贵族。她统治期间还失去了安西四镇，缩小了国家版图。她在宫中还养男宠，生活荒淫无度。在大量的历史文献描述中，武则天是凭阿谀奉承的手段骗取高宗信任，从地位较低的"才人"爬到掌握大权的皇后，最后窃居皇位的。女人做皇帝，还是违反了封建礼乐常伦，所以她死后将权力交出给了中宗。武则天深处这种封建思想的氛围中，也知道自己篡权夺位、罪孽重大，碑文的褒贬对她来说，都是难事，所以她干脆决定立"无字碑"，是非功过任由后人评说吧。

第三种说法为"左右为难说"。武则天死后，想到自己与唐高宗合葬，无论是称呼自己是皇帝还是皇后，都很难落笔。她的儿子唐中宗李显也觉得如果褒扬武则天，碑文刻上"大周天册金轮圣神皇帝"，作为李唐子孙感情上是很难接受的；如果贬低而刻上"则天大圣皇后"，而历史上武则天又的的确确做过16年的"大周"皇帝。中宗思前想后，左右为难，所以干脆"一字不名"让后人评说吧，自己也不愿冒篡改历史的罪名。

武则天立"无字碑"为后世出了难解之谜，让世人为之猜测揣摩。有碑无文，不如说无文胜有文，成为趣谈。一千多年来，至今依然难明其中真相。

国宝和氏璧是怎么丢失的？

和氏璧称得上是中国历史上最有传奇色彩的玉器，《将相和》里"完璧归赵"的"璧"，就是和氏璧。它也是我国历史上闻名的传国之宝，围绕它到现在还有种种未解之谜。

战国时期的韩非子在《韩非子·和氏》一文中记载了和氏璧的故事。相传在距今2000多年前的春秋时期，楚国有一位名叫卞和的人在楚山中采到一块被石头包着的玉璞。他便拿去献给楚厉王，他让玉匠看，不识货的玉匠说只是一块普通的石头，厉王便以欺君之罪砍断了卞和的左脚。厉王死后，卞和又将它献给继位的楚武王，结果武王也以为是

完璧归赵画像石 汉

石头，砍去了卞和的右脚。到公元前689年楚文王继位。卞和抱着玉璞在楚山之下哭了三天三夜，哭得泪水干涸，双眼流血，才感动了楚文王。文王派高明的玉匠剖开玉璞，发现的确是晶莹富丽的宝玉，便雕刻琢磨成璧赐名为"和氏璧"，楚文王把它视为国宝。现在南漳县城西去约75千米的巡检乡，荆山脚下有一个处于群山环抱之中的崖头就叫"抱璞岩"，相传卞和就是在这里得到玉璞的。和氏璧在楚国历代国君手里相传了370多年。战国时期，七雄争霸，各诸侯国都想把这块稀世之宝据为己有。后来和氏璧被赵惠文王得到。秦昭王听说此事，派人去赵国假意说"愿以15座城"来换这块璧，被赵国蔺相如巧破骗局，这是历史上有名的"完璧归赵"的故事。

蔺相如完璧归赵图 清 吴历

此图所画为"蔺相如完璧归赵"故事，构图富于变化，用笔清秀，设色典雅，是吴历早期的作品。吴历(1632～1718)，字渔山，号桃溪居士、墨井道人，江苏常熟人。以山水冠于清初，与王时敏、王鉴、王石谷、王原祁、恽寿平并称为"清初六大家"。

后来，这块价值连城的稀世之宝却几经辗转，据说在战乱中失传，至今下落不明。流传最广的传说是赵国被强大的秦国吞并时，和氏璧落到秦王嬴政的手里。秦王命玉工破开和氏璧，将"受命于天，既寿永昌"八个鸟虫形篆字雕刻在上面作皇帝的"国玺"。秦始皇死后，赵高又利用和氏璧篡权。传到刘邦时把璧作为汉朝传国玺。刘邦之后，玉玺又落入王莽、孙坚、曹操、司马炎之手；在东晋、十六国时，争夺玉玺非常激烈，先后为五国所有；经历了南北朝、隋、唐一直到五代十国时，后唐的李天勋得到了它传到后唐末帝李从珂，但在石敬瑭攻洛阳时，李从珂拿着玉玺登上玄武楼自焚了，石敬瑭攻入洛阳，和氏璧也从此下落不明。

那么和氏璧究竟是什么奇宝呢？从秦始皇郑重刻制以期传承万世的"传国玉玺"看，和氏璧是青玉的可能性较大。从大量的发现看秦人很喜欢深色的青玉，如凤翔南河屯的两件玉璧、秦公大墓和益门秦墓中出土的刻纹璋形佩，这些作用重要、秦文化特点鲜明的玉器均以深青色玉材制成，从秦俑坑中所出的石质马具和新发现的铠甲坑中的石甲都选用青石上，也同样是秦人尚青玉的有力证据。专家认为秦玉的青色有着很深的历史文化含义，反映着秦地尚黑的悠久传统和秦人深沉不外露的民族性格。

但著名的地质学家章鸿钊根据杜光庭《灵异记》所载和氏璧特征，认为它是产生于荆山地区的一种宝石性质的拉长石。《录异记》中说和氏璧"岁星之精，坠入荆山，

"受命于天，既寿永昌"印

传说"和氏璧"落到秦王嬴政的手里后，秦王命玉工破开和氏璧，将"受命于天，既寿永昌"八个鸟虫形篆字雕刻在上面作皇帝的"国玺"。

化而为玉。侧而视之则碧，正而视之色白"，就是说和氏璧正侧面有不同颜色。拉长石的晶体形态常呈板状或板柱状，一般为白色，玻璃光泽，在纹理面上沿一定方向有时可见到美丽的蓝绿、紫红、金黄等色调的晕色，这种拉长石，当把它转动一定的方向，就出现碧绿和洁白的闪光。但拉长石是硅酸盐长石族斜长石亚族中性斜长石中的一种，从价值上说它只是玉石家族中的普通一员，算不上是珠宝玉石中的上等精品和佳作，它怎么能有如此强大的魅力成为传国玉玺呢？

还有人认为它是贵重的和阗玉璞玉，因为它色皮可以利用作俏色玉器。而且俏色玉器的制作，中国已有很久历史。但和氏璧已经失踪，它究竟是什么仍是一个千古之谜。

成吉思汗的陵寝为何在"马背"上？

公元13世纪，成吉思汗率领蒙古铁骑横扫亚欧大陆，威震四海，人们称他是"一代天骄"。现存的成吉思汗陵园在伊金霍洛旗，是一个衣冠冢，号称"八白室"。八白室顾名思义是由八间白色的建筑构成的，建筑雄伟，具有浓厚的蒙古民族风格。"八白室"原来是八座白色的毡帐，是后来的蒙古人为了祭祀成吉思汗而为他建立了一座马背上的陵园。毡帐里供奉着成吉思汗的遗像，象征着墓地。这样的陵园既便于迁移，也便于祭祀，很符合游牧民族到处迁徙的特点。"八白室"迁移多处，最后迁到鄂尔多斯高原的伊金霍洛旗，里面有他的衣服、家谱，据说还有成吉思汗逝世前的最后一口气的灵魂也在灵塔里。但成吉思汗死后的遗骨究竟葬于何处，到现在为止还不能完全确定，这也成为了一个千古之谜。

成吉思汗的一生充满传奇色彩。关于他去世的经过，以蒙古国官方史书《蒙古秘史》(也称《元朝秘史》)的记载为最早。据记载，在出征西夏前一年，成吉思汗在

元太祖成吉思汗像

元太祖成吉思汗(1162~1227)，孛儿只斤氏，名铁木真，蒙古乞颜部人，金太和六年(1206)，铁木真于斡难河畔，召开忽里台大会，建蒙古国都大汗位，加号成吉思。即位之二十一年，攻西夏，次年灭西夏。病死于六盘山。元世祖至元二年(1265)上庙号太祖。成吉思汗说：人生最大的快乐，莫过于征服自己的敌人，对他们实行追击，抢夺他们的财物，看到他们的家人哭泣，强骑他们的骏马，占有他们的妻子和儿女。毛泽东道：一代天骄，成吉思汗，只识弯弓射大雕。蒙哥马利将军说：我学过成吉思汗，他强调机动性。

成吉思汗陵

成吉思汗逝世后，人们遵循蒙古习俗，在他的遗体深埋处，以群马踏成平地一般，规定任何人不得接近葬地。随后即派出骑兵在周围看守巡逻，待来年青草茂密，葬地和大地融为一体，不见任何遗迹之时，才撤除警戒。至今，人们也无法寻其踪迹。图为今天重新修建的"成吉思汗陵"，位于内蒙古伊克昭盟金霍洛旗境内，陵内存有成吉思汗的遗帐和遗物。这里虽不是成吉思汗的真正葬地，人们却可以于此窥见这位伟人极不平凡的一生。

一次打猎时，从马背上摔下受伤，并发起高烧。当时进攻西夏的计划已定，成吉思汗本来要和平解决，但西夏将领阿沙出言不逊使成吉思汗大怒，于是抱病出征。虽然灭亡了西夏，而成吉思汗因为病重最终也死在军营里。

成吉思汗死在西夏灵州的军中，可是陵墓为什么安放在鄂尔多斯草原上呢？有一种说法认为是为了满足他生前的愿望。七百多年前，成吉思汗率军西征路过鄂尔多斯草原，看见这里水草美丽，鸟鸣鹿奔，不禁心旷神怡，连马鞭不小心掉落都没有发觉，他的部下把鞭子捡起想要交给成吉思汗，然而成吉思汗却说："这里是强大王朝存在的地方，树木花草茂盛的地方，把马鞭就放在这儿吧！不管走到什么地方，就按照马鞭放的方向，死后就把我葬在这里。"不幸的是成吉思汗却死在即将攻克西夏都城的紧要关头，为了不动摇军心，骗取西夏早日投降，他留下遗嘱"秘不发丧"的命令，由少数亲信将灵柩秘密运到传说中被成吉思汗所赞美过的地方安葬。为了不使外界知道他的死讯，亲信们在长途中"遇人尽杀之"。到了地点后把灵柩深埋，并将墓穴填平，把草仍然覆盖在上面，恢复原来的样子，还让群马在墓地上任意践踏，等第二年青草长起，与茫茫大草原再看不出什么区别才将军队全部撤走。他们为了让亲族想在祭奠他时找到埋葬地，就牵来一只驼羔，当着母骆驼的面将驼羔杀死并将血洒在墓地。骆驼有辨识自己血亲的天性，每逢祭祀时，人们把那只母骆驼牵来，它徘徊哀鸣的地方就是陵墓的所在地。

成吉思汗铜像

成吉思汗使他的受害者激起了无限的恐怖，在他继承者的心目中激起了野心。有一位同时代人曾经写道，他的继承者们都"效法他那恶毒的狡诈"。

成吉思汗的陵寝在"马背"上的原因还有一种说法认为，主要是因为古代蒙古族特殊的葬制造成的。在各民族发展早期，这种"有墓无冢"、"有墓无坟"的葬俗在许多民族都有出现。如南方一些地区的黎族、怒族、哈尼族、拉祜族等民族直到近代还保持着类似的葬俗。蒙古人作为草原民族，没有肉身崇拜的传统。认为人的肉身来自于大自然，去世了也应该回归大自然。人去世实行土葬、水葬、天葬。因此，在成吉思汗陵中不可能保存他的遗体。《黑鞑事略》一书中记载蒙古人"其墓无冢，以马践蹂，使如平地"的习俗，讲到的就是蒙族实行土葬，但在地面上不留坟冢、碑记一类的标志物。元末人叶子奇的《草木子》一书也同样描写了蒙古贵族实行秘密潜埋的葬制习俗。他们死后一律被送到漠北墓区深埋，埋毕用万马踏平，待草长之后再解严。

还有一种说法认为成吉思汗选择秘密藏身的方式可能还有保密的目的。成吉思汗的一生是在马背上度过的，他生前率领蒙古铁骑横扫亚欧大陆，威震四海。但也使不少民族遭到了灭顶之灾，不少人对他可说是十分仇恨。成吉思汗清楚地知道除了政治上或民族仇视的因素，还有不少人会为了盗取王者墓中的宝藏而使他的墓葬遭到野蛮毁坏。成吉思汗不愿意自己身后也遭此厄运，因为在蒙古人看来，人的遗体一旦被挖掘，他的灵魂就难以超生。所以他选择了秘密藏身的方式，不希望成吉思汗的陵墓被找到并被挖掘。

因此，由于墓地上无任何标志，从此也就无法辨认灵柩真正所在地点了。数百年来，一直不断有人寻找成吉思汗的陵寝，但都没有成功。有人认为成吉思汗墓地在今蒙古国境内，也有学者坚持成吉思汗的

骑兵图

在骑马飞驰之际扭身射箭，蒙古猎手的灵活与火器使他们在欧亚战场上成了无敌的草原神兵。

陵寝在中国内蒙古，还有一种说法认为成吉思汗葬在一处深水湖底，或一条大河的河底。不久前中国新疆博物馆的考古学者还宣称他们最近在新疆北部阿勒泰山脉所在的青和县三道海附近，发现了一座人工改造的大山，很可能是成吉思汗的葬身陵墓。但这些都缺少足够的令人信服的证据。

成吉思汗的陵墓在何处，已成为难以揭开的千古之谜。

为什么十三陵中十二陵上都无碑文？

明十三陵

在北京的明十三陵中，有十二陵没有碑文。这究竟是为什么呢？

在这十三陵中，只有明成祖朱棣的石碑上有碑文，这块长陵石碑，正面上刻有"大明长陵神功神儒碑"字样，下刻有朱棣儿子明仁宗亲自题写的为其父歌功颂德的三千余字的碑文。既然十三陵中的第一陵有碑文，其余十二陵为什么不刻上碑文呢？

顾炎武在访问十三陵之后，写出了《昌平山水记》，他说，传说嗣皇帝谒陵时，问随从大臣："皇考圣德碑为什么无字？"大臣回答说："皇考功高德厚，文字无法形容。"而《帝陵图说》给出了另外一种解

长陵龟龙碑

释，《帝陵图说》里明太祖朱元璋曾说："皇陵碑记，都是大臣们的粉饰之文，不能教育后世子孙。"他这一批评，使翰林院的学士们再不敢写皇帝的碑文了。后来，写碑文的任务，便落在嗣皇帝的肩上。所以孝陵（太祖）碑文是成祖朱棣亲撰，而长陵（成祖）的碑文，是明仁宗朱高炽御撰。

明孝陵神道旁的石像生

定陵神功圣德碑

但明仁宗以后各碑，为何嗣皇帝不写了呢？依照这种说法，长、献、景、裕、茂、泰、康七陵门前，并没有碑亭和碑。到了嘉靖时才建，嘉靖十五年（公元1536年）建成，当时礼部尚书严嵩曾请世宗撰写七碑文，可是嘉靖帝迷恋酒色，又一心想"成仙"，哪有心思写那么多的碑文，因此就空了下来。

世宗以外的各皇帝，看到祖碑上无字，自己也就不便只为上一代皇帝写碑文，但如果都写的话，也没有太多的精力，因此，一代一代的皇帝传下来，就出现了这些无字碑。实际上，自明朝中期以后，皇帝多好嬉戏，懒于动笔，而最主要的原因是，如不加以粉饰，他们所谓的"功德"已经不能直言了，因而这些皇帝干脆不写了。

还有人认为，这些皇帝的做法是效仿武则天。因为武则天是一个聪明的人，"无字碑"立得真聪明，功过是非让后人去评论，这是最好的办法。这些皇帝们知道自己有可以肯定的地方，但同时肯定也有应该否定的地方。他们知道自己的一生人们会有各种各样的评价，碑文写得好坏都是难事，因此才决定立"无字碑"，功过是非由后世评说。

不管这些说法怎样，到现在，这些无字碑还立在十三陵中，同它们身后的皇帝一起，真正是做到了"功过是非由后世评说"。

"汗血宝马"为何流汗如血？

《史记》中记载说汉朝时大宛国（即现时乌兹别克斯坦的费尔干纳一带）的贰师城附近有一座高山，山上有一种野马，跑起来就像飞一样，人们没法捕捉它。于是大宛国人在春天晚上把五色母马放在山下。野马与母马交配了，生下来一种马像长了翅膀，日行千里，肩上出的汗像鲜血一样红，这就是汗血宝马，人们还管它叫"马天子"。

汉武帝喜爱汗血马的高大、勃发，以为是一种奇特的动物。得知大宛国上好的马都在贰师城，藏起来不给汉使者，他于是叫车令等人拿一千两金和一具用黄金做的马去请贰师城的上马。大宛国王认为是国宝，所以不肯把马给汉朝使者。汉武帝大怒，拜李广利为贰师将军，于太初元年发属国6000骑兵、数万恶少年伐大宛，但因粮草不足只好留在敦煌。太初四年他又发兵6万、牛马上万准备攻破大宛。大宛的贵族于是把大宛王毋寡杀掉，头颅献给李广利，另立一位对汉朝友好的为大宛王。与汉军议和，汉军选良马数十匹，中等以下公母马3000匹，并约定以后每年大宛向汉朝选送两匹良马。

自汉代以来，西域汗血马的神话流传了一千多年。汗血马从汉朝进入我国

镀金金马 汉
镀金马出土于陕西省兴平市汉武帝茂陵1号无名冢1号陪葬坑，据专家研究，上图即是传说中的汗血马。

马踏匈奴石刻 汉
汉武帝一生最大的功绩就是将匈奴击破，迫使匈奴西迁，对世界史产生了巨大的影响。这是汉武帝为表彰霍去病出征匈奴的战功而建立的纪念碑。

一直到元朝，曾兴盛上千年，但是到后来却消失无踪。它真的存在于世上还是只是神话呢？许多专家都质疑史书上说汗血马能够"日行千里，夜行八百"只是传说。一般的马最多日行200多千米。速度最快的纯血马一分钟能跑1000米，但这样的速度只能在训练场或赛马场坚持一两分钟，时间一长，马就可能累死。我国养马史专家谢成

侠教授曾对汗血马进行过专门考证。认为从产地名称、体形等特征考证这种活在史书上的传奇之马"汗血马"的原型其实是现在的阿哈马。这种马体高，体形优美，头细颈高，四肢修长，皮薄毛细，轻快灵活。目前在土库曼斯坦仅有 2000 匹左右。它虽然不能日行千里，但却保持着千米 1 分零 7 秒的速度纪录，创造了 84 天跑完 4300 千米的纪录。但记录却没有显示有它流的汗像鲜血一样。

马汗一般是白色的，呈泡沫状，不可能像血一样。那么史书上记载的"汗血"到底是怎么回事呢？这里也有许多的争论。有人认为：这是一种由副丝虫病感染而造成的出血现象。这种病病源为多乳突副丝虫，它们寄生在马皮下组织内和肌间结缔组织内，虫体呈白色丝状，体质柔软，常呈 S 状弯曲，雌虫常在马皮下形成出血性小结节，以吸血蝇类作为中间宿主。这种病常在每年 4 月份开始发病，七八月份达到高潮，以后逐渐减少，来年又复发。因为到了夏天这种副丝虫就钻到外面排卵，这时就会刺穿马皮，尤其是在晴天的中午前后，病马的颈部、肩部、鬐甲部及体躯两侧皮肤上就会出现豆大结节，结节迅速破裂后流出的血很像淌出的汗珠。还有人认为马在高速奔跑时体内血液温度可以达到 45℃到 46℃，但它头部温度却恒定在与平时一样40℃左右。据此，有关动物专家猜测：汗血马毛细而密，这表明它的毛细血管非常发达，在高速奔跑之后，随着血液增加 5℃左右，少量红色血浆从细小的毛孔中渗出也是极有可能的。

围绕汗血宝马的故事至今还谜团未解。1969 年在我国甘肃武威雷台出土了一只极品文物青铜制品，为了表现汗血马四蹄离地、风驰电掣般地飞奔的形态，这件青铜器匠心独运创造出让马的后蹄踏在一只飞燕上安然无恙的形象，被郭沫若先生定名为"马踏飞燕"。这已经成为我国的国宝，享誉海内外，汗血马的故事更是名扬四海。

君车出行图 东汉
汉代一位中级官吏出行时的情景。从这里，我们可以看出马在汉代的应用相当普遍。

叩问失落的文明

北匈奴西迁何处？

匈奴是中国北方一个古老的游牧民族，他们骁勇善战，终日与马为伴，被称为"马背上的民族"。也许是居无定所的原因，这个民族喜欢扩张，喜欢战争，这是他们的本性，也是他们的无奈。中国古代历史中，总有匈奴的影子，或是抗击匈奴或是与匈奴结盟，并且在汉代和唐朝匈奴人的活动最频繁，于是汉人与匈奴人的故事被记载在诗歌、史书和百姓的口头流传中。

匈奴人长期以来与中原人民有着经济、文化的联系。自汉武帝大规模抗击匈奴后势力衰落，公元48年，匈奴分裂，南匈奴逐渐归汉，北匈奴继续盘踞在漠北。公元89年东汉联合南匈奴一起夹击北匈奴，取得大胜。又过了几年，东汉的军队在今天的阿尔泰山附

鹰形金冠 匈奴

这件鹰形金冠灿烂夺目，为匈奴王的金冠。金冠由冠顶和额圈组成。冠顶作半球面形，花瓣状，浮雕四组狼吃羊图案，上面傲立一只展翅待飞的雄鹰，用绿松石作鹰头和颈；尾部可以活动。额圈由三条半圆形的绳索式金带并合而成，带头分别浮雕伏虎、卧羊、卧马。

近大败北匈奴，他们落荒而逃，从此，北匈奴在东方销声匿迹。一个剽悍民族的消失自古以来就是吸引人们追寻的谜，况且这个民族还与我们有着千丝万缕的联系，那么匈奴人的结局如何？一直成为千百年来人们追问的一个话题。有人说，他们逃往了西方，在我国的史书上还有一些零星的记录，但是他们究竟走的什么路线，到了什么地方，长期不得而知。好奇的人们一直想揭开这个谜底。

一种说法是融合于其他民族，国内外的研究表明，历史上一度十分强盛的匈奴，

在中国北方、中亚乃至欧洲各地不断地进行争战、迁居、再争战、再迁居，经过几个世纪与当地居民的混杂、通婚和民族融合，作为民族的匈奴在公元6世纪后基本消失，渐渐同化到其他民族之中，其所经地区其他民族或多或少都带上了匈奴"因素"。

其实，在内外交困等诸多因素的影响下，匈奴人或南迁，或西迁（近则中亚，远至欧洲），或滞留草原，通过婚姻、吞并、臣服、迁居等形式融合到其他民族之中的做法是在情理之中的。所以现在持这种看法的人是大多数。专家们说：虽然匈奴作为一个民族消失了，但其文化习俗仍部分保留下来了。以现在主要流行于蒙古国、俄罗斯以及中国的内蒙古与新疆的"胡笳"为例，胡笳虽为匈奴乐器，但其传播、继承却早已超出了匈奴。

狩猎纹金带板 匈奴

金带板出土于俄罗斯远东的西伯利亚地区，为公元前3世纪时的匈奴制品，表现了东方森林地带猎人的狩猎情形。

鹿石 匈奴

关于匈奴族的迁徙，中国史书记录得并不详细。最近考古学家证实位于陕西省靖边县毛乌素沙漠南缘的统万城，是世界上发现的唯一的匈奴都城遗址。相比之下，欧洲学者对北匈奴西迁这段历史的记载更为翔实：公元91年匈奴开始了史无前例的民族大迁移，北匈奴西迁的第一站是乌孙的地盘，即现在的伊犁河上游一带，第二站是康居，也就是锡尔河上游东部，第三站为阿兰聊，已经到了欧洲边缘。在91年到290年长达两百年的历程中，这个北方的苍狼为了梦中的家园，在雪地中、沙漠里艰难跋涉。当《波斯史》中提到3世纪末匈奴出现在阿兰聊时，北匈奴人已经对他面前弱小的西方民族露出了爪牙……公元4世纪中叶，阿兰聊灭国，西方震动。从此，匈奴在西方的活动开始频繁起来。公元433年，在匈奴历史上出现了一位传奇人物阿提拉，阿提拉时期的匈奴帝国是匈奴史的最后一章，也是最辉煌的一章。他使罗马人蒙羞，使日耳曼人丧胆，具有令西方人沮丧而无奈的强大力量，以至于他和他的匈奴铁骑都被称为"上帝之鞭"。

关于阿提拉本人各方面的记载，西方

史书上有很多生动具体的描写：阿提拉年轻时作战勇猛，登基之后则更主要的是依靠他的头脑，而不是他的武功，完成了对北方的征服。他具有勃勃野心和高超的政治外交手腕，而且为人狡猾、残忍。据传说，他曾自称拥有战神之剑，所以当部下晋见时，如若正面直视他则必须同时后退，否则会烧坏自己的眼睛。他有一个凶猛地转动眼珠的习惯，好像他乐于欣赏受他惊吓的人的恐惧。阿提拉在生活上崇尚简朴，却很能容忍部下的奢侈。他的臣民对他极其敬畏，在他外出巡查的时候，凡见到他必向其欢呼，以示服从；进出宫殿必有华盖迎送，逢宴会还有专为他谱写的赞歌。

君权神授壁挂　匈奴

壁挂出土于俄罗斯阿尔泰地区，是公元前5世纪至公元前4世纪时的匈奴艺术品。图中女君主坐于椅上，手持开满石榴花的生命树（也称宇宙树或圣树），右侧骑士卷发高鼻，身披大氅，腰挂弓矢。整幅画面表现了君权神授的场景。

他甚至还有罗马人赠送的私人秘书。阿提拉的长相似乎令人不敢恭维。据记载，他身材矮胖，双肩很宽，短粗的脖子上长着一个硕大无比的头颅，有粗硬的黑发和稀疏的胡须，鼻子扁平，一双黑眼睛锐利而阴鸷。尽管这种描写似乎有些不太恭敬，但有一点毫无疑问，这肯定是一个东方人的形象。也许这说明经过三百多年的西迁后，匈奴人并没有被其他民族混血得失去了原来的体质特征。

还有很多学者提出当今匈牙利人的祖先就是匈奴人。他们举出了许多的证据：比如，匈牙利人吹唢呐和剪纸的情形和中国陕北的一样，他们说话的尾音也与陕北口音很相似。匈牙利诗人裴多菲在一首诗中曾经这样写道：我们那遥远的祖先，你们是怎么从亚洲走过漫长的道路，来到多瑙河边建立起国家的？很多匈牙利学者都认为这个国家与匈奴后裔有着密切的关系。

当然以上的几种推测都是后人的猜测和美好的愿望，至于匈奴人是否就是现在匈牙利人的祖先，匈奴人是不是融合在了欧洲各国，目前还没有更充分的证据，但这并不会阻挡人们想象的翅膀，这一美丽的设想给东西方文化盖上了一层神秘的面纱，恐怕是遥远的匈奴人当初并没有想到的。

楼兰古城之谜

西域三十六国之一的楼兰在历史舞台上只活跃了四五百年，便在公元4世纪神秘消亡，是什么原因使得这座曾经辉煌一时的古城突然神秘消失呢，至今大家说法不一。20世纪初，瑞典探险家斯文·赫定又将这座神秘的古城重新发现，整个世界也为

楼兰古城残迹

楼兰是塔克拉玛干沙漠中丝绸之路上繁荣的商旅驿站和贸易中心之一，而今天都湮没在历史的黄沙之中，不过残存的遗址仍然表明昔日这条古道所拥有的辉煌。

之轰动，世人称之为"东方庞贝城"。从此一百多年来，楼兰古城一直是中国乃至世界各地探险家、史学家、旅行家所向往的地方。楼兰古墓、楼兰彩棺、楼兰美女，不断重见天日的发掘并没有消除人们的疑惑，相反却使得楼兰古城的神秘色彩更加浓厚。人们在进行着各种各样的猜测。

我们先来看看历史上楼兰古城的样子，《史记·大宛列传》和《汉书·西域传》上记载，早在2世纪以前，楼兰古城就是西域一个著名的"城廓之园"，有一万四千多居民，三千多士兵，是西域一个势力极其强大的国家。楼兰古城又是古代丝绸之路的必经之地，当年这里聚集着各国的使者、商人，他们进行着繁忙的商业活动，因此

这里交通繁忙，经济非常繁荣。但令人不解的是，这座曾经如此繁茂的楼兰古城为何在繁荣兴旺了五六百年之后，突然从史书和地球上销声匿迹了呢？

1901年，瑞典探险家斯文·赫定为了寻找那失踪的斧子而在罗布泊北发现了楼兰古城，他为楼兰古城的宏伟和完整而惊讶，于是他向世人宣布这是"沙漠中庞贝城的再现"。整个世界也为之轰动。中外学者们一致认为，楼兰古城是丝绸之路上繁盛一时的古楼兰国的历史遗迹中最重要的一部分，它的发现具有重要的价值，对于研究中亚的古代史、丝绸之路的历史变迁、中西文化的交流与相融具有至关重要的作用。在这之后，大批考古学家进入这座神秘的古城。这些考古学家在楼兰古城和罗布泊地区发掘出大量震惊世界的文物。其中包括新石器时代的石斧、木器、陶器、铜器、玻璃制品、古钱币等等，在这些发现中以晋代手抄《战国策》和汉锦最为珍贵。据专家考证，这份手抄字纸，仅仅比蔡伦发明纸晚一二百年，比欧洲人最古的字纸大约要早六七百年。同时出土的汉锦，做工相当精致，花纹清楚，色彩绚丽。另一重大发现是当年任西晋西域长史的李柏给焉耆王的信件，也就是人们常说的"李柏文书"。这些考古学家根据他们的发掘研究，撰写发表了一系列关于楼兰古城的文章，他们一直称赞楼兰是一个埋藏在"沙漠中的宝地"，是历史遗落下来的"博物馆"、"东方的庞贝城"。

1927年我国科学家开始了对楼兰古城的考察。当年随中瑞（典）西北科学考察团来楼兰的著名考古学家黄文弼和地理学家陈宗器，曾先后多次到达罗布泊北岸考察，他们在楼兰遗址出土了70多枚写有明确的西汉纪年的汉文木简，还出土了相当数量

楼兰女尸

这具女尸已有3800年的历史。具有白种人特征。身着羊皮衣服和鞋子，头戴装饰着鹅羽的羊毛帽子。对这具有着4.9英尺高、40岁左右的女性尸体检查表明，她的肺部被沙漠风尘和煤烟侵入。随着气候的变化，环境日益恶劣，这里的人们不得不面对那几百米高的流沙，加之河流枯涸，居民开始迁移，最终楼兰如其他古城一样被风沙所湮没。

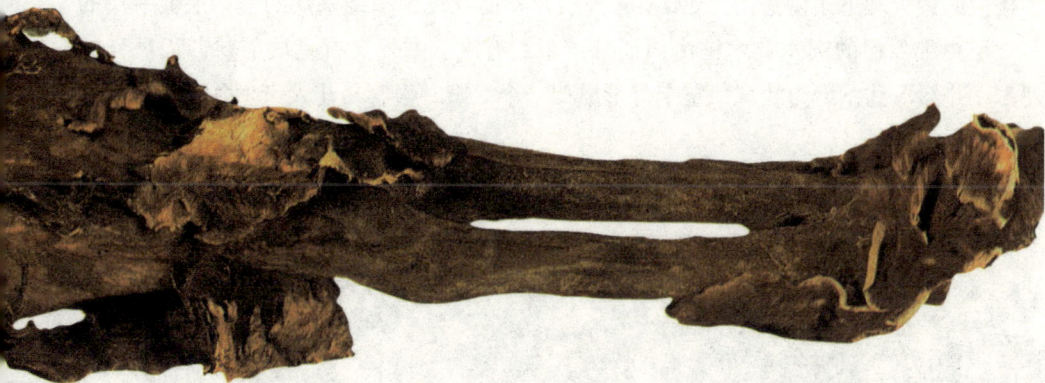

罗布泊

在楼兰遗址中，发现有当年皇宫所用的胡杨木柱，依旧挺立在这片荒原上，其坚韧的特性，实属罕见。

的铜器、铁器、漆器、木器和骨、石、陶器，以及丝、麻织品残片。新中国的科学家更加关注楼兰古城的考古发掘。他们为此做了大量的工作，70年代末，日本NHK电视台与中央电视台联合摄制电视片《丝绸之路》。他们组织队伍曾经先后三次深入罗布泊地区，又一次发现了珍贵的魏晋时期的汉文木简、文书（包括少量的法卢文）及大量的古钱、毛织物、丝织品、皮革制品、漆器等珍贵文物。更可贵的是他们勘测绘制了楼兰古城地形图。经精确测量，判定古楼兰城位于东经89度55分12秒，北纬40度30分57秒。古城占地12万平方米，略成正方形，边长约330米。

两千年前，楼兰古城是丝绸之路上的南北贯通、东西交汇的重要交通枢纽；这里有着极其繁盛的商业活动，是中国对外交往的一个重要窗口。这里还有着灿烂的文化和精巧的手工工艺。那么这个辉煌一时的古代商城为何会在极短的时间内消失得无影无踪？这个问题一直是人们争论的焦点。

有学者认为，楼兰在毁灭的过程中，生态环境的破坏起到了不可忽视的推波助澜的作用。楼兰曾是个河网遍布、生机勃勃的绿洲。然而声势浩大的"太阳墓葬"却为楼兰的毁灭埋下了隐患。"太阳墓"外表奇特而壮观，围绕墓穴的是一层套一层的共七层由细而粗的圆木。木桩由内而外，粗细有序。圈外又有呈放射状四面展开的列木，井然不乱，蔚为壮观，整个外形酷似一个太阳，很容易让人产生各种神秘的联

如来坐像 汉晋

坐像为木板装饰，出土于新疆维吾尔自治区楼兰古城。

想。"太阳墓"的盛行，大量树木被砍伐，使楼兰人在不知不觉中埋葬了自己的家园。还有学者认为战争是直接导致楼兰古国消亡的原因。在海上贸易时代之前，东西方贸易只有一条漫长的"丝绸之路"。"丝绸之路"沿线各国，尤其是塔里木南边的鄯善，就成了周边列强掠夺的重要对象。

永昌锦 汉

这是一件蓝、白、绿三色交替的布满山岳云气纹和动物纹的吉祥铭文锦，织有隶书"永昌"字样，出土于新疆维吾尔自治区楼兰古城。

还有学者认为，楼兰古城的消失是由于罗布泊北移，楼兰城水源枯竭，树木枯死，曾经兴旺一时的楼兰古城面临着死亡的威胁，人们为了生存弃城而走，去寻找新的水源。由于失去了罗布泊水的滋养，狂风肆虐，沙土不断淤积，楼兰古城最终被沙土淹没。

学者们根据已经发掘的材料在进行着各种推断，但究竟极度辉煌的楼兰古城为什么会在这么短的时间消失的无影无踪？谁也无法断然下结论。我们期待着考古工作者会有更多的发现，期待着他们早日为我们揭开楼兰古国之谜。

巴蜀古国之谜

四川古称巴蜀，"巴"指川东，"蜀"特指以成都为中心的川西平原。今天的四川简称蜀，"蜀"是象形文字。《说文解字》称"蜀，葵中虫也。"说它是桑树中的虫，也就是蚕，这些象形字中有很多都像是长着大大眼睛的蚕。传说中第一代蜀王名叫蚕丛，最大的功绩就是教民种桑养蚕，正因为这样，后人爱戴他、崇拜他、敬仰他，尊奉他为蚕桑纺织业的鼻祖之一。而蚕丛又有"纵目"的异相特征，

四鸟纹金箔 金沙文化

四川地区的巴蜀文化遗址，常有黄金制品出土。三星堆的金杖、金虎、金箔面具都相当著名。2001年成都金沙遗址出土的这件四鸟纹金箔可以说是其中精品，在秩序中寻找均衡，中间旋涡纹代表了太阳。整个金箔寓示了四鸟追(负)日的传说与宗教习俗。

因此"蜀"字很可能就起源于对蚕丛形象的客观描绘，而"蜀"也成为一个族名、国名、地名被流传下来。历史上一直认为巴蜀地区偏居西南一隅，是一片蛮夷之地，建国前人们还相信"蜀无礼乐，无文字"的说法。但建国后的考古工作证明，四川地区在古代的时候并不是毫无礼仪的荒夷之地，它的文明和中原文明一样是中华民族多元一体文明中的一"元"。

大家都知道，四川在秦朝后被称为"天府之国"，说是李冰父子修建了都江堰，改变了以前四川地区有水则涝、无水则旱的局面。那么是不是以前这个地方就穷苦不堪呢？成都市的几处发掘可以回答这个问题。成都的十二桥遗址在1958年底、1986年至1987年，经过两次发掘，在商代的地层内，发现了大型木结构建筑遗址，房顶、梁架、墙体、桩基、地梁等，基本保存完好。大型地梁式宫殿建筑与小型干栏式建筑浑然一体，错落有致，分布面积为1.5万平方米以上。在以十二桥遗址为中心南北延伸的数千米，还发现多处商周时期古遗址，它们的规模和形制与十二桥相同，应该是成都这个总遗址的不同组成部分。这么大的建筑规模和成熟的建筑艺术说明在商周之际的成都已是一个相当发达的地区。2001年2月以来在成都市金沙村发现商代晚期至春秋时期的大型遗址，年代当为商代晚期至西周早期，分布范围约3平方千米，遗址内有明显的规划迹象，各部分的功能有不同的区域划分，每一处都有一定的布局结构。在这里出土了大量的精美文物，其中包括金器40余件、青铜器700余件、玉器900余件、石器近300件等计2000余件，还发现大批象牙和数以万计的陶器、陶片等。大量的物品和成熟的城市建设理念从不同的角度说明这个地区的经济已经发展的不同凡响。墓葬的奢华程度也可以说明这个问题。成都市商业街在2000年8月至2001年1月发掘的墓葬中，有一处被确定为蜀王开明氏王朝晚期（约相当于战国早期

四川成都蜀文化遗址

偏晚）的大型多棺合葬的船棺、独木棺墓葬，墓坑长 30.5 米，宽 20.3 米，面积达 620 平方米，墓坑中现存船棺、独木棺葬具 17 具。船棺规模、形制宏大，最大的一具长达 18.8 米，为其他地区所未见。随葬品虽被盗过，仍出土陶器 103 件、铜器 20 件以及漆、木器 153 件等。并且遗迹显示，墓葬之上还应该有布局规整的地面建筑。

如果说这些还不足以说明古巴蜀国和中原一样礼乐并重的话，我们同样可以从考古工作者那里找到证据。四川新都战国木椁墓：1953 年到 1956 年考古工作者在成都北郊清理了一座大型土台，这个土台残高 10 米，台底 103.6 米见方，最上层 31.6 米见方，为三级四方形土台。关于土台的年代，开始定为西周到战国。后经过研究，认为这个土台始建年代应该是商代。关于土台性质，一般认为是集会、观望和祀典的场所，或古蜀国巫觋通天地的神坛，即大型礼仪中心。

褐陶壶 三星堆文化

这是三星堆文化出土的特殊器形的陶器，在同一时期的中原地区商文化、北方地区的草原文化及西北地区的原始文化中都未曾见到，显示了蜀文化的独创性。在器物的形制上，此器高 63.2 厘米、口径达 33.5 厘米，相当硕大。

1980 年在四川新都发掘了一座战国早、中期之际的大型带斜坡墓道的土坑木椁墓，椁内分出棺室和 8 个边箱，棺具为独木棺，椁室出土青铜器 188 件，青铜器多 5 件成组，或 2 件成组，显示出特殊的礼制。作为古代文明重要标志的乐器在巴蜀大地上也有发现，1972 年在重庆涪陵小田溪战国土坑墓就出土了 14 件一组的错金编钟。另外不少器物上的宴乐图案中也常有针对乐器和歌舞的描绘。

至于巴蜀古国有没有自己的文字这个问题，考古工作者给出的答案也是肯定的。20 世纪 70 年代他们在四川的郫县发现两件带有铭文的青铜戈，在新都发掘出一件有铭文的青铜戈，1973 年在重庆万县发现一件有铭文青铜戈，1959 年在湖南常德 26 号战国墓出土一件巴蜀铭文青铜戈，这些青铜戈上的文字似汉字而非汉字，为确证巴蜀有文字提供了重要的物证。1979 年到 1980 年在四川省青川清理 82 座土坑墓时发现了 400 多件器物更有说服力，从其中出土的秦武王时在巴蜀推行田律的木牍看，这批墓的年代为战国中期和晚期。同时出土的漆器上有刻划文字，既有汉字，又有一些不为人知的符号，这些符号与汉字夹杂在一起，为巴蜀符号确属文字提供了坚实依据。

从以上的考古发现中我们可以得知，古巴蜀国至少在秦以前就出现了相当发达的文明。那么这些文明的起源又在哪里呢？它是怎么传播和发展的呢？它与中原的文明又是一种怎样的关系呢？三星堆怪异的铜像、僰人高挂陡崖的悬棺等等也是那么有力地吸引着世人的眼睛。我们到底什么时候才能真正地走进这个曾经辉煌的古老国度呢？面对人类好奇的追问，滔滔的江水、巍巍的青山都沉寂无言。

三星堆文明之谜

太阳形器 三星堆文化

此器反映了三星堆文化中的太阳崇拜。器周有放射状的五芒，中心及晕圈上各有一小孔，起固定作用。

谜在很大程度上是因为人们对一件事物没有足够的认识而形成的，三星堆成为世人瞩目的千古之谜却不是如此。通常人们认为通过考古发掘是可以帮助人们揭开历史之谜的，自1929年到1986年，人们对三星堆的认识越来越多，可是离它的解却越来越远。下面回顾一下三星堆遗址的考古发掘情况，希望更多的人可以参与到这桩历史之谜的破解中来。

现在所谓的三星堆遗址总面积12平方千米。其中心区域是一座由东、西、南三面城墙包围着的古城，北面是鸭子河。城区面积近4平方千米，与中原王朝的早期王都河南郑州商城相当。3000多年前如此宏大规模的城市，在全国范围内都实属少见。可见当时蜀国的发达和强盛，广义的三星堆是指整个遗址，而狭义的三星堆是特指遗址内的三个黄土堆，它与北面犹如一弯新月的月亮湾，隔着古老的马牧河南北相望，"三星伴月"由此得名，并在很早以前就成为当地一处著名的人文景观。遗址内最早发现的文物是在1929年的春天，当地燕氏农民在自家院子附近挖水沟时偶然发现了一坑具有浓厚古蜀地方特色的玉石器大约400余件。当时人们对这批东西就表现出了很大的兴趣。抗战爆发以后，我国许多知名的专家和学者来到相对平静的西南地区，对这个地方更是给出了极大的关注，结果却是众说纷纭，莫衷一是。1986年7月至9月，三星堆遗址考古取得重大发现，两个大型商代祭祀坑的相继发掘，出土金器、玉石器、青铜器、骨器、陶器等珍贵文物达1200件之多。这时在人们记忆中逐渐淡化的谜团又以更大的力量吸引了人们的注意力。可是这次出土的东西非但没能为解谜提供新的线索，反而把人们拖入了更大的谜团。那么这次发掘都出了

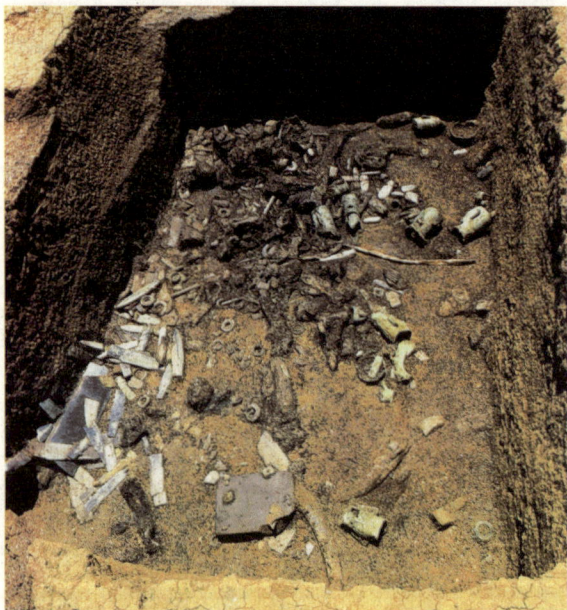

祭祀坑 三星堆文化

三星堆商代文化遗址1号祭祀坑。长4.4米。

些什么呢？

最具特色的一件文物叫纵目人面像，现在三星堆博物馆顶端悬挂的人面像就是以它为原型以一定比例制作的。纵目面具宽达1.38米，它最奇特之处就是两眼突出达16厘米，且耳朵很大，被很多观众称为"千里眼、顺风耳"。而学者认为它应该是传说中第一代蜀王——蚕丛的形象。古籍《华阳国志》记载蜀人始祖蚕丛"其目纵"。"纵"字有前伸的意思。"纵目"很可能指的就是突出的眼睛。古人可能有意夸大了祖先的特征，如眼睛、耳朵、鼻子、嘴巴，似乎是利用夸张的五官来表现祖先有超人的能力。大面具的额头正中有一个人工錾凿的方孔，这个方孔是用来干什么的呢？从其他面具上类似的式样上我们或许可以找到答案，有些面具两侧都各有两个方孔，推测起来方孔可能是起固定作用的，这些面具应该是固定在柱子或土台上作为神来被崇拜的。

还有一类文物被考古工作者定名为神树，1号神树虽顶部残损，但其高度仍达3.95米，是目前所知世界范围内同时期单件青铜器中形体最大的一件。

神树由底座、树以及树上的龙组成。树的底座呈穹窿形，三面镂空，象征着一座神山，神山上矗立着高大挺拔的通天神

青铜立人像 三星堆文化

此像是三星堆青铜器的代表作，像高1.7米，底座0.9米，共达2.6米，是三星堆最大一尊铜像，也是迄今发现的最大的一座青铜人像。这尊铜像应为巫师的形象。

树。树分三层，每层有三个树枝，树枝上有刀状的果叶、硕大的果实，在每颗朝上的果实上都站着一只跃跃欲飞的鸟。树干上嵌铸了一条造型怪异的龙，龙头朝下，身体呈辫绳状，可能表现的是传说中"一头双身"的蛟龙，其前爪匍匐在树座上，后爪像人手，身上还挂着刀状的羽翅。

虽然三星堆出土的青铜文物也有形体较小的，但那些大个的器物总是分外的引人瞩目。三星堆二号祭祀坑共出土了六件青铜太阳轮，其中的一件，直径为85厘米。其中心的圆代表太阳，外面的圆圈代表晕圈，五道光芒将太阳和晕圈连接在一起。青

铜太阳轮采用二次铸造法制成。先将晕圈和五道光芒等分为五等分铸成后，再用嵌铸法将中间的小圆圈铸在光芒上，最后再将各部分连接在一起。太阳及太阳神崇拜是人类早期共同的文化心理。在世界各地的早期岩画和文物中，有关太阳的图案或其纹饰多得不胜枚举，而以青铜的实物形态直接表现太阳的却不多见，目前仅在三星堆遗址出土了几件，它反映出三星堆古蜀国的时代特征是一个原始宗教意识占支配地位的社会，一个以太阳神为主神崇拜的泛灵时代。

同样出自二号祭祀坑的青铜大鸟头也大得惊人，高40.3厘米，出土时在它的勾喙口缝和眼珠周围还涂有红色的朱砂，这只鸟头最为引人注目的便是弯钩状的喙。刚劲有力，生动传神，使人联想到展翅翱翔的雄鹰。古代传说中的蜀王柏灌、鱼凫、杜宇都以鸟命名，可见古蜀族与鸟的关系极为密切，《说文解字》中，"凫"指的是我们常见的一种水鸟鸬鹚，即鱼鹰。不少学者认为三星堆与鱼凫王的关系最为密切，大鸟头与鱼鹰的造型十分接近，从颈部的三个圆孔来看，估计是固定在神庙建筑或者其他物体之上，作为蜀王鱼凫的象征和标志使用的。

这里出土的所有的文物都给人们带来了无限的猜测，这一块神奇的土地几千年前到底是什么所在？这些形体巨大、制作精美的东西像有的人所认为的那样是外星人做的吗？我们希望考古工作者会为我们拂去历史积淀的尘埃，将我们民族文明史中的一大谜团解开。

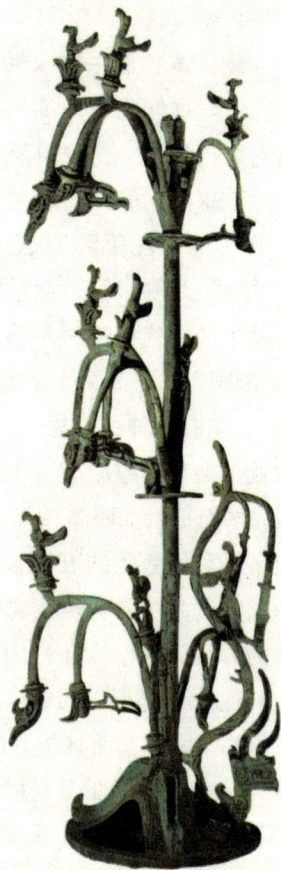

青铜神树 三星堆文化

神树亦称不死树。树高3.48米，是全世界最大的出土青铜器。这满身生长奇物的神树，造型庞大，它象征的是一条通天神道。

古滇国之谜

两千多年前，在我国美丽的滇池沿岸曾有过一个古老的王国，这就是有着灿烂文化的古滇国。20世纪末，考古工作者在江川李家山、晋宁石寨山及昆明羊甫头等地区进行考古发掘，出土数千件精美青铜器和滇王印，让世人更加关注曾经极度辉煌的古滇国。人们不禁要问：古滇国的王城或都城究竟在哪里呢？有着高度灿烂文化的古滇国又为何突然消失呢？

据考古资料证实，战国末至西汉初为古滇国的全盛时期，大约是在西汉中期古滇

中国西南地形图

国开始衰落，由于国力的不断衰落，西汉末至东汉初被中原王朝的郡县制所取代，古滇国走到了它生命的终点。它在地球上存在了大约 500 多年。我国历史上有关滇国的最早记载是司马迁的《史记·西南夷列传》，"西南夷君长以什数，夜郎最大；其西莫英之属以什数，滇最大；自滇以北君长以什数，邛都最大。此皆椎髻、耕田、有邑聚。其外西自同师以东，北至楪榆，名曰嶲昆明，皆编发，随畜迁徙，毋长处，毋君长，地方可数千里。"在司马迁生活的西汉时期，云南以滇池区域为中心是古滇国人们的聚居区，滇国的东面是夜郎国，北面是邛都国，西面以洱海区域为中心即昆明国。其中滇和昆明在历史上有着重要的地位，他们是云南古代的主要部落，都有着悠久的历史和灿烂的文化。

西汉时期，滇池地区的主要居民是滇、劳浸、靡莫等"同姓相扶"的各部落组成的联盟，称为"靡莫之属"，其中以滇为最大。滇又称滇僰，意为滇地的僰人。僰人为"羌之别种"，分布于今四川西部的称为邛僰或西僰，在滇池周边地区的称为滇僰。司马迁在《史记·西南夷列传》中有过重要的记载，大约在公元前 339 至前 329 年间，楚国欲将势力范围扩展到西南，派楚将庄蹻入滇。不久，秦国灭巴蜀，庄蹻失去了与楚国本土的联系，于是，"以其众王滇，变服从其俗以长之。"这便是历史上著名的"庄跞入滇",庄跞也是史料中明确记载的一代滇王。在他之前是否已经有滇王存在,就无从得知了。

公元前1世纪左右,古滇国走到了它生命的终点。汉武帝时期,曾派使者前往滇国,当时一位称雄滇池的滇王,好奇地问汉朝的使者:汉朝与我谁更大? 由于地处边疆,地势险峻,没有道路与外界相通,他们消息闭塞,如同井底之蛙。在他的眼里,世界不会比滇国的地域大多少。就在这之后不久,这位无知的滇王连同他的国家,便在历史上销声匿迹了。西汉元封二年(前109),汉武帝出兵攻打滇国,滇王无力抵抗,举国投降,并请求汉武帝派官吏入滇国。汉武帝赐给了滇王王印,让他继续治理他的子民。这枚纯金铸就的滇王印,两千多年后,出土于石寨山。此后,汉武帝在云南设置了益州郡,滇王的权力被郡守取代了,从此受制于汉王朝的郡县制度。古滇国正式宣布退出历史舞台。

那么古滇国的王城或都城究竟在哪里呢? 有着高度灿烂文化的古滇国又为何突然消逝了呢? 这个千古之谜,人们在做着各种假设和猜想。

考古工作者经过多年的考察研究,他们认为:"可以肯定地说,澄江、江川、呈贡、晋宁、昆明这一片相邻和相连的广袤区域,是古滇国政治经济文化的中心地带;也可以说澄江在古滇国历史上一定扮演过不可或缺的重要角色。"他们推测澄江在历史上并非"蛮荒之地",而是有着很发达的经济和辉煌灿烂的文化。还有学者推测,5000余件古滇青铜器物是

执伞男俑 滇文化

男俑出土于云南省江川李家山,头顶挽高髻,面略向左侧,耳佩大块,颈戴串珠项链,衣袖及肘,右肩挎宽带佩剑于左胯,背披毡,后腰突出,外扎腰带,前佩扣饰,小臂佩钏。

掳掠扣饰 滇文化

此扣饰出土于云南省宁石寨山,整个画面反映的是椎髻的滇族掳掠辫发昆明人的情景。

三骑士铜鼓 滇文化

此鼓出土于云南省江川县李家山51号墓。铜鼓是我国
西南地区古代民族普遍使用的一种打击乐器。它由互
相连铸在一起的鼓面、胴部(胸部)、腰部、圈足以及
胴腰之间的鼓耳等五部分组成。目前我国研究铜鼓的
学者，均将出土的战国至西汉时期滇、昆明及其邻近
地区的铜鼓分为"万家坝型"和"石寨山型"两类，
但对它们之间的关系却众说纷纭。多数学者认为是发
展演变关系，即"万家坝型"铜鼓是最原始的铜鼓，
"石寨山型"铜鼓是在其基础上直接发展来的。

在抚仙湖南岸江川县李家山墓葬出土，而滇王印出土于与抚仙湖北岸相连的晋宁石寨
山，按照一般的考古规律推测，古滇国的王城或都城就在附近。

　　还有一些学者从李家山出土的大量青铜器的造型、图案及近水居的干栏式建筑
推测，认为李家山青铜文物所反映的生活环境应该是有山林可以打猎，有田地可以耕
种，有湖泊可以打鱼，当时的人们过着闲适富足的生活。而这样的生存环境也正好吻

石寨山

从1955～1960年，云南省博物馆先后在晋宁石寨山进行过四次发掘，共清理墓葬50座，出土青铜器4800余
件。其中六号墓发现蛇钮金印一方，篆文"滇王之印"。可见这座墓是一代滇王墓葬，石寨山是沉睡了两
千余年的滇国墓地。

牛虎案 滇文化

合了澄江的地理生存环境。所以这里应该是古滇王国都城的所在地。那么古滇国又是为何突然消失的呢？有的学者认为地理环境灾变是导致古滇国消失的重要原因。他们认为世界各地都曾发生过辉煌一时的文明古国被突然而来的灾难湮没，之后经历几百甚至上千年又被发现史实。例如世界著名的庞贝城和赫克兰尼城的消失和发掘。

然而，这一切只是人们的推测和猜想，仅仅是一种有根据的假设。我们期待着考古工作者的进一步发现，为我们揭开古滇国这个千古之谜。

牧野大战究竟发生在哪里？

发生于公元前11世纪的牧野大战，是周灭商的一次决定性战役。周是我国一个古老的姬姓部落。到第十五世先王周文王时，周已经成为商朝西方的一个强大方国。那时候正是商王纣统治时期。

商纣荒淫残暴，沉溺于美女酒色，不理朝政，却又喜欢发动武力战争，于是造成了整个国家民生疾苦，商朝统治摇摇欲坠。周文王这时也被商纣囚禁。获释返国

比干像

纣的叔父比干亲眼见微子逃隐，箕子佯狂为奴，非常伤感。又觉得他们未能尽到人臣责任，认为人主有过错而不劝谏，就是不忠；怕死而不敢进谏，就是不勇。于是他以死相争，接连三日苦苦劝谏纣王，不肯离开一步。纣恼羞成怒，下令杀死比干，剖腹取心，声称要看圣人的九窍之心。

384

后，与姜尚等人秘密策划以周代商的策略，决定表面上继续臣服于商，暗中则整顿政治和军事以扩大势力。文王死时，已是"天下三分，其二归周"了。文王的儿子姬发即位，这就是历史上著名的周武王。武王九年，在盟津大会诸侯，愿意从周伐商、自动而来的诸侯达八百之多。两年后，商朝统治集团内部出现了空前的分裂，商纣听信谗言，杀死了王子比干，囚禁了箕子，微子逃到别的国家，商朝分崩离析，纣已经无法再维持他的统治了。周武王认为攻打商朝的时机已经成熟，于是率领兵车三百辆，虎贲（周王的近卫军）三千人、甲士四万五千人，联合了庸、蜀、羌、卢、彭、濮等方国部落，向东讨伐商纣。当武王率领大军从盟津渡过黄河，到达距离国都朝歌仅70里的牧野（今河南淇县西南）时，商朝的军队主力还在东南战场，一时难以调回。纣王只好把大批奴隶和从东夷抓来的战俘匆忙武装起来，驱上牧野战场。商朝军队虽然有70万人之多，但军士都十分痛恨商纣，根本无心与周军作战，于是就在前线倒戈，引导周军，进攻商纣。当夜，商纣见大势已去，就在鹿台自焚而死。

第二天，商朝百姓都立于朝歌郊外以迎武王，武王在群臣拥下率军进入商都。这就是历史上著名的牧野大战。

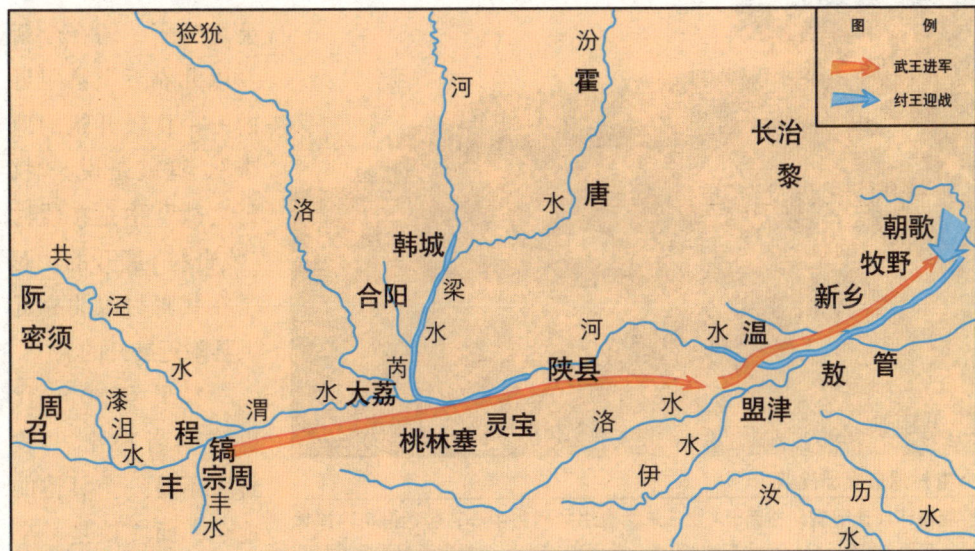

周武王像

姬发，文王之子，继位后，用姜尚、周公、如公、毕公辅政，继承父志，积极准备伐商。牧野之战，商朝奴隶阵前倒戈，引导武王军队攻入商都，纣王自焚，遂灭商，建立西周王朝，定都镐（今陕西西安西南）。灭商两年后，武王病卒。

牧野之战示意图

古籍上关于牧野大战的记载很多。《诗·大雅·大明》第七章、第八章歌咏了牧野大战的壮阔和浩大。那么这样一场规模浩大的战争，到底发生在什么地方呢？所谓"牧野大战"的"牧野"，又相当于今天的什么地方呢？历来学者对此说法并不一致。

古文献上关于牧野的位置也有很多记载，《尚书·牧誓》孔安国作的传说："牧野，纣近郊三十里地名牧"，许慎《说文解字》说："坶，朝歌南七十犁地，《周书》武王与纣战于坶野"，许慎所说的坶也就是牧，这两个字在许慎的年代是通用的。《通典·州郡》："郊野之地，即纣都近郊三十里即此也"。这些记载，都没有明确指出牧野的具体所在，只是指出了它的大体方位。这就导致了后人对牧野具体所在的推测与争论。

范文澜先生主编的《中国通史简编》认为："牧野在'河南汲县'"；郭沫若主编的《中国史稿》认为"牧野"在"今河南淇县南"，并且补充说"距朝歌只差七十里"；而翦伯赞主编的《中国史纲要》却说"牧野"在"今河南汲县北"。总起来说，关于"牧野"的位置，一说即汲县，一说在汲县北，一说在淇县南七十里。他们的说法，都有自己的依据。当然也有一些学者提出了另外的看法，孙作云在《商周之际的"牧野大战"的"牧野"在哪里》一文中认为，牧野有广义狭义之分，广义的"牧野"包括河南地界中的黄河以北，北及辉县一带的地方。这一片区域在商代曾是牧区，所以人们称为"牧野"；狭义的"牧野"就是今天的河南新乡到汲县一带，直到今天河南新乡城北仍有一个村庄叫"牧野村"，今天的河南师范大学就坐落在这，这里很可能就是古代牧野地名的遗留。范毓周同志的《"牧野"考》也认为"牧野"就是"今新乡师院所在地的牧野村"。不过他认为新乡师院所在地的牧野村，古为牧邑，"而武王伐纣，誓师及陈兵之处的牧野，则为牧邑之郊野，约在今新乡以北靠近淇县附近的一个比较开阔的地带"。这就是说，"牧野之战"不是在牧村（牧野村）展开的，而是在牧野村以北靠近淇县附近展开的。

20世纪80年代也有学者提出，"牧野"不是一个具体的地名，而应该是一个泛称的方位名称。人

小屯村遗迹复原建筑

殷墟位于河南省安阳市西北约2千米，以小屯村为中心，包括洹河两岸地区，东西长约6千米，南北宽约4千米。公元前14世纪，盘庚迁都于此，称北蒙，亦称"殷"。周灭殷后，渐趋荒芜，故称殷墟。

们所说的"牧野"应该是商朝都城周围区域的泛称。代夫在《"商郊牧野"辨》一文中举例说，《尔雅·释地》曾说："邑外谓之郊，郊外谓之牧，牧外谓之野"，因此，他认为《尚书·牧誓》中的武王"朝至于商郊牧野"，应该读谓"朝至于商郊、牧、野"。郊、牧、野指的是商朝国都外的四周，是由近及远的一个区域范围，而不是具体的地名。宋人夏撰在他写的《尚书详解》中曾明确地指出"牧野乃凡郊外之统名。"

所有的这些说法，只是今人根据文献记载和民间传说而得出的种种推测，牧野大战究竟发生在哪里呢？我们仍旧难以作出定论。

扶桑是植物名还是国名？

听说过"扶桑"花吗？它又名朱槿牡丹，据古书记载，扶桑生自东海日出之处，其叶如桑。而且两棵树往往同根偶生相依倚，所以得名扶桑。扶桑花红形美，如木槿花，其花朝开暮落，而叫日及。可能有人会问：扶桑不是指我们一衣带水的邻国日本吗？也有人指出，扶桑根本不是指日本，而是北美洲的墨西哥，到底是一种植物还是一个国名呢？还是二者之间有着某种内在的联系？若是国家，指的又是哪个国家呢？

其实，"扶桑"一词最早出自屈原的《离骚》："饮余马于咸池兮，总余辔乎扶桑。"后来汉代王逸为《离骚》作注时对"扶桑"做了解释，他认为扶桑是一种树，而且非常神奇，"扶桑神木，日所出"。看来，他继承了古代的传说，把扶桑当作神话中与太阳所出地有关的树名，是一棵日出其间的东方大树，这样，便构成一幅美妙的图画——一扶桑树上悬着数个太阳或数只太阳鸟。此后，日出扶桑又被引申为东方扶桑，不再与太阳联系在一起，只看作是东方的一棵神树。但由于扶桑与东方联系在一起，经过后人一再引申，就使"扶桑"成了一个难以捉摸的名词而众说纷纭。

扶桑树画像砖 汉

扶桑树是中国古代的神木。在夏代扶桑作为神木的观念已经深入人心。继起的商朝更是将这一传统发扬。特别是在西南地区的三星堆文化、滇文化中及越文化中，扶桑木更是经常出现。至汉朝这种观念达到顶峰。

扶桑是什么？今一般认为是传说中的神木。

《山海经·海外东经》："下有汤谷，汤谷上有扶桑，十日所浴，在黑齿北。居水中，有大木，九日居下枝，一日居上枝。"《大荒东经》："……上有扶木，柱三百里，其叶如芥，有谷，曰温源谷。汤谷上有扶木，一日方至，一日方出，皆载于乌。"《山海经》的《海外东经》《大荒东经》讲的主要是美洲。汤谷，朝阳谷，温源谷，大壑是一地多名，真有这样的地方吗？当然有！就在墨西哥，正如名称所示，汤谷、温源谷突出了"热水"的事实，而其成因为岩溶地形。扶桑又叫扶木，并未说明一定是桑树。有人说扶桑是龙舌兰，它的确在墨西哥广为分布。李时珍说是木槿别种，又名朱槿。然而结合扶桑文化选择，唯有桧树当之。

扶桑与太阳的联系是观测太阳时建立起来的。"九日居下枝，一日居上枝。"是说"十日"（十天干）依次经过，与羲和生十日相合。"一日方至，一日方出"是太阳从东方（汤谷，扶桑）升起，到西方（禺谷，若木）落下，夜在归墟沐浴，太阳虽是同一个，但已是又一天。"皆载于乌"与"禺谷"之观念来自炎帝族，仰韶文化陶器上就已有太阳中的鸟的图案，朱雀、朱鸟为炎帝族的观念。《淮南子》说"日中有鸟"，即三足鸟。《大荒北经》"夸父不量力，欲追日景，逮之于禺谷"，夸父作为太阳崇拜最登峰造极的象征，而历史真实地记录了这位先帝的业绩。禺谷之名得自"禺"——夸父（猴）图腾，当然不一定是从帝榆罔开始，很可能在他之前很久就已有了。《淮南子》："若木在建成木西，末有十日，其华照下地。"因为若木是日落之地，十日全在下。因此，扶桑在上古时代，成为中华文化的一个侧面。

权威人士认为扶桑指的是日本，比如著名的《辞海》对"扶桑"一词的释义其中有一条就是：按其方位，约相当于日本，故后相沿用为日本的代称。主要根据是古书记载日本曾称自己是"日出处天子"，中国的皇帝是"日没处天子"，这样日出期间的东方大树扶桑就一定指的是日本。

扶桑树画像砖 汉
在神木扶桑的庇佑下，飞禽走兽和人类和谐地生活在一起。

　　但有人认为扶桑指的是墨西哥，支持这种观点的人举出了考古证据：18、19世纪美洲大陆考古出土了许多文物，像碑刻、带有象形文字的陶器，还有古钱等等，这些出土的文物经过专家的仔细比较，发现这些遥远的美洲大陆上的古代遗物竟然与古代中国的文物有着惊人的相似。早在1761年，有一个学者名叫金勒，他已经根据《梁书》的记载，指出扶桑国是北美洲的墨西哥，并且认为发现新大陆的可能以中国人为最早。1872年又有一个学者名叫威宁，完全支持金勒的主张，认为扶桑必是墨西哥。据说，所谓扶桑木，就是古代墨西哥人所谓"龙舌兰"。它到处生长，高达36尺。墨西哥人日常饮食和衣料等，无不仰给于这种植物。在墨西哥出土的许多碑刻中，有一些人像与我国南京明陵的大石像相似。还有的石碑有一个大龟，高8英尺，重20吨以上，雕着许多象形文字。据考古家判断，这些显然都受了中国古代文化的影响。苏联科学院出版的《美洲印第安人》一书，还证明古代的墨西哥和秘鲁等地，"会熔炼金、银、白金、铜以及铜和铅的合金——青铜，却没有发现任何地方会炼铁的"。这一点与《梁书》的记载也完全相符。

　　墨西哥是不是传说中的扶桑国目前还不得而知，但是，有人大胆地提出：日本不是传说中的扶桑国。证据是：首先，几乎在中国古代所有的史籍中，对日本的正式称呼都是"倭国"，如《山海经》的《海内北经》早就写着："倭国在带方东大海内。"在这些史书的《东夷列传》中，"倭国"和"扶桑国"都分开立传，显然是两个国家。其次，从地理位置上说，这两个国家的距离也很远。倭国的位置，只是"在带方东大海内"；而扶桑国的位置，则是"在大汉国东二万余里"。这样计算下来，扶桑国距离中国共有三万多里，比日本远得多了。

　　扶桑到底指的是哪一个国家？也许随着时间的推移，它会成为一个不解之谜一代代流传下去。

领略瑰丽的奇观

长城的两端到底在什么地方？

　　长城是中华文化的瑰宝、人类文化的财富。"不到长城非好汉"这句话更是每个中国人耳熟能详的名言。现在长城不但是中国人心中的圣地，而且世界各地的人也对它敬仰不已。只要提到中国，人们便会想起万里长城，只要来到中国，就一定要去万里长城。中国的长城号称万里，实是当之无愧，并无疑义，但对于长城的两端到底在什么地方却有着不同的说法。因为长城的修筑前后历经2000多年，很多长城并不是绵延不绝连在一起，而且早期修筑的多被损坏，以致对长城两端所在地的认识出现了不同的意见。

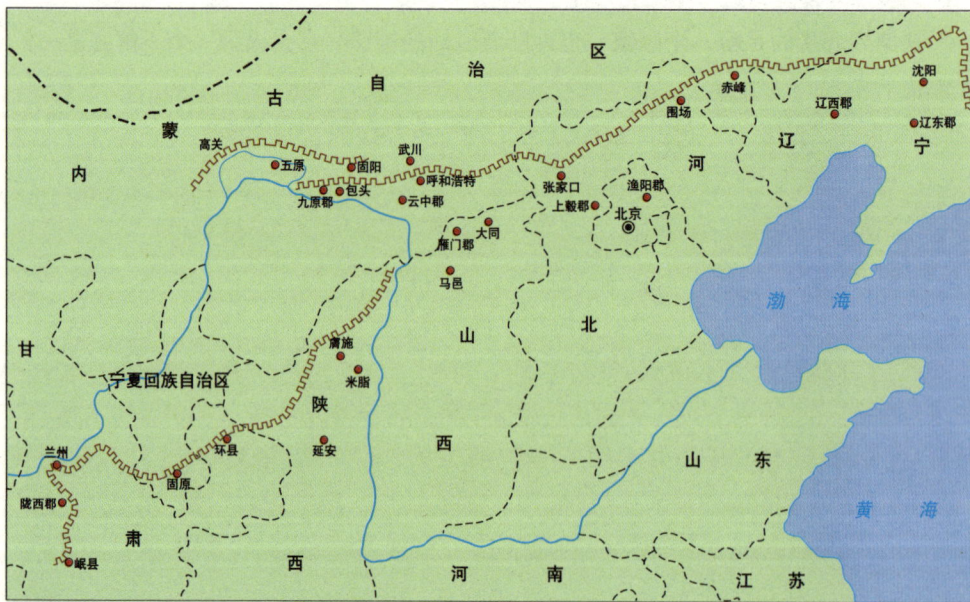

长城分布示意图

甘肃汉烽火台 西汉
位于甘肃省敦煌市。

　　第一种说法是据《史记·蒙恬列传》载："秦已并天下，乃使蒙恬将三十万众北逐戎狄，收河南（今内蒙古河套以南），筑长城，因地形，用险制塞，起临洮，至辽东，延袤万余里。"这句话表明了秦始皇修建长城的两端，即临洮和辽东。秦始皇修的长城其实包括3段，东段起于现在内蒙古德化县内，向东基本上是沿着今内蒙古和河北交界处蜿蜒东行的。进入辽宁以后，折向东南，一直延伸到朝鲜境内的平壤大同江北岸。其终点即是所谓的"辽东"。秦始皇长城的中段，从东至西由内蒙古兴和县，北依阴山，南靠黄河河套，西抵乌兰布和沙漠北缘。西段长城，经考察西起甘肃省岷县，循洮河东岸向北至临洮县、兰州，再东折至榆中县。

　　专家认为今天的甘肃省岷县就是秦朝时期的临洮县，是秦万里长城的西边起点。现在其遗址旁树立着一块碑，写的却是"战国秦长城遗址"，原来在春秋战国时期各诸侯国都修过长城，秦国也不例外。这一段从临洮起点的长城就是秦昭王时修建的，后来秦始皇加以修缮。可惜的是，经过时间的侵蚀，我们很难确信西起临洮的这一段长城是否存在过，因为几乎看不到绵延于山川田野的城墙。为了探访秦朝是不是在这修过长城，有人几十年来走遍这里的每一个角落，寻找昔日的长城，并且找到了很多秦代遗物，不过这并不能证明修长城之说，因为这一带本来就是秦朝活动区域，找到一些秦遗物并不能说明问题。

　　第二种说法是万里长城东端到辽东，西端为现在新疆罗布泊地区。此种说法是基于汉代所修筑的长城之上的。汉朝时期，北方游牧民族匈奴强大起来，不断在汉朝边境滋事，为此，汉高祖刘邦亲征匈奴，但却以惨败结束，被围困了七天七夜，后来用谋士陈平的策略，才得以逃脱。在匈奴威胁下，汉初国力衰弱，只得年年给匈奴交纳大量贡品，以求平安，但边境的骚乱并没有完全停止。经过汉初几代皇帝的休养生息政策后，汉武帝时国力空前强盛。于是汉王朝不再唯唯诺诺，而是主动出击，派遣大将卫青、霍去病等率军多次给予匈奴巨大的打击。经过一系列战争，打通了甘肃经河西走廊到新疆罗布泊的交通要道，并使西域各王国臣服于汉朝的统治。

汉武帝在军事进攻的同时，还着手另一项工作即是大规模修筑长城。汉武帝有4次大规模的修筑，第一次在公元前127年，在击溃盘踞在此地的匈奴后，将防御匈奴的北方边界推进到今内蒙古阴山南麓的原秦始皇长城一线。第二次在公元前121年，夺得被匈奴占据的河西走廊，而后几年修筑了由今甘肃省永登县至酒泉的长城，东面与秦始皇所修长城相接。第三次在公元前111年，用了2年时间，修筑了酒泉至玉门关段的长城。最后一次修筑长城是在公元前104到前101年，修了玉门关至新疆罗布泊段的长城。

那么，长城的西端是否应该认为是在罗布泊呢？汉代在河西走廊到罗布泊的这段长城和我们一般概念中的长城不同，只有相隔的城墩、烽火台，而它们之间缺少相连接的城墙。不过其功能却是相同的——驻防，互相通报敌情。如果不认为是长城，那么这条千里屏障又如何称呼？

第三种说法是长城分别是东到山海关，西到甘肃的嘉峪关。这两座雄关修建得气势磅礴，经历代多次修复，至今保存完好，一东一西相互对峙，所以被认为是万里长城的两端。此说其实是明长城的两端。明代是最后一个大规模修筑长城的朝代，因为其更为严重的边患，在其统治的200多年中，几乎从没停止过对长城的修建。在周边众多实力强大的政权的压力下，明朝为求得安宁与和平，只得年年用大笔银子在崇山峻岭中铺就一条坚固的防线。朱元璋占领北京，推翻元朝的统治，建立明政权。此

山海关 明

位于河北省秦皇岛市。山海关是明长城的最东头，素有"天下第一关"的称号。

箭扣长城

时的元政权并没有完全被消灭，而是退出了北京，回撤到今长城以北，仍有东至呼伦贝尔湖，西至天山，北抵额尔齐斯河及叶尼塞河上游，南到现在长城一线的广阔地域。而且元政权的统治者并没有完全死心，时时不忘收复失地，重主中原。在陕西、甘肃、辽东等地都有不服从明政权的规模庞大的军事政权，时刻让明朝统治者寝食难安。明代中后期，北方女真族政权兴起，更是成为明朝廷的心腹大患，这时修建长城的工程也更为浩大。

还有人认为万里长城的东端并不是山海关，而是辽东鸭绿江畔。只是因由山海关到辽东一线修筑比较简陋，到现在基本被损坏，所以认为万里长城是明代修筑得比较精良的嘉峪关与山海关之间一段，其两端是这两座雄关。

万里长城的两端到底在什么地方，以什么时候的标准来定，众说纷纭，至今尚无定论。

罗布泊是否会移动？

著名的罗布泊地区是我国古代沟通东西方文化"丝绸之路"的要道，在我国古代史上享有盛名。在《汉书》中它曾是"广袤三百里"的"蒲昌海"，也就是消逝的古楼兰王国的所在地。它地处塔里木盆地东部，是我国著名的咸水变迁湖，因为曾发生过很多离奇的事件，而被人们称为"神秘之地"。

　　据史书记载，罗布泊曾经是新疆南部一个最大的淡水湖泊。在历史上，它曾接纳从塔里木盆地流来的"众河之水"：西部主要有塔里木河、孔雀河和车尔臣河；东部主要有甘肃的疏勒河。所以，蒙古语称它为"罗布诺尔"，意思是"汇入多水之湖"。但是后来由于塔里木河多次改道以及气候的变化，罗布泊水量的补给不断变化，因而湖泊的面积也相应的有过多次改变，或大或小。

　　那时，由于通商的需要，很多来往的商旅、游客都必须要穿过这个险恶地区，他们常常因为饥渴难耐、酷热当头而葬身于茫茫沙漠之中，因此罗布泊获此盛名，被人们称为"死亡之地"。相传我国唐朝著名的玄奘法师（也就是唐三藏）去印度取经时，也曾走过这样一段路程。据说，他到了瓜州（今天甘肃敦煌），跟随他的几个人在听到人们对罗布泊的介绍后，都不敢继续西进了。于是，只剩玄奘一个人牵着别人赠送的一匹老马，义无反顾地走进这个可怕的地区。后来，在茫茫无际的大沙漠中，他苦熬了几天几夜，而且还迷失了方向，在布满盐层的湖底转来转去，就是找不到出路，眼看干渴得就要一命呜呼了，幸亏那匹老马把他驮到一个有泉水的地方，才得以死里逃生，最终取得真经。从此的世世代代，不知罗布泊吞噬了多少人的生命，直至近代，很多中外探险者们也葬身在这里。1981年6月，我国著名科学家、中国科学院新疆分院副院长彭加木来罗布泊地区考察时，由于中途断水，他为了节省开支，不用飞机空

罗布泊

由于罗布泊一带地处南疆荒漠，大陆性气候显著且干旱少雨，又因地壳变动及气候条件的异常，加上风沙长期吹蚀，形成土丘、怪岩罗列的雅丹地貌。

运淡水，只身一人冒险寻找泉水，不幸牺牲在罗布泊附近的茫茫沙漠中。后来我国的著名探险家余纯顺也走入罗布泊中，未能出来。至于这二人到底在哪里失踪，现在还是未知数。

1900年，瑞典探险家斯文·赫定千里迢迢来到我国的罗布泊考察，从沙漠南部进入该地区，途中死了3个帮手、7峰骆驼，他本人是死里逃生，只穿一条裤子狼狈不堪地爬到和田河畔，被当地农民救了性命。他身历了罗布泊的危险，拣了一条命回国，写了《长征记》一书，记述了那次去罗布泊的可怕经历。一年后，他语出惊人，向世界宣布罗布泊是一个会移动的湖。从此以后，神奇的罗布泊究竟是否

楼兰古城老人墓

古代鄯善国故地的楼兰国，位于阿尔金山北麓，罗布泊西畔孔雀河的南岸。从西元1900年初次发现这片遗址开始，已吸引不少中外学者探访。图为楼兰古城的老人墓。

胡杨林残枝

位于罗布泊一带的胡杨林残枝。有人称胡杨林的生命有"三个千年"，即它生长在荒漠中千年不死，死后千年不倒，倒后千年不烂。

会移动，引来了一百年来的争论不休。斯文·赫定认为，罗布泊是按照一定的时间规律，在塔里木盆地湖区间来回游移的。而当时的喀拉和顺湖就是南移的罗布泊。他认为移动的原因主要是由气候的周期性吹蚀，导致了罗布泊的来回移动。

之后，很多科学家也就成为了这一理论的追随者。1906年，美国人艾·亨丁顿提出了"盈亏湖"的理论；1931年，我国学者陈宗器也提出了"交替湖"的观点；1953

395

年和 1955 年，两位苏联学者先后发表论文论证罗布泊是个游移湖；1992 年，我国学者奚国金提出，罗布泊的特征就是游移等等。这些理论虽然各不相同，但都论证了"罗布泊是游移湖"这一观点，罗布泊会移动，似乎成为了一个定论。

然而，一百年来，罗布泊是否会移动，还是没有能够说服所有人，认为罗布泊不是个游移湖的观点也有拥护者。20 世纪 80 年代，我国的科学家相继从不同侧面论证了"罗布泊不是游移湖"。后来，中科院罗布泊环境科考队在对罗布泊地区进行综合地质考察中发现了罗布泊不是游移湖的直接证据。考察队队长方小敏说："如果罗布泊要是游移的话，湖水干涸的话，那么这个地方的沉积物就会产生间断。现在我们从钻孔里没有发现这种间断的存在，那么至少从沉积物里面来推断，这种游移湖的存在是不可能的。"他们的实地考察，证实了罗布泊是塔里木盆地的最低点和集流区，那么湖水就不会倒流，短期内湖底地形不会剧烈变化，而且罗布泊长期是塔里木盆地的汇水中心。所以说，游移说是不切实际的推断，只是对塔里木盆地中曾出现的与罗布泊临近的其他湖泊的地理错觉，而并非真正的"移动"。

罗布泊究竟会不会移动，中外学者的观点不一，罗布泊依然还是个神秘的危险之地，这个"移动"之谜也就成了科学家、探险家继续要争论的问题了。

嘎仙洞中住的什么人？

在东北大兴安岭林区的腹地，有一座安静的小城市，它是鄂伦春自治旗的首府阿里河镇。这里四面环山，海拔接近 1000 米，周遭被绵延的松林包围，气候凉爽，距小城不远的山上有一片被茂密的白桦林掩映的山崖，半山腰有一个略成三角形的岩洞，这就是当地鄂伦春人称之为嘎仙的神洞。

至于为什么叫作"嘎仙洞"，这里还有一个传说：在很久以前，嘎仙洞一带是最好的猎场。有一年，这里来了一个满盖（鄂伦春语"魔鬼"），把好几个猎人抓进洞里吃了。猎人们请来天上的嘎仙驱赶满盖。嘎仙和满盖斗智斗勇。比臂力，满盖举起挡

"猗㐌金"四兽纹金饰牌

饰牌属西晋时草原上的艺术品。它的背部錾凿有"猗㐌金"三字，是拓跋鲜卑始祖力微之孙猗㐌的遗物。猗㐌部居代郡之参合陂。

嘎仙洞遗址

洞门的大石头，运足了劲儿，才扔到甘河边上；嘎仙轻轻托起那块巨石，一挥手，就扔到河对岸山岭上，还直直立在山顶上。比射箭，满盖连射三箭没有射中，而嘎仙一箭就射穿了巨石中心。那个吃人的满盖被嘎仙的箭法和臂力吓坏了，转身跑回大海去了。嘎仙为防备满盖再回来吃人，日夜守护在大海边，化成石像。当地人民为纪念嘎仙，就把他降服魔鬼的洞穴称为嘎仙洞。

嘎仙洞外观非常陡峭，在距地面20米的地方有一个三角形的洞口。与陡峭的地势相反，洞内的空间很大，有相当于现在五层楼的高度，洞底非常平坦，长度约有100米。石洞的中央有一块很大的多边形石头，表面比较平整，很像一个石桌，四周有用火烧烤过的痕迹。考古工作者在嘎仙洞里进行过发掘，发现了许多石器，这是嘎仙洞远在石器时代有了人类繁衍生息的物证。

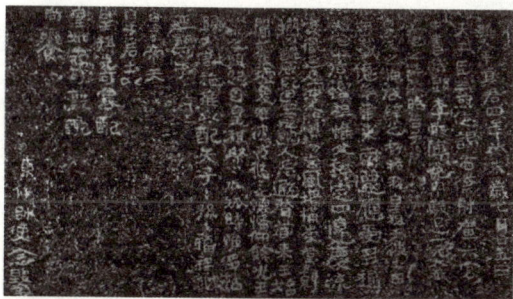

嘎仙洞太平真君四年(443) 刻石拓片

石刻共19行，202字，刻在洞内西侧石壁经过修整的平面上，距洞口15米。刻字至今尚可识读，为汉字隶书，古朴苍劲。内容与《魏书》所记基本相同。这是迄今在中国北部边疆少数民族地区已知有文献可考的时代最早的古代民族遗迹，是极其珍贵的历史文物。

究竟是什么人居住在这里呢？他们为什么选择了这里，为什么后来又没有踪迹了呢？嘎仙洞之谜有待人们的进一步研究。原来居住在嘎仙洞的人是鲜卑族的北支，以赋有进取精神的汉字"拓跋"为自己命名。

很长一段时期鲜卑人不知道大山以外的天地发生的事情，在鲜卑人守在山洞里围着终年不熄的篝火群居的时候"洞中才数月，世上已千年"。大约到了公元1世纪中叶，拓跋鲜卑族诞生了一位开拓精神极强的酋长，不甘心困守在山洞之中，果敢地率领拓跋鲜卑族走出山洞。正是这一步，铸就了后来统治中原的北魏王朝。拓跋鲜卑建立北魏王朝之后，黄河以北的广大地区出现了宁静的太平盛世景象。北魏的第四个皇帝拓跋焘，号称太武帝，萌生出祭奠祖先的意愿。太武帝决定派遣中书侍郎李敞奉天子之命，千里迢迢，返回故乡，"用骏足（马），一元大武（牛），柔毛之牲（羊）祭奠先祖，昭告与皇天之灵。"中书侍郎不辱使命，跋涉四千余里，在大兴安岭的原始森林中找到了嘎仙洞，完成了祭奠天地、祖宗神灵之后，命工匠用汉字在石洞的岩壁上刻下了 210 个字的祝文。今天我们在嘎仙洞石壁上发现的文字，正是当时所留下来的，沉寂了 2000 多年的历史再一次展现在眼前，原来这里是鲜卑祖先居住的地方。

神农架之谜

神农架位于我国湖北省西部的大巴山区，面积有 3200 平方千米，林地占 85% 以上，海拔差不多都在千米以上，素有中华屋脊之称。神农架是个谜，神秘而博大：大量动物在此返祖变白，山溪之间出现大海独有的潮汐，真假虚实的动物故事，怪异莫测的洞穴……这些独特费解的神农架之谜，叫人眼花缭乱，浮想联翩。

谜之一：动物白化现象。

我国许多城市的动物园里都养有白熊。从外表看，它们实在没有什么区别，若注意到产地栏的记载，就会发现其中的大不同。原来多数白熊都属引进的北极熊，唯独武汉动物园里的白熊标记着"神农架"三个字，是地道的"国产货"。关于神农架白熊是否真是白熊的问题，科学界在 20 世纪 50 年代就有争议，至今余波未了。

20 世纪 50 年代初期，在神农架山林里捕到的第一只白熊，送到武汉动物园，引

神农架燕子垭

起了科学界的震惊。依照常理，白熊只能生活在北极圈内、北冰洋地区，神农架属中纬度地区，是亚热带向温带气候的过渡地带，怎么可能出现白熊呢？

未过多久，在神农架又相继捕到四只白熊，而且雄雌老幼兼备。

20世纪70年代在两次大规模的"鄂西北奇异动物科学考察"过程中，科学工作者竟陆续见到、捕

白熊

到了神奇的白蛇、白獐、白麂、白龟、白金丝猴、白苏门羚、白鹳、白皮鹭、白冠长尾雉……当地百姓还曾目睹过白"野人"、白蟾蜍等，几乎所有的动物物种都有白的。

在古代传说中，白色动物一直被视为修行千载、始悟仙道的精灵或神物。《史记·五帝本纪》中记述的曾帮助轩辕黄帝立下赫赫战功的"罴"即为白熊，《白蛇传》中的白娘子也是白蛇修成人身的。

神农架的白色动物同非白色的同种动物相比，在生活习性方面尚未发现有多大差异。

通体白色的动物在当今世界上已为数寥寥了，非洲白狮、白人猿、印度白鹿、中国台湾白猴等无不被人视为珍宝。在我国珍稀动物名录里，诸如白鹳、白冠长尾雉等占据了相当大的比重，神农架被称为"白色动物之乡"的确当之无愧，而神农架所有白色动物均享受国家一类保护动物的待遇也是理所当然的。不过人们至今还是不清楚，为什么唯独在神农架才会出现这么大规模的动物白化现象。

谜之二：山溪之间的潮汐。

潮汐是由月球对地球的引力而产生的海水涨落现象。谁能相信，这海边特有的自然现象竟也能出现在神农架的山溪间呢？流经红花乡茅湖村境内林区的潮水河就可以看到这种现象。

观察潮水河奇观最理想的地方当数横卧于上游的一座小桥。桥不知建于何时，虽历经修补，却依然保留着原有的模样，桥墩用石头垒砌，桥身由树干架成，高丈余。平时看来，这座桥似乎架得多余。因为只有汩汩流水从桥下淌过，行人完全可以凭"石步子"安全过往。唯有到涨潮的时候才可以认识到桥的必要，那时候水位陡升，波涛翻腾，一下子便漫上桥头，需半个多钟头才会慢慢消退。溪水从观音岩上的一个岩洞中涌出，滚坡直下，最初为一挂瀑布，降至谷底才形成一条小溪。细观瀑流，时粗时细，一昼夜三变，因而引起溪水三起三落。涨潮时波澜翻滚，汹涌澎湃，落潮时水位锐减，露出岸边卵石。这与海边潮汐又不尽相同。

民间将潮水河潮汐的起因解释为犀牛翻身，讲潮水河的源头是一口深渊，有一头巨大的神犀终年睡在水里修炼，神犀有个习惯，每昼夜要翻三次身，每当它翻身时就会激起渊水外溢，因而造成了河水涨潮。此说是否可视为对间歇泉的神话解释呢？地质工作者曾探察过潮水河的源头，发现观音岩上的岩洞内通地下河，地下河的源头远在海拔2060米的"一碗水"，"一碗水"又是一处间歇泉，因此认为潮汐为间歇泉所致。但"一碗水"究竟有多大蓄水量？间歇泉是怎么形成的？间歇泉有能量使下游的溪水如潮水般定时暴起暴跌吗？潮水河还有许多令人费解的现象。譬如，它来潮时的水色因时节而不同。若逢干旱时节，水色混浊，像暴起的山洪；若逢淫雨时节，则碧波荡漾，如奔腾的清流。为什么如此泾渭分明呢？再譬如，它左右各有一条水溪，水色也因时节而异，不过恰与潮水河色相反，这是为什么呢？这些问题谁能解答呢？

谜之三：真假虚实的动物故事。

神农架动物世界奇闻特别多。1986年12月4日的《江汉早报》上赫然登着一则报道，题曰《神农架巨型水怪之谜》，称新华乡农民发现三只巨型水怪，"栖息在深水潭中，皮肤呈灰白色，头部像大蟾蜍，两只圆眼比饭碗还大，嘴巴张开有4尺多长，两前肢生有五趾……浮出水面时嘴里喷出几丈高的水柱，接着冒青烟"。

与水怪传闻大致相似的还有关于棺材兽、独角兽和驴头狼等的传闻。《神农架报》称棺材兽是自然保护区科考队员黎国华最早在神农顶东南坡发现的，是一种"长方形怪兽，头大，颈短，尾巴细长能自由摆动，时而还能搭到背脊骨上，全身麻灰色毛……向山下疾奔，碰得树枝噼呖啪啦地脆断，四蹄带起的石头轰隆隆地滚动"。《神农架之野》里说独角兽"头跟马脑壳一样，体像大型苏门羚，四肢比苏门羚还长，后腿略长，尾巴又长又细，末梢有须……前额正中生着一只黑色的弯角，像牛角，长有40厘米，从前额弯向脑后，呈半回形弧弓。后颈部长有鬃毛，类似于马鬃"。

在谜一般的神农架，还生活着一种驴头狼身的怪兽，当地

神农架野生动植物景观

群众称其为"驴头狼"。据目击者说,驴头狼"四条腿比较细长,尾巴又粗又长,除了腹部有少量白毛外,全身是灰毛。头部跟毛驴一样,而身子又跟大灰狼一样,好比是一头大灰狼被截去狼头换上了驴头,身躯比狼大得多"。长着四只像狼那样的利爪,是一种凶猛的食肉动物。当地不少人都见过它的踪迹,在20世纪60年代,有的猎手还打到过这种怪兽,可惜尸体没有保留。

这些传闻似乎荒诞可笑,但又是如此地言之凿凿,有鼻子有眼,我们能断定它的不存在吗?

谜之四:盛夏结冰川的洞穴。

一般岩洞内都是冬暖夏凉,但这也仅是相对暖和而言,凉倒也罢了,可是隆冬热风扑面来,犹如置身于暖气房;盛夏冰川林立,好像钻进了广寒宫,这样的现象就很奇怪了。神农架就有这样一个奇洞,名叫"冰洞"。冰洞山高耸在宋洛河西侧,主峰海拔2400多米,顶部呈棱台状,正中内陷,形成一个倒扣的漏斗形天坑。天坑约10米深,7米宽,20米长,原来曾盛着半池清水,大概是周围林木被砍伐殆尽的原因,水位渐跌,以至于到今天完全枯竭了。冰洞口便显露在石体上,仅有一人多高,宽也不过4米左右。在洞口处站不上1分钟,就能强烈地感到这里气候与外界截然不同。冰洞的主洞道不长,支岔却很多,门洞稍微宽展些,越向前越狭窄,可容游人通行者不足1000米。

神农溪水流湍急,清可见底。

洞内有一条暗河,基本沿主洞道而流,水量不大,却可闻潺潺之声。究竟洞深几许,尚属未解之谜。冰洞内的景象因时而异:春来珠光宝气,夏至冰塔林立,秋季碧水轻流,冬时暖气融融。结冰一般在七八月开始溶化,有人做过测试,化冰时洞口温度为21℃,山麓温度为30℃。三伏盛夏,进入冰洞,犹如登上了嫦娥蟾宫。刚才还是汗流浃背,马上就有了彻骨寒意,得赶紧加穿衣服,适应了才能慢慢观赏。只见头上悬着各式各样的冰灯,脚下踩着滚瓜溜圆的冰球,四壁耸立着奇形怪状的冰柱,深处飘逸着时隐时现的冰流。那些冰灯,无不灵巧生动,辉煌耀目;那些冰球,无不通体透明,漫地滚动;那些冰柱,无不攀龙附凤,熠熠生辉;那些冰流,无不从天而降,气势逼人。在冰洞里,似乎一切全是白银打造而成,所有景观都是翡翠装点,满目是玉树琼花,遍地皆锦鳞秀甲。那些银器,工艺精巧,无与伦比;那些翡翠,色泽纯正,

人类的近亲——黑猩猩

黑猩猩是人类的近亲。它们主要在树上生活，也到地面活动，必要时可直立行走，常以一夫一妻和幼子组成家庭。智力发达，似有初级思考能力，例如能将细竹竿插入粗竹竿，使其增长，用以取下高处的食物。

沁人心脾；那些玉树，参差挺拔，交相辉映；那些锦鳞，生动活泼，奔腾逶迤。以科学的观点来分析，冰洞的奇特现象极有可能与洞体结构和所处的环境有关。冰洞山高达2000多米，冰洞深藏在天坑底部，洞道又呈正东西走向，洞体全是坚实的岩石，石体具有吸热快、散热也快的特点。冬季，地心温度高于地表，寒风有天坑遮挡，难以吹进洞内，来自地底的暖气流同外界的冷气流在洞口处相遇，于是形成了水珠。夏季情况则相反，外界的暖气流从天坑底部涌入洞内，遇上了来自地心的冷空气，温度骤降，就可能结水成冰。但这尚不是最终结论，人们仍须继续探索。

谜之五：信疑难定的"野人"传说。

神秘的神农架，如梦如幻的神农架，久为世人向往，而神农架"野人"之谜更是像磁石一般吸引着世人的目光。神农架"野人"被称为当今世界四大自科学之谜中的一个（其他三个为尼斯湖水怪、百慕大三角和天外来客飞碟）。

神农架地区自古以来就有"野人"的传说。在鄂西北地区的历代地方志中都有"野人"出没的记载。据报载，至今有数百人声称他们见过"野人"。而且这样新的报道现在仍时有耳闻。在传说中，"野人"有许多与从类相似的特征：体形似人，满身红毛，无尾巴，身材高大，能直立行走，能发出类似鸟类的鸣叫声。

如此众多的报道、如此言之凿凿的描述，不能不引起科学界的关注。1976年5月，中国科学院组织了"鄂西北奇异动物考察队"深入神农架林区，收集了大量"野人"脚印、毛发、粪便样本。经初步鉴定，认为"野人"是一种接近于人类的高级灵长类动物，推测其正处于从猿到人进化过程中的一个阶段，即"正在形成的人"。

其后又有数支考察队进驻神农架林区，得出

这是一幅根据大量考古发现绘制的原始人类生活复原图，神农架"野人"与这些古人类颇有相似之处。

了相似的结论。但是到目前为止，还没有捕获到一个活的"野人"，因此神架"野人"仍是一个谜。它们是尚处蒙昧阶段的原始人类？是人类的近亲灵长类动物？或者是人们虚构出来的不存在的东西？如果人类能捕捉到一个活的"野人"，也许这一切都将迎刃而解，我们拭目以待。

小雁塔为何乍离乍合？

西安小雁塔底层北门楣有明嘉靖三十年（1551）"王鹤刻石"的刻石题字，上面写道："荐福寺塔肇自唐，历宋元两代，明成化末长安地震，塔自顶至足中裂尺许，明澈如窗户，行人往往见之。正德末地再震，塔一夕如故，若有神合比之者。"这里记载了小雁塔的第一次自裂自合。原来小雁塔是由于一次地震裂开的，不过又在另一次地震中自己将裂缝合上了，真是奇怪至极。

清初名学者贾汉复、王士祯等人记述了小雁塔的另一次裂合："荐福寺塔……十五级，嘉靖乙卯(1551)地震裂为二，癸亥(1563)地震复合无痕，亦一奇也。"这第二次的裂开，距王鹤刻字所记不到五年，经过了8年又第二次自然复合起来了。

清道光十八年(1838)，钱咏在其著作《履园丛话》中又有这

小雁塔

此塔里有一口重万余斤的金代大铁钟，钟声洪亮，"雁塔晨钟"为关中八景之一。

大雁塔

位于西安市慈恩寺内，与小雁塔东西相向，是唐代古都长安保留至今的两处重要建筑，系唐代高僧玄奘为保护从印度带回来的经卷而建。

样的记载："西安府南十里有雁塔，嘉靖乙卯地震，塔裂为二，癸亥复震，塔合无痕。康熙辛未(1691)塔又裂，辛丑复合，不知其理。"后面记载的是前一次砖塔复合128年后小雁塔又一次裂开，再经30年后自然复合的第三次裂合事实。一个砖塔经过6次地震不倒塌，反而自然复合起来，确是一件令人难解的奇事。

小雁塔第四次裂开虽无具体时间记载，但是这是新中国成立后许多人共睹的事实，自顶至足有1尺多宽的裂口，后经西安市人民政府进行加固和整修，才恢复了原来的面貌。

小雁塔的自裂自合共有3次，这到底是怎样形成的呢？近年来有人推测：小雁塔的离合和西安地区地面裂缝的发展和消亡的机理是一样的，是地壳运动在不同物体上的不同表现，是一种"同质异相"，即地裂、塔裂，地合、塔合。一般裂开时要快速猛烈一些，容易被人们注意到。而合拢起来时则要缓慢得多，地壳在均衡的调整应力的作用下，会自动地缓缓合拢。由于合拢的速度小，所以一般不为人们注意到。

这种因地壳运动引起小雁塔的离合之说，还不能完全令人信服。因为除了小雁塔之外，西安地区在小雁塔发生离合的3次地震中，并没有其他自动离合的例子出现，为什么独独小雁塔会四离三合呢？也许当科学更发达的时候，小雁塔离合之谜就会被揭开了。

悬空寺之谜

悬空寺位于山西省浑源县，距大同市 65 千米，是国内仅存的佛、道、儒三教合一的独特寺庙，属于国家重点文物保护单位。悬空寺始建于 1400 多年前的北魏王朝后期，北魏王朝将道家的道坛从平城（今大同）南移到此，古代工匠根据道家"不闻鸡鸣犬吠之声"的要求建成了悬空寺。悬空寺距地面高约 50 米，悬空寺建造的位置山势陡峻，两边是直立 100 多米、如同斧劈刀削一般的悬崖，而悬空寺就建在这悬崖上，它给人的感觉像是粘贴在悬崖上似的，从远处抬头望上去，看见的是层层叠叠的殿阁，只有数十根像筷子似的木柱子把它撑住。而悬空寺顶端那大片的赭黄色岩石，好像微微向前倾斜，马上就要塌下来似的。于是有不少人用建在绝壁上的"危楼"来描述悬空寺，那么这座绝壁上的危楼又是怎么建造的呢？它又为什么要建造在悬崖绝壁上呢？又是什么原因使它历经千年仍旧保存得如此完好呢？

恒山山道

恒山自古为兵家必争之天险，既是守边之地，又是控制中原的要塞之处，山中有十八胜景，今尚存会仙府、九天宫、悬空寺等十多处。

近些年来，专家们对悬空寺进行了多次实地考察，提出了许多新观点。有专家认为悬空寺之所以能够建在悬崖上，主要是由"铁扁担"把楼阁横空架起。专家们介绍说，从三官殿后面的石窟侧身探头向外仰望，会发现凌空的栈道只有数条立木和横木支撑着。这些横木又叫作"铁扁担"，是用当地的特产铁杉木加工成为方形的木梁，深深插进岩石里去的。据说，木梁用桐油浸过，所以不怕被白蚁咬，还有防腐作用。这正是古代修筑栈道的方法，悬空寺就是用类似修筑栈道的方法修建的，把阁楼的底座铺设在许多"铁扁担"上。与此同时，也有专

远观悬空寺，只见其惊险奇绝，正如晋北民谣所唱："悬空寺，半天高，三根马尾空中吊。"

家指出悬空寺之所以能够悬空，除了借助
"铁扁担"之力以外，立木（即柱子）也立
下了汗马功劳。这些立木，每一根的落点
都经过精心计算，以保证能把整座悬空寺
支撑起来。据说，有的木柱起承重作用；
有的是用来平衡楼阁的高低；有的要有一
定重量加在上面，才能够发挥它的支撑作
用，如果空无一物，它就无所借力而"身
不由己"了。还有专家认为悬空寺全寺40
间殿阁，表面看上去支撑它们的是十几根
碗口粗的木柱，其实有的木柱根本不受力，
所以有人用"悬空寺，半天高，三根马尾
空中吊"来形容悬空寺。而真正的重心撑
在坚硬岩石里，利用力学原理半插飞梁为
基。也就是在山崖上先开凿好窟窿，将粗
大的飞梁插到这些窟窿里，这插到山里的
一大半支撑着楼体，露在外面的一小半便
是楼阁的"基石"。这样，看上去像是空中
楼阁平地而起，实际上楼阁的重心在山体。
悬空寺到底是怎样建造的，专家们各持己见，争论不休。

悬空寺栈道
栈道上建有重檐楼阁两层，高低错落，参差有
秩，蔚为奇观。

那么悬空寺又为什么要建造在悬崖绝壁上呢？又是如何保存得如此完好呢？人们
也是说法不一。有人说以前这里暴雨成灾，只好把寺建在悬崖上，悬空寺处于深山峡
谷的一个小盆地内，全身悬挂于石崖中间，石崖顶峰突出部分好像是一把伞，使古寺
免受雨水冲刷。山下的洪水泛滥时，也免于被淹。也有人说以前这里是南去五台、北
往大同的交通要道，悬空
寺建在这里，可以方便来
往的信徒进香。而且浑河
河水从寺前山脚下流过，
当时常常暴雨成灾，河水
泛滥，人们以为有金龙作
祟，便想到建浮屠来镇压，
于是就在这百丈悬崖上悬
空修建了寺院。另外，也
有人指出这里的山势好像

夕阳下的悬空寺金碧辉煌，十分壮观。

一口挂起来的锅一样，中间凹了进去，而悬空寺恰好就建在锅底。这种有利的位置，不仅使得塞外凛冽的大风不能吹袭悬空寺，而且寺院前面的山峰又起了遮挡烈日的作用；据说，在夏天的时候，悬空寺每天只有3个小时的日照时间，这也正是悬空寺为什么能够历经千多年风吹日晒，仍然牢牢地紧贴在峭壁上的重要原因之一。近些年有专家指出，悬空寺之所以历经千年而保存得如此完好，除上述原因外，也归功于它奇特的建造。悬空寺除一进寺门有一条长不及10米，宽不到3米的长方寺院可容数十

山崖下的悬空寺

人外，其余楼台殿阁尽由狭窄廊道和悬梯相连，游人只能鱼贯缓行，不会造成拥挤现象，这就大大减轻了游人对廊道和悬梯的压力。另外也有专家认为悬空寺还有一个与众不同的特点，就是"三教合一"。在寺院北端的最高层，有座三教殿，我国佛、道、儒三大教派的释迦牟尼佛、老子、孔子端坐一殿。自古以来，各教派为赢得百姓崇信，各执己见，争论不休，故天下寺殿多是分立，而悬空寺却将三教融入一殿，实为罕见。而悬空寺内佛、道、儒三教兼有，历代朝野臣民对其都倍加爱护，这也是其完好无损的一个重要原因。

远望悬空寺，其凌空欲飞，似雏燕展翅；近观，如雕似刻，镶嵌在万仞峭壁。"飞阁丹崖上，白云几度封。蜃楼疑海上，鸟道滑云中"。古代诗人用这样优美的诗句赞美悬空寺，并非夸张。唐朝大诗人李白游完悬空寺，大笔一挥，写下"壮观"二字。明代旅行家徐霞客当年游历到此，惊叹悬空寺为"天下巨观"。悬空寺以其独特的建筑风格和文化内涵吸引着古往今来的游人，那一个个至今尚未被世人解答的谜也给悬空寺增加了几分神秘。

众说纷纭的明孝陵

据说，明孝陵是明代开国皇帝朱元璋和皇后马氏的合葬陵墓，坐落在紫金山南独龙阜玩珠峰下，东毗中山陵，南临梅花山，是南京最大的帝王陵墓，也是我国古代最大的帝王陵寝之一。

明孝陵规模宏大，建筑雄伟，形制参照唐宋两代的陵墓而有所增益。陵占地长

明太祖之妻马皇后像

22.5 千米，围墙内宫殿巍峨，楼阁壮丽，南朝 70 所寺院有一半被围入禁苑之中。陵内植松 10 万株，养鹿千头，每头鹿颈间挂有"盗宰者抵死"的银牌。为了保卫孝陵，内设神宫监，外设孝陵卫，由 5000 名到 1 万多名军士日夜守卫。

明孝陵是明太祖朱元璋的陵寝建筑，但其地宫的具体位置在哪里，众说纷纭，史无定论。加之朱元璋下葬时曾有 13 个城门同时出殡和葬于南京朝天宫、北京万岁山等民间传说，因此朱元璋是否真的葬在明孝陵也成为数百年来人们心中挥之不去的谜团。

谜团之一：朱元璋是否葬在独龙阜？

专家们采用的精密磁测技术是根据物体磁场原理，通过探测地下介质（土、石、砂及人工物质）磁场的空间分布特征，根据其空间磁力线分布图像的不同，输入计算机分析，来判别地下掩埋物是否存在及其形制的。

最初的测网布置乃以明楼为中心。探测结果发现这条中轴线上没有想象中的地下构筑物。通过异常的向东南延伸的磁导信号，找到了宝城内明孝陵地宫的中心位置，确认朱元璋就葬在独龙阜下数十米处，而且这座地下宫殿保存完好，排除了过去流传的地宫被盗之说。

谜团之二：墓道入口在哪儿？

在对明楼中轴线以北的测网资料分析中，通道状并无连续的异常，相反以东拐向东南的线状异常。而且这种隧道状构筑物的异常是连续的，长度达到 120 米，具有一定宽度，内径为 5 米到 6 米。同时判断，该隧道状构筑物的入口之一

明孝陵大门远景

明孝陵就是明太祖朱元璋的陵寝。明孝陵于洪武十四年（1381）开始营建，次年葬入马皇后。马皇后谥"孝慈"，故名"孝陵"。

孝陵博物馆正面近景

位于明楼东侧的宝城城墙之下。

经地表调查，在相应的宝城城墙上可看到两处明显的张性破裂的裂口和下沉错位的痕迹，由此推测这里很可能就是隧道状构筑物即地下宫殿的入口之一。

谜团之三：墓道弯曲，是岩石"作怪"？

明孝陵与历代帝王陵寝相比，有许多不同之处，其中之一就是墓道弯曲不直。

通过探测，结果发现竟是两种不同的岩石所致。明楼以北的山坡，地下由两种不同岩石组成，西侧是下中侏罗纪的砾岩，东侧是稍晚的长石石英砂岩。这两种岩石本身的磁性差异很大，更奇怪的是，这两种不同岩体的接触界面呈南北走向，并且位置也靠近明楼中轴线，开始时被误认为是墓道。

由于西侧岩石硬度强，开挖困难，专家根据宝城内的地质特征，认为不排除存在这样一种可能：当年明孝陵的建筑工程主持者已注意到本地岩石的磁性差异，而修改了原有的施工方案。

明孝陵地宫确实在独龙阜下，其墓道偏于宝城一侧做法，起因是什么，目前尚不可知，但这种制度一直影响到明代后来的帝陵规制。如北京明十三陵中已发掘的定陵，其墓道入口便是偏向左侧，与孝陵墓道正好相反，但避免把墓道开在方城及宝城中轴线上却是它们共同遵循的法则。

明孝陵神道石刻文臣像

谜团之四：宝顶表面巨大的卵石有什么用？

考古人员还发现独龙阜山体表面至少 60% 的地方是经过人工修补堆填的，宝顶上遍布有规则排列的大量巨型卵石。经过研究分析，这些巨型卵石是当年造陵工匠用双手从低处搬运上去的，是帝陵美学的要求，还是为了防止雨水对陵表的冲刷和盗陵者的掘挖？

明孝陵坐北朝南、依山傍水，堪称风水宝地。它留给世人的这些谜团也散发着神秘魅力，给后人留下了广阔的想象空间。

中国故宫为何称为紫禁城？

故宫旧称紫禁城。明永乐四年至永乐十八年，明成祖开始修建故宫，历经明、清两代 24 个皇帝在此执政。

紫禁城为皇家宫殿，红墙黄瓦，金碧辉煌，为什么称皇家宫殿为紫禁城呢？大致有如下三种说法：

一种说法认为这与古时候"紫气东来"的这个典故有关。传说老子出函谷关，有紫气从东至，被守关人看见，不久，老子骑着青牛姗姗而来，守关人便知道这是圣人。守关人请老子写下了著名的《道德经》。因此紫气便被认为具有吉祥含义，预示着帝王、圣贤和宝物出现。杜甫的《秋兴》诗曰："西望瑶池降王母，东来紫气满函关。"

从这以后古人就把祥瑞之气称为紫云，传说中的仙人居住的地方称为紫海，将神仙称为紫皇，把东京城郊外的小路称为紫陌。紫气东来，象征吉祥，由此可知紫禁城中的"紫"大有来头。皇帝居住的地方，防备森严，寻常百姓难以接近，所以称为紫禁城。

　　另一种说法认为紫禁城的来历与迷信和传说有关。皇帝自命为是天帝之子，即天子。天宫是天帝居住的地方，也自然是天子居住之地。《广雅·释天》曰："天宫谓之紫宫。"因此皇帝住的宫殿就被称为紫宫。紫宫也称为紫微宫，《后汉书》说："天有紫微宫，是上帝之所居也，王者立宫，象而为之。"《艺文类聚》记："皇穹垂象，以示帝王，紫微之则，弘诞弥光。"

　　还有一种说法认为紫禁城的来历与古代"星垣"学说有关。古时，天上星垣被天文学家分为三垣、二十八星宿及其他星座。三垣指太微垣、天市垣和紫微星垣。而紫微星垣是代称天子的，处于三垣的中央。紫微星即北斗星，四周由群星环绕拱卫。古时有"紫微正中"之说和"太平天子当中坐，清情官员四海分"之说。

　　既然古人将天子比作紫微星垣，那么紫微垣也就成了皇极之地，所以称帝王宫殿为紫极、紫禁、紫垣，"紫禁"的说法早在唐代即已有之。王维《敕赐百官樱桃》诗曰："芙蓉阙下会千宫，紫禁宋樱出上兰。"北京故宫占地 1087 亩，南北长 961米，东西宽 753 米，周长约 7 里，全部殿堂屋宇达 9000 多间，四周城墙高 10 余米，称这座帝王之城为紫禁城不仅名副其实，且含天子之城的意思。考察故宫中的建筑，象征着"天"的崇高和伟大的太和殿，位于故宫中极，是最高大突出的地方；象征着天和地的乾清、坤宁二宫紧密相连；它们两侧的日精、月华二门，象征着日和月；

故宫俯瞰

故宫太和殿

太和殿俗称金銮殿，为故宫三大殿中最大的一座。始建于明初，最初名为奉天殿，后改名皇极殿，清顺治二年（1645）改为现名。现存的殿是清康熙三十四年（1695）重修的。全殿面阔11间，进深5间，外有一列廊柱，全殿内外总共立有84根大柱。殿高约35米，宽约63米，为全国规模最大的木结构建筑。封建皇帝常在这里号令全国，举行庆典。

而象征着十二星辰的东西六宫以外的数组建筑则表示天上的群星。这些象征性的建筑群，拱卫着象征天地合璧的乾清、坤宁二宫，以表明天子"受命于天"和"君权神授"的威严。

故宫的旧称——紫禁城，从"星垣"学来看，其命名与建筑设计可以说是高度统一、珠联璧合的。

感受奇妙的风俗

端午节吃粽子是为了纪念屈原吗？

　　农历五月五日端午节是我国汉族人民最重要的传统节日之一。这一天人们举办各种各样的活动来庆贺，有句民谣是这样说的：“五月五，是端阳。门插艾，香满堂。吃粽子，洒白糖。龙舟下水喜洋洋。”描述的就是那天的种种情景，各家各户要包粽子，挂菖蒲艾叶，薰苍术白芷，给小孩涂雄黄，尤其是盛大的龙舟竞赛，选手们随着隆隆的鼓声，奋力向前划，河的两岸人们高叫着呼喊喝彩，十分精彩。

　　但是关于端午节的来历，历来很多争执，归纳起来，大致有“纪念屈原说”、“黄巢起义说”、“恶月恶日驱避说”、“龙的节日说”这几种说法。

　　“纪念屈原说”是影响最为广泛的。屈原是战国时期楚国的大夫。他思想高洁，一心想振奋祖国。当时楚国被秦国打败了，国力一蹶不振，连国王楚怀王都被押在秦国达一年多后死在异乡。屈原十分

屈原像

屈原，名平，以字行，战国末年楚国人。他主张改革内政，举荐贤能之士，制定了富国强民的政策。

气愤，他劝楚顷襄王要励精图治，亲贤人远小人，操练兵马，使楚国强大起来。可是他这种抱负却招来了令尹子兰和靳尚等奸臣的仇视，他们在楚顷襄王面前说屈原的坏话。楚顷襄王听信这些谣传，把屈原流放到湘南去了。屈原到了湘南以后，经常在汨罗江边徘徊，他满怀悲愤，感到有生之年再难救国救民了，在写下了绝笔作《怀沙》后，抱着石头投汨罗江自尽了。楚国的人民知道这个消息之后，赶到江边来想打捞他的身体，但都找不到。为了不让水中的鱼虾把屈原的身体吃掉，他们就在江上划着龙舟、敲锣打鼓，希望能将鱼虾赶跑；还用粽叶包米饭，做成粽子，投到江喂给鱼虾

吃，希望屈原的身体不要受到伤害。据说这就是划龙舟、包粽子的由来。端午节又因此被叫作"诗人节"。然而，许多盛行于世的端午习俗的历史却比屈原的传说还要悠久。有学者据此推测，端午节或许另有起源。

"黄巢起义说"又有另一种说法。唐朝僖宗年间，黄巢领兵造反，所到之处，杀人血流成河。百姓们四处逃难，有一年五月，黄巢的军队攻进河南，在邓州城外驻扎休息，黄巢骑马到城外勘察地形，见一个妇人背包赶路，一手拉一个孩子，表情很慌张。黄巢感到很奇怪，就问她出了什么事情。那妇人赶紧告诉他关于黄巢军队的传闻，让他快些去逃命，黄巢听后，就对她说：你不必担心，回家把菖蒲和艾草插在门上，就不会被乱兵伤害了。那个妇人回去后将消息广为传播。家家户户都挂起了菖蒲和艾草。五月五日那天，信守诺言的黄巢攻入城后果然没有伤害那些百姓。为了纪念这件事，人们于是每年都在端午这天挂菖蒲艾草过起了端午节。

持"恶月恶日驱避说"的人则认为端午节源于对恶日的禁忌。古人认为五月初五这天是恶日，是普遍现象。根据《史记》中的记载，孟尝君田文就是生在五月初五，他的妈妈认为这天生的孩子要使父亲受灾，让家人把他扔在荒山野地里。东汉的《风俗通义》也有"五月五日生子，男害父，女害母"的说法。东晋大将王镇恶五月初五生，他的祖父就给他起名叫"镇恶"。宋徽宗赵佶从小寄养在宫外，也是因为他是那天生的。而且端午时值农历五月，正是仲夏疫疠流行的季节，俗称"恶月"所以《大戴礼》上说：沐浴啊，就是要去除毒气。所以到现在，在端午节要插菖蒲艾叶来驱鬼、薰苍术白芷和喝雄黄酒来避疫，也就是顺理成章的事。

"龙的节日说"主要是由闻一多先生所提出。在他的文章《端午考》、《端午的历史教育》中写到：端午节最重要的两项活动——竞渡和吃粽子，都和龙有关。他还引了吴均的《续齐谐记》中的话作为证明：屈原死后，楚人常将竹筒里倒上米投入水中来祭祀他。一次有人在河中看到自称是屈原的人，并说人们祭祀的东西常常

屈子祠

屈子祠位于湖南省汨罗县汨罗江岸的玉笥山上，始建于汉代，现存规模为清代乾隆二十一年(1756)重建。祠后有一平顶土丘，俗称骚坛，传说《离骚》就在此地写成。

被蛟龙吃了，希望能用树叶包米并系上丝带来吓退蛟龙。竞渡与古代吴越地方的关系很深，当时吴越百姓还有断发纹身"以像龙子"的习俗。

此外，还有"纪念伍子胥说"、"纪念曹娥说"、"夏至节说"等等各种说法，但都没有压倒性的证据。端午节带着未解的来历被人们世世代代地传承着。

十二生肖是怎么形成的？

十二生肖是我国独有的用12种动物纪年纪时的方式，12种动物依次是鼠、牛、虎、兔、龙、蛇、马、羊、猴、鸡、狗、猪。它们又分别和十二个地支符号子、丑、寅、卯、辰、巳、午、未、申、酉、戌、亥相配合来纪年。按子鼠、丑牛、寅虎的次序每12年轮一次。十二生肖是什么时候出现的？又是如何选定这些动物来命名的？12种动物的座次是怎么排列的？这些直到现在仍然是中国文化的未解之谜。

传说在很久很久以前，人们每天过着惘然不知岁月的生活。玉皇大帝为了让人们

干支十二生肖太极图

分辨年月和季度方便生活，决定选出12种动物轮流代表一年。每12年为一轮。玉帝决定在新年的第一天让动物们从各自的家中出发，赶往天庭，谁第一个跨入大门就是十二生肖之首，其余的座次按到达的先后顺序依次排定。勤劳的牛一早起床，赶到天庭，快到时看到天庭门大开着，不料一只老鼠从它的耳朵里奔出来跳过天庭的门槛成了第一。老实的牛只好甘居第二。依次赶来的虎、兔、龙等动物，要报晓的鸡和要看家的狗来得晚了，排了第十和十一，而懒惰的猪因为睡了蒙头觉只好做了十二生肖的末尾。十二生肖就这样产生了。

当然这些是后人附会出来的故事，但在时间上可以肯定这种用十二生肖来纪年的方法在南北朝时候就已经有了。《北史·宇文护法》中，记载了宇文护的母亲写给他的一封信，有这样一句话："昔在武川镇生汝兄弟，大者属鼠，次者属兔，汝身属蛇。"从这段话可以作为十二生肖的实证。但他们的来历上还有很多的争执，包括有"游牧民族说"、"原始部落图腾说"、"动物外形习性说"等等。

"游牧民族说"认为十二生肖是从少数民族那边传来的。《唐书》中说："黠戛斯国以十二物纪年，如岁在寅，则曰虎年。"因此，很多人认为十二生肖的产生是在中原地区人民同少数民族的交往中，两种纪年法相互取长补短形成。

"原始部落图腾说"认为十二生肖是来源于原始社会一些氏族的图腾崇拜。一些史学家认为，原始生产水平低下，人们对自身的力量认识不足，所以对自然界中对与自己生活息息相关的动物产生一种依赖感（如马、羊、牛、鸡、犬等），对危害自身安全的动物产生一种恐惧感（如虎、蛇），对一些超过人类的动物器官功能产生崇敬感（如狗的嗅觉等），导致产生对动物的崇拜。他们还根据想象创造出龙这样传奇的生物，并把他们的形象作为一种图腾来膜拜。经过漫长的时间的演化，这种图腾的膜拜被用来纪年，成为十二生肖。

"动物外形习性说"则把十二生肖的来历和排座与动物们的外观联系起来。洪巽的《阳谷漫录》中说，十二生肖的排座是根据他们的蹄爪的数量是奇数还是偶数来决定的，如子时第一个，与它相配的鼠是5个指头，而牛是4爪，是偶数位中的第二个。也有人认为是根据特征，如叶世杰在《草木子》中认为：术家以十二肖配十二辰，每肖各有不足之形焉，如鼠无牙、牛无齿、虎无脾、兔无唇、龙无耳、蛇无足、马无胆、羊无瞳、猴无臀、鸡无肾、犬无胃、猪无筋、人则无不足。"

其他的说法还有种种，如十二生肖可能是从古印度时期的天竺那边传过来的，或是黄帝根据动物的活动习性来挑选等等。尽管人们不能确定十二生肖的确切来历，但因为十二生肖的独特和趣味，中国人一直很引以为豪。它是我们传统文化中妙趣横生的一笔。

十二生肖俑 唐

僰人悬棺为何凿于万仞绝壁？

四川珙县悬崖峭壁上的悬棺

在我国四川南部的珙县境内，曾经生活着一支特立独行的少数民族：僰人。从春秋时期到明代万历年间长达两千年的时间里，他们一直在这片土地上耕作、生息、繁衍。在春秋时期，他们被称为"僰人野人"，在汉代，被称为"滇僰、僰僮"，明朝则呼为"都掌族"。然而在明神宗万历元年的"僰汉大战"之后，这个部落从此就神秘地销声匿迹了，除了高悬在离地高达百米的断壁悬崖上的 265 具棺材，他们没有给这个世界留下任何其他的信息。

这些高高在上的"僰人悬棺"总重超过千斤，都是用质地坚硬的整木雕凿而成。其外形主要有船形和长方形两种。有的选择最为险峻的天然或人工凿成崖石安放，棺木还裸露在外面；有的在绝壁上凿孔，插入木梁，把棺木架在上面。悬棺离地面数十米到一百多米，在山风中凌空俯视地面，令人可望而不可即。这些悬棺已经在高高的空中悬挂了数百年，经历着风风雨雨的剥蚀，至今仍牢实地迎空展示着。悬棺的崖壁上有许多红色彩绘壁画，内容丰富，线条粗犷，构图简练，形象逼真。

现存悬棺最集中的地方是宜宾地区珙县洛表乡的麻塘坝和曹营乡的苏麻湾两处景区。其中麻塘坝亦称僰人沟，距四川省珙县城 60 千米，南北狭长，东西两侧奇峰挺拔，险拔峻峭的岩穴之间现存有悬棺 160 多具，许多棺木半悬山崖，距地面一般高约 25 至 50 米左右，最高的有 100 多米。苏麻湾距麻塘坝 10 多千米，在陡峭的石灰岩壁上分布着 48 具悬棺，沿着浩浩荡荡的江水，人们在船上就可以看见这些奇特的悬棺。

僰人为何要把棺木高悬于千仞绝壁之上呢？专家们认为，按古僰人的意思，悬棺入云，是吸日月之精气。从科学上来说，西南地区的少数民族由于长期居住在山水之间，他们对山水产生无比崇高的感情，死后葬在靠山临水的位置表明亡灵对山的依恋和寄托之情。至于把棺木放得很高，那是因为高处可以防潮保尸，并可以防止人兽的侵扰。

可是所有放置悬棺的地方，上至峰顶、下距空谷，都有数十米到一二百米，而且到处都是异常陡峭的石壁，没路可走。古人是怎样将这些悬棺放置到悬崖峭壁上去的呢？对此，人们多方猜测，代表性的解释有"栈道论"和"吊装论"，还有"洪水说"、"隧道说"、"天外来客说"等等，众说纷纭，悬棺因此被蒙上了一层异常神秘的色彩。

"栈道论"认为，悬棺是通过修栈道运到悬崖上的洞穴中的。古人可能就像今天造房子搭架子那样沿着悬崖向上搭，当搭到洞穴口时便可将棺一层层递上来，直至送入洞中，或者由山顶搭栈道向下直至洞口。证据是现在只要乘竹筏沿九曲而游还可以在两岸的岩壁缝隙处看到一些残存的木料，这就是安置船棺后为确保它的安全而将栈道拆除的遗物。但是存放船棺的悬崖多是单独成峰的，突兀峭拔，崖壁坚硬，由下而上搭架子能搭到数百米谈何容易，特别是在工程技术还极其落后的古代少数民族地

四川珙县悬崖峭壁上的悬棺近景

一具具棺木悬挂于万仞绝壁之上，充满了永恒的神秘色彩。

区很难实现。"吊装论"认为悬索下枢可以解决千斤之物如何挂上悬崖的问题。1973年9月，公安部门曾侦破了一起盗悬棺案。两名盗贼供认，他们买了数百千克粗铁丝制成软梯，上端紧绑在岩顶的大树根部，一人把风，一人顺梯而下至洞穴，再设法在崖壁上开辟一条栈道，随后盗棺而出。有些人因此认为僰人是反其道而行：先找到安葬洞口，在洞口前架设数米长的栈道，棺木在峰顶就地制成，装殓死者后吊坠而下至洞口，再由人推进洞去。但人们至今不能断定古人是用什么简陋的机械将悬棺放到洞穴里。因为山顶到

衣物

出土于四川珙县的悬棺，由此可以了解当时当地人的衣着特点。

洞谷一般均有一二百米，鞭长力微，即使百人在峰顶一起用力绞拉辘轳之类的简单机械来吊升岩底的棺木，吊到洞口时也不能放进穴内。

悬棺隐身在云雾缭绕的峭壁之上，充满了永恒的神秘色彩，它作为文化发展史中的一个奇迹，沉积了往日逝去的回忆。僰族为何悬棺而葬？刀耕火种的年代如何置棺高岸？僰族人是怎样消失的？棺上的红色岩画又在讲述什么故事？这些谜还有待今人解答。

新疆"原始村落"之谜

新疆于田县是古代丝绸之路要冲。张骞第一次出使西域，归途经昆仑山麓到此。从于田县越过克里雅河，就是塔克拉玛干大沙漠深处的所谓"原始村落"大河沿村。

对于这一神秘所在，在外界早就有种种传闻。据说大沙漠中有一个与世隔绝的小村落，那里是个"世外桃园"，村民过着刀耕火种兼狩猎的生活。还有人说那里湖波荡漾，鸟兽成群，居民以捕鱼为生。人人都是宽衣广袖，走路翩翩起舞，张口以唱代说，个个丰衣足食，怡然自得……这个村子叫达里亚博依，汉语是大河沿村。"原始村落"的人们究竟处于怎样的生活环境和生存状态呢？这对每个知道它的人都具有极大的吸引力。

随着外来游客的增加，克里雅人的价值观念有所改变，尽管所用的秤砣是用石头制的，却也逐渐有了买卖交易的概念。

419

在塔克拉玛干沙漠深处的绿色长廊中，居住着一个原始的部落，人们称之为"克里雅人"。

沿着克里雅河东岸大道，向下游走到 135 千米的地方，已经没有路了。在岸边郁郁葱葱的胡杨林中，有一建筑群落，叫艾沙克玛札。到克里雅河下游末端，沿着洪水漫溢过的新旧河床，就到了克里雅人生活的一望无际的胡杨树林带。这个村庄处于塔克拉玛干深处茂密的胡杨林带，居住着 160 多户 700 多名维吾尔族人。属于田县加依乡管辖，距于田县城 300 多千米，沿途沙丘起伏，人迹罕至。居民的粮食和日用品全靠骆驼、毛驴运输，从县城到大河沿村要走 8 天，若要去最边远的人家，还要走 400 多千米曲曲折折的沙丘路。这里的居民居住十分分散，只有村委会附近有几户相隔一二千米的人家，大多数人家要相距五六十千米。他们具有自己独特的方言和生活习惯，很少与外界联系。由于生存环境和物质条件的限制，一二百年来这里的人们始终保持着自己特有的生活方式和风俗习惯。

1896 年 1 月，斯文·赫定曾闯进这个人迹罕至的大河沿村。斯文·赫定沿着古木参天的河岸，一直走到克里雅河的尽头，发现这里不仅有成群的野骆驼在奔跑，而且也是大批野猪的乐园。据说当时有 158 名牧人在这里放牧，根据斯文·赫定的观察，这些人"各自都不相往来，政府的权力也达不到他们。他们生活在一个和外界不相通的沙漠小岛上，成为半野人"。

在 1959 年政府派人找到他们之前，这里还过着与世隔绝的桃源式生活。这个村庄以克里雅河床为界，分为卡鲁克和加依两个部落，世代以牧猎为主，不谙稼穑，甚至不知五谷为何物，也没吃过瓜果蔬菜和糖果。

如今，汽车已出现在密林深处，半导体收音机响亮的声音传遍了这古老的村落。他们仍过着俭朴好客的生活，无论谁从远方或近处来，他们都以家中仅有的食物待客。这里的人们以食羊肉和面饼为主，面饼大得出奇，如锅盖一般，有的甚至有 10 至 20 千克重。这种面饼用麦面或包谷面做成，不用发酵，埋在木炭火中烤熟，然后拍去上面的尘土即可食用了。吃羊肉，或用木炭火烤全羊，或用红柳枝为扦烤羊肉串，风味独特。他们除在洪水季节能喝到河里的甜水外，人畜饮用的都是咸苦的渗坑水。大河沿人居住的房屋很简陋，以圆木排列成墙，上盖房顶，形似木笼。一般人家都有这么二三处大木笼房子，很少有院墙。这里没有偷盗凶杀之类的犯罪，生活清贫却很安然。政府曾希望他们迁到农村去，但没有人愿意，他们已经习惯于大森林和大沙漠中的无拘无束的生活。这里的居民并不是老死不相往来，而是以串亲访友为最大乐趣。每个星期的主玛日，人们便从睡梦中爬起来，从各个角落集中到铁里木这个居民较多的地方。妇女小孩能在这里买一块布料或一些糖，便会笑逐颜开；男人们则聚集在一起，交流来自四面八方的新闻趣事。这里基本上没有贫富差别，保留着按个人贡献大小分配食物的古老习惯，村落首长和贡献突出的人略有优待，分给大块馕和羊腿肉。人们的收入主要靠放牧的羊、马、驴、骆驼等，此外，他们还在沙漠边缘挖大芸，用这种药材在代销店和私商手中换取商品。

贴春联之谜

在中国过春节最为盛行也最具有诗情画意的应该是"总把新桃换旧符"的春联了。春联是对联的一种，也叫"门对"、"春贴"、"对联"、"对子"。过年时，各家的街门、屋门的门框上，都贴春联，门楣上还要贴"横批"。春联既可高悬在大雅之堂，又可张贴在茅屋之中，它以工整、对偶、简洁、精巧的文字描绘时代背景，抒发美好愿望，是我国特有的文学形式。

春联作为一种独特的文学形式，在我国有着悠久的历史。春联是从桃符演变来的，又称"桃版"。传说中黄帝时代，鬼国在度朔山上，那里有一棵枝干覆盖3000里的大桃树，黄帝的神官神荼、郁垒每到除夕都要在树下审问群鬼，把干坏事的鬼捆了喂白虎。所以古人认为桃木是五木之精，能制百鬼，从汉代起就有用桃木作魇胜之具的风习，以桃木作桃人、桃

乾隆雪景行乐图 清

在中国传统节日春节期间，帝国的统治者乾隆悠闲地和他的皇子们聚集在一起。身份高贵的皇子们或放爆竹，或堆雪人，或烤火取暖，情趣盎然。在乾隆帝两旁的木柱上，贴着中国家家户户在过年时必贴的春联。

印、桃板、桃符等辟邪。最早的门神像是以桃木刻成的，后来改成桃木板或桃木条画神荼、郁垒画像，挂在两扇门上，称为"桃符"。后来人们为了方便书写开始在过年时写吉祥话于桃木板上，逐渐成为春联。但作为以文字形式表现的春联究竟是什么时候出现的，众说纷纭，到现在仍然是中国传统文化的未解之谜。

一种说法认为春联的出现是由于明太祖朱元璋的提倡，因此春节贴春联的民俗应该是在明代开始盛行的。据史书上记载，号称"对联天子"的朱元璋酷爱对联，不仅自己挥毫书写，还常常鼓励臣下书写。清代的陈云瞻在《簪云楼杂话》中记述道："春联之设，自明太祖始。"有一年除夕，朱元璋兴致大发，传旨全国，不论是公卿大臣还是平民百姓，家家户户门上都要贴一幅对联，以示普天同庆。第二天他悄悄微服出宫去，沿着大街边走边看，看见有一家的门上什么都没有，朱元璋便敲门进去，装做路人打听他们怎么敢违抗圣旨。主人愁眉苦脸，唉声叹气地告诉他："我家是阉猪为生的，自己根本不会写字，请人代笔别人又看不起我的身份，不愿帮我写，实在是没办法啊。"朱元璋听后大笑，对主

岁朝图 元

岁朝就是一年的开始。图中描绘了山村民家过节的情景。近景处的亭榭内一士人正在书写春联，旁边二童子手捧对联，准备将它张贴起来。

人说："拿笔墨纸砚过来吧，我写一副对联送给你。保证不仅符合你的身份，还会奇巧幽默、对仗工整、平仄协调。"等对联写成后，围观的人都连声叫好。阉猪人也大喜过望。联上写着"双手劈开生死路，一刀割断是非根"。后来有人认出了朱元璋，这件趣事传开了。以后当时的文人也把题联作当成文雅的乐事，写春联便成为一时的社会风尚。

但是专家认为如果以此就说春联始于朱元璋的说法是很不准确的。原因是历史记载，春联在我国有着悠久的历史，发展到今天已经有一千多年了，作为一种独特的文学形式。它从五代十国时就开始，到朱元璋的时候不过是很兴盛了。中国最早的一副春联是后蜀之主孟昶所写的，据《宋史·蜀世家》上记载着公元964年的除夕：蜀后主孟昶命学士为题桃符，以其非工，自命笔题云："新年纳余庆，嘉节号长春。"这副"新年纳余庆，嘉节号长春"流传开后才被认为是中国春联的来历。宋代过年写春联已经相当普遍了，在《宋史·五行志》、《梦梁录》、《癸辛杂识》等古籍中都有记载。王安石的《元日》诗中写的"千门万户曈曈日，总把新桃换旧符"就是当时春联盛况

的真实写照。入清以后，乾隆、嘉庆、道光三朝，对联犹如盛唐的律诗一样兴盛，出现了不少脍炙人口的名联佳对。

虽然春联的来历还是中国文化的未解之谜，但它代表了人们对新一年的期盼，在历史上留下了众多佳句"春风阆苑三千客，明月扬州第一楼"、"爆竹一声除旧岁，桃符万户迎新年"、"天增岁月人增寿，春满乾坤福满门"、"门迎春夏秋冬福，户纳东西南北财"等等，这些成为中国传统文化中的宝贵遗产。

门神由来之谜

"门神门神骑红马，贴在门上守住家；门神门神耍大刀，大鬼小鬼进不来"。每到岁末，家家户户都要请两张门神回家左右相对贴在自家大门上，门神大多面目狰狞，形状可怖，中国人认为把他们可以把那些妖魔鬼怪阻挡在自己家门外，护佑家宅康宁。门神也因为与老百姓生活息息相关而成为民间最受信仰的神祇之一。那么门神是怎样产生的？他们的原型又从哪来呢？关于这些至今没有定论，主要有两种提法。

姑苏繁华图 清

《姑苏繁华图》又名《盛世滋生图》，由苏州人徐扬绘于乾隆二十四年(1759)。图中所绘的一段是苏州藩台衙门。可以看见，在衙门的大门上，贴着两位门神像。

一种说门神来源于"桃人"。中国人认为桃树是"神树"、"仙木"，可以避邪驱鬼。桃木剑可以杀鬼，佩戴桃木符可以避邪，而在门上挂上桃木人也可以让大鬼小妖不能进家，《典术》中就有记载："桃者，五木之精也，故压伏邪气者也。桃之精生在鬼门，制百鬼，故今作桃人梗着门以压邪，此仙木也。"而桃人最早就据说是两位神仙——神荼、郁垒的化身。他们生活在上古时代，是帮助黄帝管理鬼国的部将。他们住在东海的桃都山上，山上有一株树干茂密得可以覆盖三千里的大神树。在神树的东北方有一座鬼门，门两旁一左一右各站神荼和郁垒，树下有一只凶猛的白虎。树顶上还站着一只金鸡，每天太阳从东边升起的时候，第一个照在它身上，金鸡便放声啼叫，声音传遍神州，天下的雄鸡也会跟着啼叫，把夜间在人间游荡的孤魂野鬼吓回到鬼门里。神荼、郁垒在门两边监视着那些回来的鬼怪。每到年末岁尾，他们便会在桃树下会审诸鬼。一旦发现有那些在人间作怪的鬼怪，会马上把鬼怪喂白虎。因此，鬼怪最怕神荼、郁垒，哪怕是看见他们的画像、听见他们的名字都会马上逃走。所以人们便用桃木雕成两位神样挂在门边驱怪。而"金鸡"因为是司晨之灵，白虎是百兽之王，那些夜间活动的鬼怪都十分害怕他们。所以"帖画鸡户上"而使"百鬼畏之"，"画虎于门，么不敢入。"关于这种说法较早记载在《月令广义·正月令》上："黄帝之时，神荼郁垒兄弟二人性能执鬼于桃树下。令人画其像于桃板，列于门户，书其名于下。"

到了汉代，春节挂新桃木人形成风俗，县官们常在除夕之夜，在内门旁用草绳悬挂桃木雕人，门上画上老虎，以抵御所谓的凶鬼。后来桃木人慢慢发展到在纸上画像，也就成了门神画。到了宋代，雕版门神画在北宋首都的汴京出现。

另一种说法来自于《三教源流搜神大全》上所记载：唐太宗李世民建立唐朝搬入新宫殿时，半夜三更常听到卧室外面有扔砖头瓦片的声音，后来还听见有厉鬼哭喊嚎叫。唐太宗于是请了很多和尚和法师来为他布法场，烧香念经降服冤魂。可是一点用都没有，宫门外的鬼祟越闹越烈，弄得他寝食不安。一次上朝时，他把这件事告诉给大臣们。大将秦琼奏道："臣生平杀个人就像切块瓜，收尸体像聚蚂蚁，还会怕鬼魅吗？我愿和尉迟恭全副武装站在宫门外把守，把那些鬼魂赶走！"李世民同意了。这天夜里秦叔宝、尉迟恭手拿玉斧，腰系钢鞭、弓箭，把守在唐太宗的卧室外，果然一个晚上都没有听见任何声音。后来唐太宗为了免除他们二人每晚守夜的辛劳，便请来画师画了他们二人的全身像，悬贴左右宫门上，那些冤鬼作祟的事从此都消失了。这件事传到民间后，人们纷纷沿袭了这个办法，把二位将军的画像也当了门神，在《西游记》中有记载："他们本是英雄豪杰旧勋臣，只落得千年称门尉，万古作门神。"他们也是民间流传得最广泛的。二个门神的神像样式也有很多，有坐的，有立的；有徒步的，有骑马的；有执金瓜的，有舞鞭的。后来，还有其他的武将的画像都被人们画成了武门神，如赵云、马超、薛仁贵、孟良、焦赞、杨延昭、穆桂英、岳飞等等数十种。也出现了文官演化出的文门神，大多穿一品朝服，或抱象牙笏板，或拿蝙蝠、马、宝瓶、鞍等吉祥器物。

门神的来历是什么至今仍然是个谜，但门神从其诞生之日起两千多年来，就傲立于千家万户的大门之上，抖尽了威风，至今不衰。

尉迟恭门神像　　**秦琼门神像**

除夕放鞭炮之谜

每到春节，中国人都会燃放烟花爆竹来庆贺新的一年的到来，这就是王安石诗中说的："爆竹声中一岁除，春风送暖入屠苏。"除了喜庆之外，最早人们为什么要放爆竹呢？关于这个谜，还有一个有趣的故事。

相传在远古的洪荒时代，有一种凶恶的怪兽，人们叫它"年"，年兽生活在深海里，长得獠牙利爪，性情很凶猛。每到大年三十的晚上，年兽就要从海里爬出来破坏庄稼，见人就吞，见屋就毁，令百姓们不能好好地过年。为了躲避它，人们只好在除夕之夜把老弱病残送到深山老林里避难，青壮年的男人们留在家里拿着大刀锄头，把门反锁着守卫家门。一年的除夕，人们正在手忙脚乱地收拾干粮包裹，一个风尘仆仆的老人来到一个农家要水喝，他鹤发童颜、精神矍铄、气宇不凡。农户好心地告诉他关于年兽的事，让他赶紧和村里人一起逃到山里，老人微微一笑："不用担心，让我来赶走那个孽畜吧！"众人都以为这个老人疯了，可是老人任凭村里人

雪景行乐图　清
政事繁忙的乾隆皇帝在闲暇时(春节)和自己的孩子们在一起。其中一位皇子正在放鞭炮。

怎么劝都不听，他来到一个荒弃的破房子里，闭门不出。眼看天就要黑了，人们只好不再管他各自逃命去了。半夜，年兽又来到村里，村里一片漆黑，它四处闻嗅着人类的气味，沉重的脚步声使看家的人无不心惊胆战。这时，那间废弃的小屋里突然出现了强烈的灯火，年兽立刻调头扑向那里，它刚顶开门跑进院子，突然出现了一团大火伴着"啪啪"地爆响，年兽听到巨响、看见火光吓得掉头逃窜，好像受了重伤一样嗷嗷痛叫。人们闻声赶来，看见老人身穿红袍站在院子中大笑着消失了，废屋门上贴着红纸，院里一堆未燃尽的竹子仍在"啪啪"炸响，屋内几根红蜡烛还发着余光。第二天，逃难的人回来听说这件事，都连连称奇。后来老人托梦给那个农家，说自己是天上的紫微星，他为了拯救人们，才决心消灭年兽。他已经用火球将年兽击倒后用粗铁链将它锁在石柱上了。消息传开后，人们都十分高兴。为了纪念这件事，每到除夕之

夜，家家户户都贴红纸、穿红袍、挂红灯、敲锣打鼓、燃放爆竹，来庆祝这祥和平安的一年。

还有人认为鞭炮原来是人们用来避邪祛灾的，不少书已经有过详细介绍。而西汉东方朔的《神异经·西荒经》说得更加详细：西方的深山里有一种长得像人的鬼魅，面目狰狞，个子很矮，常常袒胸露臂在河里捕食小鱼小蟹，而且看到人也不害怕也不跑。看到山里有人露宿，他就在人们都睡着后，靠着火来取暖并烤食鱼虾吃，有时候还乘人不在偷人的盐，可是它跑得很快，人们也追不上，它还会使人得寒热病。人们根据它的叫声给它取名叫山臊。一次，一个猎人无意间用竹子点着火了，发出巨大的爆炸声，山臊吓得只发抖，急忙逃窜去了。史学家认为：东方朔所提的恐怕只是一种动物而已，后代人以讹传讹，于是爆竹便具有了避邪祛灾的功能。《诗经·小雅·庭燎》篇中有"庭燎之光"的记载。所谓"庭燎"就是用竹竿之类制作的火炬，竹竿燃烧后，竹节里的空气膨胀，竹腔爆裂，发出噼噼啪啪的响声，后人根据这些描写附会出来的"爆竹"的由来。《荆楚岁时记》中载："正月一日，是三元之日也，春秋谓之端日，鸡鸣而起，先于庭前爆竹以辟山魈恶鬼。"这段记载至少说明爆竹在古代是一种驱瘟逐邪的音响工具，这就使得燃放爆竹的习俗从一开始就带有一定的迷信色彩。

比较科学的看法是，在唐朝初年，由于战乱四起，死去的人很多，造成了民间瘟疫四起。有个很聪明叫李田的人，他想到烧火放烟可以祛除灾害，于是尝试把硝石装在竹筒里点燃，结果发出震天的巨响，还产生了浓烈的烟雾，他的家人都没有生病。于是人们纷纷学习这种做法，结果驱散了那些病毒，制止了疫病流行。这便是爆竹的最早雏形。后来，道家炼丹，出现了把硝石、硫黄和木炭按一定比例混合的可以控制的火药，人们将火药填充在竹筒内燃烧，产生了真正意义上的"爆仗"。到了宋代，纸的运用已经普及了，民间开始普遍用纸筒和麻茎裹火药编成串做成"编炮"（即鞭炮）。炸开后响声贯耳，纸屑飞扬，火药香四溢，于是爆竹又叫"爆仗"。又因为它的声音

放爆竹图 清

清脆得象抽鞭子的声音，所以也叫"鞭炮"。在"鞭炮"的基础上又出现了各种花炮乃至烟花关于上述爆竹的演变过程，《通俗编排优》写得很明白：古时爆竹。皆以真竹着火爆之，故唐人诗亦称爆竿。后人卷纸为之。称曰"爆竹"。此外，爆竹的功能也由避邪驱鬼完全转变为节日的吉祥、热闹、喜庆和欢乐。王安石诗曰："爆竹声中一岁除，春风送暖入屠苏。"爆竹成为老百姓们庆贺新禧的工具。

到了明清的时候，讲究礼仪的中国人还规定放爆竹的许多讲究。按燃放的时间，分为"关门爆竹"和"开门爆竹"。除夕年三十晚上祭完祖宗和已去世的父母之后，全家关上门吃团圆饭的时候，要放"关门爆竹"，一般放一到三挂鞭炮，这挂炮的意思是将旧的一年的所有不愉快都送走，然后一家人就围坐在一起说说笑笑，一直守岁到新年的钟声敲响。大年初一早上一开门的时候或出去拜年的时候就要放"开门爆竹"，又叫"开财门"，一般放一挂鞭炮。寓意是新的一年日子过得红红火火，如果不放炮就出门去是一种很不吉利的做法。

鞭炮的来历究竟是什么至今仍有待考证。

雪景行乐图 清

图中儿童在春节期间，玩着各式的游戏，有的堆雪人，有的捉迷藏，还有的放鞭炮，自由自在，无忧无虑。